奔向2035——江苏博物馆的未来展望

江苏省博物馆学会2021学术年会论文集

江苏省博物馆学会 编

文物出版社

图书在版编目（CIP）数据

奔向2035：江苏博物馆的未来展望：江苏省博物馆学会2021学术年会论文集/江苏省博物馆学会编.——北京：文物出版社，2022.12

ISBN 978-7-5010-7897-4

Ⅰ.①奔…Ⅱ.①江…Ⅲ.①博物馆事业－江苏－学术会议－文集Ⅳ.①G269.275.3-53

中国版本图书馆CIP数据核字（2022）第230854号

奔向 2035——江苏博物馆的未来展望

江苏省博物馆学会 2021 学术年会论文集

编　　者：江苏省博物馆学会

责任编辑：张晓曦
责任印制：王　芳

出版发行：文物出版社
地　　址：北京市东城区东直门内北小街2号楼
邮　　编：100007
网　　址：http://www.wenwu.com
经　　销：新华书店
印　　刷：北京君升印刷有限公司
开　　本：787mm×1092mm　1/16
印　　张：23.5
版　　次：2022年12月第1版
印　　次：2022年12月第1次印刷
书　　号：ISBN 978-7-5010-7897-4
定　　价：150.00元

序

在奔向 2035 中国实现基本现代化的新征程中，博物馆高质量发展成为了时代和公众的共同要求。这样的社会发展新阶段，需要我们积极探索博物馆未来的高质量发展之路。

何为博物馆发展的高质量？

当然它不仅仅是博物馆类型数量的扩充、馆舍面积的增长、员工人数的增加、经费投入的保障，不仅仅是博物馆文化产品的高品质、服务公众的高质量、运营管理高水平，还应当是博物馆目标定位的正确准确、展览服务的创新创意、体验传播的扩展扩大、投入产出的效率效能……让博物馆的发展成果真正融入百姓的美好生活。

江苏博物馆群经过这十年的迅猛发展，已经成为中国博物馆事业现代化发展的代表性区域，成为公共文化服务的重要组成部分，有着良好的社会效益，最近连续 4 年成为公众参观博物馆人数最多的省，同时也成为公众喜爱的旅游目的地，对城市有着巨大的旅游贡献度。

江苏博物馆的未来发展，一定是差异化基础上的高质量发展。个性特色将成为每一个博物馆最重要的灵魂。抓住自己特有的地域特色、文化特色、文物资源特色，将成为不论大小、类别、体制的所有博物馆的共同追求。当具有在地域性特色的中小博物馆，都成为公众喜爱的历史艺术殿堂和文化休闲场所时，就迎来了江苏博物馆发展的高质量时代。

江苏博物馆的未来发展，一定是公共文化产品特别丰富的高质量发展。包括原创性展览、有教育意义的社会服务活动、文化创意衍生商品都成为公众的最爱，展览、展示、展演相互结合，在展览中公众既看到了藏品展品，又看到了相互之间的关系和联系。讲好中华优秀文化和各区域地域文明的故事，将更吸引公众走进博物馆。

江苏博物馆的未来发展，一定是文化体验更为强烈、文化传播更为广泛的高质量发展。我们将更多地运用数字技术，让博物馆有更好的故事感、体验感和展览环境的真实感，更多地借助互联网新技术，让博物馆实现更好的创造和更大的传播。让我们设想人们在博物馆内参与到模拟真实的历史环境中时，参观博物馆将成为体验人类发展的过去，这是当代博物馆人的使命。

江苏博物馆的未来发展，一定是基于公众需求的文化服务的高质量发展。五官而不仅是眼睛、耳朵将成为体验博物馆的重要转变。当我们用人类历史发展的物质和非物质遗产、人类发展的过去和今天作为原材料，用包括展览、展示、展演在内的文化产品作为宴席，用服务作为高品质的保障，用体验感受作为愉悦的增强氛围时，公众就会既是客人又是主人，就会荡漾在友好的人与人、人与物、人与空间关系之中，这是博物馆内的和谐和美好。

当然，所有这一切的未来发展，最终靠的是人，特别是年轻的博物馆人。当我们将今年省博物馆学会年会的主题确定为"奔向 2035——江苏博物馆的未来展望"时，年轻的博物馆人一定是主力，因为未来属于他（她）们，未来高质量的博物馆要靠他（她）们创造。

南京博物院名誉院长
2022 年 12 月　龚良

目　录

一　高质量发展

二　探索与创新

三　展陈与策划

四　社会教育

五　文物保护与文物研究

国有中小型博物馆高质量发展的实践与探索

——以江苏省江海博物馆为例

袁 峰

（江海博物馆 江苏南通 226000）

内容提要：国有中小型博物馆是国家博物馆体系中数量最多的主力军，直接服务于全国中小城市和广大农村地区，多为地方性博物馆或主题馆，在新时期公共文化服务体系中发挥着重要的作用。国有中小型博物馆大多为全额拨款事业单位，在人员编制、经费运转、展览陈列等方面能够得到基本的保障，但是要办成一个全面高效运行高质量发展的博物馆，还是有很多具体问题和困难的。本文试以该课题切入，以江苏省江海博物馆为例，谈谈如何积极探索一条国有中小型博物馆全面高质量发展之路。

关键词：国有中小型博物馆 高质量发展 实践 探索

江苏省江海博物馆坐落于南通市海门区，总占地面积 2.8 万平方米，建筑面积 1.8 万平方米，于 2018 年 5 月 18 日正式开馆，2020 年 12 月被评定为国家三级博物馆。博物馆围绕打造"江海文化之根"的总定位，是江苏省首创的具有浓郁江海文化特色的省级国有主题馆，现有事业编制 12 人（实际在岗 10 人），馆藏文物总数 7000 余件，是一个名副其实的国有中小型博物馆。

一 面临的共性问题

目前，绝大多数国有中小型博物馆普遍存在的一些问题，如财政预算少、专业人员少、参观人数少、人员待遇差等现实问题，同样困扰着江苏省江海博物馆，给博物馆高质量发展带来了不少困扰。

（一）全额财政拨款只保运转

2018 年江苏省江海博物馆正式开馆运行，2021 年 1 月新的"三定方案"经省市编制部门发文明确，单位性质由"海门区文化广电和旅游局下属事业单位"，调整为"海门区政府直属副处级事业单位"，人员编制数 12 人（实际在岗 10 人），博物馆运行经费由区财政全额拨付。由于全额拨款的预算经费中绝大多数是用于人员工资、物业管理、建筑维护、三防设施等正常运转的费用，留给博物馆用于展厅提升、展览陈列、社会教育等的运行经费占比很少，特别是没有文物征集经费，这也是绝大多数国有中小型博物馆最大的共性问题。

（二）博物馆专业人员严重缺乏

博物馆现有的正式事业编制人员中，绝大部分是由原文化旅游条线人员转隶而来，没有专业的文物学、博物馆学人员，古文学、美术学等专业的人员比例也只占30%。博物馆附属的政府采购服务人员中，也仅有四分之一是美术、设计专业的，算是与博物馆的展览设计、展陈宣教搭上点关系。国有中小型博物馆专业人员的严重缺乏，对于开展文物收藏、鉴定、修复、研究工作，以及进行展览设计、展陈宣教都是很实际的不利因素。

（三）进馆参观人数遭遇瓶颈

当前，在省市高质量考核中都有"人均接受文化场馆服务次数"的指标要求，国有博物馆也都设有"进馆人流实时监控系统"来进行监测。由于多重原因的叠加，包括国有中小型博物馆的办馆理念和展陈水平、特色展览的吸引力、舆论宣传的力度广度、市民群众不断提高的文化需求等等，使国有中小型博物馆的进馆参观人数遭遇到瓶颈期，观众对于当地博物馆的新鲜度、好奇心有所减退，进馆参观的意愿也随之有所减弱，日均 500～600 人次进馆参观人数，似乎已成为大多数身处县市区或地级市的国有中小型博物馆的"天花板"。

（四）人员待遇差影响工作积极性

国有中小型博物馆的从业人员主要有两大部分组成，一部分为事业性质人员，其工资、福利虽有基本的保障，但年终绩效奖励是参照国家公务员一定比例获得，也有不少的差距；另一部分为政府采购服务人员，这部分人员的人数大大超过正式的事业人员，他们承担了博物馆大部分的日常工作，保障了博物馆的正常运行，却只能获得极低的报酬，福利待遇也很少。这些因素造成了工作人员人心浮动，各思出路，流动性大，对于博物馆的工作开展、运行保障是极为不利的，这也是绝大多数国有中小型博物馆的现实状况。

以上几个问题仅仅是一些比较显性的典型问题，影响国有中小型博物馆发展的实际问题还有很多，这里不一一列举。

二　探索与对策

国有中小型博物馆面临的实际问题和困难具有很大的共性和挑战性，如何有效地加以应对和解决，江苏省江海博物馆就此做了一些探索和努力。

（一）目标引领：明确全面高质量发展目标

1. 结合实际确定发展方向

江苏省江海博物馆所在的南通江海平原，地处长江与黄海的 T 字形交汇处，拥有 226 千米的江岸线和 206 千米的海岸线，是江苏省江海文化的重要组成部分。千百年来，面对汹涌不羁的江涛海浪，不畏艰险、勇于开拓的民风早已深植于江海儿女的血脉之中；一百多年来，先贤张謇倾尽心血于"父教育、母实业"的探索实践，让"实业报国、教育兴邦"的爱国情怀深深地刻印在了江海大地上，也让"海纳百川、强毅力行"的精神传承至今，并升华为我们这座城市的人文精髓！基于这样的精神传承，江苏省江海博物馆遵循"艺术与历史并重，传承与弘扬共修"的建馆理念，突出江海文化的独特性和鲜明个性，体现"前瞻、惠民、卓越、创新"的办馆品质，将填补我省以江海文化为主题的博物馆空白，更好地展示江海文化精髓，打响江海文化品牌，作为博物馆全面提质增效高质量发展的工作总目标。

2. 认准发展目标确定任务指标

为了更好地完成以上确定的工作目标，我馆结合几年来运行的实际情况，反复调研，认真制定了《江苏省江海博物馆"十四五"事业发展规划》。《规划》中明确提出了至"十四五"期末必须完成的"五大任务指标"，即"创建成为国家二级博物馆""馆藏文物数由 2020 年底的 6270 件增加至 8000 件""全面提升张謇故里诗画海门的影响力""创新展览宣教吸引更多观众""提高科研水平发表省级以上论文 30 篇以上"。这几项工作目标清晰明了，为我馆确定了今后几年的主要工作任务，也让所有博物馆工作人员一目了然，使大家明确必须要上下齐心，共同努力，才能完成这样一个光荣而又艰巨的任务。

3. 紧盯目标落实好工作职责

为确保完成阶段性的高质量发展"十四五"目标任务，按照博物馆三个条线"综合管理""藏品文研""展陈宣教",逐一落实每年的工作职责和任务,三个部门再将任务细分到每一个工作人员。如按照分工职责,藏品文研部今年要完成"增加馆藏文物数 500 件以上"的任务,至今年 11 月底已超额完成任务,新增入库数为 797 件;按照"十四五"期间论文发表的年度目标任务,通过全馆人员的努力也已超额完成任务,2021 年共发表省级以上论文 12 篇,其中国家级核心期刊 2 篇、国家级 6 篇、省级 4 篇;按照"十四五"期间完成"国家二级博物馆"的创建目标,我们将所有评分细则的指标要求,分别细化落实到三个部门的每一个人等等。这样全馆上下人人"肩上有任务,心中有目标",大家共同朝着一个方向努力,才能确保圆满完成创建任务。

（二）资金保障:多渠道增加博物馆发展经费

1.争取上级部门专项扶持资金

近年来,国家高度重视博物馆的发展,加大了文博事业的资金扶持力度。我馆是一个国有中小型博物馆,在本级财政拨款经费比较少的情况下,必须要积极争取上级的专项扶持经费。通过努力,我馆近年来共获得省、市级专项扶持资金近 250 万,极大地缓解了我馆在完善和提升馆藏文物保护设施设备、博物馆内部文化空间打造、组织对外巡回展览、布置建党百年特展等的经费压力。今后,我馆还将继续申请"馆藏珍贵有机质文物抢救性保护""数字化文物保护""江海之光固定展览提升工程""博物馆安防工程提升"等专项扶持资金,以更好地做好博物馆高质量发展的各项工作。

2.力争本级财政增加预算

国有中小型博物馆一般都是本级财政全额拨款单位,经费主要来自于政府财政预算拨款。为了更好地树立博物馆区域性文化品牌形象,更多地争取本级财政预算支持博物馆的建设和发展,我们积极主动向区委、区政府主要领导汇报博物馆的特色工作开展情况,如组织"张謇特展""馆藏精品书画展"进行全国、全省巡展,为"弘扬张謇精神,推介诗画海门"做出重大贡献;积极主动向本级财政局宣传博物馆对海门经济社会发展的重要作用,通报重要领导、重要客商接待情况,以及接待旅游团队、市民群众参观情况、巡展工作对于海门发展的贡献和影响、博物设施设备亟须改造提升的迫切性等等,积极寻求财政支持。通过多方努力,明确了从 2022 财政年度起,每年财政预算中"博物馆运行"项目增加拨款 30%,并且首次在该项目中增设"文物收藏专项经费",这一政策将对我馆的全面高质量发展,特别是文物征集收藏工作产生积极而深远的影响。

3．引导社会力量赞助经费

大多数国有中小型博物馆，特别是像我馆这样的区域性主题馆，是宣传和展示本区域历史演变、文化传承、经济社会发展的重要阵地，这也为引导和利用当地社会力量赞助博物馆提供了有利条件。我们通过区政府层面的牵头发动，成立了"江苏省江海博物馆高质量发展理事会"，由区政府、有关部门、国有企业、民营企业、知名院校、江海文化专家、学校教师等组成。同时，积极引导理事会中热爱江海文化、热心支持博物馆事业的企业出资，设立"江海博物馆高质量发展专项资金"，为博物馆发展储备专项经费。目前，这笔经费由财政局设专用账户，常年保持在200万元左右，为我馆的文物征集、特色打造提供了一定的经费保障。

4．挖掘内部潜力节约资金

勤俭节约是中华民族的传统美德，开源节流是每一个博物馆日常应做好的工作，我馆在这方面也取得了一定成效。一是改革展览模式，节约购买展览的经费。2020年前，我馆所办的临展基本上采用引进购买外地博物馆展览的模式，引进一个展览少则四五十万，多则八九十万。今年以来，我馆改革这一引展模式，依托馆藏特色文物设计制作"张謇特展"和"馆藏精品书画展"两个巡展项目，通过与全国各地博物馆的交流互展，节省引进展览的费用达150万元；二是积极合作分担外出巡展费用。我馆通过和常乐镇政府、张謇纪念馆合作，共同分担"张謇特展"的全国巡展费用，可节约费用40万元；三是加强博物馆内部的管理，杜绝资源浪费，节约能耗支出，同比上一年可节省近20万元开支。这些措施的落实，为我馆节约了不少的运行经费，为博物馆的全面高质量发展奠定了扎实的基础。

（三）创新作为：多维度改革创新提升影响力

1．开展全国全省巡展扩大影响

我馆是一个正式开馆才三年多的国有中小型博物馆，在业界没有什么知名度和影响力，如何更好地传承和弘扬江海文化，提升江海文化在全国全省的影响力，一直是我们思考的课题和努力的方向。2021年4月，我馆精心制作"我国民族企业家的楷模——张謇'实业报国，教育兴邦'特展"，获评"江苏省馆藏精品文物十大巡展项目"，在省内宿迁、连云港、常州等5个城市进行巡展，获得了业内一致好评，明年还将在省外5个城市青岛、佛山、伊犁、重庆、北京等地进行全国巡展；2021年7月，我馆又依托馆藏的2500多件明清以来书画珍品，打造新的巡展品牌

"江海毓秀——馆藏精品书画展"，在海南省博物馆、福州市博物馆、浙江安吉吴昌硕纪念馆、江西上饶博物馆等地展出，引起了专家和观众的热议和好评。随着这两个特展在全国、全省多地的巡展，"张謇故里，诗画海门"的影响力不断提升，江苏省江海博物馆的馆藏文物特色也得到了广泛的宣传。

2．引进精彩大展提升人气

通过两个特展在全国各地博物馆的巡展，我馆两个临展厅（一厅 800 平方米、二厅 1200 平方米）引进展览的工作也水到渠成。2022 年我馆将引进 8 个精彩大展，包括：海南省博物馆"涨海推舟 千帆竞渡——南海水下文化遗产大展"、常州博物馆"蝶舞翩跹——名蝶精粹与蝶文化展"、中国三峡博物馆"冰清玉洁——馆藏玉器展"、广东佛山南海区博物馆"岭南锦绣——南海博物馆藏广绣精品展"、北京民俗博物馆"十二生肖文化展"、海安市博物馆"遥望西泠——西泠印社作品展"、中国航海博物馆"漾舟信归风——中国古代船模展"、青岛市博物馆"金韵含香——馆藏铜香炉展"。这些来自全国各大博物馆的品牌展览，必将给观众带来无与伦比的视觉享受，让市民群众不出海门、不出南通，就能欣赏到众多国家一级博物馆的精彩大展，这也是为"群众办实事"最直接最具体的体现。

3．打造博物馆最美文化空间

国有博物馆是当地的文化地标和重要文化品牌形象，不仅因其外观或壮美或独特或典雅而吸引群众的眼球，更多的应该是因其内在的人文内涵、人文环境，让观众切身感受到博物馆是一个名副其实的"最美文化空间"。我馆在展厅布置、展览设计等内涵提升上加大投入的同时，对博物馆的内外环境也进行了大胆的改造，力求呈现给观众以最美的感受。首先，我馆的建筑具有天然的美感，在四周清水环绕下，由两座桥梁进入博物馆南大厅，江海民居"四汀宅沟"的特色成为观众的"第一建筑美感"；其次，博物馆中轴线的两侧是占地 3000 平方米的大庭院，在这个充满阳光和绿意的庭院中，布置有六个精致的室外休闲区，观众可以在此休息、品茗、交流，体验博物馆里的"诗意生活"；进入博物馆北大厅，呈现给观众的是一个精美的咖啡书吧和一个开放式的亲子社教活动区，为观众带来"书香、醇香、茶香、亲情"这一别样的博物馆文化体验等等。通过这些内部设施的提升和人文环境的打造，将博物馆营造成一个品质时尚、休闲浪漫的文化服务场所，让各个阶层、各个年龄段的观众都喜欢上博物馆。

4．加大媒体宣传力度

一个博物馆的知名度和影响力，除了业界口碑和群众的口口相传，很大程度上来自于各级媒体的推介和宣传。江苏省江海博物馆作为一个地方性主题馆，在媒体宣传推介和舆论营造上具有一定的局限性，为此我馆加大了宣传力度取得了一定成效。我馆所有的展览、社教活动均由博物馆公众号进行公开推送，当地电视台、报纸及时进行宣传推介和跟踪报道，在全国全省的巡展也都由当地省市媒体、博物馆进行及时报道和推送；今年我馆与"海门新媒体"联合推出"抖音版"展讯推送，取得了较好的宣传效果，受众面得到了很大的提升；在"庆祝建党百年"系列活动中，我馆编写的红色文物、红色故事多次在各级媒体上进行了刊登。据不完全统计，2021年我馆在"学习强国""新江苏网""江苏党史网""海南省融媒体中心""新海南网""宿迁融媒体""连云港融媒体"等国家、省市级媒体播出新闻、报道共计35次，在本地媒体报道76次，线上线下参观展览人数突破500万人次，博物馆的影响力和知名度得到了有效的提升。

（四）人性关怀：凝聚人心促发展

1．率先垂范树标杆

全面高质量发展，是所有国有中小型博物馆的必由之路，也是一项具有挑战性的工作任务。作为博物馆全面工作的负责人和关键带头人，领导班子特别是主要领导必须在解决问题、克服困难、争优创先的全过程中起到率先垂范的标杆作用，这样才能形成领导带头、全员齐心协力干事创业的良好局面。如为破解博物馆最薄弱的"提高科研水平"这一难题，我馆要求馆长和三个部门负责人必须带头每年发表省级以上专业论文，2021年全馆发表的12篇省级以上论文中，有6篇（国家核心期刊2篇、国家级2篇、省级2篇）是行政组领导发表的；在藏品文研、展览宣教工作中，我馆要求部门负责人必须深入一线，亲自带队进行布展、带头主讲社教课程；在博物馆日常参观接待和"每月文物推介"中，我们要求行政领导带头深入展厅进行接待讲解，带头撰写馆藏文物知识的推介文章，2021年行政领导撰写的"红色文物故事"3次登上"学习强国"和"新江苏网"。博物馆领导的率先垂范为全馆上下树立了标杆，带动了全馆工作的有效开展。

2．完善制度抓落实

博物馆全面高质量发展，需要有完善的制度来保障。我馆在原有管理体系的基础上，结合几年来的执行情况，及时进行了完善和改进，使规章制度更具系统性、科学性和人性化。博物馆领导必须带头严格执行，这是落实好规章制度的关键，这样才能让全体人员更加自觉地遵守好各项规章制度，自觉地落实好各项要求，才能更好地为共同完成博物馆的奋斗目标奠定最基本的制度保障。

3．人性关怀聚人心

博物馆全面高质量发展，需要全馆上下拧成一股绳，"心往一处想，劲往一处使"，发挥好所有人的工作积极性。为此，我馆在提出奋斗目标明确工作任务的同时，也结合博物馆的实际推出了一系列人性化的措施和做法。如我馆改革了以往的加班模式，执行节假日、双休日加班补贴制度，直接提高了政府购买服务人员的收入待遇；制定并实施科研成果奖励制度，按照科研成果的级别给予奖励；在馆工作满半年的工作人员即可享受全额 4000 元的服装费标准；对于工作人员的困难由单位出面及时协调帮助解决；为提高购买服务人员工资待遇，博物馆牵头联系人大代表、政协委员提出人大代表建议、政协委员提案，积极促成政府出台政策等等。通过这些人性化的制度和关怀凝聚了全馆人员的人心，在高质量发展的目标引领下，同频共振、扎实工作，共同为建设好博物馆而努力工作。

三　结　语

国有中小型博物馆是我国博物馆体系中的重要组成部分，也是新时期我国公共文化服务体系中博物馆行业的主力军。现阶段，虽然国有中小型博物馆面临的现实问题和困难有很多，但全面高质量发展是所有博物馆不可避开的必由之路。江苏省江海博物馆在近年来的发展过程中，积极实践，认真探索国有中小型博物馆高质量发展之路也仅仅只是一个开端。在今后的工作中，我馆将全面贯彻习近平总书记关于博物馆要"见证历史，以史鉴今，启迪后人""让文物说话"的总要求，继续加大改革创新力度，认真做好博物馆全面高质量发展的各项工作，为全面提升博物馆服务社会、服务群众的水平做出应有的贡献！

参考文献

1．席大海：《精准定位，特色为主，中小型博物馆走出自己的特色之路——以江苏洪泽湖博物馆为例》，《江苏博物馆事业高质量发展——江苏博物馆学会 2018 学术年会论文集》，文物出版社，2019 年。

2．张东燕：《中小型博物馆发展的问题与对策》，《时代文学》2014 年第 8 期。

3．杜慧娥：《中小型博物馆发展的几点思考》，《文物世界》2010 年第 1 期。

推动革命纪念馆高质量发展重在四个"要"

沈君芳

（茅山新四军纪念馆　江苏镇江　212000）

内容提要： 高质量发展是"十四五"中国文化发展的根本要求和战略定位。作为公共文化服务主阵地之一的革命纪念馆，思考高质量发展实践路径，是一场事关"红色基因库"的深刻变革。本文即从网络科技信息引领文化服务、专业研究深化文化内涵、文物保护利用坚定文化根脉、融入高校构建文化共同体等四个方面阐述实践路径。

关键词： 革命纪念馆　高质量发展　路径

革命纪念馆是红色文化建设的重要载体，"十三五"以来一路高歌前行，焕发勃勃生机，文化建设与文化事业迈上了新台阶。目前，我国已转向高质量发展阶段，高质量发展是"十四五"中国文化发展的根本要求和战略定位。面对新形势新要求，革命纪念馆虽然在持续发展上具有多方优势和条件，但是发展不平衡不充分问题依然突出，尤其是基层革命纪念馆，很多都地处老少边穷地区，无论经济条件还是技术条件都相对落后。针对存在的现实问题，作为公共文化服务主阵地之一的革命纪念馆，思考高质量发展实践路径，是一场事关"红色基因库"的深刻变革。

一　实现革命纪念馆高质量发展，要让网络科技信息引领革命纪念馆的文化服务

2020 年突如其来的一场疫情加速了博物馆信息数字化的进程，各博物馆依托数字网络和融媒技术，大力运用"智慧传播""云展览"等方式为观众提供线上服务，取得了很好的效果。相较而言，大部分革命纪念馆特别是基层革命纪念馆，由于基础设施建设相对落后、人才和技术支持薄弱、数字化建设欠缺等因素，导致线上活动明显发力不足，比较仓促，活力、影响力不大。信息化和网络化是不可逆转的时代潮流，

那么后疫情时代，革命纪念馆面对5G、大数据、人工智能等新技术，该如何依托网络平台向公众提供开放服务，构建线上线下相融合传播体系，变瓶颈为美景呢？

1. 强化国家层面对革命纪念馆数字化发展的专门性总体设计

行业要发展，离不开政策法规的支持、发展规划的引领。革命纪念馆是博物馆的一个类别，有博物馆共性，但更具自身行业性和专业性。一直以来革命纪念馆行业由于缺乏真正专门的行业管理治理机制，其发展主要参照博物馆行业，这就比较容易弱化自身"政治性""专题性""情感性"属性。因此，针对智慧纪念馆建设和专业治理能力提升，还需作出明确的专门性的顶层谋划和制度保障，融入国家发展大局。

2. 加强经费投入，特别是争取数字化保护利用项目的投入

"巧妇难为无米之炊"。有了政策红利，革命纪念馆能否运用网络科技信息开展广泛的线上服务，就要考虑经费的问题，需要有资金的投入。

从财政管理角度来说，需要对革命纪念馆免费开放补助资金实行动态管理模式。全国博物馆、纪念馆免费开放已有13年，一些革命纪念馆的免费开放补助资金增长缓慢，甚至有的仍旧按照最初的政策、标准核拨，早已经不适应纪念馆发展提升。革命纪念馆由于存在地域、层级、等级、属性等现实差异，有必要根据实际情况研究细化，建立健全免费开放专项补助资金动态管理制度，依据"奖勤罚懒、奖优罚劣、以效定补"目标，让资金分配更加科学合理，从而提高使用效益。

从纪念馆自身层面来说，可以积极争取数字化保护利用项目的投入。在免费开放补助资金稳足的前提下，革命纪念馆还应按照实际需求，熟悉相关制度和政策，统筹规划，积极申报各级数字化保护利用项目，通过项目专项资金保障数字化硬件、软件建设。

3. 在继续推进纪念馆数字化体系建设同时，强化网络平台的传播效率与技术支撑

"网事"算不得新鲜事物，但革命纪念馆线上服务要成型，就要有一定的数字化积累，形成足够的数字资源。2012～2016年第一次全国可移动文物普查完善了革命纪念馆文物基础信息工作，推动基层革命纪念馆文物保管工作的数字化进程，但由于文物普查对精密度、准确度、精确度要求不高，适合不了信息化应用，这就需要对文物进行进一步高精度的数字信息采集。革命纪念馆的数字化，除了藏品数字采集之外，还有线上办展、游览、观演等，这就需要有展览文字脚本、语音讲解、展厅实景照片、重点展陈文物图片、展馆展厅360度全景视频、配套的课程视频、文物赏析视频等等巨量的数字资源来支撑。因此，革命纪念馆的数字化建设是一个

综合性的信息化工程，涵盖纪念馆各方面工作，必须进行全面、细致、真实的基础信息积累，为网络化准备充足的数字资源。数字资源是线上文化大餐的素材与原料，在后疫情时代的革命纪念馆更需要拓展文化传播与网络信息交互的效率和频率，形成与网络客户点与点、面对面快餐式的相互碰撞，最终达到革命纪念馆文化内涵、文化品牌的美誉度和影响力。

4. 培养专业人才，加强业内业外协作

当前以计算机技术为核心的数字化技术高速发展，新设备、新技术层出不穷。就革命纪念馆来说，目前普遍缺少专业化技术人员，难设立"信息技术部"之类的部门来专门负责纪念馆的数字化转型，严重禁锢了纪念馆的发展。因此，纪念馆一方面要积极公开招聘、选调或下大力气培养自己的专业技术人才，打造专业技术队伍；另一方面也要加强与科技公司、技术专家的协作，充分利用社会力量满足数字化建设的需求，弥补自身人才不足的缺陷，或者加强馆与馆之间协作，建立共同的信息数据库，做到信息共享，节省大量的人力物力技力，加快数字化建设进程。

5. 健全落实评价考核机制，确保发展高质量

南京大学历史学院贺云翱教授曾指出，"因为现在云展览的项目很多，有的效果很好，有的却不尽人意，这就需要一个第三方的评价机制"，建议尽快探索完善云展览质量的反馈评价机制，及时发现问题，改进工作，提高效率。因此，从革命纪念馆层面来说，纪念馆数字资源的利用需要更加精准的服务和评价体系，必须出台相关政策，推动建立常态化的纪念馆在线服务机制，将网上"事务"纳入纪念馆行业评估体系。从政府层面来说，人民群众满意与否是衡量革命纪念馆工作的一个重要考量，根据《2020年度江苏高质量发展绩效评价考核实施方案》，"人均接受文化场馆服务人次"作为高质量考核指标，也就是说在推动纪念馆高质量发展的各环节，应该坚持问需于民、问计于民，促进共建共享。

二　实现革命纪念馆高质量发展，要让专业研究深化革命纪念馆的文化内涵

"互联网+"是一个流行语，其实在"内容为王"的时代，"+互联网"更为重要，也就是利用互联网这个技术平台传播什么内容才是至关重要。同理，革命纪念馆的"教育""欣赏"等功能固然重要，但加强理论与实务研究更不可忽视，研究是纪念馆科学发展的智力保障。

1．增加专业研究的深度

革命纪念馆无论是征集、鉴定文物，还是挖掘文物史料的来历、背景、涉及的人物，或者陈列策展、社教活动，都需要结合丰富的党史、军史、地方史史实，需要结合社会大背景、当事人的革命经历，离不开浑厚深邃的学术研究成果。所以革命纪念馆必须通过研究理顺党史、革命史、地方史脉络，推动纪念馆学科建设和专题研究，弥补专业知识积累不足的问题，以扎实的研究促展览、增馆藏。在此基础上，再深入挖掘革命精神主题内涵，对当事人或者文物史料涉及的人或者事进行二次"发掘"，进行综合性创新性的再糅合，形成自己的研究特色与学术观点，通过报刊论文、出版图书等形式产出高质量研究成果。

2．拓宽专业研究的广度

革命纪念馆早已完成"以物为主"到"以人为本"的转型，观众成为纪念馆的中心，观众的需求是纪念馆发展的动力，在此背景下革命纪念馆加强观众研究和教育效果研究必不可少。只有通过广泛深入的专业调查研究，才可以在内容上避免同质化，在活动上避免形式化，在成效上借助灯光、视频、音乐、情景剧、动画短剧、短视频等新传播形式实现立体式、情景式、沉浸式、可视化体验，满足观众文化需求，拉近红色文化教育与观众的距离，提高观众的参与感、互动感和体验感。

3．引进高校研究力量开展联合研究

长期以来，革命纪念馆由于"人、财、物"的欠缺，在学术专题研究、文物史料挖掘、展陈展示实践、编研成果产出等方面工作一直比较弱势。2021年8月，国家文物局联合教育部印发《关于充分运用革命文物资源加强新时代高校思想政治工作的意见》，促使纪念馆可以大力引进高校的雄厚学科资源，全面提升革命纪念馆的研究能力，实现馆校双赢。

三　实现革命纪念馆高质量发展，要让文物保护利用坚定革命纪念馆的文化根脉

星罗棋布在广阔大地、收藏在革命纪念馆中的革命文物是革命文化、革命精神的"源头活水"。党的十八大以来，习近平总书记非常重视革命文物工作，国家连续出台了一系列有关革命文物工作的重要文件，为文物保护提供了强大的制度保障，也提出了更高的要求。推动革命文物工作高质量发展，在实践革命纪念馆高质量发展中的作用自然不言而喻。

1. 保护革命文物，让革命精神有迹可循、有物可感

革命文物是革命精神的物化载体，是不可再生资源，一旦遭到破坏，将造成无法弥补的伤害。革命纪念馆一方面要面向社会，进一步加大可移动革命文物的征集、鉴定和研究，把散落的文物集中起来有效保护与利用，并对馆藏文物开展预防性保护和标准化库房建设提升工作，让宝贵的文物得到全方位、立体式、科技化管理和保护；另一方面通过大量走访、研究，深入调查挖掘革命遗址遗迹，积极推进实施革命文物保护工程，拓展红色旅游功能。

2. 利用革命文物，用革命文化筑牢信仰的精神高地

一是革命纪念馆进一步深入挖掘、研究革命文物的思想内涵和时代价值，利用爱国主义教育基地平台开展实境教育，通过丰富多彩的社教活动让革命文物用起来、活起来、火起来、亮起来。

二是充分发挥革命文物资源这张独具特色的名片，促进与教育、旅游、传媒、设计等跨界融合，在红色旅游精品线路、红色文化研学体验项目、红色文创产品中突显主题、集聚要素，围绕"红色+"推动发展新动能，形成"亮丽风景线"。

三是以建设革命文物保护利用片区为抓手，加强革命文物的资源整合、连片保护、整体展示，实施"革命文物+"战略，形成与特色乡镇建设相结合、与传统村落保护相结合、与乡村振兴民生改善相结合的活化利用新模式，赋能地方振兴发展。

四　实现革命纪念馆高质量发展，要融入高校构建革命纪念馆的文化共同体

革命纪念馆是为纪念近现代革命史上重大事件或杰出人物的纪念地，是传承红色基因的主阵地，即使在文旅融合态势下，其承担的宣传教育工作也不是简单地定义为普通的旅游接待，必须承担和发挥见证历史、记录时代、传播革命文化、弘扬革命精神的重要使命。青年学生是祖国的未来，民族的希望。革命纪念馆应该利用资源优势，密切与高校联系，遵照《关于充分运用革命文物资源加强新时代高校思想政治工作的意见》精神，融入高校思政教育，发挥好社会大课堂作用，共建实践育人共同体。

1. 校园文化融入

革命纪念馆依托传统节日、纪念日等特殊日子，联合高校在校园或利用校园网络平台共同组织开展革命历史事件、历史人物纪念活动，邀请党史专家、抗战学者、

革命亲历者及亲属向青年学生讲述党史故事，充分营造校园红色氛围，提高革命文化在校园的流行度，让思政教育在润物细无声中发生提升。

2.课堂课程融入

革命纪念馆加强与高校思政老师沟通交流，把革命文化革命精神融入教学，在课堂课程中植入丰富的红色文化教育内容，让青年学生在课程中真正实现有址可寻、有物可看、有史可听、有事可论。

3.基地实践融入

革命纪念馆发挥爱国主义教育基地作用，打造"纪念馆里的思政课"，安排青年学生走进革命纪念馆实地走访、参观，与展陈的革命文物、革命图片、革命遗址遗迹等红色印记隔空对话，产生情感共鸣，将历史资源变成教育资源，帮助树立正确的国家观和历史观。

4.网络阵地融入

革命纪念馆与高校共同推动信息化建设，开设专门的数字化高校思政教室，融文字、语音、画面于一体，创新学生讲堂，运用大数据、互联网、云平台等信息技术新手段，拓展讲习平台和载体，动静结合，用直观形象的历史史实冲击青年学生的认知心理，更加形象化、充满互动感地对学生进行革命精神教育和爱国主义教育。

总之，革命纪念馆高质量发展是一项系统性工程，任重道远，需要步步为营、久久为功。党的十九届五中全会明确提出到2035年建成文化强国，从建设文化强国、不断满足人民群众对美好生活需求的层面看，革命纪念馆事业发展有很大的提升空间，坚持"量"的扩展与"质"的提高相统一，实现高质量发展志在必得。

参考文献

1. 王华震：《"在家云游博物馆"——疫情提速中国文博线上展览》，《南方周末》2020年3月5日。
2. 《"后疫情时代"的文博馆，听听专家怎么说》，中国南京红色在线，2020年6月21日。
3. 潘路：《关于促进革命纪念馆高质量发展、加快建立"四史"口述历史等相关提案》，大艺术网。
4. 李宗远、赵永艳主编：《中国纪念馆发展报告2019》，南京大学出版社，2020年。
5. 刘栋：《博物馆免费开放专项补助资金动态管理制度的设计研究》，《东南文化》2019年第4期。

面向 2035 年

——江苏博物馆发展新思路

史佳卉

（江苏省美术馆　江苏南京　210000）

内容提要： 博物馆是社会文化事业发展的重要载体，是文化遗产保护的重要合作伙伴，是公众探究过去和未来的重要窗口。数字化建设是博物馆发展的关键一环，根据江苏省 2035 年规划纲要，坚持科技自立自强、奋力建设数字江苏摆在了首位，本文从博物馆的数字化革新着手到后疫情时代博物馆的应对策略讲解，旨在探究面向 2035 年，江苏博物馆的发展新趋势及新举措。

关键词： 江苏博物馆　数字化改革　疫情应对

　　25 年前，文化部门的数字活动就已经开启，一些较为先进的博物馆引入了第一批计算机，但仅是黑白显示器、矩阵打印机和软盘，当然也没有接入互联网，与今天被称为"记忆机构"的其他文化类分支（图书馆）相比，博物馆数字化活动发展较晚，然而这些早期的数字活动却成了今天重新使用文化数据的基石，从那以后博物馆的发展产生许多重要的新变化——数字化成为博物馆发展避不开的话题。2019 年在中国注册的博物馆就有 5535 家，50% 以上的文物博物馆仍停留在提供传统的静态陈列展示、单调的讲解内容、单一的公共服务和线下到访观展，线下讲解的生动性和互动性也较差。目前，国内外数字博物馆的普遍表现形式是将实体博物馆复制成网络形式。仅百度百科上的数字博物馆数量就达到 1609 家，占全国实体博物馆总数的 30% 左右。疫情期间，全国举办的"云展览"数量超过 2000 个，吸引了超过 50 亿人次的参观，平均参观人数超过 250 万。数字博物馆在一定程度上提高了实体博物馆的社会开放度，数字手段既能实现文物的保护，又能满足展示和传播的需要。未来人们不是谈论 windows、互联网、数码相机或智能手机，而是更多地关注博物馆的自我革新，对未来"公共关系"构建的想法以及观众的期待。

一　江苏博物馆的数字化战略

（一）数字化手段运用

1. 跨媒体的使用

互动交流技术的各种工具正在改变博物馆参观者的看法和博物馆交流的策略。一个成功的超媒体应用，秘诀之一是知道什么样的用户喜欢什么样的故事、导航和设计。不同形式的跨媒体，如交互式解说员讲述的交互式解说，增强现实驱动的 3D 活动，将文化遗产知识成功转移。博物馆被外界称之为"真实文物以及相关信息和叙述的保管员"，有义务为其数字化的未来定制战略，跨媒体的使用必不可少。今天，在线项目、实地观展、公共教育等服务在博物馆中无处不在，跨媒体作为多媒体的延伸，链接使用当前数字技术的多个平台和格式，使访问者成为一个共同作者，作为他 / 她自己的叙述者，游客用户越来越多地成为展品的参与部分，通过创造他 / 她自己的故事，打开博物馆参观的新视角，"信息保管员"和参观者之间的界限得到消除。

2. 增强现实

数字博物馆的功能是通过增强和虚拟现实来扩展传统的博物馆空间。增强现实可以呈现"博物馆最具代表性的藏品背后的一些不为人知的故事"，增强传统博物馆的展览空间，带来更好的互动性和用户体验。基于移动、数据存储和 GPS 技术的发展，为我们提供了实时的知识转移，如谷歌眼镜，显示了虚拟技术在博物馆中的应用潜力。一座博物馆包含了丰富的生活经验、参观者的喜好，他 / 她的联想，虚拟技术引导着参观者浏览博物馆的内容，通过重新利用收集到的所有数据，并通过使用新的互动交流形式：如跨媒体和增强现实，使博物馆成为重要的传播者，通过使用沉浸式虚拟技术，让参观者参与到内容中，增强参观者对博物馆展品的体验效果。

3. 三维技术

通过对展品扫描，来扩大虚拟空间中数字博物馆的功能领域，这些扫描创造了博物馆物品的虚拟副本，达到了数字化翻转物品或放大的目的，这在原始博物馆物品的情况下是不可能实现的。这些物体的 3D 打印增强了用户在实体博物馆空间的体验感，因为可以触摸和近距离观察展品。利用三维技术，虚拟博物馆空间提供在线访问博物馆展品的 3D 副本，和传统博物馆空间的三维游览，通过沉浸式方法广泛地增强传统博物馆空间，并提供虚拟现实，以实现游客互动参与的多种可能性，如儿童，他们通过触摸 3D 复制品得到一些视觉乃至触觉上的效果，并以这种特殊的感知方式来体验这些物体。

（二）数字博物馆建设

新技术的发展带来了博物馆的革新，数字博物馆也随即应运而生，利用新兴技术，打造沉浸式数字博物馆，提供不同于传统博物馆的多维体验，如东京 Mori 大厦数字艺术博物馆基于展品的展览形式，为参观者提供无边界的展示、沉浸式的环境和创意体验；巴黎数字艺术馆（the Atelier des Lumières），用数字艺术再现凡·高名作，让人沉浸在画作之中，在社会广受欢迎及好评，成为未来 10 年博物馆发展的风向标。江苏扬州中国大运河博物馆率先垂范，打造了数字化、沉浸式体验场景，引领参观者"穿梭时空"，探寻古代运河人家的生活方式。到 2035 年，江苏博物馆将打破传统博物馆的由静态展示和展览主导的模式，更多地运用技术驱动，增强信息展示的灵活性和互动性，与增强现实（AR）、虚拟现实（VR）和混合现实（MR）相结合，利用多感官（视觉、听觉、嗅觉、味觉和触觉）因素创造一个物理和数字元素共存的新环境。

（三）革新藏品管理系统

藏品管理是博物馆核心业务之一，当下江苏博物馆藏品管理参差不齐，有的已经系统运用藏品管理软件，有的还停留在手工记录，电脑简单登记层面。革新藏品管理系统，支持为不同目的使用和重新使用不同类型的数据，利用大数据功能，提高藏品溯源功能，通过线上登记、线上审批、线上流转、实时数据库统计来摆脱线下繁琐的人工流程，提升典藏系统管理效能。

二　疫情当下，江苏博物馆的应对策略

2019 年，新型冠状病毒（COVID-19）的爆发，导致全球 90% 博物馆关闭，访问博物馆成了难题，为了解决这一问题，许多博物馆开始提供远程学习项目。未来 10 年，为了更好应对公共卫生事件，基于博物馆的在线课程建设、远程学习规划将逐步完善，江苏博物馆也将迎来开发新资源的全新挑战，创新参观方式，建立有效方案。

（一）智慧服务，远程教育的开设

开展远程学习项目，挖掘学前班到终身学习者的广泛受众，利用社交、媒体平台，为公众提供广泛的项目，通过与学校、图书馆、企业等多方合作，基于江苏博物馆自身优势，研究适合博物馆在线教学的最佳策略和教学内容，为参观者提供远程在线教学。在线教学的受众面向全领域、全社会乃至全球文化艺术爱好者，因此应当具有广泛性及文化响应性，考虑到地理差异、文化差异、年龄差异等影响因素。配备正规在线教育学习项目研究人员，培养新型博物馆教学设计师和博物馆教育家，提高博物馆在线教学课程质量，提供系统的教学设计，灵活提供在线教学项目，利用工作人员的创造力来探索和测试新的模式，使用适当的教学方法和理论框架开发在线程序，打开研究与实践合作的大门，高质量的博物馆在线项目可以为不同类型的参观者提供机会。

（二）智能服务，提高人工智能水平

后疫情时代，如何减少人与人之间的接触，保持社交距离成了博物馆发展的新难题。早在 2016 年，人工智能就已是英国泰特美术馆展览和项目的核心话题，而江苏博物馆也致力于在虚拟环境中自动编排博物馆，引入人工智能，对展出的每件物品的标题和说教文本进行情感分析，全面使用虚拟讲解员，增强互动性。提升语音识别技术和图像合成技术，使用计算机将参观者与计算机中的讲解员合成到一个场景中去，实现参观者与讲解员的实时互动，如当参观者走近作品时，虚拟讲解员附近的感应器被激活，计算机控制讲解员向参观者打招呼，并向参观者讲解展品背后的故事。

（三）技术服务，线上博物馆的建设

2001 年 10 月，欧盟委员会开始了一项名为 "The Augmented Represent action of Cultural Object"（ARCO）项目，旨在开发新技术，采用多媒体方式，创建文物的虚拟代表，为博物馆提供在网上展示其藏品的机会，改善博物馆持有大量文化资产而无法使用的情况，这个项目为江苏博物馆的线上建设提供了诸多思路。目前博物馆官方网站建设已逐渐成熟、完善，如何在现有官网基础上，建设虚拟线上博物馆，提供一个虚拟参观博物馆的环境，使得展览展示更立体化、智能化、现代化，是我们思考的方向。博物馆的网页设计一改之前只能在电脑上打开的模式，转向自适应网页模式，对于非常小的屏幕，如智能手机，采用不同的交互概念，实现智能手机的在线观展、交互。网页在线博物馆作为实体博物馆的扩展部分，三维数字化技术需要得到改进，提供高像素图像，用户能够根据展品资料、制作年份、艺术家姓名等特征来过滤图像，系统根据用户选择提供多个相关联展品，并提供相关联的展品信息。在线博物馆中还配备语音智能助手，信息单元也被贴上语义标签，实现无缝播放，这样用户可以"漫步"在线上博物馆中，自由发现虚拟文物，随时听到文物背后的故事。

（四）文化服务，打造故事博物馆

随着疫情的常态化，旅游业遭受前所未有的打击，游客对文化遗产的兴趣转向了博物馆，而数字博物馆、线上博物馆的发展给文化遗产展示和旅游业的发展也提供了契机：打通文旅最后一公里，利用互联网、虚拟技术发展，将文旅融合、博物馆与文化遗产的融合，如何实现 1+1>2，最终的落脚点放在了文化遗产的表达上来（通过文学旅行写作讲述文化遗产知识），寻找专业旅行写作家成了重中之重。整理与文化遗产相关的展品，研究新的文化写作方式，与文化遗产旅游地实现虚拟空间结合，这些故事可以通过访客进入数字博物馆或者线上博物馆来展示，在故事中可穿插一些三维立体场景，在线博物馆同样可以基于文化遗产旅游地开发一系列线上展览，通过人物、叙述和时间的推移来吸引观众，进入的既是一个旅行空间，也是一个观展空间，在这个空间中前进，观众可以得到更丰富的体会。

三　结语

习近平总书记曾指出，"只有创新才能自强，才能争先"。得益于互联网技术与数字技术的发展，江苏博物馆日新月异，但中小博物馆之间仍然存在较大的差距，数字化建设层次不齐，线上博物馆的发展并不均衡，线上资源的质量存在差异。面对突如其来的公共危机，众多服务不健全的博物馆只能一关了之，公众无法获取文化产品服务。面向未来，抓住科技创新就抓住来牵动江苏博物馆发展的牛鼻子，奋进新征程、建功新时代，江苏博物馆需要在数字化建设、数字空间搭建、策展形式、技术运用等方面下苦功，争取到 2035 年，为江苏"强富美高"的新蓝图上绘制重要一笔，为建设数字化江苏添砖加瓦。

参考文献

1. Ennes, M. Museum-Based Distance Learning Programs: Current Practices and Future Research Opportunities. *The International Review of Research in Open and Distributed Learning*, 2021,22(2), p242-260.

2. Mansfield, C., & Potonik Topler, J.*An Online Museum of Stories: Literary Travel Writing for Cultural Tourism Development*, 2021.

3. Deuschel, T., Heuss, T., & Humm, B.*The Digital Online Museum: A new Approach to Experience Virtual Heritage*, 2014.

4. 高红：《浅析智慧博物馆建设经验——以典藏管理系统为例》，《博物馆学文集》2018 年第 13 期。

5. 金研：《浅谈博物馆发展的高级阶段——智慧博物馆建设》，《中国民族博览》2021 年第 3 期。

6. 张文庆：《浅析现代科技手段背景下的博物馆建设》，《文物世界》2020 年第 4 期。

7. 智慧博物馆，百度百科。

8. 数字博物馆，百度百科。

着眼未来，构筑博物馆发展新理念

——以南京市民俗博物馆为例

杨书娟

（南京市民俗博物馆　江苏南京　210001）

内容提要： 我国博物馆事业发展已基本形成布局合理、结构优化、特色鲜明、体制完善、功能完备的博物馆事业发展格局，博物馆发展质量有显著提升，在弘扬中华优秀传统文化、革命文化和社会主义先进文化，构建公共文化服务体系、服务人民美好生活，推动经济社会发展、促进人类文明交流互鉴中的作用更加彰显。但是也应关注到博物馆发展存在着不平衡不充分，尤其中小博物馆还存在着筹建起步晚、馆藏文物数量少、研究力量薄弱等现状。南京市民俗博物馆的发展思路对于面对相似困境的中小博物馆具有一定的借鉴意义。

关键词： 博物馆发展　教育传播　博物馆研究　开放服务

2021 年 5 月 11 日，国家九部委联合印发了《关于推进博物馆改革发展的指导意见》的通知。通知指出我国博物馆事业发展的总体目标是到 2025 年，形成布局合理、结构优化、特色鲜明、体制完善、功能完备的博物馆事业发展格局，博物馆发展质量显著提升，在弘扬中华优秀传统文化、革命文化和社会主义先进文化，构建公共文化服务体系、服务人民美好生活，推动经济社会发展、促进人类文明交流互鉴中的作用更加彰显。到 2035 年，中国特色博物馆制度更加成熟定型，博物馆社会功能更加完善，基本建成世界博物馆强国，为全球博物馆发展贡献中国智慧、中国方案。而当下我国博物馆发展的现状是我国博物馆在场馆建设、文物保护、藏品研究、陈列展览、开放服务、教育传播、国际交流等方面不断取得新进展，日益成为世界博物馆发展的中心和热点。但同时也要看到，博物馆发展不平衡不充分与人民美好生活需要之间的矛盾仍很突出，在发展定位、体系布局、功能发挥、体制机制等方面尚需完善提升。

博物馆发展不平衡不充分的现状原因有很多，不同类型的博物馆有不同的原因。以南京市民俗博物馆为例。南京市民俗博物馆于 1991 年建成并对外开放，馆址为国保建筑"甘熙宅第"，民间俗称"九十九间半"，是保存完整的南京地区传统多进穿堂式民居建筑群。多进穿堂式的馆址建筑对民俗博物馆的陈列展览布置十分不利。同时筹建起步晚造成的馆藏文物数量少、研究力量薄弱等因素也制约了南京市民俗博物馆的发展。这样的问题也是很多起步晚、研究力量薄弱的中小博物馆存在的共同问题。南京市民俗博物馆的发展思路对于面对相似困境的中小博物馆具有一定的借鉴意义。现将南京市民俗博物馆的发展思路分享如下。

一　创新思路，释放发展活力

从建馆之初，南京市民俗博物馆就积极寻求社会合作，先后与南京市文联、南京市工艺美术协会、南京档案馆等单位合作办展，举办了一系列受到百姓好评的相关展览。南京市民俗博物馆还是一家在非遗保护方面走在前列的博物馆。2006 年，南京市民俗博物馆作为绒花制作技艺保护单位，为绒花制作技艺申请了省级非遗保护名录项目。2012 年南京市民俗博物馆挂牌成立南京非物质文化遗产馆，成为全国首家民俗、非遗双博馆。正是因为在发展理念上坚持开放共享、创新思路，在办展及社教活动方面重视社会参与性，跨界寻求合作，才不断地促使南京市民俗博物馆克服了自身文物资源和场馆方面的劣势，多措并举，走出了适合自己发展的道路。

现在南京市民俗博物馆是老南京民俗文化和南京地区非遗文化的重要展示地、江苏省爱国主义教育基地。作为全国重点文物保护单位、江苏省爱国主义教育基地，未成年人教育多年来一直也是我馆社会教育工作的重点，特别是针对中小学生举办了大量的社教活动。2021 年我馆举办临时展览 11 场，开展社教活动项目 10 余项，社教活动场次 100 余次，青少年参观人数 3 万人左右。

二　优化征藏体系，健全博物馆藏品登录机制

南京市民俗博物馆自成立以来，特别是最近十年，通过多种形式征集文物。藏品可主要分为陶瓷、金属、丝织、玉石骨类、砖雕石刻、纸制品、漆木竹器、家具、皮影、杂件等十大类，内容涉及百姓生活、婚丧嫁娶、民间艺术等多方面。藏品征集方式以购买和接受民间捐赠为主。近年来由于文物价格走高和征集经费有限的问题，藏品征集工作也需要优化征藏体系。首先在征集藏品的工作中应该明白两个问题：为什么要征集藏品？征集什么样的藏品？首先，博物馆征集藏品应不只是收藏

历史的见证物，当下博物馆收藏更应该把眼光放长，要有为了明天而收藏今天的意识。其次，博物馆征集的藏品应该是社会发展的见证物而不应局限于物质的范畴。如国家博物馆征集了健康码的代码，而这段代码入藏国家博物馆也代表着健康码作为新冠疫情防疫中产生的中国的智慧结晶将会摆在博物馆中为后人提供一个我们这个时代社会发展的见证。如国家博物馆开展了"国史文物抢救工程"，其中还征集了王继才守岛的遗物。

这种站在明天的立场收集今天的见证物的做法，恰好和我们馆开展非物质文化遗产保护是一个思路。国家博物馆在藏品征集方面给我们做出了榜样。南京市民俗博物馆在藏品征集工作上着眼未来，征集了很多非遗技艺方面的民间艺术品，这些民间艺术品是当下南京非遗技艺的有力见证。在民俗藏品的征集方面，则是围绕主题有选择的去征集。如我馆利用馆藏民俗藏品独立策展了"粉黛裙钗饰娇娥 妆奁器用暖闺阁——清中晚期江南女性用品展""文物里的童趣——馆藏儿童用品展"等系列展览。近几年，在民俗藏品的征集方面，我馆是以女性、儿童为主题，围绕主题面向社会征集民俗相关藏品。

在藏品征集工作上要有全局观，以发展的眼光看待藏品征集工作。应该有建立体系、拓展利用的征集思路，藏品征集工作也应列出短期及长期的征集计划，有目的有体系地去征集藏品。同时，博物馆也应该注意库房管理及藏品征集方面的人才培养，参与博物馆藏品管理培训课程学习，树立专业化收藏理念。

藏品收藏方面，2018年我馆建立了现代化文物库房，提升了藏品保存环境监测、微环境控制能力，并对馆藏珍贵文物及材质有计划实施保护修复计划。从2016年文物普查开始，我馆致力于健全博物馆藏品登录机制，推进藏品档案信息化标准化建设。目前所有馆藏均完成我馆文物藏品系统登记和江苏省文物局普查网站的16年之后新增藏品登记工作。下一步工作，我馆将加快推进藏品数字化，及时完善藏品数据库并加大基础信息开放力度。

三 提高展陈质量，拓展办展渠道

陈列展览是博物馆开展社教等工作的支撑，是博物馆最基本、最重要的业务工作。博物馆陈列展览的举办应是起到深入挖掘展示中华优秀传统文化中跨越时空的思想理念、价值标准、审美风范，以古鉴今、古为今用、启迪后人的作用。秉承着这一原则，南京市民俗博物馆也积极筹划陈列展览。积极参与江苏省文物局举办的博物馆文物年度巡展项目，先后有"不一样的布贴画——祁竞布贴画""暑运时成——古代钟表展""粉黛裙钗饰娇娥 妆奁器用暖闺阁——清中晚期江南女性用品展"被选入年度巡展项目。联合南京市文艺家协会、南京市工艺美术协会等单位举办了贴近实际、贴近生活、贴近群众的非遗主题展览，如今年举办的"庆建党伟业 颂百年辉煌——秦淮区乡土人才庆祝中国共产党成立100周年非遗精品邀请展"。还举办了众志成城、同心抗疫主题的"同心抗疫 中国力量——南京艺术家抗疫主题精品展"和"'童眼——印记抗疫'——少儿美术书法摄影优秀作品巡回展"等。

为了提高藏品展示利用水平，我馆也在积极推动探索独立策展人制，推出了"粉黛裙钗饰娇娥 妆奁器用暖闺阁——清中晚期江南女性用品展""文物里的童趣——馆藏儿童用品展"等原创展览。为了让更多观众足不出户就可以看到展览，我馆还推出临时展览线上展示，只要关注我馆微信公众号就可以轻松云看展。

四 发挥博物馆教育功能，积极开展社教活动

博物馆作为文化服务平台，如何发挥教育功能也是博物馆工作中面临的重要课题。作为江苏省爱国主义教育基地，我馆社教活动的开展积极落实《新时代爱国主义教育实施纲要》要求，广泛深入开展博物馆里过传统节日、策划了"四时八节"系列和"二十四节气"系列社教活动，如小寒、大寒迎年，立春送福，欢乐闹元宵，惊蛰忙耕，春分送春牛，清明寻春，谷雨送春，立夏迎新，小满入夏，端午赢粽，团团圆圆度中秋，登高贺重阳，霜降观落叶活动。国庆期间积极开展了"童心向党·我是社会主义接班人"主题公益活动。这些活动面向青少年人群教育普及中华传统文化，青少年通过沉浸式体验民俗节日活动，传承弘扬了民俗文化。

传承非遗文化也是我馆社教工作的重要内容之一。我馆持续多年开展品牌活动"非遗进校园""非遗周周学""南京非遗云课堂""南京非遗云竞赛"等品牌活动，向青少年传递南京非遗文化，为培养青少年热爱南京、南京非遗技艺薪火相传做出努力。

爱国主义教育也是社教工作的重要内容。结合庆祝中国共产党成立100周年，我馆开展了"童心向党·我是小小传承人"主题夏令营活动。以童心向党为主题，内容丰富多彩、形式多种多样，包含观赏体验皮影戏、红色小故事宣讲以及非遗课程学习，通过参观展览与社教体验活动相结合的方式，让营员们了解中国共产党的百年辉煌史，增强爱国主义情怀。

另外，支持博物馆参与学生研学实践活动，促使博物馆成为学生研学实践的重要载体。2021年，我馆结合5·18国际博物馆日，与江苏警官学院联合举办"神

奇的双手"研学活动。同年与南京航空航天大学签约合作，成为南京航空航天大学"外国留学生实践基地"，与南京市第九初级中学合作成立"博物馆美育课程实践基地"，向青少年传递南京非遗文化，为培养青少年热爱南京，为南京非遗技艺薪火相传做出努力。接下来，我们还将继续深化推广以需定供的菜单式社教活动服务。

五　优化传播，构建线上线下相融合的传播体系

我馆积极与《江苏零距离》《交汇点》《南京日报》《现代快报》《南京晨报》等官方媒体合作，搭建南京民俗文化和非遗文化交流平台。通过网络媒体、纸媒、电视媒体等方式宣传，及时推送南京民俗、非遗、馆内非遗传承人相关宣传视频及新闻报道，提升南京市民俗博物馆社会影响力。同时，我馆积极开展官网及微博、微信公众号宣传工作。通过微信、微博和网站三方平台，充分宣传了南京市民俗博物馆的各项活动，提高了本馆在全市乃至全省的知名度和影响力。

紧跟时代步伐，以百姓喜闻乐见的方式宣传博物馆展览与活动。我馆与南京电视台合作，在广电集团《我的大学》大型直播节目开播，主题为"云探馆——老南京的历史记忆：甘熙故居""非遗教学——南京绒花、南京面塑"，共四期，参与人数 195430 人次。宣传南京市民俗博物馆的历史故事及建筑艺术、非遗特色、开展非遗宣讲及线上体验活动。2021 年文化和自然遗产日，我馆与网红主播合作以短视频的方式直播了我馆举办的"礼赞百年　乐享非遗——2021 年文化和自然遗产日主题活动"，线上参与人数达 900 万人次。这次直播活动扩大了南京市民俗博物馆的知名度，也给了我们更多信心紧跟时代步伐，用当下流行的媒介宣传博物馆。

近年来，南京市民俗博物馆坚持发展各项事业，取得了优异的成绩。陈列展览方面，独立策划的多个展览入选江苏省文物局巡展项目；一个原创展览入选江苏省十三五优秀展览。社教活动方面，"500 娃娃学非遗""南京非遗云课堂""名师高徒——'南京非遗小传人'研学夏令营"等品牌项目先后获得国家、省、市级荣誉。这些荣誉的取得和南京市民俗博物馆坚持着眼未来、创新发展的发展理念是分不开的。

发挥历史文化名城优势　全力打造全域旅游示范区

金　媚

（淮安市楚州博物馆　江苏淮安　223000）

内容提要： 本文按照全域旅游理念系统梳理淮安区目前存在体制机制不够完善、管理不力，政策保障不够强劲、文旅融合深度不够，公共服务不够完整、服务功能还很欠缺，供给体系不够、乡村旅游发展严重滞后等现状，提出了要提升融合发展力、提升城乡联动力、提升旅游规划引领力、提升项目建设支撑力、提升旅游品牌影响力、提升旅游服务吸引力六个方面引领创建国家级全域旅游示范区的新思维和新做法。

关键词： 淮安　国家级旅游示范区　名城优势

一　现状

淮安，古之名郡，具有 7000 多年的文明史和 2000 多年的建城史，古有"襟吴带楚客多游，壮丽东南第一州"的美誉，是一代伟人周恩来总理的家乡，也是全国历史文化名城、中国优秀旅游城市、中国营商环境百强区、全国文明城市、全国综合实力百强区、省级全域旅游示范区。

淮安区地处南北水陆交通要道，风光秀丽，商贸繁荣，自古以来就是旅游胜地。

1. 文化底蕴深厚

我区是西游记文化诞生地、红色文化纪念地、淮扬美食发源地。建城 2000 余年以来，我区孕育了灿若群星的文豪武杰、俊彦人才，每寸土地都渗透着卓尔不群的文化基因。运河文化、漕运文化、府衙文化、三连城文化、生态水域文化、古镇文化、园林文化、名著文化（《西游记》《水浒传》《三国演义》）、科举文化、金融文化、美食文化、中医药文化、红色文化、伟人名人文化等等，博大精深，令人瞩目。我们拥有淮剧、十番锣鼓南闸民歌等 119 项非物质文化遗产，其中国家级

2 项、省级 5 项，是中国民间艺术之乡、中国杂技之乡、中国书法之乡、中华诗词之乡。

2. 资源禀赋独特

我区先后荣获国家卫生城市、国家园林城市、国家生态示范区等荣誉称号。多年的保护性规划，使淮安古城独有的"三连城"格局得到了较好的保存，在全国第三次文物普查中，古民居"星罗棋布"，仅淮城的古民居尚有 1000 余间，登记为文物点的有 162 处，萧湖、勺湖、月湖"三湖连珠"，形成"一城古迹半城湖"的宜人风貌。我区现有不可移动文物 378 处，其中有世界文化遗产大运河淮安段，国家级文保单位 5 处；现有各类旅游景点 29 个，星级乡村旅游区 6 家，旅游星级宾馆 7 家，旅行社 16 家，持证导游 300 多名。

3. 交通区位优越

淮安高铁东站紧邻我区，徐宿淮盐、连淮扬镇等 5 条铁路在我区境内构成"米"字型布局，京沪高速、盐徐高速穿境而过，京杭大运河、淮河入海水道、苏北灌溉总渠在境内交汇，距淮安机场仅有 20 分钟车程。这些得天独厚的优势，为我们争创国家级全域旅游示范区，提供了坚实基础和有力支撑。

近年来，我区紧紧围绕习近平总书记"把周总理的家乡建设好很有象征意义"和总书记给新安小学少年儿童"六一回信"的重要指示精神，以建设世界知名的旅游目的地城市为目标，以周恩来故里国家 5A 级旅游景区为龙头，聚焦历史文化主题，挖掘古城古镇资源，打造特色品牌，推进全域旅游，奏响了新时代"文旅兴区"的主旋律。

二 主要做法

为打造全域旅游示范区，去年 9 月 20 日，区委区政府召开了全区国家全域旅游示范区创建工作推进大会，进一步明确我区旅游业发展的主要任务，对创建国家全域旅游示范区工作进一步部署，在全区上下积极营造高度重视旅游业、共同推动旅游业发展的浓厚氛围，努力开创旅游业发展的新局面。

1. 注重顶层设计，形成"＋旅游"的推进机制

压实领导责任，成立全域旅游领导小组，建立联席会议制度，组建中心城市（大运河文化带）、美丽乡村等攻坚指挥部。

2．深化产业融合，培育淮安特色的旅游业态

紧扣历史文化主题，重点突出"一渠两轴三湖五街区一古镇"的全域旅游核心板块，加强文物单位保护利用，对河下古镇、淮安府署、吴承恩故居、漕运博物馆、状元府、萧湖等景区提档升级，串点成线、连线成片。推动淮剧、十番锣鼓、南闸民歌、仇桥杂技等文艺进景区。

3．坚持以人为本，完善优质暖心的公共服务

将基础设施和公共服务从景区拓展到全区，补齐全域旅游短板。累计投入 31 亿元，对全区 18 条河道、79 个老旧小区、52 条古城后街背巷进行整治提升。深化旅游"厕所革命"。投入近 3000 万元新建改建旅游厕所 62 座，其中 56 座达到 A 级标准，实施全域旅游"畅通工程"，建设里运河长廊等多条旅游风景道，开通"海棠号"旅游专线。推进旅游集散体系建设。打造淮安高铁站一级旅游集散枢纽、汽车东站二级旅游集散中心，各景区景点游客服务中心、服务站、服务点的多层次、立体化旅游集散体系。

4．强化综合管理，营造文明有序的旅游环境

构建"1+3+N"旅游执法体系，对扰乱旅游市场的行为重拳打击。以创建全国文明城市为契机，加强旅游从业人员的培训和监管，加强旅游行业安全管理，优化和完善旅游投诉机制。

5．聚焦市场导向，构建丰富多样的营销模式

建立多方参与的立体式营销机制，先后举办古城淮安全域旅游推介暨战略合作大会、首届长三角大运河文化带城市旅游论坛。注重发展"夜经济"，河下古镇城河街入选省级夜间文旅消费集聚区建设单位。

三　主要存在的问题

虽然我们做了很多工作，但是离创成国家级旅游示范区尚有一定差距。

1．体制机制不够完善，管理不力

文化旅游产业缺乏统一、高效的管理主体，部门职能也未充分发挥，全区 20 多个旅游景点目前隶属于楚韵集团管理，文旅开发中心负责建设，文广旅局负责行业监管，三家单位沟通不畅，配合不力，造成很多工作相互推诿扯皮的状况。目前除了周恩来纪念馆、周恩来故居、漕运博物馆、淮安府衙、吴承恩故居、状元府邸

这几个景点正常对外开放，关天培祠、韩侯祠、刘鹗故居、龙光阁等多处景点处于荒废状态，大门紧闭，无人看管，严重浪费了我区丰厚的文化资源。远的不说，就拿周边县区金湖来讲，2015 年，该县就组建了近 30 人的金湖县旅游管理发展中心，真正实行景区专业化、公司化、市场化运营。近年来，白马湖村获批全国乡村旅游重点村，尧想国文旅区成功创成国家 AAA 景区；智慧旅游入选文旅部文化和旅游信息化发展典型案例；先后承办全省、全市全域旅游工作现场会，通过旅游带动，金湖县的荷藕、龙虾等湖鲜美食越来越有名了，"鲜美金湖"的品牌价值也持续提升。金湖县有 3 万人从事荷藕、龙虾产业，年营业额超过 30 亿元，居民可支配收入增幅淮安全市第一。该县在 2020 年 12 月以全省第一的成绩正式获批第二批国家全域旅游示范区。金湖现象、金湖经验、金湖模式被全国近百家主流媒体刊载，给苏北乃至全国旅游业欠发达地区提供了很好的发展样板。

2. 政策保障不够强劲，文旅融合深度不够

目前政府政策文件和实施方案督查考核机制还不明显；还未出台全域旅游发展专项政策专项文件；与文化、农业、水利、林业等规划深度融合的融合度不够；各部门还没有专项统筹资金用于发展旅游；旅游用地的优先保障、旅游用地政策的创新性、人才引进严重不足。

3. 公共服务不够完整，服务功能还很欠缺

如目前还没有符合国家旅游示范区所规定的旅游集散中心，关于公路服务区，朱桥、张兴服务点，只是景观小品，没有服务功能；没有直达龙头景区的专线，大多数是旅游公交；旅游客运班车海棠号重复出现；在通往重要旅游景区的公路沿线只有道路标识牌，没有景点介绍牌；咨询服务中心严重缺失，不具备任何功能；除了周恩来景区具备游客集中场所智慧设施，其他景区都不具备。

4. 供给体系不够，乡村旅游发展严重滞后

目前，我区只有恩赐山庄能够接待游客，特色小镇建设缓慢，乡村旅游业态只见 4 个，数量严重不足；乡村旅游质量产业链条只有政府推动机制，没有企业、协会推动机制；用于突出旅游品牌的国家级、省级荣誉称号中只有中国民间文化艺术之乡符合要求，省级非遗小镇还停于创建阶段；旅游住宿只有 1 家四星级酒店；目前只有餐饮店，没有文化主题旅游饭店；旅游住宿的管理服务只有淮安宾馆一处；严重缺少休闲娱乐活动和场所。近年来，娱乐文化消费已成为旅游消费的主力军，我区淮剧、杂技、南闸民歌、十番锣鼓、掼蛋等地方文化与旅游结合不够，夜景游船、晚会剧场、特色酒吧，茶楼等"夜生活"旅游产品依然非常匮乏。

为发挥历史文化名城优势，对照国家级旅游示范区相关要求，针对以上问题，现提出如下建议。

区委、区政府首先要理顺管理机制，激活运行机制，在此基础上做到：

第一，要在提升融合发展力上下功夫。实践表明，旅游业具有"一业兴百业"的综合带动效应，发展全域旅游不仅可以更好推动文旅融合、城乡融合、产业融合、产城融合，而且能够为经济社会发展转换动能、优化升级提供新引擎新动力。我们要以融合的理念发展全域旅游，推动旅游目的地从景区景点辐射到全域，推动"旅游+"向"+旅游"转变，推动旅游和餐饮、住宿、购物、交通、娱乐等产业深度融合，让更多游客停下来、住下来，让消费市场动起来、火起来，不断提升文旅消费对经济发展的贡献度。大力推动"文化旅游+"，促进产业融合发展。立足"一镇一品"，引导乡村旅游区、生态园、家庭农场完善配套、规范建设、提档升级。挖掘优质教育资源，做强恩来干部学院、新安旅行团、博里农民画苑等研学旅游基地。依托地方特色工业项目，推进共创人造草坪、康乃馨织造、千年淮盐等工业旅游项目建设，景区化建设"水上立交"项目。开发健康旅游业态，丰富吴鞠通中医馆康养旅游等产品。通过推进产业融合发展，发挥旅游业对农业、教育、工业、健康等优势资源产业的拉动、融合、催化、集成作用，以旅游产业带动淮安区实现全产业链的提质增效和创新升级，形成文旅产业引导下的淮安区产业发展新格局、新常态。

第二，要在提升城乡联动力上下功夫。旅游发展全域化、供给品质化、治理规范化、效益最大化，是全域旅游创建的主要目标，这与实施新型城镇化和乡村振兴战略目标同向、内容关联、要求契合。特别是经过此次新冠肺炎疫情，人们对生命、生活、生态都有了新的理解，"到乡村去"已成为更多人出游的新选择。这也启示我们，要因地制宜、创新创意发展全域旅游，推进旅游扶贫和旅游富民，强化"城市即景区""旅游即生活"的理念，坚持景城联动、景区带村，不能把全域旅游等同于景区景点、等同于乡村旅游，全力打好"城市＋乡村＋景区"组合牌。要围绕全域宜居宜业宜游目标，统筹推进旅游景区、特色小镇、美丽乡村建设，加强城乡整体风貌、全域环境整治，推进旅游风景道、城市绿道、田园艺术景观等全域镶嵌，努力打造特色鲜明的旅游目的地，确保整体创建走在前列。

第三，要在提升旅游规划引领力上下功夫。打造国家级全域旅游示范区，构建"大旅游"发展格局至关重要。要突出规划统筹和协调，以高水准的规划为龙头，按照目标战略、资源特点和发展趋势，高起点、品牌化、差别化地统筹推进旅游产业集聚、项目开发、业态培育和配套体系建设。要强化全域旅游规划。深度衔接全区"十四五"发展规划，加强与土地利用、城市统筹、生态保护等规划的有机对接，把概念性、总体性规划深化为可操作、可实施的详细规划，强化规划执行的刚性，加强过程管控和绩效评估，真正形成一张能够绘到底的蓝图。要完善旅游产品规划。按照"旅游＋工业、农业、文化、生态、科技、教育、体育、康养"等"1+N"的思路，注重整合与开发并重，优化与创新同步，规划开发一批文化体验、生态观光、休闲度假、乡村旅游等具有浓郁"淮安味"的拳头产品，丰富旅游产品体系，促进产品量质提升，切实把淮安区旅游资源的"聚宝盆"转化为旅游产品的"万花筒"。要优化精品游线策划。当前淮安区旅游业最大的问题是引得来人，但留不住人，游客多是过境客，往往是单日往返，未能形成可持续的旅游收益链条。要加强与知名旅行社以及新媒体旅游平台的战略合作，依托重点组团旅行社，合理设计景区、交通、餐饮、娱乐、住宿等行程安排，策划并推出二日游、三日游的精品线路，在串点成线中加快形成多重收益的产业集聚效应。

第四，要在提升项目建设支撑力上下功夫。按照"整体布局、集群发展、全城旅游"发展思路，坚持规划引领，发展特色内涵，大力推进以"一渠、两轴、一镇、三湖、六街、十村"为重点的景区组团及配套建设：一是做靓风光带。整治"文渠镇淮楼东西段、老西门大街段、龙窝巷段、双刀刘巷段、新城市广场段、萧湖段、新城西城墙西侧段、桃花垠段、东岳庙段、古城东南古城墙遗址段"，按照水绿文城相融的思路，沿渠新建游行步道和慢行系统，使之成为串联历史街区和遗产节点的脉络，呈现城市的灵气与韵味。二是做大景观群。依据淮安历史文化名城保护规划，以"镇淮楼、漕运遗址、淮安府署"为纵轴线，向南延伸至水上立交、向北延伸至北门大街，沿线开发水浒廖儿洼、府学泮池、关天培祠、府署西门、窦娥巷、萧湖东片区，使之成为串联淮安古城老城、新城、夹城"三城联立"景区的旅游"金长廊"；以镇淮楼东西路为横轴线，将镇淮楼东西路按照旅游景观大道定位，深度开发东岳庙、蝴蝶厅、韩侯祠、漕运遗址、周恩来故居、施耐庵罗贯中著书处、老西门、里运河等文物点，系统策划打造一批旅游产品，使之成为淮安古城旅游的"金腰带"。三是做精古街区。按照"四态融合"探寻河下古镇创新之路，精造江北古镇经典新样板。塑造"形态"，保护好古镇的历史风貌；展示"文态"，挖掘好古镇的特色文化；培育"业态"，发展好古镇的旅游产业；修复"生态"，营建好古镇的绿水环境。重点拓展"两线三片"，即以游线串起河下古镇的内环线和外环线，内环线打通湖嘴大街至沈坤状元府的旅游通道，形成河下古镇老街旅游内环线；外环线整治提升北门大街、友谊路、城西北路旅游环境氛围和设施配套，形成河下古镇旅游外环线。"三片"，即河下老街片区，以省级非遗特色小镇为引领，打造活态非遗体验与历史文化游览两大主题之旅；盐晶堡片区，导入盐主题健康休闲度假项目，打造现代娱乐主题之旅；萧湖片东区打通莲花街道路，配套绿化景观小品。同时运用市场化手段，力推几个上规模、改结构、补短板的特色项目落地，将河下打造成为汇集淮安古镇特色文化的展示窗口。四是做美水生态。长远规划"三湖连通"，分步推进局部连通，第一步连接萧湖和桃花垠，不仅水系相连，更要舟楫相连，打开萧湖东南口至纪念馆西门旅游通道，纪念馆西北片规划建设旅游功能配套项目；第二步打开萧湖南入口至勺湖水面游船通道，实施萧湖与勺湖连通，勺湖增加淮安名人碑园、听风茶舍、勺湖草堂等景点；第三步以文渠为脉连通勺湖和月湖，月湖增加天妃宫、蒲菜荷塘观景堤、新安旅行团纪念馆等景点。通过三湖胜景的打造，为城市留足水面，体现文化和生态的双重价值。五是做特古巷坊。最大限度原状恢复淮安古城老街历史风貌特色，按照修旧如旧的原则，实施淮安古城驸马巷—上坂街、河下两个重点保护历史街区，以及老西门大街、双刀刘巷、太清观街、县东街、东岳庙、河北街·光明街等 6 个老街区历史地段的保护修缮，参照北京胡同模式进行开发利用，整体保护老街巷格局肌理和古民居，突出杨士骧故居、刘鹗故居、罗振玉故居、谈荔孙故居、王遂良故居、秦焕故居、陈济川宅、松寿中药号、矶心闸、淮安天主教堂等 200 多处名人故居和历史遗存的保护利用，同时兼顾传统建筑、古树名木、古井等要素，保持和延续历史地段传统格局和历史风貌，修复历史文化资源的真实性和完整性。六是做强田园游。以培育"特色风情小镇、特色景观名镇、特色田园乡村"为抓手，从"宜游、宜闲、宜业、宜居"多功能融合发展为导向，构建淮安区全域旅游特色村镇体系。着力打造博里画苑、张兴田园风光、平桥故事等一批特色乡村。重点打造"五个特色小镇"：以特色田园乡村为平台的江淮水乡民居体验的"仇桥枕水小镇"、以现代渔业产业为平台的渔趣娱乐特色的"流均渔乡小镇"、以掼蛋游戏文化切入点民间娱乐文化体验"南闸掼蛋小镇"、以施河教学具、体育用具产业为支撑的青少年、儿童游乐、益智特色"施河智教乐享小镇"、季桥九曲河畔农旅小镇；同时建设提升"十个乡村旅游示范点"，苏嘴湾生态园、仇桥恩赐山庄、顺河绿地生态园、茭陵蓝水湾生态园、钦工现代农业产业园、苏嘴湾现代农业产业园、钦工横沟暴动纪念馆、仇桥杂技培训基地、车桥战役纪念馆、大胡庄战斗纪念园，通过 5 个旅游风情小镇和 10 个旅游示范点开发建设，拉开淮安区全域旅游美丽乡村框架，构建旅游引领下农村"生产、生态、生活"融合共生新发展格局。

第五，要在提升旅游品牌影响力上下功夫。品牌是旅游核心竞争力和影响力的集中体现，是一个地区旅游发展水平的重要标志。旅游业能不能大发展，关键看一条，就是有没有让人非来不可的理由，有没有一些让人觉得不去可能会终身后悔、去了终生难忘的地方。一方面，要全域创建塑造品牌。对照国家全域旅游示范区创建指标体系，在对标找差中主攻突破，补短板、强弱项，确保每一项指标都能完成。要持续推进国家 A 景区、省级以上乡村旅游区等旅游品牌创建，积极开展工农旅游示范点创建工作，塑造更多在全国有影响的旅游"名片"。另一方面，要宣传推介亮出品牌。要强化我区旅游品牌的宣传和推介，加强在国内主流媒体的品牌营销，提高旅游的知名度和美誉度。要注重面上宣传与精准推介相结合，综合采用多元化宣传方式、立体式推介渠道，针对重点游客人群开展针对性营销，特别是现在互联网及新媒体已经成为旅游营销的重要渠道，往往能够"四两拨千斤"，起到意想不到的推动作用。要进一步加大信息化营销力度，充分利用新媒体营销手段，推广精品游线，把旅游品牌进一步打响擦亮。

　　第六，要在提升旅游服务吸引力上下功夫。加快构筑游客向往的旅游目的地，必须提升服务水平，严格服务标准，彰显服务实力。服务的提升，既包括配套设施硬环境，也包括人文社会软环境。要围绕"吃、住、行、游、购、娱"六要素，高标准完善"旅游交通、游客服务、智慧旅游、安全应急、市场管理、购物消费"等公共服务网络。新华财经"五一"旅行大数据报告显示，"90 后""00 后"为绝对出游主力，占比近 50%，其中"00 后"的红色旅游预订量同比涨幅超过 630%。如何立足新消费群体深耕新消费市场，是我们在旅游供给时要考虑的重要因素，要建设一批年轻人喜爱的农家乐、特色民宿和精品酒店，培植网红打卡地。娱乐文化消费已成为旅游消费的主力军，要全力打造河下古镇夜间文旅消费区，在城区和景区激励扶持民间资本投资建设夜市、酒吧街、精品美食街、演艺广场、歌舞厅、主题旅游饭店等，达到使新消费群体来了不想走，走了还想来的效果。要强化基础支撑，加强综合交通与旅游线路的无缝对接，旅游交通是全域旅游的生命线，要设计好旅游交通线路，布局畅达便捷的交通网络，有效推进"快旅慢游"路网建设。开通旅游专线公交构建高星级酒店、经济连锁酒店、民宿多元化的旅游居住格局，积极开展旅游公厕优化提升等专项行动，以完备、便利、安全的基础设施体系，增强我区旅游服务设施的吸引力。要积极运用"互联网＋"模式，加快构建以数字化、网络化、智能化为主要特征的智慧旅游服务体系，在重点景区推进无线通信全覆盖工程，构建线上与线下相结合的城乡自助旅游公共服务设施体系。要加强市场监管，推进诚信旅游体系建设，提升从业人员素质，规范价格管理，加强长效监管，规范旅游市场秩序，维护游客合法权益。要提升文明程度，在全社会倡导"人人都是淮安形象，处处都为游客服务"的理念，努力塑造文明旅游的良好形象。

总之，我们在目标定位上要围绕"历史古城、文化名城、生态水城、宜居新城"的形象定位，学习借鉴杭州经验即"去景区化"新提法，促进旅游与城市"景城合一"，旅游为城市增色，城市为旅游配套；以水为脉、串点成线、连线成片，打造大运河文化带国家公园样板区，将"百里画廊"纳入对外开放的特色景点景区，与周恩来纪念馆、周恩来故居、漕运博物馆等景点组团。做到"景"中有"文"，"文"中有"景"，以文促旅，以旅彰文，将古城文化旅游开发的广度深度提升一定层次，将"文旅兴区"作为永恒的发展关键词。要围绕"古城区、主城区、核心区"的城市定位，立足"全景化建设、全资源整合、全产业整合"的发展思路，形成"旅游+"发展新格局，更好地彰显文旅资源特色。要学习借鉴浙江乌镇、苏州、扬州的成功经验，复兴古城文气，吸引八方人气，兴旺文旅商气，壮大收益财气，创造百姓福气，做"中国的淮安—世界的淮安"，让老百姓看得见、摸得着、感受得到，实现经济效益、社会效益、生态效益相互协调、共同提升。创建国家全域旅游示范区，意义重大，任务艰巨，全区上下要切实按照区委、区政府决策部署，紧盯目标，扎实推进，以创新的思维、担当的姿态，奋力推进创建目标任务，真正发挥我区历史文化名城优势，真正将淮安区建设成为全市展示"象征意义"的窗口，早日创成具有淮安区特色的国家级全域旅游示范区。

谈新时代博物馆文创的发展方式

夏维凯

（扬州博物馆　江苏扬州　225125）

内容提要： 博物馆是公共文化供给的重要组成部分，文创作为改革的亮点受到全社会的关注。中国特色博物馆文创如何健康持续发展，以博物馆文创近年的发展为例，讨论一下新时代博物馆文创的发展方式。

关键词： 新时代　博物馆　文创

"十四五"是推进社会主义文化强国建设和推动文物保护利用发展的重要时期。坚持创造性和创新性，研究和推广文物中所蕴含的历史文化和时代价值，合理利用文物，树立民族历史认知，文物保护利用工作要与经济社会发展同步。

中国博物馆起步晚于欧美，新中国成立初期只有博物馆 20 余座，早期的工作重点围绕着考古发掘、藏品保管和陈列研究。改革开放以后，博物馆事业得到了很大的发展，博物馆体系逐渐完备。到 2020 年年底，备案的博物馆就有 5000 多家，达到国家标准的一二三级博物馆有 1200 多家，博物馆类型多种多样，布局也更为合理，逛博物馆已经成为生活中的常事，博物馆和图书馆、电影院一样，成为公众文化娱乐的重要环节。

一　博物馆文创的现状

20 世纪 80 年代"新博物馆学"在欧美兴起，重心在于关怀社群和社区的需求，认为观众是博物馆的立馆之本，而不是传统的藏品整理、保护、研究和陈列。博物馆更加注重观众的体验，增添了不少服务设施，如巴黎卢浮宫博物馆在地下设了商场，艺术和商业并举。2008 年的全球金融危机重创了世界经济，使欧美博物馆收到的捐款数额、政府援助和投资回报大幅缩水，出现了严重的运营困难。博物馆必须采取各种举措填补资金的空白，经营艺术衍生品及相关授权成了自我造血的重要方式。

中国的博物馆人也关注到了欧美的新变化，20 世纪 90 年代中国博物馆开始关注营销，很多博物馆都在尝试，影响较大的有故宫博物院、中国国家博物馆、广东省博物馆、湖北省博物馆等，宣传和获得经济收益是这阶段的工作目的，发展较好的有湖南省博物馆、苏州博物馆等，主要的文化产品是馆藏文物为原型复仿制品和纪念品，但和真正的文创产品仍然有一定距离。

从 2008 年开始，免费开放的政策在全国铺开，博物馆和纪念馆纷纷敞开大门，文化服务这一职能越来越突出。此时博物馆届提出口号"把博物馆带回家"，这口号是借鉴欧美国家博物馆和我国台湾地区博物馆的经验提出来的。从此开始，很多博物馆开始进行产品的制作和销售的尝试，个性化的礼品受到了市场的肯定。

2016 年 5 月，《关于推动文化文物单位文化创意产品开发的若干意见》提出了"让文物活起来"，极大推动了文创工作的发展。至 2021 年上半年，文创的热潮持续了 5 年。在此期间，文创的发展路径基本清晰，文创产品成为新时期博物馆综合能力的重要指标。

试将国内博物馆文创分为四个梯队：

第一梯队是故宫博物院。故宫文创的启动虽然晚于台北故宫，但是厚积薄发，发展已将其远远抛离。故宫的文创产品、APP、综艺节目、影视作品，屡屡夺人眼球，立体式文创完美诠释了中华优秀文化的强大吸引力。

第二梯队是拥有知名 IP 的博物馆。恭王府博物馆、上海博物馆、南京博物院、敦煌博物馆、三星堆博物馆、秦始皇帝陵博物院、湖南省博物院、陕西历史博物馆、苏州博物馆等。IP 的英文是"Intellectual Property"，指知识产权，也特指具有长期生命力和较强商业价值的成果或概念。讲好博物馆文创的故事，通过故事进行 IP 的塑造，与观众共情，事实证明这是大众喜闻乐见的方式。这些博物馆提供了各具中华特色的文创产品，也因地制宜确定了自己的博物馆文创开发运营路径。

第三梯队是 IP 不知名，也还在做文创的中小型博物馆，以类型博物馆／纪念馆、地方博物馆为主，如北京鲁迅博物馆、扬州博物馆等。这些博物馆的文创有线上销售渠道，销售额中线下销售占比略高，年度文创开发预算有限，产品偶有亮点。

第四梯队是文创刚起步的博物馆，没有或正在设立文创运营主体，潜力没有得到发挥。文创的格局可大可小，小城市的特色一样吸引人。

二　新时代背景下博物馆文创的新特征

自 2008 年博物馆开始文创开发，馆内外的声音不绝于耳：博物馆文创缺设计缺人才、文创受政策限制太大等等。这么多年过去，文创产品推陈出新，博物馆文创的理论工作却了无新意。看近几年的文创类论文，基本分为两类：院校的论文往往说博物馆缺设计，提出某种设计理念；博物馆界的文创论文往往说体制谈政策，没有激励。为何呼声很高的文创政策至今未曾落地，真是政策跟进太慢吗？笔者认为，博物馆文创在做出优秀产品和获得经济收益之前，首先要明确中国为何发展博物馆文创，作为博物馆文创的先行者，如若一心做产品、扩大宣传、增加销售额，未免格局太小了些，以下只是一家之言，仅供参考。

1．文创的首要作用是匹配文化消费的升级

随着经济的发展和社会的进步，大家对于物质消费的需求已基本满足，对于文化消费更加重视。当今中国，人均 GDP 近 1 万美元，文化消费增长迅速。文化消费的增加，就要求文化产业的发展必须跟得上人们的需求。但是现在文化产品和服务生产还没有能够满足社会的需求。

2．文创要弘扬中华优秀文化，坚守文化自信

传统文化在当下，依然很受欢迎。"故宫文创的成功，归根结底依靠的是中华民族优秀传统文化这一中国人'文化基因'发挥的强大认同感。从无形的礼仪制度、思想文化，到有形的工艺、技术、艺术，中华文化的方方面面在故宫的历史、建筑、藏品中都有所体现，而且汇集了其中最正统和高水平的部分。故宫文化在中国历史文化体系中有它的不可替代性"。到 2019 年，故宫已累计研发 13000 多种文创产品，近乎全品类；2020 年又研发新产品 700 多种；在市场中销售的产品也有 5000 多种。

3．文创拥抱互联网

2016 年 11 月，《"互联网 + 中华文明"三年行动计划》出台，这几年来互联网联合博物馆跨界融合，整合建设文物数据资源库，推动着传统博物馆向智慧博物馆的转变，文物利用新领域不断升级拓展，由学术研究领域跨越到了数字体验领域，文创由传统的文物衍生品较为单一的模式向教育、旅游、创新创意、影视动漫、游戏等领域不断融合发展。

根据《2019 博物馆文创产品市场数据报告》显示，天猫博物馆旗舰店年度来访次数达 16 亿次，近 900 万消费者购买过博物馆文创产品，其中购买主力为都市年轻女性。根据《2019 博物馆文创产品市场数据报告》，已经有 24 家博物馆在天猫商城开设了文创店，这里面既有国内知名博物馆，也包括大英博物馆、美国波士顿艺术博物馆在内的海外博物馆。

三　新时代背景下博物馆文创下半程怎么做

2021年11月8日,国务院办公厅发布《"十四五"文物保护和科技创新规划》,其中提到了"大力推进让文物活起来"。在政策支持和消费者选择的双重导向下,品牌更乐意用全新的方式对国货品牌和产品进行全新的诠释和塑造,博物馆文创在下一个时期依然是产业发展的推动力,从文创发展的现状来看,可能有以下几点趋势。

1. 经济效益其次,积极进行授权合作

经济效益永远放在第二,重产品开发数量,重产品销售额都是不可取的,中国博物馆是公共文化服务单位,资本可以逐利,博物馆文创工作不可以。

2019年国家文物局组织专家编制了《博物馆馆藏资源著作权、商标权和品牌授权操作指引》给博物馆授权工作指明了方向。《2019博物馆文创产品市场数据报告》显示:在整体文创产品市场中,博物馆授权产品占据72%,其规模是博物馆自营产品的3倍。

2. 注重对文化的研究,做好博物馆品牌策划

博物馆在文创工作中应该将主要精力放在自身品牌塑造和对历史文化的分析和提取上。博物馆文创不仅是对优秀传统文化的传承,更重要的是探究如何可以在受到外来文化冲击的情况下,优秀的传统文化稳住脚跟,既能保留传统文化的精髓部分,又可以被更多元的文化所解读。博物馆文创不是设计的问题,很多专家都用产品设计的理论和营销的理论去解析博物馆文创,或者照搬欧美博物馆文创的新概念,其实这并不适用于中国博物馆。每座博物馆在开展文创工作时,都应更多地考虑自身特色和个性化的发展。文创只是博物馆工作的一部分,博物馆的各种业务工作,包括展览策划、教育活动等,都应维持一个比较稳定的品牌形象。

3. 建立博物馆文创工作的道德体系

博物馆文创与外界交流较多,牵扯到的法律事务也多,离资本也更近,做博物馆文创工作要严守本心,选择商业品牌合作,应慎之又慎,中国历史文化容不得半点歪曲。

在这个新的大好时期,博物馆理应积极推动中华优秀传统文化创造性转化、创新性发展,真正让博物馆走进千家万户,最大化发挥博物馆的社会影响力和服务职能,这是博物馆人义不容辞的使命。

参考文献

1．綦晓光、肖波、苏京春：《博物馆文创：响应消费需求升级的新窗口》，《第一财经日报》2020 年 11 月 18 日。

2．申冰：《"互联网 +"背景下博物馆新文创建设路径研究》，《包装工程》2020 年第 11 期。

3．杨文英：《博物馆文化产业发展探析》，《首都博物馆论丛》2020 年第 1 期。

博物馆展览平台搭建：去中心化的多元学科并构

徐佩佩

（南京市博物总馆　江苏南京　210016）

内容提要： 在全球化联系与影响日益密切的今天，博物馆的功能发生了巨大的转变。经历多元与包容的开放式建构后，尤其是疫情常态化的情境下，展览活动面临恢复与重塑的再造。展览策划的广度与深度、向社会与公众的开放程度，影响着博物馆的品牌与影响力。从藏品到展览到公众，这一趋势对于博物馆平台搭建有着重要意义。观众体验的多层次、多感官决定了博物馆展览策划的去中心化多元学科并构的核心结构，而以这一结构为中心的平台媒介的搭建程度又影响着博物馆的未来发展。

关键词： 传播　展览　平台　去中心化　多元学科

在全球化联系与影响日益紧密的今天，人类社会面临着前所未有的挑战。这种挑战一方面表现在需要紧跟全球化的步伐，站在全球化的视野中去权衡现时现地的情境，加强沟通与合作；另一方面需要考虑自身的完整性与独特性，二者的竞争与博弈。尤其在新冠疫情常态化并且偶有反复的这段时间，人与自然的关系被提到了新的日程与关注中，加之技术手段的不断更新迭代，博物馆更深刻的面临着为什么讲故事、讲什么故事、怎样讲故事的深思中，相较过去任何一种探索都是新的尝试而言，如今的挑战步步为营。

一　去中心化的视角选择

中国博物馆 100 多年来的发展主要经历了从藏品到观众的中心转变，展览也是经历了从"物的展示"发展到"人的阐释"的转变过程。自 20 世纪 80 年代起，"阐释性展览"的概念就开始在中国兴起，围绕物、人和传播科学技术及其之间的关系，以展览创造与受众密切关联的真实生活体验，促使其能够实现对理解、思考及表达的情感互动关联，进而吸引新观众并同时提高重复参观率。与以往重视藏品的精品文物展览的传统视角相比，以人为本的视角更加注重的是观众体验以及随之而来的流量资源，而展览就是流量的生产。

1．去中心化

随着传统"物"的视角被打破，去中心化成为展览策划的一个考量因素。毋庸置疑，精品文物蕴含的大量审美、工艺、交流内涵使得观众趋之若鹜，精品文物展示性展览对于藏品资源丰富的博物馆来说相对比较容易。收藏或挑选藏品来布置展览，对于博物馆而言，本身就已经是对藏品的一种阐释。日本正仓院向来以收藏唐时期文物而著称于世，每年的正仓院展，虽然仅仅展出几十件文物，却往往能吸引成千上万的人排队参观，形成独特的文化符号。

截至 2020 年年底，中国已有博物馆 5788 家，类型丰富、主体多元的现代博物馆体系基本形成。相比于 2019 年年底的全国 5535 家博物馆，增幅高达 4.5%，每 3 天就有 2 家新增博物馆，但现有精品文物的相对固定性也决定了博物馆必须在以传统的文物为中心的展览模式中另辟蹊径，而在疫情的常态化和大量数字媒介蓬勃发展的当下，博物馆比以往的任何一个时刻都更加深切地体会和认识到了人类命运共同体的意义，跨文化的阐释方法会更深刻的影响展览阐释，"阐释性展览"的主题性或许会更加多元。

2．分众策略

展览策划中采用多维视角，将文物藏品在博物馆展览中转化为阐释的符号，不同的文物在特定的展览语境下，构成各种意义，在展览主题内赋予藏品重要性，并预判观众对观赏文物或艺术品的期待。如在一些国际性临时展览策划中，就需要我们采取一种更加开放的姿态，致力于促进国际文化之间的相互了解与交流。展览内容策划上通过思维转化、语境构建与互动交流等多元视角，帮助公众构建新的认知模式、引发情感共鸣以及增强文化认同和文化自信。

多元视角意味着着眼于博物馆与大众之间更加平等、开放的姿态，在展览活动的主题策划中采取分众化的策略。"分众化"的概念来源于美国著名社会学家阿尔文·托夫勒提出的"分众传播"，是根据受众差异，面向特定受众群体或大众的某种特定需求，提供特定的信息与服务。南京博物院近年积极策划的"法老·王——古埃及文明和中国汉代文明""暑期动物缘""晶华——矿物之至善至美"等展览进行了分众化的策划探索。而在展览策划中提供"分众式服务"，可以为不同年龄层次、不同认知需求的观众提供多样化的选择，使观众获得最佳体验。

二　多元学科并构下的展览策划

随着博物馆的飞速发展，展览探索至今时今日的繁荣多样，在一定程度上也陷入范式化。按 20 世纪西方著名人类学家的观点，某文化在达到特定形态后，无法自我稳定，也就是不能将其转变成为一种新的形态，只能让自己在内部更加复杂化，把"内卷"这个新的概念带到了人们的社会和生活中。那么在 21 世纪的今天，从中国博物馆展览的可持续发展角度看，一个好的展览项目的策划必须在一定程度上突破这种内卷，而引入多元学科并构可以有效利用外部干预，找到新的持续增长点。

1．感知和参与

感知是指意识通过对内、外部环境中信息进行觉察、感受、注意、知觉等一系列活动的过程，包括视觉、嗅觉、味觉、听觉、触觉等内容。而展览策划一个最重要的目的即是吸引观众的感知，感知系统的多层次性决定了跨学科的方法手段可以对观众参观认知与思维导向产生影响。而当代博物馆展览策划发展的新趋势及尚未能够被系统应用的领域，即展览多感知系统领域，将感官研究运用到展览体验中，结合内容策划和现代技术手段，为观众提供更沉浸式的体验和多感知的服务。

在这个过程中，吸引更多的观众参加至关重要，参与式展览策划既有助于满足更多的观众积极主动地参与其中的需要，又有助于传播展览馆方的使命、推广主题理念。将展览策划视作现实世界中的一个社交平台，把参与的观众作为不同类型的个人，通过引入导览、刺激性展示、社交引入指导和示范等方式，期待观众进行参与活动的行为，让参与的观众同时也成为贡献者，在自主的参与过程中，创造独特的展览文化，实时进行评估调整，从而实现展览的长效发展和可持续发展。

2．合作和跨界

展览策划中需要充分运用考古学、历史学、人类学、自然科学各个专门领域、社会学、美术与艺术等各个领域的研究成果，同时与心理学、管理与关系学、公众传播学及其他各个领域密不可分。而展览作为一个有机整体，一方面在内容策划上进行跨界合作，另一方面在设计运营上实现跨界合作。

自 21 世纪起，博物馆展览策划开始尝试跨界合作，自然类博物美术馆、档案馆、图书馆纷纷加入。自然类博物馆运用科学和历史的思维，用自然的视角看人文，用人文的视角看自然，使自然类展览因加入人文因素而更加有趣，人文类展览因加入自然素材而更加精彩，浙江省自然博物院安吉分馆的展览即是这种尝试的成功探索。同时博物馆在其设计与运营上也进一步加速了合作与跨界趋势，以实现其碎片化与模块化、故事性与情境化、开放性与互动性等要求，传统的博物馆和社会机构组织之间的界限越来越模糊，展览空间除了传统的博物馆空间外，包括越来越多的商业空间、公共交通中心等各类公共场所，相关的跨界合作已经发展成为新颖的形式，上海博物馆、南京博物院、苏州博物馆即为探索成功的案例。

三　平台化的传播搭建

21世纪以来，随着现代数字网络媒介传播技术的飞速发展，"媒介化"已经逐渐渗透，推进发展到了现代人类社会日常生活的各个领域。在"媒介逻辑"影响下，与人们密切相关的政治、宗教、游戏和习惯四方面发生深刻变化。同时新冠疫情以来，全球于一体的趋势也面临着新的挑战，在恢复与重塑的当下，多元与包容的平台化传播成为展览策划需要考虑的新内容。

1. 变革与创新

21世纪的展览在策展的时候更多需要给展览甚至展品赋予一个故事，创设情境，并且与观众探讨自己的观点，设置其价值，分享和联结，全球化的角度和说故事的方式可以在信息爆炸、消费理念转变的时代发现新机遇。"云展览"不再是传统意义上的线上展厅，而是在互联网环境下通过资源集成和服务共享方式向公众传播文物数字化信息及相关知识图谱的信息服务系统，包括图文在线展、实景三维展、虚拟三维展三种，而随着内容、技术、渠道间的关系梳理，整合原生数据层、数据加工层、呈现推广层，云展览可以更好地为公众提供高质量的文化产品。浙江省博物馆策划的"丽人行——中国古代女性图像云展览"汇集了国内32家博物馆的1000余幅女性题材绘画，通过数字化手段，在网络上生动呈现了古代女性的生活和交往，引起各界关注。

同时这种变革与创新也体现在产业化方面。展览策划一直居于博物馆展览产业链的核心，展览活动举办的数量与质量在一定程度上直接决定了博物馆展览产业链发展的水平。展览策划的核心竞争力主要体现在各类展览服务模式、各种资源整合能力等方面，服务于产业、助推旅游产业的发展在文旅融合的当下渐渐成为展览最重要的功能之一。产业服务效果是展览评估的核心指标，展览的产业化变革在促进传统展览升级，助推战略性新兴产业跨越式发展方面有着不可替代的作用。

2. 品牌与传播

跨媒介艺术与技术日益深度融合，短视频作为一种新兴媒介以其技术和社会互动的力量为传播赋权，以交互式内容策展促进传播创新，在很大程度上提升了展览可见性和文化影响力。展览品牌影响力和传播渗透力越来越成为重要考量因素。一方面通过交互式的内容策展、吸引实体与网络参与，形成品牌放大效应。以内容策展赋予用户搜集、组织以获取信息，从而提高用户对这些信息的评估价值，形成平台网络内容策展、专业化的内容策展和用户内容策展三种机制之间的动态、联结、融合与再塑。

另一方面平台的策划传播也在展览中越来越发挥积极的作用，通过各种方式分配资源、技术、资本和流量优势，将"文化想象、技术架构和产业模式"持续和复杂地紧密缠绕在一起。将传统与现代相融合进行展览技术创新，延伸整个产业链的价值，形塑自己品牌的传播力。观众在一定程度上既是消费者，也是生产者，吸引公众对展览的不断阐释再生产的社会化用户参与形式渐渐成为先锋尝试，将观众参与视为一种交互式服务架构，根据用户个人的知识、经历、品味、想象，将所需要吸引的用户内容进行分类拣选、重组、呈现而再次赋予更多的含义，创造出新的价值，声光电更多地出现在内容中。凸显平台的社会责任，激发共同关注和在场的感情能量，增强了公众认知度、体验度、关注度，为传播赋权。

四　结语

博物馆及其馆藏作为研究历史文化的重要载体之一，是人类文明的历史记忆、传承、创新的重要文化场所，它发挥着熔炼历史、启迪未来的重要作用。从文化产业的角度来看，文旅融合作为新时代重要工作目标任务，而国家 9 部门联合印发的《关于推进博物馆改革发展的指导意见》确定了今后 15 年的发展目标，展览联合策划、共建共管成为常态，多样化、个性化的展览需要营造开放包容的发展环境，通过区域协同创新、社会参与、跨界合作、互联网传播等方式，促进资源要素有序流动，优化资源配置，多措并举盘活博物馆藏品资源。在疫情防控常态化下，展览策划面临着挑战与机遇并存的新局面，创新展览模式、服务主导产业、助推战略性新兴产业是发展的方向，通过实施"博物馆＋"战略，促进展览与教育、科技、旅游、商业、传媒、设计等跨界融合。通过多学科、平台化的方式实现展览策划、阐释、传播的"高质量发展"。

论张謇"三心"情怀与"三牛"精神的时代价值和文化传播

曹玉星

（南通博物苑　江苏南通　226001）

内容提要： 张謇在兴办实业、发展教育、投身公益等各项事业中折射了浓郁的"爱国之心""精进之心""民本之心"的"三心"情怀，以及勇于开拓拓荒牛精神、埋头苦干老黄牛精神、务实勤勉孺子牛精神之"三牛"精神[1]。分析其思想渊源和社会实践，张謇的情怀精神源于士大夫的人文信仰和人文精神，他一生注重儒家哲学的学习，受"经世致用"思想熏陶，从"三心"情怀人格的内在修养，外化为有所作为，以一己之力，推动了一个相对系统的综合性"社会实验"。张謇留下的"三心"情怀与"三牛"精神，是我们奋勇前行的价值引领、文化动力、精神财富。

关键词： 张謇　"三心"情怀　"三牛"精神　价值传播

2020 年 11 月 12 日，习近平总书记在江苏考察时，特地到南通博物苑参观张謇先生的事迹陈列，总书记指出，张謇的事迹很有教育意义，要让更多人特别是广大青少年受到教育，坚定"四个自信"[2]。

为什么几代党和国家领导人都几次提及并推崇张謇？张謇的情怀和精神内涵总特征是什么？分析其思想渊源和社会实践，张謇在其兴办实业、发展教育、投身慈善等项事业及其社会活动中，生动展现出允执厥中、炽热而理性的"爱国之心"，职掌担当、坚韧不拔为国计、办实业的"精进之心"，兼济天下为民生、行慈善的"民本之心"的"三心"情怀，以及勇于开拓、敢为人先、创新发展"拓荒牛"，锲而不舍、艰苦奋斗、埋头苦干"老黄牛"，忠厚仁爱、务实勤勉、心系百姓"孺子牛"的"三牛"精神，以下探讨其"三心"情怀和"三牛"精神的历史文化意蕴及其价值传播路径。

一　张謇的"三心"情怀

情怀指含有某种感情的心境，是"情之怀"。情是"感情""情理"，"怀"乃"心胸""胸怀"之意。在中国优秀传统文化语境下，情怀的内涵指对价值共同体持有的一种高度认同，并促使认知共同体朝着积极、正面、良性的方面发展的思想和理念。

1．爱国之心

张謇爱国之心的一个重要表现是：主张抵抗外国资本主义的侵略，维护国家主权和独立。1876 年，张謇入庆军统领吴长庆军幕。1882 年，朝鲜发生"壬午事变"，张謇随吴长庆赴朝，参与重要的军事机密和文牍工作，受到朝鲜国王的赞誉和赏赐。特别是他的《朝鲜善后六策》，对于加强边防实力，以阻止后起的日本吞并朝鲜、侵略我国的野心，不失为一种积极的主张 [3]。

1895 年，张謇蟾宫折桂，状元及第，授修撰，供职翰林院未久，随即遭遇了甲午战争这一重大国家变故。张謇一介书生，以其治乱经衰的传统学识、客座幕僚的随军经验和对国际大势的有限认识立即投入反侵略的主战活动。得悉《马关条约》签订的消息后，张謇深受刺激，在日记上一条一条记下和约十款的主要内容，犹切肤之痛：这个条约几乎耗尽了国家的脂膏精血，中国的损失，是无法用言语来表达的。

1903 年，张謇出访日本参观春帆楼看到李鸿章"海岳烟霞"的题词时，满腔悲愤写下了"第一游人须记取，春帆楼上马关前（乙未定约在马关春帆楼旅馆）" [4] 的爱国诗句。在对外交往上坚持民族气节，反对外来侵略，反对卖国行径，告诫后人勿忘国耻，发愤图强。

张謇的爱国之心是在中国近代历史上人民大众反帝反封建的伟大爱国斗争中产生的，在历史的发展中有所进步，章开沅在《学习张謇的理性爱国主义》一文中讲到：张謇的爱国之心与近代其他的慷慨忧国之士一样，经历了从忠君爱国到"不民胡国"的转变历程，始终坚守理性务实的精神，将理性爱国之心落到教育、经济、政治改革的实处 [5]。它的意义不在于实业和教育之能否救国，而在于反映了在张謇生活的那个历史条件下，对于祖国的前途和命运的关注，对于救国的方略和途径的探索和回答。应该说张謇爱国之心允执厥中、炽热而理性。

2．精进之心

张謇精进之心一是体现在读书赶考、笃实勤学。他一介贫寒子弟，科举之路并不平坦，16 岁中秀才后，又苦读 26 年，进出科场 20 多次，方才一举成名天下知，41 年间，他的主要任务就是读书赶考。"昔人谓朱子之学，得之艰苦。其实古今学者之所以能成其学，何一非从艰苦中来""不努力不能进取，不进取不能深造。一步有一步之征验，一步有一步之兴味。古人之于学也，往往废寝忘食，甚有千里寻师者。非不畏苦，特苦而得多，得多而兴味浓。譬之行远登高，非不知有跋涉之事，但以行远登高为志，则志于千里。而行十里、百里，即得十里、百里；志登千丈，而登十丈、百丈，即得十丈、百丈。远将无远，高将无高也"[6]。张謇的经历告诉我们没有勤学笃实精进之心是求索不到大学问的。

张謇精进之心还体现在兴办实业的锐意求进。张謇从一介书生抛开读书和做官的本分，年近 50 岁投身于陌生的工商实业和商界，他的坚强意志"精进之心"逐步显现出来。先是为筹集资金，就已焦头烂额，后在办厂经营中遇到洋行买办潘花茂（字鹤琴）、郭茂之的反复无常；江宁布政使桂嵩庆、官僚买办盛宣怀（字杏荪）的食言自肥，见死不救；通州知州汪树堂及其幕僚黄阶平煽动士人递呈抗议，聚众滋事，设置障碍；上海巨商浙江候补道广东朱幼鸿、盐务督销福建严小舫企图乘人之危，吞吃"落地桃子"。江宁画师单宁所作，尝悬于厂内公事厅四幅大生《厂儆图》（"鹤芝变相""桂杏空心""水草藏毒""幼小垂涎"）隐喻创业之艰，反过来也明证其精进之心锐意坚强。

张謇精进之心，还可从他为所办多所大学的校训中体现，如南通纺织学校："忠实不欺、力求精进"；南通医学专门学校："祈通中西，力求精进"，多次力求精进；其心其行也昭彰。

3. 民本之心

张謇民本之心一是体现在泽被民众办民生。教育是最大的民生工程，是面向未来的事业，"父教育，母实业"是张謇先生的名言。教育的发展有利于社会的稳定。在社会稳定的前提下，经济、文化才能更好地向前发展，家国才能天下太平、长治久安。张謇曾说，"非人民有知识，必不足以自强，知识之本，基于教育"。教育和实业是张謇先生救国富国、安民强民的鸟之双翼，唇齿相依。为此，他把实业的利润大多用于推进教育，创办学校。先后创办或带动兴建了层次充分、品类齐备、体例完整的 370 多所各类学校。还有北大、南大、复旦等国内多所百年高校的创办都与张謇有密切关系。据统计，从 1902～1926 年，张謇仅仅为兴办各种教育事业便注入个人资金 257 万元，为中国近代教育事业的发展做出了杰出贡献。

除投资于教育、新企业外，张謇还将利润不断投向公益事业。他着力创办各类公益文化事业，如图书馆、博物馆、公园、公共体育场等，开社会教育之风气。张謇一生创造无数财富，但是没有留给自己的子孙，都奉献给了社会。在他看来，"夫世界今日之竞争，农工商业之竞争也。农工商业之竞争，学问之竞争"[7]。他大声疾呼："忧国者以为救亡之策，莫急于教育"[8]"然则图存救亡，舍教育无由"[9]"知识之本，基于教育"[10]。他还断言，"有礼教有学问之国，即亡亦必能复兴"[11]。历史早已经证明任何一个强盛的朝代或国家，不可能建立在凋敝的民生与背离的民心之上，强国先富民，是社会发展的客观规律。一心为民生是张謇泽被民众的民本之心。

张謇民本之心二是体现在兼济天下行慈善。张謇曾说："以国家之强本于自治，自治之本，在实业教育；而弥缝其不及者惟赖慈善。"[12]他认为，国家的强大，除了靠实业发展经济外，同时要办好教育，启发民智，提高国民科学文化素质，而慈善事业是不可缺少的补充。他曾在《家书·致孝若》中对儿子张孝若说："慈善虽与实业、教育有别，然人道之存在此，人格之成在此，亦不可不加意。儿须志之。"[13]张謇从小在矜贫救厄的家庭中长大，既有慈爱思想观念，又有慈善行动业绩。因而，他投入了人量的财力精力。除建立图书馆、博物馆、公园等文化公益设施外，还创建了养老院、残废院等慈善公益机构，并努力撑持。一方面使用个人分红及企业利润，另一方面，请社会各界进行捐献，迫不得已就鬻字贴补。张謇每日挤出两小时写字作书，直到 70 岁高龄，仍然为筹款作书鬻字一个多月，来撑持事业。其忘我坚守，谨行俭用，啬己达人，感人至深！

二　张謇的"三牛"精神

精神指人的意识、思维、神志活动等生命体征和一般心理状态。哲学意义上，精神的内涵指过去事和物的记录及此记录的重演。张謇在 100 多年前以一己之力，推动了一个相对系统的综合性"社会实验"，这一实验的记录及此记录的重演，最终形成了"张謇精神"。张謇精神的总特征体现为：勇于开拓、敢为人先"拓荒牛"精神，吃苦耐劳、默默无闻"老黄牛"精神，厚德崇文、务实勤勉"孺子牛"精神。

1．"拓荒牛"精神

勇于开拓、敢为人先是张謇"拓荒牛"的精神内涵。张謇高中状元次年，就毅然决然弃官从商，投身实业、社会事业。其大智大勇、思想敏锐与博学多才所创成就的许多企事业机构遗存，乃全国之最。张廷栖等专家学者对张謇所创"中国第一"或"全国之最"作了科学考略考订，认为张謇所创业内认可为全国第一的有：第一个公共博物馆（南通博物苑）；第一所民立师范学校（通州师范学校）；第一所戏剧学校（伶工学社）；第一所纺织高等学校（南通纺织专门学校）；第一个农业股份制企业（通海垦牧公司）；最早民营资本集团（大生企业集团）；第一所水利高等院校（河海工程专门学校）；第一所培养盲哑师资的学校（南通盲哑师范传习所）；第一所盲哑学校（狼山盲哑学校）。有待进一步论证全国第一但是肯定领先的有：军山气象台、公立通州女子师范学校、港闸公路、中国影戏制造股份有限公司、唐家闸的大生职工医院等，以及南通女工传习所、南通育婴堂、大生纱厂、南通公共体育场、《雪宧绣谱》等6个虽然明显并非全国第一但也是前茅的遗存。这些"中国第一"或"全国之最"，"反映了张謇敢为人先、力求精进、勇立潮头的精神和成熟的认知、缜密的思维、宽广的视域、深厚的学养和跨界的才干"[14]。

南通博物苑的创办，被文博界广为点赞，2019年6月28日，"博物馆的历史"国际博物馆馆长论坛分论坛在南通举行，法国亚尔拉坦博物馆前馆长多米尼克·赛雷拉·阿利尔先生以及布鲁肯塔尔艺术博物馆馆长亚里山德卢·索诺克先生，感叹道："这是我们见过18世纪到19世纪保存得最完整、最好的博物馆！"[15]

在南通博物苑，张謇把办馆理念和陈列方式、教育功能多样化得到了很好的传承和发扬。1903年，张謇赴日考察，日本的博物馆给他留下了深刻印象，并深受触动。回国后，他写了《上南皮相国请京师建设帝室博览馆议》和《上学部请设博览馆议》[16]，然犹杳如黄鹤，未有任何反应。张謇并没有丧气，而是投身实践，赴日回来的第二年，就决定把在规划建设中的南通公共植物园，改建成为南通博物苑，并最终实现了自己的意望。它是国内首座实现"现代博物馆与古典园林相结合，室内陈列与室外活体展示并举，既有民族特色又有科学内涵"[17]的博物苑。从早期展品来看，显然是中国最早的自然历史科学类博物馆。我们都说博物馆是从西方引进的，但是从张謇创办的博物馆来看，一开始就有自己的特色，站在一个很高、很好的起点上。张謇将博物馆取名为"苑"，苑内设有"博物馆"楼，园林有动物、植物陈列，有这么大的空间，创新了一个模式，形成了一个标本。而这些路由与经络正是张謇这种不畏险阻、破冰前行的"拓荒牛"精神，也是中国博物文化的样品和范例。

2. "老黄牛"精神

吃苦耐劳、默默无闻是张謇"老黄牛"精神的主要内涵。当年张謇办实业为了营建纱厂，前后五年间，张謇不知吃了多少辛苦，受了多少磨难。一个堂堂的"状元公"，为集资筹款不得不东奔西走，看人家的冷脸，听人家的嘲讽。在上海筹款无着，竟靠在街头卖字换取返回的路费，如老黄牛般忍辱负重。

无论在建工厂，还是修海堤、江堤，或者开垦盐碱滩地，张謇遇到的来自客观或是庸官的阻碍，不是一般的困难。他便与自然困苦、庸官贪官、势利小人作坚决斗争。他的锲而不舍、持之以恒，终成大事。回望当年的南通，张謇领导乡绅、创业者们，践行着许多本来该由政府来实施的职能，开展较大规模的城市社会经济建设，使南通在短时期内就实现了一次大的兴起，成为一个"模范城市"。为此，张謇付出了一生血汗。张謇是吃苦耐劳"老黄牛"精神的典范，不仅意味着在物质层面坚持克勤克俭、勤俭节约的生活作风，更是在精神层面保持着战胜一切艰难曲折、勇往直前的精神态度。在南通的城市社会事业建设发展之时，他终生执持俭朴、撙节、任劳任怨之美德。晚年自号"啬庵"，体现了他对"啬"的理解和推崇，也体现了他一生对"啬"的追求和坚守。"为世界牺牲""为世牛马""吾观于此，乃知勤勉节俭任劳耐苦诸美德，为成功之不二法门"[18] 是他的人生追求与"老黄牛"精神的体现。

3."孺子牛"精神

厚德崇文、务实勤勉是张謇"孺子牛"精神的主要内涵。这自始至终体现在"为通州民生计，亦即为中国利源计"[19]。所以，张謇常选用《易经》中"天地之大德曰生"中"大德""大生"来为机构事物命名。其意昭焯：工厂的使命就在于帮助当地老百姓生活下去。"大生"的背后隐蕴大爱，承载了这个晚清状元"为生民立命"的雄图高远大志。也正因为此，当大生纱厂效益日增之时，他首先考虑的不是扩大规模增长收益，而是创办各类学校场所，育智扶志，提高民族和国民的素质。尤其是对待弱势群体的关怀，如建盲哑学校帮助盲哑孩子；为流浪乞丐建栖流所；为残疾人群建残废院；帮助孤独伶仃的贫民子弟有一艺之长，能独立谋生，而建贫民工场、平民学校；对不良妇女建济良所，帮助其改邪归正、自力谋生、自食其力，培育良好的社会风气。凡此种种，体现了他以人为本的仁爱之心和"孺子牛"精神。

张謇先生一生创造了无数的财富，但是却没有留给自己的子孙一点一滴，都服务了社会。在张謇心目之中，有一个理想社会，即他所说的"新世界雏形"。正如他在垦牧公司股东大会上说："而即借各股东资本之力，以成鄙人建设一新世界雏形之志，以雪中国地方不能自治之耻，虽牛马于社会而不辞也。"[20] 为了理想社会的实现，他尽其所有，其思想境界是"儒商"之热忱的"孺子牛"精神情怀，值得当今的企业家学习。

三 张謇"三心"情怀与"三牛"精神的价值意蕴

1. "三心"情怀与"三牛"精神的历史文化渊源

张謇"三心"情怀与"三牛"精神的历史文化渊源与其一生都注重儒家哲学的学习、"经世致用"思想的熏陶有着直接的关系。19世纪的中国内忧外患,诸多思潮激荡,其中,"经世致用"逐渐发展成为主潮,张謇顾身其间,凭着他惯有的韧性坚持,开疆拓土,并形成了特有的积极吸收外来文化,重视科技,与紧张政治保持适度距离的体系严密的"经世致用"思想风格[21]。

张謇"三心"情怀与"三牛"精神的历史文化渊源与其境外经历不无关系。1876年,张謇入庆军统领吴长庆军幕。1882年,张謇随吴长庆赴朝,参与重要的军事机密和文牍工作。特别是他的《朝鲜善后六策》,是对于祖国的前途和命运的关注,对于救国的方略和途径的探索和回答。1903年,张謇考察日本之后写下著作《癸卯东游日记》。透过域外游记的书页,我们感受到密密麻麻的铅字背后,是张謇亲睹日本等强大外来文化科技后,爱国济民之情怀愈加迫切。

张謇"三心"情怀与"三牛"精神体现在南通的伟大探索和实践中。在当时的艰苦年代,在新与旧、中与西、保守与前进的历史撞击中张謇走出了一条自己的路,用实干挺起了时代的脊梁。他的一生是一个爱国志士谋求国家兴盛的艰苦曲折的历程,他的实践与探索践行了自己的"三心"情怀与"三牛"精神。

张謇在南通的伟大探索和实践,敢于突破传统,超越现有,勇于走前人没有走过的路,做前人没有做过的事,体现了勇立时代潮头、引领时代风骚、善开风气之先、敢于争创一流的胆识魄力,也体现了张謇胸怀宽广、包容万物、兼收并蓄、融会贯通的胸襟气度和力求精进生存发展的智慧,是如今南通城市精神"包容会通""敢为人先"历史价值之所在。

在当时的历史年代,张謇所怀"三心"情怀与"三牛"精神,通过一系列的包括政治、经济、教育以及其他社会改良措施来改变传统中国城市与乡村的现状,以达到改造和振兴中华的目的。在南通区域内所进行的民生改善、社会文明程度的改良等,创造了一种中国早期城市化发展的典范,吴良镛称之为"中国近代第一城"。吴先生说,"张謇经营之南通,是中国早期现代的产物,它不同于租界、商埠、列强占领下的城市,是中国人基于中国理念、自觉、创造性地全面规划建设经营的第一个有代表性的城市"。在近代中国那样一个动荡不安的年代,张謇一个从传统士绅阶层分化出来的实业家,以其独特的"三心"情怀与"三牛"精神在中国城市现代化的篇章中写下了浓墨重彩的一笔。

2．"三心"情怀与"三牛"精神的时代价值

张謇所怀"三心"情怀与"三牛"精神，有其鲜明的特点个性，爱国仁民是其情怀精神的根本特征和重要内容；敬业尽职是其情怀精神的核心要素和主要部分；忠实诚信是其情怀精神的基本元素和显著特色；友善友爱是其情怀精神的坚实根基和逻辑起点。从唯物主义辩证思维看，张謇所怀"三心"情怀与"三牛"精神是中华民族英雄谱系中重要一支，融合并丰富了民族精神和时代精神内涵。

党的十八大以来，以习近平同志为总书记的党中央从建设社会主义文化强国的战略高度，不断推进社会主义核心价值体系建设，其中爱国、敬业、诚信、友善是社会主义核心价值体系公民个人层面的价值准则，爱国仁民、敬业尽职、忠实诚信、友善有爱是张謇的"三心"情怀与"三牛"精神的精髓所在，这些"看上去似乎只是张謇个人的态度、情操、品质和价值趋向，而实际上折射的是那个颓废的社会里追求进步的先进分子所激扬的时代精神与价值追求，具有进步性、高尚性，它也是那个时代社会的、人众的变革、进步与发展的普遍要求，因而具有草根性、广泛性"[22]。二者在特征内容、元素特色、根基逻辑、风骨品格、思想渊源等方面内容实质相当契合，它是一个民族赖以生存和发展的精神支撑。在五千年历史演进中，中华民族形成了以爱国主义为核心的团结统一、友善和平、勤劳勇敢、自强不息的核心价值体系；在改革开放新时期，中华民族形成了勇于改革、敬业诚信的时代精神价值体系。二者相互交融，已深深熔铸在中华民族的生命力、创造力和凝聚力之中，共同构成中华民族自立自强，推动中华民族伟大复兴的精神动力和正确的价值体系。张謇精神根植于中国传统文化，有其深厚的传统文化的思想渊源，而张謇的"三心"情怀与"三牛"精神已契合融入中华传统文化，积极地汇入时代洪流，在精神文明建设中发挥着不可低估的作用。

四　张謇"三心"情怀与"三牛"精神的践行路径

正视张謇先生的"三心"情怀与"三牛"精神的意义，弘扬其思想内涵、挖掘其核心价值和时代意义，倡导科学传播与文化沟通，在文化创新与公共服务上引领文明进步，在推进中国特色主义事业和经济社会可持续发展上办好自己的事，做出自己的贡献。

1．研究是践行张謇情怀精神的路径前提

研究是运用有计划、有系统的资料收集、分析、解释的方法和解决问题的过程。

首先，研究可以为张謇情怀精神的传承奠定坚实的理论和物质基础。首要工作就是要明确张謇情怀精神的价值蕴含和传承意义，而明确这个问题，就需要做大量的基础研究工作。通过对大量的张謇相关资料的收集、整理、辨析，提炼出符合当代社会需求的张謇情怀精神内容。其次，研究还可以为张謇情怀精神的传承提供不同的方法途径。在张謇研究过程中，出于不同的研究目的和不同的研究素材，必然会采用不同的方法，而且随着社会的进步、科技的发展，研究方法也在不断地演进。研究方法的演进一方面会带动研究本身的深入发展，另一方面也会给传承提供新的方法思路。

2．文保是践行张謇情怀精神的路径基础

从 19 世纪 90 年代开始，张謇为实现其"建设一新世界雏形"的救国理想和区域现代化宏伟蓝图，对南通进行了全方位的苦心经营。同时，张謇还以一种诗人情怀经营南通。这些都使得南通在当时就已成为全国著名的"模范县""理想的文化城市"，外国人眼里的"中国的人间天堂"。城市建设环境宜人、自成体系，留下了许多绿色文化遗产。

南通城和唐闸镇、天生镇及狼山镇之间酷似三鼎护香炉状，香炉（南通城）居中，三鼎均布在外，彼此之间自然分布着绿色的田园，城乡相间，各自可以合理发展，但又相距不远，中间有河道及公路连接，在城市功能上浑然一体，形成了一城三镇独特的城镇空间布局。社会事业注重崇教扬德，谋求协调发展，也是留给南通的绿色文化遗产。把这些绿色文化遗产保护好，传承好，创造性转化、创新性发展是践行张謇情怀精神的必由路径。2009 年，南通市荣获"国家历史文化名城"称号，2020 年喜获"国家生态园林城市"称号，这是对先贤情怀和精神的保护传承创新的最好注解。

3．理解增进、命运与共是践行张謇情怀精神的路径方法

当年博物苑建苑之初，国秀坛内所种植牡丹盛开之时，张謇相邀文人雅士共赏，并赋诗一首《邀客看国秀坛牡丹》："早与蕙兰标国秀，更与芍药灿天葩。有风不害都围竹，无鸟常鸣莫摘花。倚杖每愁云锦脆，当怀惯看日轮斜。诸君要惜方春好，放过重寻一岁差。"这首诗是雅士增进理解的最好注解。1922 年，中国科学社第七次年会在江苏南通博物苑举行。包括蔡元培、马良、张謇、汪精卫、熊希龄、梁启超、严修、范源濂、胡敦复九人组成的第一任董事，以及竺可桢、胡明复、王琎、任鸿隽、丁文江、秦汾、杨杏佛、赵元任、孙洪芬、秉志、胡刚复等理事，均是中国科学社的核心人物，在南通博物苑共商中国科学社之大事。张謇当年在传播人类

共同利益和共同价值的路径上，发挥着重要作用。如今，我们对人类自身与自然环境的可持续发展承担着极为重要的责任，应该通过自己的专业活动，引导人类清醒意识到自身行为对环境所产生的后果，强烈意识到改变经济和社会发展模式的刻不容缓，从而在倡导和推动经济、社会的可持续发展方面扮演无以替代的角色。理解增进、命运与共，传播人类共同利益和共同价值，是践行先贤情怀和精神路径的积极方式。

4. 价值传播是践行张謇情怀精神的主要途径

张謇情怀精神是南通弥足珍贵的精神遗产。南通致力于挖掘张謇文化、研究张謇思想、传承张謇情怀精神，建有各级各类张謇学院、张謇研究所、张謇研究中心。为进一步做大做强张謇研究，培育一批具有"爱国情怀、开放胸襟、创新精神、诚信品格、社会责任"的"张謇式"新一代企业家群体，激发企业家社会责任意识与担当，2021 年 1 月，在南通市委党校又正式成立了"张謇企业家学院"，中央社会主义学院在南通设立教学基地。学院将以习近平新时代中国特色社会主义思想为指导，围绕传承和弘扬张謇企业家精神，按照"立足南通、面向全省、服务全国"的定位，以培训民营企业家为主，兼顾国有企业领导人员，开展企业家教育培训工作，打造新时代企业家队伍教育培训基地、张謇企业家精神研究中心、民营经济人士理想信念和爱国主义教育基地，致力张謇情怀精神研究和价值传播。

5. 实践是践行张謇情怀精神的有效途径 [23]

实践是凝练张謇情怀精神的有效途径。张謇情怀精神根植于中国传统文化和社会实践，践行张謇情怀精神中那些能够激励当代中国社会的有益因子，摈弃那些受时代局限产生的消极因素。要辨别张謇情怀精神中哪些因素值得继承，离不开社会实践的检验。

实践是强化张謇情怀精神的有力途径。有效的精神传播途径应该是多维立体的，具有建构性的。而实践活动的多样化可以实现这一目标。结合学校、家庭、博物馆、社会甚至网络空间不同的环境特点，设计形式灵活多样的实践项目将助力于有效践行张謇情怀精神。

实践是发展张謇情怀精神的有益途径。张謇情怀精神的产生有其特殊的社会时代背景，因而也有其局限性，但如果在实践过程中能将新的时代因素融入张謇情怀精神中，那么，这种践行将是建构性的，是有生命力的，是有效有力有益的。

五　结语

当年张謇说"天之生人也，与草木无异。若遗留一二有用事业，与草木同生，即不与草木同腐，故踊跃从公者，做一分便是一分，做一寸便是一寸。鄙人之办事，亦本此意"[24]。新时代我们走在中华民族伟大复兴的征程上，体会这位伟大先贤和楷模的"三心"情怀与"三牛"精神，立足岗位，反躬自省，惟当坚定信心、主动担当，惟仁惟谨，投身中国特色社会主义伟大事业，续写和创造更丰富、更领先的新时代精神，传承优秀传统文化，建设中国特色社会主义先进文化，走在越来越靠近世界舞台中央的现代化道路上。张謇留下的"三心"情怀与"三牛"精神文化财富，定当激励我们继续奋勇前行。

注释

[1]《推动高质量发展，要发扬"三牛"精神》，中新网，2021年1月29日。

[2]《习近平赞扬张謇：民营企业家的先贤和楷模》，新华网，2020年11月13日。

[3] 陈乃林：《试论张謇的爱国思想》，《南京大学学报（哲学社会科学版）》1983年第2期。

[4] 张謇：《东游纪行二十六首》，李明勋、尤世玮：《张謇全集⑦》，上海辞书出版社，2012年，第127～128页。

[5] 章开沅：《学习张謇的理性爱国主义》，《华中师范大学学报（人文社会科学版）》2006年第2期。

[6] 张謇：《元旦日对南通各校学生演说》，李明勋、尤世玮：《张謇全集④》，上海辞书出版社，2012年，第534页。

[7] 张謇：《敬告全国学生书》，李明勋、尤世玮《张謇全集④》，上海辞书出版社，2012年，第439页。

[8] 张謇：《正告南通自立非自立各学校学生及教职员》，李明勋、尤世玮：《张謇全集④》，上海辞书出版社，2012年，第613页。

[9] 张謇：《柳西草堂日记》，李明勋、尤世玮：《张謇全集⑧》，上海辞书出版社，2012年，第566页。

[10] 通州师范学校编：《张先生遗像》，翰墨林书局，1936年，第9页。

[11] 张謇：《元旦日对南通各校学生演说》，李明勋、尤世玮：《张謇全集④》，上海辞书出版社，2012年，第535页。

[12] 罗荣祥主编：《创业、抗争、开拓近代中国民族企业家述评》，山东大学出版社，1993年，第57页。

[13] 张謇：《家书》，李明勋、尤世玮：《张謇全集③》，上海辞书出版社，2012年，第1537页。

[14] 马斌：《论张謇堪称百科全书式人物》，《江苏工程职业技术学院学报（综合版）》，2016 年第 3 期。

[15] 中国日报江苏记者站：《"博物馆的历史"国际博物馆馆长论坛分论坛在南通举办》，中国日报网，2018 年 5 月 29 日。

[16] 张謇：《公文》，李明勋、尤世玮：《张謇全集①》，上海辞书出版社，2012 年，第 113 ～ 118 页。

[17] 宋伯胤：《博物馆人丛语》，陕西人民出版社，2002 年，第 154 页。

[18] 马斌主编：《张謇职教思想研究文集》，东华大学出版社，2007 年，第 205 页。

[19] 张謇：《厂约》，李明勋、尤世玮：《张謇全集⑤》，上海辞书出版社，2012 年，第 6 页。

[20] 张謇：《垦牧公司第一次股东会演说公司成立之历史》，李明勋、尤世玮：《张謇全集④》，上海辞书出版社，2012 年，第 183 页。

[21] 王毅：《论张謇"经世致用"思想之渊源与特色》，《教育研究与评论》2018 年第 4 期。

[22] 马斌：《张謇精神与核心价值观的契合及引领》，《江苏工程职业技术学院学报（综合版）》2015 年第 6 期。

[23] 胡梅、王晓燕：《张謇精神的当代价值和传承路径》，《南通职业大学学报》2015 年第 4 期。

[24] 张謇：《第三养老院开幕演说》，李明勋、尤世玮：《张謇全集④》，上海辞书出版社，2012 年，第 508 页。

博物馆人事档案信息化建设初探

武钟芸

（南京博物院　江苏南京　210016）

内容提要： 本文介绍了博物馆人事档案管理信息化建设现状，提出人事档案信息化建设的必要性，在确保档案完整、保密的前提下，结合档案管理理论，借鉴多元化的技术手段，总结归纳出相关人事档案信息化建设的方法，充分提高信息化人事档案资源带来的社会价值。

关键词： 博物馆　人事档案　信息化

人事档案管理在我国是一项较为成熟、规范、重要的基础性工作，也是决定某个单位、行业，乃至社会发展的重要人力资源。国有博物馆作为事业单位，按照机关事业单位人事档案管理要求，在职员工入编、调动时接收人事档案，并按照相应权限进行管理与使用。

一　博物馆人事档案管理信息化建设现状

1. 管理模式

以纸质档案的整理收录为主，辅之以信息化手段，即人工管理为主线，计算机管理为辅助方式的模式。纸质档案的整理收录，目前按照《中华人民共和国档案法》《干部档案工作条例》《流动人员人事档案管理暂行规定》等法律法规文件执行。

2. 使用利用

博物馆专业技术人才较为集中，人事档案的使用利用，大多发生在职称评定、继续教育、选拔任用等情景下。档案的使用利用主要是依申请查阅，查阅人一般是档案管理者、档案本人、单位职能部门、社会有关机构。博物馆人事档案既面向管理，又面向服务，档案利用主体呈多元化趋势。经统计，某博物馆 2019～2021 年，档案利用率呈逐年递增的上升趋势。管理权限内，含退休人员在内的 425 份人事档案信息在 3 年间的总利用率不到 15%，单位职能部门是单位人事档案查阅最多的人群，占总人数的 86.2%，查阅本人档案的占 12%，查阅亲属档案的占 0.8%，相关社会机构占 1%。

3．现有信息化程度

经调研，现阶段博物馆人事档案信息数字化主要是将基础数据录入 Excel 表格，实现初级的列表、查找、筛选等功能。部分条件较为成熟的博物馆采用扫描技术，将一些重要材料存档，以便随时调用，少数博物馆使用了非联网的人事档案专业管理系统。从根本上来说，现阶段人事档案信息化管理仅仅是单纯意义上的人事档案信息管理系统，仅限于将人事档案数字化、信息电子化，无法解决人力资源管理面临的现实困境[1]。

二　博物馆人事档案管理信息化建设必要性

1．适应时代发展

经过全党全国各族人民持续奋斗，我们实现了第一个百年奋斗目标，在中华大地上全面建成了小康社会，人们物质生活越来越富足，精神文化需求随之提升，国家对文化事业也更加重视。博物馆不再沉寂，像"国家宝藏"等电视节目，和疫情下的"云上博物馆"这类的直播，把博物馆推上浪潮，随之而来的是社会公众对博物馆的要求越来越高，博物馆的业务范围越来越广。为适应时代发展，提高博物馆人事档案管理工作效率，使博物馆专业技术人员的人事档案成为可以利用的社会资源，把人才信息资源发挥到最大价值，就需要建立博物馆人事档案信息化管理平台，从而为文博事业的发展、人才的发展、社会的发展提供更好的服务。

2．改革传统模式

在传统的人事档案管理工作中，机关应当分别设置档案办公用房、整理用房、阅览用房和档案库房，并根据工作需要设置展览用房、档案数字化用房、服务器机房等[2]。管理人员主要针对实体档案，要花费大量的精力对档案进行整编和收集，然而在查阅和使用过程中，不仅容易造成原始资料的损坏和丢失，还无法灵活变换查找条件筛选有效信息，严重影响工作效率。

3. 深化服务利用

博物馆行业正在蓬勃发展，专业人才队伍也在逐步组建，需要人事部门从档案中对职工的个人经历、思想品德、专业技能、科研能力、工作业绩和社会实践进行考量，帮助业务部门寻找适岗人才，或是在选拔、任用时起到指导性作用，从单位内部锻炼和提升优秀人才，从而提升博物馆服务公众的水平。

三 博物馆人事档案管理信息化建设途径

1. 强化管理意识

中共中央组织部自 2014 年起开展干部人事档案专项审查，以此为契机，加强干部人事档案制度机制建设，完善干部档案任前审核制度，推进干部人事档案数字化，健全干部人事档案管理体制，以审促改、以审促建，努力构建系统完备的从严管档制度体系。

2. 夯实数据基础

高校教职工人员众多，传统管理模式耗费大量人力物力，多校区之间往来不便，也容易造成工作效率低下。得益于高校在科学研究方面得天独厚的条件，相关研究成果也较为丰富。改革开放以来，高校人事档案研究从无到有，取得了较大的成绩，逐渐在整个干部人事档案理论研究中占有一定地位，成为干部人事档案研究中一个重要组成部分[3]。如今，他们尝试将研究成果投入到实际工作中，逐渐摸索出了人事档案信息化的手段，甚至已经落地运营。如南京大学在 2021 年 5 月推出了智慧人事综合管理服务平台，提质增效，实现了高效便捷服务和助力管理决策。在平台正式使用前，南京大学用了两年多的时间录入了在职人员档案信息 3000 余册，采集了教职工数据 100 万余条，专业技术职务和岗位聘任数据整理 3000 余人，任职数据整理 500 余人，还制定了《教职工数据资源目录》[4]。正是这些分门别类、精准详实的基础数据支撑了平台的运行与使用。

3. 丰富信息来源

人员信息不是一成不变的，伴随职业生涯而产生的入职、调动、晋升、奖惩、调资、退休等数据，其更新速度难以想象。因此需要多渠道整合信息来源，可以设计开发信息采集终端等数据接口，自动搜索、甄选、归档职工在其他平台上个人填报的例如薪酬待遇、党团活动、社会关系、奖惩情况、继续教育、志愿服务、性格特长、健康状况等信息。这些大数据为人力资源提供坚实的数据基础，更加全面、更加真实地反映员工面貌，为人事管理决策提供科学依据。

4．规范数据管理

开放的一站式服务背后也存在一定的数据泄露风险，尤其博物馆人事档案包含大量私人信息，以及非公开的文物、业务、学术版权。人事信息的公开程度和查阅权限是提高人事信息利用效率的关键。信息化时代的大背景下，要遵守人事档案的保密原则，制定完善的工作规程和使用细则，从源头上保障职工数据的安全。另外，对查询用户进行认证，建立规范化的身份识别，根据不同身份、不同需求对其账号进行分级管理，设置查阅和下载权限，为档案信息化提供安全保护。

5．封堵保密漏洞

技术保障是确保档案信息真实、预防档案资源被恶意篡改或泄露的坚强后盾。如给档案信息页面加载水印或数字版权保护；采用电子签名技术，在使用时留下电子签名、时间、地点等信息，以便及时发现系统安全隐患以及非法操作；使用内网管理软件，监控内网电脑实时的上、下行流量，防止因不规范操作或网络管理上的疏忽形成漏洞，给信息泄露创造了可乘之机。通过多元化的技术手段，有效保护信息资源，保护信息化进程健康、有序、可持续发展。

6．保障存储安全

数目庞大的数据信息背后，还需要安全的存储方式。针对核心数据的存储采用多副本多节点方式，保证单副本节点故障也不会造成数据永久丢失；单节点宕机时，该节点上的虚拟机自动迁移至集群内其他节点，缩短业务中断时间；同时，根据系统建设架构，将备份副本分配在不同的硬件主体，有效减少物理性故障导致的数据丢失。理论上，多副本结合机架感知系统，存储系统的失效率会很小。当然，不可能存在 100% 的绝对安全，既然不存在 100% 安全，那么在发生存储安全事故时，如何在第一时间、将负面影响降至最低点，最大限度地的减少损失，就成了存储安全的底牌，也就是数据恢复。所以，有效的数据恢复手段也是必不可少的一环。

7．提升人员素质

在信息化管理时代，除了配置完善的硬件以外，还要对管理人员的技术水平进行培训提高[5]。专业的档案管理人员，既要熟悉档案管理的规范、要求，又要能够熟练使用信息化技术手段，是对档案管理人员的新要求、新挑战。随着信息化水平的逐步提升，提高了工作效率，管理人员可以用更多的时间来学习业务知识，创新管理手段，不断提升工作效能，从而提升管理人员的技能水平，提高人事档案的服务质量和利用效率。

四 结语

综上所述，人事档案管理工作的信息化建设任重而道远，各类博物馆人事档案信息化更要结合自身发展特点，为专业技术人才服务，使博物馆人事档案管理在信息化时代下更具生机和活力。

注释

[1] 张鸿艳：《大数据背景下人事档案信息资源建设的现状与进路研究——基于档案数据管理视角》，《山西档案》2020 年第 1 期。

[2] 国家档案局发布第 13 号令《机关档案管理规定》，2018 年 10 月 11 日。

[3] 张江红、董树伟：《改革开放以来高校人事档案研究期刊文献计量学分析》，《兰台世界》2008 年第 11 期。

[4] 数据来自南京大学信息门户微信平台，2021 年 5 月 8 日。

[5] 冯向阳：《事业单位人事档案管理面临机遇与挑战》，《档案管理》2014 年第 3 期。

试论疫情防控常态化下博物馆如何营造
健康安全的参观环境

——以南京博物院为例

王 璟

（南京博物院 江苏南京 210016）

内容提要：新冠肺炎疫情对博物馆营造健康安全的参观环境带来挑战。严格的疫情防控措施重在落实，开放部门特别是一线保洁人员在环境消杀上责任重大。本文以南京博物院营造健康安全的参观环境为例，以南京博物院实施的"环境保洁消杀措施"为重点，提出制定预案、优化流程、提升意识、加强管理是健康安全参观环境营造的重要保证。

关键词：疫情防控 博物馆 环境消杀 健康

2020 年年初，一场突如其来的新冠肺炎疫情，打乱了社会发展节奏，社会各行各业以及人们的生产生活都受到了严重的影响。博物馆也按照疫情防控要求，全面实行预约、限流措施，更为严格地控制了参观人数。在疫情最为严重的时期，博物馆不得不按下暂停键，闭馆谢客。2021 年 4 月 13 日，联合国教科文组织发布了关于新冠肺炎疫情期间全球 10.4 万家博物馆现状的报告——《2021 年世界博物馆报告》。报告指出，2020 年各博物馆平均闭馆 155 天。自 2021 年年初以来很多博物馆不得不再次关闭，这使得博物馆参观人数与 2019 年相比平均下降 70%。报告认为，长期闭馆以及由此带来的参观人数和收入的急剧下降对整个博物馆行业都产生了影响。在疫情防控成为常态的前提下，博物馆行业同其他行业一样必须适应疫情带来的变化[1]。疫情防控常态化下，博物馆要满足公众对文化生活的迫切需求，需要为公众提供一个相对健康安全的参观环境。

一　疫情防控常态化下，观众对博物馆参观环境的需求变化

人员密集的公共场所是疫情传播的高危地点。像博物馆这样参观环境相对封闭、人员相对集中的场所，参观过程中感染和传播病毒的风险在增加，主要体现在：观众来源复杂，跨省市观众较多；室内密闭场馆，通风性不够；虽然控制了参观人数，但依然有接触和传播的可能。2020 年 1 月 22 日，《文化和旅游部办公厅国家文物局办公室关于做好新型冠状病毒感染的肺炎疫情防控工作的通知》要求，博物馆等公共文化服务机构，要按要求落实通风、消毒等措施，加强内部清洁卫生管理，排查并消除病毒传播隐患 [2]。观众对参观环境的需求从疫情前的干净、整洁、舒适，转变为疫情防控常态化下的健康、安全、干净、整洁、舒适。干净、整洁、舒适的要求，通过博物馆保洁人员的常规清洁操作可达到标准和要求，而疫情防控常态化下的健康、安全需求，则需要高标准、高频次、全方位地实施博物馆建筑空间清洁、消毒，同时配合预约、限流以及观众严格遵守防疫规定的前提下，才能相对规避风险。对于博物馆保洁人员来说，严格执行环境消杀规定是前提和重点，来不得半点马虎。

二　根据博物馆参观环境的构成，选择合适的消杀方式

博物馆参观环境消杀频次和等级应根据实际空间分布情况和观众参观情况确定和调整，因馆而异。以南京博物院为例，博物馆的参观环境主要由公共区域、高频率接触区域、洗手间、空调通风系统等构成。

1. 公共区域

主要包括展厅，公共空间，经营区（商店、餐厅、咖啡馆）。南京博物院的公共区域在每天开馆前和闭馆后必须有一次彻底的消杀，主要使用的是配比为 1:500 的由 84 消毒片勾兑的消毒水，消杀的重点为墙面、地面、展柜表面、休闲桌椅等；经营区的消杀工作主要由经营方负责，博物馆对经营方提出要求和标准并执行严格的检查制度。开放期间对公共区域的消杀要求是每小时一次，消杀区域同保洁区域主要为展柜表面、休息区桌椅等，由负责本区域卫生的保洁员完成并做好记录。

2. 高频率接触区域

主要指电梯（扶手、按钮），护栏，门把手，导览器等，主要为观众触碰频繁又容易被忽略的区域。根据消毒试剂的特性，对以金属材质为主的区域，南京博物

院目前使用的是配比为 1:400 的季铵盐消毒液，消毒频次是半小时一次。导览器的消杀使用的是 75% 的酒精消毒片，必须做到一客一消、一用一消。

3．洗手间

清洁和消杀定人、定岗、定责，专人负责、专人监管。疫情期间，"公厕传播链"的出现，让洗手间成为疫情防控的重要场所。洗手间内观众直接接触到的地方要作为重点消杀点，如门把手、手机架、挂钩、水龙头，以及无障碍洗手间的扶手、坐便器等。因此，除了常规的清洁以外，在原先开馆前一次、闭馆后一次全面消杀的基础上，增加为每小时消杀一次地面、马桶、便池、台盆等，每半小时消杀一次门把手、手机架、水龙头及水池台面等重点区域。主要使用的是配比为 1:500 的 84 消毒液，消杀使用的拖把和抹布等工具必须在此浓度的消毒液中浸泡 5 分钟后方可使用，所有消杀工作必须在半小时内，也就是消毒液的作用时间内完成。另外，南京博物院所有的洗手间都配备了紫外线消毒灯，每天凌晨 1 ~ 4 点自动开启消杀。

4．空调通风系统

2020 年 2 月，国务院应对新型冠状病毒肺炎疫情联防联控机制综合组为指导办公场所和公共场所安全合理使用空调通风系统，阻止疫情蔓延和扩散，印发了《新冠肺炎流行期间办公场所和公共场所空调通风系统运行管理指南》[3]。南京博物院空调系统采用的是风机独立送风及溶液恒温恒湿机，两种空调设备都设有独立的空气过滤器，并分初效、中效过滤器，为了保障冬季环境湿度还装有湿膜加湿器。根据指南要求和南京博物院的实际情况，我们通过加强中央空调附属冷却水系统、循环水系统、加湿系统及空气净化系统的清洗、消杀频次，强制新风 100% 运行的同时开启室内空间的排风系统，启动办公楼 VRV 空调新风系统等措施，最大限度地保证了空调区域空气品质的健康安全。

三　多措并举、加强管理，保证健康安全的参观环境

2020 年年初第一次面对新冠疫情以来，南京博物院一直在不断地改进和完善各项保洁消杀的工作流程与措施，致力于为观众提供更加健康、更加安全的参观环境。

1．制定应急预案，落实防控措施

根据上级单位的防控要求，制定适合博物馆实际情况的应急预案，组织员工进行演练。同时，认真落实各项防控措施，做好台账管理和文件归存等工作。

2．优化工作流程，制定消杀标准

南京博物院在原有"区域卫生专人负责"的保洁工作机制上，根据展馆各区域的实际情况，增加消杀的工作内容和标准。根据不同的区域、不同的材质，配置不同种类的消杀试剂，合理安排消杀频次，同时跟进落实检查机制，以确保达到消杀的目的和效果。通过班组长全覆盖以及高频次地巡视，对所有消杀环节进行梳理和检查，确保不留隐患和死角。

3．提升防控意识，提高专业技能

博物馆的大部分消杀工作是由保洁人员负责实施完成的，员工对疫情发展的正确认识直接影响到消杀工作的成效，要通过官方途径及时发布和了解疫情发展情况，不信谣不传谣。正确选择合适的消杀产品，从清洁试剂到消毒用品，从使用方法到使用频率，从不同的区域到不同的材质，专业的消杀知识需要通过培训传达给员工。南京博物院对保洁消杀人员的培训主要采取的是理论与实践相结合的方式，通过观看视频，交流讨论，"你做事、我找茬"等各种形式，让保洁人员快速掌握消杀的专业知识和操作规范。通过培训来提升整改团队的工作效率和工作成效，提高防控意识和应急处置能力。

4．保障物资储备，加强人员管理

兵马未动，粮草先行。充足的物资供应是防疫消杀工作顺利完成的保障。南京博物院防疫物资由专人采购、按需领用、杜绝浪费，保证防疫物资库房内有至少两个月的库存量。博物馆员工，尤其是一线员工，当班期间须按时更换口罩、佩戴一次性手套等，必须按防控要求做好个人防护。

2022 年 5 月 19 日，《国家文物局关于进一步做好当前文物博物馆单位疫情防控工作的通知》指出，文博单位要全面履行岗位职责，把责任落实到具体部门、具体人员、具体环节。要紧盯重点关键，强化实名预约、佩戴口罩、测量体温、查验健康码、保持参观距离等举措，做好室内场所通风换气和清洁消杀，按照"限量、预约、错峰"的要求控制游客数量和规模，严格控制聚集性活动，最大限度减少人员聚集 [4]。参观环境直接影响观众的参观体验，疫情防控常态化下健康安全的参观环境更是观众参观体验的重要保障。因此，参与博物馆环境维护的员工成为阻碍病毒在博物馆建筑空间内传播的第一道防线。只有博物馆人人认真负责、措施落实到位，才能营造安全健康的参观环境，观众才有可能无忧无虑地畅游博物馆、享受美好生活。

注释

[1]《联合国教科文组织发布全球10.4万家博物馆现状报告》，中国经济网，2021年4月14日。

[2]《文化和旅游部办公厅国家文物局办公室关于做好新型冠状病毒感染的肺炎疫情防控工作的通知》，中华人民共和国文化和旅游部官网，2020年1月22日。

[3]《新冠肺炎流行期间办公场所和公共场所空调通风系统运行管理指南》，国家卫生健康委员会官网，2020年2月12日。

[4]《国家文物局关于进一步做好当前文物博物馆单位疫情防控工作的通知》，国家文物局官网，2022年5月19日。

参考文献

1．《博物馆与公共事件——国家文物局副局长关强访谈录》，《博物馆》2020年第2期。

2．宋向光：《博物馆应加强公共文化保障能力建设》，《中国博物馆》2020年第2期。

3．于妍：《新冠疫情后博物馆空调系统的思考》，《首都博物馆论丛》2020年第1期。

历史文化街区与博物馆的融合发展

——街巷博物馆的建设探讨

许立瑶

（南京博物院　江苏南京　210016）

内容提要： 在"文化强国、文化自信"的发展目标下，历史文化街区的更新活化，应该努力摆脱单一模式的局限，从社会背景、市井文化、居住环境等角度入手，深度挖掘和展示文化街区背后的时代演变、人文故事、历史遗存。本文提出一种街区与博物馆融合发展的更新模式，在历史文化街区中加入街巷博物馆，更加系统、全面、生动、精细化地展示街区的方方面面。以历史建筑和街巷作为文化传承的载体，构建集体记忆、城市记忆和市井记忆，在营造居民公共生活空间的同时，延续街区的历史文化，同时更好地发展街区经济和民生。

关键词： 历史文化街区　街巷博物馆　街巷文化　社区居民　非物质文化遗产

截至 2018 年，江苏省共有国家级历史文化街区 5 个，省级历史文化街区 58 个（含国家级），街区的历史文化资源十分丰富。在不同层级的保护规划和发展纲要的指引下，如何创新发展历史文化街区，全面提升街区品质，提升公共文化服务水平，将成为未来博物馆发展与历史文化街区发展有待解决的重要问题之一。

一　历史文化街区的现状分析

2008 年，江苏省建设厅印发了《江苏省历史文化街区保护规划编制导则（试行）》，以加强对全省历史文化街区保护规划编制工作的指导。南京、苏州、无锡等多个地市也在编制的历史文化名城保护规划文件中，对于城市的历史文化街区划定了保护范围，并给予了相应规划和发展的指导。2015 年，我省共有 5 个街区入选中国历史文化街区名单，并于 2016 年公布了 58 个江苏省历史文化街区。目前，大部分历史文化街区已出台相应的保护规划、修建性详细规划等文件，并就此开展了一轮甚至多轮的保护更新实践。

根据既有文件、已建设或建设规划中的历史文化街区更新项目，省内历史文化街区的更新改造模式可分为三种：传统商业街模式、景区模式和产业园模式。然而这些较为常规的发展模式，存在着相同的弊病。第一是模式之间的趋同化和单一化，古镇、古街的特色不明显，甚至出现了其他地区的建筑风格混搭。这导致地区归属感较弱，不能很好地展现城市和街区的历史底蕴和文化特色。第二是在片区的更新发展中，对于点的关注度往往远大于对于片区的关注度。更多的注意力放在打造某个景点上，如名人故居、私家园林等，而对于这些景点所处的街巷环境、其他传统建筑的风貌特点等关注度不够，往往只是用一些设计手法拙劣的仿古建筑打造一条商业街，售卖一些特色缺乏的商品。第三是改造之后的历史文化街区缺乏"烟火气息"，大量原住民的搬离，老字号和街巷老店的过度包装，导致街巷原有的味道不再，成为徒有其表、仅供参观的空壳子。

为了让历史文化街区的更新改造能够更加多元和深度地展现街区文化，并与当地百姓的生活更加紧密地结合起来，弘扬"街巷文化"，打造"街巷博物馆"，是未来创新发展的可行道路之一。

二　街巷博物馆

（一）街巷博物馆的概念

街巷博物馆的概念可以追溯到国外新博物馆学的兴起。新博物馆学强调博物馆的广义性，成为连接自然、社区和居民的纽带[1]。这一概念发展到了国内，则与我国历史文化街区的保护和发展结合起来，出现了社区博物馆[2]、开放式博物馆[3]、街头博物馆[4]等概念，这些探讨多是结合具体的历史文化街区改造进行的。

本文提出的街巷博物馆，是指在具有一定历史文化价值的街区内，利用某个或若干特定空间和所有街巷界面，对街区内的建筑格局、整体风貌、生产生活等历史文化要素进行系统的梳理和展示，以达到传承和弘扬地域文化、综合保护与发展的目的。

（二）街巷博物馆的形式

街巷博物馆的形式较为灵活多样，可以有以下几种形式。

1. 城市空地新建博物馆建筑

历史文化街区的保护规划范围以及周边区域往往存在着一些非文保单位、历史建筑和风貌建筑之外的破旧建筑，或是存在一些城市发展的消极空间。这些区域可以通过新建街巷博物馆的方式，展示街区文化特色。

南京市三条营历史文化街区对南京色染厂厂房进行加固改造，并在其东侧和北侧新建建筑，构成南京书画院、金陵美术馆和老城南记忆馆三个部分。老城南记忆馆位于整体建筑南入口位置的一层区域，展现了城南地区的市井繁华、休闲娱乐、婚礼民俗等文化特色。博物馆之外的街巷墙壁上，也通过老照片和改造之后的现状照片对比，展现街区的发展演变。记忆馆作为书画美术馆的一部分，既很好地展示了街巷特色，成为老门东景区的构成要素之一，又巧妙地与馆内其他艺术展览相关联，成为公共文化设施融入街区的黏合剂。

2. 既有历史建筑的改造利用

对于地处老城中心地带的历史文化街区而言，将既有历史建筑改造成为街巷博物馆，是对于历史建筑活化利用的理想方式之一。尤其最初就是公共建筑的历史建筑，如祠堂庙宇、店铺学校等，其展览空间更大，展出效果更好。这些公共建筑本就和街巷有着密切的开放式联系，可以实现建筑形式和展陈内容的良好衔接。如福德祠博物馆，原是新加坡最古老的华人寺庙，后来庙宇迁至别处，建筑交由政府管理。1998 年，福德祠原址改建成为一处街道博物馆。博物馆收藏的很多器物都是居住在当地华人街的居民捐赠的。橱窗内还展示有沿海地区的房屋、街道和各类场景模型，体现了亚逸街上华人的生活变化。

对于街巷中多个历史遗迹或建筑进行整体开发利用，打造分散式多元化的街巷博物馆，能够很好地实现走街串"点"的游览效果，以点来带动整个历史文化片区的发展。不同的"点"可以有不同的专题或侧重点，结合建筑功能和形式的不同，讲述街巷文化的方方面面。台湾省新北市的淡水古迹园区对 23 处古迹和古建筑进行保护修复并陆续开放。它们形式多样，有洋楼、民宅、日式宿舍等 [5]。这些建筑串联起三条历史老街，用不同的风貌展示着淡水在多国文化、港口、军事、宗教、民俗等不同层面的历史变迁。

3. 室外公共空间和社居委空间的利用

以私人住宅为主的历史文化街区，人们往往只能在街巷中穿梭看到沿街面的风貌，缺少了一点深度和趣味。如能在狭长街巷的墙壁上增加一些介绍、说明和图片，或是利用社居委所属的建筑空间加以展示，则能够在避免过度商业化和打破居民宁静生活的同时，建立起一个个街巷通往宅院的切片，更加清晰地展现建筑和街巷的关系，以及居民生活的原貌。

　　在这一方面，北京胡同文化的发掘和宣传值得借鉴学习。在大栅栏琉璃厂、南锣鼓巷、五道营等多个历史文化街区，每条胡同的入口都有着较为详细的介绍，包括胡同区位图、历史变迁、传统建筑门牌号、历史名人等内容。在每一处历史建筑的大门外也有着较为醒目的标识，对建筑进行简单说明（图一）。在一些较为繁华的商业街区，还能看到展现历史生活场景和街巷格局的老照片。

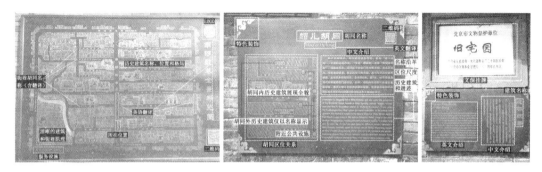

图一　南锣鼓巷历史街区分层级的导引系统

　　胡同博物馆的改造和对外开放更是成为系统了解胡同历史的创新方式。史家胡同 24 号院，作为一处已经交付给所在街道使用的民居，不仅展示了原住户凌书华女士的生平，还展现了史家胡同其他门牌号背后的历史变迁。其实整条胡同都可以看作是博物馆的组成，而 24 号院则提供了一个供观众了解胡同的索引[6]，引导着参观者了解历史文化街区的全貌，进而走街串巷地开始体验之旅。

　　（三）街巷博物馆与历史文化街区的融合

　　1. 人人都是导游——社区居民的历史文化科普教育

　　街巷博物馆的意义并不囿于吸引游客前来参观。作为驻扎在街巷的博物馆，服务于当地居民是其最基本的目的。如何让街巷历史从老人们的口述和文献照片中流传下来，让人人都能讲上一段街巷的故事，是街巷博物馆更深层次的意义所在。作为每日往返居所都能看到和路过的博物馆，街巷博物馆用简明而朴实的语言，生动而亲切的呈现方式，

图二　西南营历史文化街区的新颖宣传方式

让社区的居民，尤其是年轻一代的居民更好地了解自己的居所，产生更深厚的文化认同感和地域归属感，从而建立起牢固的集体记忆。

在南通西南营历史文化街区，巷子墙壁上的"扫一扫听小朋友讲巷子里的故事"展板就是一种新颖的宣传街巷文化的方式（图二）。幼儿园通过教导儿童了解街区文化故事，并讲述出来对居民和游客进行历史文化科普，实现了自上而下的文化输出，以及自下而上的文化传播。

2. 标识系统的完善和提升

历史文化街区的街巷往往阡陌纵横，容易迷失方向。完善和提升标识系统，有利于提升街区之外的人探访街巷、了解历史文化的热情。标识系统作为街巷的符号，首先要具有形象上的代表性[7]，简明而醒目，在行走的过程中易于发现，同时应注意夜间标识系统的可识别性。其次大段的文字叙述往往有说明书之嫌，可以考虑结合照片、手绘简图等呈现方式，更加有趣易读。最后还应当结合互联网技术，通过小程序、公众号等二维码，方便游客在移动设备上边走边看，甚至边走边听，让标识系统成为智能导览的一个窗口。

3. 博物馆与非遗、老字号的融合发展

当今一些历史文化街区大量迁移原住民，不加选择地引进网红店的做法是一种对于街区原生态市井文化的破坏。街巷产业的发展，不能仅依靠外来植入，还要进行内部重整提升。街巷内最朴实的生产生活状态，是街区文化活态化保存的重要部分，因此街巷博物馆需要加强对于街区内的传统手工艺、非物质文化遗产和传承多年的店铺文化的讲述和宣传，挖掘街巷自身的发展潜力。

北京市西城区在逐步修缮开放的胡同老院落中建立起小微博物馆群，以展示、体验、交流非遗及民俗手工艺品为主，通过老街坊般的亲切感，触动了观众对于街巷历史记忆的心弦[8]，同时改善了制造业外迁带来的街巷发展"空心化"问题。

三　街巷博物馆的发展建设

（一）街巷博物馆体系的品牌打造

由于展览面积、内容等方面的局限性，街巷博物馆不能沿袭地市级以上大型综合博物馆的发展道路。"小而精，散而众"，让城市内各个历史文化街区的街巷博

物馆构成城市的公共文化服务体系，是一种理想的品牌打造方式。

在街区内部，散点式的街巷博物馆相互关联，或是由单一的街巷博物馆统筹室外特色公共空间节点，通过统一的宣传手册地图，结合闯关类游戏、盖戳打卡等趣味方式，让观众有兴趣按照一定的流线走遍大部分街巷，以"流量"带动街区发展和博物馆运营。这种串联的方式能有效避免很多历史文化街区发展状况不平衡的问题。

在整个城市内部，街巷博物馆可以相互联合，构建城市特色街巷一日游线路。线路的主题可以不限于探寻街巷本身，例如开展传统节日快闪、传统服饰摄影、传统美食品鉴等活动，将街巷的历史文化与人民的休闲生活更好的衔接。

（二）街巷博物馆与地区博物馆、城市规划展览馆的联合

街巷博物馆的宣传和发展不仅要依靠自身力量，还应该与大型综合博物馆、规划展览馆相结合。一方面，大型博物馆中，可以在介绍地域义化的通史展览，或是城市规划史展览里加入更多历史文化街区的元素。这些介绍不需要太过详实，只是起到展览内容衔接的作用。通过在内容衔接处添加二维码，在语音导览系统里加入简介或是在适当位置提供宣传手册，街巷博物馆能够引起参观者的兴趣，从而被添加进入下一次的出行计划之中。

另一方面，大型博物馆和街巷博物馆之间可以开展特展或主题活动的联动。街巷博物馆走进大型博物馆，可以充分调动历史文化街区内居民的参与热情，实现参与式展览、参与式讲解；大型博物馆走进街巷博物馆，可以弥补街巷博物馆在藏品价值、丰富性方面的不足，促进对特展有兴趣的观众深入街巷，同时利用讲座等方式为社区居民提供更优质的公共教育服务。

四　结　语

历史文化街区的更新改造实践在我国已进行了 20 余年，一定程度上保护了城市的历史格局和传统风貌。不过程式化的发展模式提高了经济效益，却对于街巷文化本身缺乏发掘和宣传。街巷博物馆的建设，是实现历史文化街区与新博物馆融合发展的创新思路之一，对于街区非遗文化和传统手工艺的活态保护，对于街区居民的历史文化教育和熏陶，以及对于走街串巷探寻城市的新型旅游休闲方式的引导，都有着较为积极的意义。

注释

[1] 乔治·亨利·里维埃：《生态博物馆——一个进化的定义》，《中国博物馆》1995年第 2 期。

[2] 曹磊、王苗：《以社区博物馆为概念之传统街区保存与经营》，《中国园林》2012年第 9 期。

[3] 李利：《开放式博物馆理论在杭州运河遗产保护规划中的应用》，浙江大学硕士学位论文，2010 年。

[4] 韩忠、何馨：《新博物馆理论下历史文化街区保护与利用研究——以武汉市街头博物馆为例》，《城市时代　协同规划——2013 中国城市规划年会论文集》，青岛出版社，2013 年。

[5] 田燕、穆瑶：《新博物馆学理论视角下的历史街区保护与更新——以淡水古迹园区社区博物馆为例》，《城市建筑》2017 年第 17 期。

[6] 姚佩雯：《社区博物馆与北京胡同文化的保护与宣传》，南京师范大学硕士学位论文，2019 年

[7] 要晖、邓可、曹钰：《北京胡同的导向及公共设施标识设计》，《艺术教育》2014年第 7 期。

[8] 魏青：《把老院落变成家门口的"小微博物馆"》，《中国文化报》2014 年 8 月 5 日。

馆藏文物数字化保护探索

——以鸿山遗址博物馆为例

刘嫣歆

（无锡市鸿山遗址博物馆　江苏无锡　214145）

内容提要： 近年来，随着数字化技术在各行业、各领域的广泛和成功运用，广大文物保护工作者也不甘落后，就数字化技术在馆藏文物保护利用领域的运用做了很多研究、探索和尝试，并取得良好的效果。本文以鸿山遗址博物馆开展的"精品陈列展览及文物保护数字化项目"为例，分析存在的问题，就馆藏文物数字化保护及利用进行了思考并提出下阶段工作建议。

关键词： 馆藏文物　数字化　保护　利用

一　鸿山遗址博物馆文物数字化保护的现状

鸿山国家考古遗址公园下属的鸿山遗址博物馆，于2014年申报了可移动文物数字化保护项目，该项目于2016年通过审批并获得了国家文物局专项资金，于2018年完成实施。该项目为国家文物局批准的博物馆数字化国家级试点项目，包括数字化后台管理系统；数字化公共服务系统；数字化服务器配置、租赁硬件保障系统；数字化实体展项四大板块。通过对无锡鸿山遗址博物馆118件代表性文物进行数字化采集（图一），为将来的文物3D打印修复、文物复制品制作、模型电子存档、文创产品开发、社教活动开展、多媒体展示等各类应用提供了重要的基础数据；通过数字化精品网站的建设，公众在访问参观鸿山遗址博物馆实体展览之余，可在线浏览体验100多件文物的模型（图二），以及邱承墩墓坑的出土文物展示等现场无法体验的内容（图三），游客还可以全面深入了解鸿山遗址的保存现状、历史内涵以及邱承墩新石器时代遗址和战国墓葬的形成和历史演变过程等，不再受到物理空间和展示手段的限制，做到线上线下同步、互补式的参观；通过升级改造的现场实体数字化展现，如电子沙盘（图四）、展示售卖区（图五）、触摸一体机等（图

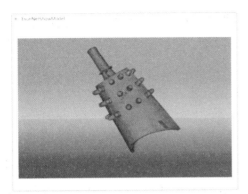

图一　文物三维采集数据

图二　数字化网站文物三维展示

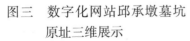

图三　数字化网站邱承墩墓坑　　图四　实体展项（中央大厅电子沙盘）
　　　　原址三维展示

图五　实体展项（文创衍生产品展示售卖区）

六），大力地提升了博物馆的科技感和游客参观的互动体验感，使得鸿山遗址博物馆不再是一种相对传统的、氛围厚重的展览风格，通过其中的小游戏、小动画等互动可以让游客更深入的进行参观学习和启发思考（图七）。此外，项目中对 118 件文物和 10 组精品文物提供了中、英、日、韩四种语言的讲解词，为博物馆的对外接待和自主参观提供了极大的便利，也能有效地提升鸿山遗址博物馆的国际影响力和知名度。

该项目从方案编制到最终实施，时间跨度达 4 年之久，因此虽然进行了数字化保护项目的建设，但由于相关的数字化保护技术更新升级飞快，所以原保护方案的设计框架、技术路线、实施措施等，已相对滞后。相对目前较为主流、先进的数字化保护方案相比，存在并亟须解决与提升的一些问题。

图六　实体展项（数字化多媒体查询一体机）　　图七　数字化网站文物互动项目（动画、游戏、音频解说）

二　鸿山遗址博物馆文物数字化保护存在的问题

1. 官网功能设计简单、过时

第一，官网缺乏足够的服务功能模块，界面缺乏美观度，页面设计、跳转不合理，用户体验差，且没有馆藏精品的用户收藏、分享等大数据统计。

第二，官网上展示的文物数量仅 118 件，不足馆藏文物的 10%，且文物介绍简单，大量珍贵等级文物没有得到充分的展示，主要是由于大量的文物没有进行数字化采集，以及依靠人工从网站后台手工录入，需要大量的工作量，而馆内人手紧张、工作繁重，也是影响文物数据信息录入的重要因素。

第三，文物展示版面设计不合理，用户体验差。由于网站开发时间久远，网页上的展示版块，使用的是 Flash 插件，而该插件已被绝大多数主流浏览器禁用，官网上展示的许多藏品的三维展示或视频资料无法正常打开或播放。

第四，许多文物的三维扫描数据，并未储存于博物馆本地服务器或阿里云等公共服务器上，而是存放于当初实施数字化保护项目的软件公司服务器，而该公司官网现已停更，很多重要珍贵文物展示链接无法打开，严重影响官网的宣传展示效果。

第五，留言簿功能鸡肋，且官网后台没有敏感字过滤功能，完全依赖人工审核，容易造成工作量积压，或不良言论泄露等风险。

2. 缺少数字化资源管理系统

该数字化保护项目中涉及的所有馆藏文物数字化采集数据及数字化保护成果，均以 U 盘或光盘的形式保存，严重影响数据安全（表一）。大量的文物数字化资源散落存放在计算机硬盘中，这些资源包括文物本体数据、文物多媒体数据、二 / 三维图像数据等，既有之前数字化保护项目采集的文物数据，也包括我馆自行拍摄

表一　无锡鸿山遗址博物馆精品陈列展览及文物保护数字化项目竣工文本清单

序号		文件类型	文件名称
1	1.1	管理文件	合同书
	1.2		无锡鸿山遗址精品陈列展览及文物保护数字化项目内容变更说明
2	2.1	过程资料	关于召开无锡鸿山遗址精品陈列展览及文物保护数字化项目方案确认会的商洽函
	2.2		无锡鸿山遗址精品陈列展览及文物保护数字化项目方案确认会专家意见
	2.3		无锡鸿山遗址精品陈列展览数字化项目文物信息清单
	2.4		项目实施计划及人员组织架构
	2.5		无锡鸿山遗址精品陈列展览及文物保护数字化项目中期论证会专家意见
3	3.1	项目图纸	实体展项设计效果图
	3.2		实体展项施工图
4	4.1	成果资料	68 件文物三维扫描模型文件（U 盘或光盘）
	4.2		50 件文物 360 度环拍文件（U 盘或光盘）
	4.3		118 件文物及十组热点文物的中英日韩讲解词音频文件及翻译稿（U 盘或光盘）
	4.4		十组热点文物小游戏程序文件（U 盘或光盘）
	4.5		十组热点文物小动画程序文件（U 盘或光盘）
	4.6		三分钟宣传片脚本文件（U 盘或光盘）

的数千张文物二维高清图片。数字化保护项目没有建设统一的数字化资源管理软件对馆内所有的数字化资源提供采集、存储、使用、审核功能，也没有统一的数字化资源收集与检索软件，难以对博物馆内文物本体数据、文创作品数据、文物知识数据等数字化资源进行管理和利用，从而严重弱化了数字化保护项目的目的与实际效果，对文物数字资源的有效保存和长期利用均具有巨大隐患和风险。

3. 珍贵文物的数字化资源保存不全

第一，数字化保护一期项目中，仅对 1000 余件珍贵文物中的 118 件进行了数字化采集，其中 68 件进行了三维扫描，仍有大量等级文物未能进行三维扫描建模处理。

第二，在 68 件三维采集的文物数据中，实施单位仅交付了三维建模文件（obj）、项目文件（mlt）与贴图文件（jpg），对被扫描文物拍摄的二维高清图片并未交付我馆。

第三，除数字化保护项目所采集的 118 件文物数据之外，馆内其他文物均由我馆自行拍摄采集，由于缺乏专业的设备、道具及拍摄技法，馆内文物的图片数据质量参差不齐，背景、构图、色彩、光线、分辨率、清晰度、采集角度、文件大小、存储格式等，均与国家关于可移动文物数字化保护相关标准有明显差距，无法作为标准的文物藏品数字化资源进行保存、利用。

4. 展馆现场数字化展示手段落后，内容形式单薄

第一，鸿山遗址博物馆陈列展览手段及形式单调，缺乏先进的展陈技术应用。馆内现有的文物展陈大都仅是将文物以静态的形式展现给观众，缺少先进的数字化展陈设备，缺少大型交互展示屏组、AR 交互等现代化的展示手段，现有的展陈方式已经无法满足观众对博物馆展陈形式的需求（图八）。

第二，由于项目实施较早，当时设计的 10 个互动游戏小程序已稍显简单落伍，缺乏深度、先进的交互内容及形式，无法满足游客的交互体验需求，且配置的落地

图八　现有的展陈方式

大屏尺寸较小，配置较低，有些大屏上的程序运行卡顿，无法正常操作，用户体验较差（图九）。

图九 现有互动游戏小程序

第三，展馆内的大型电子沙盘，采用的是传统的 LED 大屏，且因环境及其他原因，已缺乏维护，屏幕上有较多坏点，影响现场的展示效果。且相比目前数字化展示应用领域主流的多点触控液晶大屏，馆内电子沙盘的 LED 大屏没有触控功能，大屏上仅滚动播放博物馆的宣传视频，内容单调，无法吸引游客驻足进行交互体验，也无法收集和统计游客对馆藏文物的浏览、点击等数据，无法得知游客对相关文物的喜好情况。

5. 藏品管理信息化水平滞后，智慧化综合业务系统缺失

鸿山遗址博物馆对藏品的日常管理还停留于传统的手工台账管理方法，文物档案、卡片等相关业务表单，均由工作人员手工填写或手工制表打印。藏品管理手段较为原始，出入库流程手续繁琐，未建立藏品信息数据库，缺乏藏品原始基础信息的整理，仅有的信息也只是通过 Excel 表格与 Word 文档来存储。同时，博物馆内有大量已出土但尚未入藏的标本等考古成果，目前也没有进行科学、系统、有效的管理。

另外，博物馆的展览、修复等业务部门，与藏品保管部门之间的日常业务流程，也都是通过口头沟通加纸质表单操作，来实现跨部门的业务对接，容易导致权责、流程不清晰，重复劳动、效率低下等情况，亟须一套先进易用的、具备高度信息化与数字化程度的综合业务管理平台，来有效开展围绕藏品本体与藏品数据信息为核心的跨部门间业务流程，实现包括文物信息管理、文物数据管理、策展、修复、数字化成果发布及应用等在内的全流程管理。

6. 文物数字化保护成果的应用及展示工作亟须提升

博物馆的官方微信公众号已经建立，但功能、模块、界面、内容相对简单。没有二维码、语音导览、展览模块，没有系统的藏品展示版块和服务功能，仅在微网页端放置了 7 个链接用于展示介绍文物，发布的数量不足馆藏文物的 5%，且内容过于简陋，无法起到展示、传播的效果，难以实现近年来中央大力提倡的"博物馆云展示""云导览""让文物活起来"等重要政治任务及社会责任。

为响应政策号召，更好地利用新技术对馆藏文物进行保护和宣传，同时也更好的服务广大市民与游客，博物馆亟须建设一个具有开放式架构、高度可扩展、演化的数字化成果利用系统。

三　鸿山遗址博物馆文物数字化保护的相关思考和建议

针对鸿山遗址博物馆在馆藏文物数字化保护应用方面存在的上述问题与不足，博物馆下阶段的数字化保护及建设工作，主要应针对以下方面解决：

第一，继续采集馆藏珍贵文物的数字化信息。

第二，提升完善博物馆线上发布展示效果。

第三，对现场的展示设备软硬件进行全面换代升级。

第四，加强智慧化、数字化业务能力建设提升。

上述问题的解决，需要全面合理的规划，在一段时间内，分步骤、有先后地执行实施。结合鸿山遗址博物馆实际情况，提出下阶段馆藏文物数字化保护工作建议：

首先，要建立鸿山遗址博物馆的文物数字化保护基础框架，为将来进一步开展文物保护、利用奠定必要的数字化保护基础与数字化应用、展示的技术、设备、环境基础。其次，对鸿山遗址博物馆的所有文物藏品资源进行数字化、信息化、网络化管理，提高藏品管理的标准化、规范化，实时化、精细化水平，实现博物馆藏品日常管理及出入库流程的严格控制，全面提升文物安全系数。

具体需要完成以下几项工作：

第一，珍贵文物藏品的三维扫描处理。为馆藏重要文物制作 3D 高清模型，保留珍贵文物的重要信息资料。

第二，建设数字化资源管理系统。建设一套数字资源管理系统，对已有的藏品高清图片、三维扫描建模数据、数字化保护一期建设中实施的动画、游戏等数字资源，以及其他数字化保护成果，进行统一、规范、系统、科学管理，确保文物及藏品数据的安全，便于馆内工作人员快捷调用。

第三，博物馆官网、微信公众号的升级建设。包括对博物馆官方网站，官方微信公众号平台进行优化升级，开发二维码语音导览小程序。实现馆藏文物的"云发布""云展示""云导览"功能。

第四，建设智慧博物馆数字化综合业务管理系统，构建信息化智能管理基础。

建设一套功能架构及业务流程设计合理、符合博物馆业务需求且易于操作的智能数字化综合业务管理系统，完成馆藏文物的信息化管理体系，固化藏品管理流程规范，确保馆藏文物的安全管理，提升工作效率，促进跨部门间业务的通顺、流畅。并且要实现该系统与互联网平台的打通，与馆方微信公众号平台打通，实现藏品信息在云端的"一键同步"，减少90%以上的重复工作。同时，利用系统后台收集、汇总、统计官网及微信用户对馆藏品的点击量、分享量、收藏量等相关数据，生成数字化成果移动端传播效果的大数据看板、馆藏文物热力图，为日常布展规划及文物文创提供精准的数据依据。

计划通过上述馆藏文物数字化保护利用工作的实施，最终达到以下几个效果：

第一，打造实用、专业、美观、多功能的博物馆"门脸"，让博物馆官网、微信平台能够更好地为市民、游客展示、服务，实现更深更广的传播、推广效果。

第二，建立博物馆的数字化、信息化、安全化管理基础架构，实现藏品数据资源的数字化，藏品本体管理相关的各业务环节信息化，跨部门业务流程电子化。

第三，利用先进的数字化、信息化技术与管理手段，提升博物馆工作人员工作效果，减轻重复劳动，节约宝贵的时间精力用于建设精品博物馆，更好地服务市民游客。

第四，提高现有的文物数字化保护成果的有效利用与展示，完善"云发布""云展示""让文物活起来"的线上及线下技术解决方案，提升展陈水平及手段。

第五，打通数字化管理系统与互联网端、移动端平台数据接口，实现快速的藏品信息发布，提升馆藏文物数字化保护成果的对外展示发布手段，从而减少、避免跨平台、跨系统、跨应用的重复性操作，提高工作效率。

镇江市博物馆定级评估工作的思考与策略研究

刘世发

（镇江博物馆　江苏镇江　212002）

内容提要： 博物馆是传播和弘扬历史文化、推动社会教育的公益性机构，发挥着公共文化服务的重要智能，对其进行等级评定是评价和体现一个博物馆事业发展水平的重要手段。文章根据镇江市 3 家博物馆参加第四批全国博物馆定级评估工作概况和当前全市博物馆发展和运行现状，提出对博物馆定级评估工作的思考和对策，希冀能促使全市博物馆在今后的定级工作中获得更多成效，推动博物馆系统实现良性发展。

关键词： 博物馆　定级评估　公共文化服务

开展博物馆评估定级工作，是博物馆事业发展的重要评估方法，它能促使博物馆明确职责定位和发展方向，推动博物馆治理体系和治理能力更加完善，更好地发挥博物馆服务于国家和人民的作用。江苏省文物局局长吴晓林在第四批全国博物馆定级评估咨询交流会暨博物馆馆长培训班的致辞中表示，博物馆定级评估重点在以评促建、以评促改、以评促进，要全面提升博物馆工作服务大局、惠及百姓的能力和水平。博物馆通过准备和参加定级评估工作，有利于推动自身优化体系架构、提高学术和业务水平，增强博物馆服务能力和影响力。

一　镇江市博物馆定级评估工作概况

2020 年 1 月，国家文物局印发《关于公布施行〈博物馆定级评估办法〉（2019 年 12 月）等文件的决定》，公布了最新的《博物馆定级评估办法》和《博物馆定级评估标准》，完善了博物馆评估定级的相关工作机制。2 月，江苏省文物局印发了《江苏省文物局 2020 年工作要点》，将开展国家等级博物馆定级评估工作内容列入其中。7 月，中国博物馆协会组织的第四批全国博物馆定级评估工作正式启动。

　　为进一步提升镇江市的文化软实力，丰富人民的精神文化生活，助推博物馆事业实现高质量发展。镇江市文物主管部门积极组织镇江博物馆、茅山新四军纪念馆和冷遹纪念馆三家博物馆参加第四批国家博物馆定级评估的评选工作。7月，在市文物局的促成下，江苏省文旅厅博物馆处处长车宁亲至镇江博物馆，对准备参评的3支博物馆定级评估队伍进行了现场指导；8月，第四批全国博物馆定级评估咨询交流会暨博物馆馆长培训班在南京举办，市文物局组织了3家博物馆的参评工作负责人积极参与，对博物馆定级评估有关内容进行了深入的了解和交流。

　　以镇江博物馆为例，自2016年被评为国家二级博物馆后，全馆上下都围绕着国家一级博物馆的更高目标而努力。对内，第四批博物馆评估定级工作启动后，镇江博物馆第一时间成立了评估定级工作小组，确立了总负责人，组织召开了多次工作部署会，根据细则评分表内容合理分解工作任务，动员全馆成员齐心协力开展工作。对外，积极与市文物主管部门对接，寻求指导和帮助，完成了文物修复资质的申报工作，克服了弱项短板；特邀苏州博物馆副馆长毛艳与评估定级负责人至镇江博物馆开展指导工作。由馆长带队，定级评估小组全员至常州博物馆和徐州博物馆进行调研学习，深入了解评估定级工作情况，虚心学习，交流经验。

　　此次评估定级工作跟以往相比，有些许不同。由于疫情原因，第四批全国博物馆定级评估工作主要采取的评选方式是线上申报为主，所有参评单位都需填写《博物馆定级评估申请书》，通过中国博物馆协会网站的在线评估系统提交材料，再由协会组织专家对提交材料进行在线评审。同时，此次定级评估工作由评审专家根据打分确定博物馆的评级，当协会确定的等级与博物馆申报的等级不一致时，以协会确定的等级为准。

　　根据2019年12月发布的《博物馆定级评估标准》，定级评估总分为1000分，分三大项，分别是综合管理与基础设施200分、藏品管理与科学研究300分、陈列展览与社会服务500分。评估时，规定了三大项的最低得分值分别为80分、120分和200分。如果评分低于这个标准的任意一项，则无法获得等级。同时还规定，一级博物馆需达到800分、二级博物馆需达到600分，三级博物馆需达到400分。依据中国博物馆协会发布的《评分细则计分表》，镇江市3个国有博物馆集中整合、归纳和统计近三年（2017年7月至2020年6月）的工作情况，积极开展了自评工作。通过自评，各馆基本掌握了得分情况，并参照自评结果确定了申报目标，镇江博物馆、茅山新四军纪念馆和冷遹纪念馆分别申报国家一级、二级和三级博物馆。

　　2020年12月21日，中国博物馆协会发布了《关于第四批国家一、二、三级博物馆名单的公告》，经过综合评定，并报请国家文物局备案，核定了74家国家一级博物馆、221 家国家二级博物馆和 225 家三级博物馆。镇江博物馆被核定为国家一级博物馆，茅山新四军纪念馆被核定为国家三级博物馆。

二　镇江市博物馆的发展运行和定级概况

据统计，截至 2021 年 8 月，镇江市现有备案登记的博物馆数量为 14 个。分别是镇江博物馆、茅山新四军纪念馆、焦山碑刻博物馆、先吴文化博物馆、句容市博物馆、扬中市博物馆、总前委旧址纪念馆、新四军四县抗敌总会纪念馆、丹阳市博物馆、冷遹纪念馆、丹阳市怡情轩博物馆、江苏神牛红木艺术博物馆、镇江红色钱币专题博物馆、镇江永泰昌博物馆。其中，国有博物馆 10 个，非国有博物馆 4 个。

截至 2020 年年底，我国现有备案博物馆 5788 家，具备等级的博物馆总数为 1224 家，等级馆占比为 21.14%，经调查，镇江市现有国家一级博物馆 1 家，三级博物馆 2 家。其余博物馆均为未定级（参见表一）。等级博物馆的占比为 21.42%，基本与全国平均水平持平，博物馆等级和发展状况与镇江的经济和社会发展水平不大相符，亟待进一步改善和提升。

表一　镇江市博物馆情况表

序号	名称	属地	状态	性质	等级
1	镇江博物馆	市属	开放	国有	一级博物馆
2	茅山新四军纪念馆	市属	开放	国有	三级博物馆
3	焦山碑刻博物馆	市属	开放	国有	三级博物馆
4	句容市博物馆	句容市	开放	国有	未定级
5	丹阳市博物馆	丹阳市	关闭	国有	未定级
6	扬中市博物馆	扬中市	开放	国有	未定级
7	先吴文化博物馆	句容市	开放	国有	未定级
8	总前委旧址纪念馆	丹阳市	开放	国有	未定级
9	冷遹纪念馆	丹徒区	开放	国有	未定级
10	新四军四县抗敌总会纪念馆	丹徒区	开放	国有	未定级
11	丹阳市怡情轩博物馆	丹阳市	开放	非国有	未定级
12	江苏神牛红木艺术博物馆	句容市	开放	非国有	未定级
13	镇江红色钱币专题博物馆	丹阳市	开放	非国有	未定级
14	镇江永泰昌博物馆	润州区	开放	非国有	未定级

资料来源：镇江市文物局

总体来看，镇江市博物馆的数量不多，等级博物馆较少，发展水平存在较大差异，博物馆行业发展水平尚需大幅提升。市级层面来说，镇江博物馆、茅山新四军纪念馆和焦山碑刻博物馆三家单位整体发展情况良好，皆为国家等级博物馆，较好地承担了历史文化传承、弘扬红色精神、普及社会教育等功能。茅山新四军纪念馆在第四批国家博物馆定级评估时的自评分超过600，拟定目标为国家二级博物馆，结果最终被核定为国家三级博物馆，说明在参评的细则内容中还存在一些弱点，申报材料的实际得分低于预期。县级层面来说，各博物馆普遍存在着馆藏文物数量少、地方政府重视不够、资金投入不足、人员缺乏、发展基础薄弱等特点。从镇江市文物局2020年开展的全市博物馆"双随机一公开"检查情况来看，县级博物馆存在着诸如库房安防措施不全、缺少展览和藏品备案记录、珍贵文物摆放不够科学等问题，这些问题都会严重影响定级评估的得分。

三　镇江市博物馆定级评估的策略研究

当前我国有近8成的备案博物馆都未获得等级，从2020年江苏省的情况来看，省文物主管部门极力推动各地博物馆参加评选活动，并在第四批国家博物馆定级评估工作结束后还组织了全省博物馆定级评估自评工作，要求各地文物部门积极推动，确定工作目标，确保大多数博物馆都能获得等级，藉此工作的开展推动整个博物馆事业长远发展。

根据中国博物馆协会发布的《细则计分表》，笔者制定了《定级评估细则内容和分值明细表》（表二），通过此表，可明确掌握博物馆定级工作主要评估的内容事项和分值占比等情况，可帮助有关博物馆在开展定级评估工作时，提供参考和依据。

表二　定级评估细则内容和分值明细表

序号	评定项目	项目总分	项目内容	内容分值	事项数量	分值占比
1	综合管理与基础设施	200分	法人治理结构	14	8	1.4
			博物馆章程与发展规划	20	7	2
			建筑与环境	16	6	1.6
			人力资源	30	9	3
			财务管理	30	6	3
			安全与保障	80	35	8
			信息化建设	10	2	1

续表

序号	评定项目	项目总分	项目内容	内容分值	事项数量	分值占比
2	藏品管理与科学研究	300分	藏品情况、数据库与公开	43	5	4.3
			藏品征集、接收与入账	27	13	2.7
			藏品存放与提用	20	7	2
			库房面积、管理和设施	30	11	3
			藏品保护与修复	30	5	3
			学术组织与学术活动	20	8	2
			学术刊物、论文与期刊收藏	25	8	2.5
			科技部门、人员学历和结构	25	3	2.5
			科研经费、仪器设备、实验室、基地	40	4	4
			科研课题、专利与奖励	30	3	3
			科研成果共享和成果转化协作机制	10	1	1
3	陈列展览与社会服务	500分	博物馆品牌标志与宣传	35	7	3.5
			博物馆公众影响力、声誉、旅游影响力	30	3	3
			进出境展览	10	1	1
			展示空间	17	4	1.7
			基本陈列	80	7	8
			临时展览	53	5	5
			展览验收评估、资料、获奖或推介情况	18	3	1.8
			社会教育	50	5	5
			讲解导览服务	32	7	3.2
			群众组织和志愿者	20	8	2
			开放	25	4	2.5
			交通和参观导览服务	35	12	3.5
			网站、信息资料、融媒体服务	20	7	2
			文化创意产品研发和经营	40	6	4
			社会服务项目和观众调查	15	6	1.5
			观众量统计	20	1	2
数据汇总				1000	227	100

资料来源：中国博物馆协会《博物馆定级评估评分细则计分表》

1．立足实际，推动科学筹划

开展定级评估工作时，博物馆应提前充分学习和研究定级评估标准、方法及相关文件，将最新的评估定级变化情况了然于胸，在此基础上，立足本馆实际，综合研判，科学筹划有关事宜；应发动全馆成员，成立评估定级领导小组，确定评估定级工作负责人，将评估定级工作纳入年度工作重点，各项业务工作应充分围绕定级评估的细则内容进行科学合理安排；应寻求上级文物主管部门的指导和支持，及时沟通了解相关政策，积极参加文物主管部门举办的各项培训工作。如 2021 年 6 月，镇江市文物局举办了全市博物馆定级评估与藏品管理培训班并颁发了结业证书，对定级评估的政策和内容进行了宣传与解读，鼓励全市博物馆提前筹谋，科学安排工作。博物馆参加以上类型的培训并获得证书的行为，也是博物馆定级评估的打分内容之一。应充分考察和调研其他等级博物馆，就定级评估工作深入交流学习，积累经验。

2．脚踏实地，抓牢事业发展

根据过往经验来看，定级评估工作具体评估的内容是博物馆在过往三年的工作情况。第四届定级评估工作评估的是 2017 年 6 月至 2020 年 6 月的事项，这就意味着镇江市各博物馆如若参加下一届的定级评估工作，应从当下就及时开展相关工作，科学合理制定年度工作计划，抓牢博物馆各项事业发展。评估只是手段，促建才是目的，定级评估的最终目标，一定是推动博物馆的事业发展，通过对大量事项内容的评估，促使博物馆抓实有效、脚踏实地地开展相关工作，能在定级评估报送材料的时候具有说服力，能禁得起考证，严禁弄虚作假。

3．补齐短板，合理调配资源

定级评估三个大项分别是综合管理与基础设施、藏品管理与科学研究和陈列展览与社会服务，三大项之下包含 227 个具体事项，每个事项所占的分值各不相同。这就要求开展工作时，应注重全面性、系统性、均衡性，不能过分"偏科"，应在博物馆体系架构、学术研究和业务工作等方面齐头并进，促进实现共同发展。针对存在的各种问题和短板，博物馆需"对症下药"，合理调配人力、物力和财力等资源，有步骤有计划的解决问题。

4．紧扣主题，科学整理资料

以镇江博物馆为例，由于缺乏经验，未提前筹谋相关工作，忽略了资料保存和台账整理工作，导致花费了大量的时间和精力搜寻材料和制作台账，虽然最后成功被核定成一级馆，但此过程极为艰辛。其他博物馆应充分吸取教训，提前计划筹谋，各项工作开展应紧扣定级评估这一主题，有针对性做好优化和拓展业务流程、图片信息留存、资料归档整理等工作。如举办展览时，要完善流程，做好资料搜集与整理工作，将专家评审、大纲、方案、招标、实施、新闻、展览效果、备案、观众反馈、配套社教活动、配套文创产品等各种信息与资料科学整理。既完善拓展了业务流程，又保存了完整、详实的材料。后期开展定级评估工作时，资料提交方便且极具说服力。

四　结　语

博物馆定级评估工作历经多年研究与实践已初具成效，逐步建立起了博物馆的等级体系和评价标准，推动了博物馆行业的健康发展。当前，镇江市博物馆的发展成效是有目共睹的，能够为社会公众提供更丰富多元的文化产品，一定程度满足了人民的物质和精神需求。但也仍存在诸多发展困境和瓶颈，亟待获得突破和发展。在今后的工作中，博物馆应科学布局，合理筹划，调动各方积极因素，攻坚克难，积极准备和参加定级评估工作，以评谋进，提升等级，扩大影响力，增强为民服务实效，真正实现博物馆的高质量发展。

参考文献

1. 厉樱姿：《我国博物馆评估工作的回顾与思考》，《中国博物馆》2013 年第 2 期。
2. 李金光、艾静芳：《以定级评估工作为契机，推动博物馆事业高质量发展——第四批全国博物馆定级评估结果及数据分析》，《中国博物馆》2020 年第 4 期。
3. 《关于第四批国家一、二、三级博物馆名单的公告》，中国博物馆协会官网。
4. 《关于开展第四批全国博物馆定级评估工作的通知》，中国博物馆协会官网。

江苏未来探索中农业博物馆的建设不能缺席

——以苏州市为例

孔　欣

（苏州博物馆　江苏苏州　215000）

内容提要： 中华文明滥觞于农耕文明，农业博物馆是国家博物馆体系的重要组成部分[1]，也是容易被忽视的一部分。本文主要从建设农业博物馆的必要性和可行性方面，试论农业博物馆对于顺应博物馆改革发展趋势、建设世界一流博物馆、巩固和拓展青少年自然科学知识、传承农耕文明及农本思想、为乡村振兴战略及建成文化强国助力等方面的重要意义以及在苏州市乡镇建设农业博物馆具有实际可操作性的相关优势。

关键词： 农业博物馆　农耕文明　必要性　可行性

一　我国农业博物馆的建设现状

本文所说的农业博物馆是指综合性的博物馆。它不同于诸如苏州江南茶文化博物馆、陕西苹果博物馆等性质单一的博物馆。综合性的农业博物馆涵盖了从古至今的农具展示，丰富多彩的农业文明展览，具备当地特色的植物及土壤标本，与农业相关的古籍善本等。我国农业博物馆数量少、辐射面窄，未充分发挥其应有的价值。至 2021 年 11 月，在国家文物局官网"全国博物馆名录"一栏中，登记在册的博物馆总数为 5535 家，农业博物馆（综合性）仅有 7 家。其中北京市 1 家、辽宁省 1 家、吉林省 1 家、安徽省 1 家、湖北省 1 家、陕西省 2 家。遗憾的是，江苏省没有一家上榜。综合性农业博物馆的数量只占全国博物馆数量的 1.26‰，这与我国农业大国（今后会是农业强国）的地位极不相称。

不言而喻，农业博物馆是我国博物馆体系建设中的短板。农业博物馆的建设与发展存在滞后的原因有顶层设计不完善方面的因素，如缺乏健全的具有中国特色的农业博物馆体系[2]，在文化领域的政策中，一般性的博物馆政策辐射面未涵盖到农业博物馆，上升到哲学高度就是没有处理好普遍性与特殊性的矛盾。除此以外，文博行业研究者也有主观方面的偏好，像出土的古代农具似乎登不了大雅之堂，大多数人都比较热衷于研究皇室贵族的文物，如青铜器（鼎、簠、簋等），陶器，玉器，书画等。再者还有缺乏财政支持、资源禀赋差等其他实际的限制性条件，这些都制约了农业博物馆的建设与发展。不过，这些因素并不能掣肘在江苏省苏州市建设农业博物馆。

二　建设农业博物馆的必要性

建设农业博物馆的必要性体现在以下几点。

1. 建设农业博物馆是顺应当前博物馆改革发展趋势、建设世界一流博物馆的现实需要

江苏多年来一直走在改革开放前沿，应当先行先试，发挥敢为人先的精神，为健全中国特色的农业博物馆体系添砖，为建设世界一流博物馆加瓦。在《关于推进博物馆改革发展的指导意见》中指出："到 2025 年，形成布局合理、结构优化、特色鲜明、体制完善、功能完备的博物馆事业发展格局，博物馆发展质量显著提升……2035 年，中国特色博物馆制度更加成熟定型，博物馆社会功能更加完善，基本建成世界博物馆强国，为全球博物馆发展贡献中国智慧、中国方案。"[3] 以江苏省为例，"布局合理"要求江苏省内各市之间，江苏省内城乡之间博物馆的数量相差不能过于悬殊，否则不利于公共文化服务均等化发展。博物馆大多集聚在城市，在农村的博物馆寥寥无几。因此，在各市间、城乡间应把握博物馆数量的平衡，使之协调发展。"特色鲜明"要求博物馆发展应当凸显当地特色，切忌千篇一律。如今在江苏省内缺少综合性农业博物馆，哪个城市率先启动建馆工程，必然在省内成为一大亮点，这也能成为区别于其他城市博物馆的鲜明特色。建设高质量的农业博物馆可以弥补我国博物馆体系的短板，也会促成相关制度的完善。知己知彼，百战不殆，因此有必要借鉴国外农业博物馆的做法，如法国生态博物馆、日本田园空间博物馆等。要善于从国外农业博物馆个性中提取共性，同时结合我国实际，探索出打造具有中国特色的农业博物馆。我国几千年的农耕文明是建设中国特色农业博物馆的历史依据，也是突破博物馆改革发展瓶颈和跻身世界一流博物馆的独特优势。

2. 建设农业博物馆是传承农耕文明、农本思想的重要载体

从原始社会的骨耜、石耜等耕作农具到商周少量的青铜器农具，从汉代的耧车到唐代的曲辕犁，从牛耕再到机械化耕作，农具的演变也是农耕文明不断发展的印证。农业博物馆所展陈的农具可为研究农耕文明的绵延发展提供了一个合适的视角：农具的演变由单一到多样，由简易到繁复，每次农具的演变都凝聚着那个时代劳动人民的智慧与汗水。古老的农具无声却有力地向后人诉说着古代劳动人民不畏艰难，为了自身生存与子孙繁衍竭尽全力地与自然作斗争。从农具演变角度看农耕文明的绵延发展，其不变的精神内核是：劳动人民征服自然的勇气、改造自然的智慧。古语云："神农憔悴，尧瘦臞，舜黎黑，禹胼胝。由此观之，则圣人之忧劳百姓亦甚矣。"[4] 可知稼穑之艰难。南宋画家楼俦所绘的《耕织图》，共计 45 幅，其中包括水稻栽培从整地、浸种、育秧、插秧、耘耥、施肥、灌溉等环节，直至收割、脱粒、扬晒、入仓为止的全过程，是中国古代水稻种植技术的珍贵资料[5]。农业博物馆或可以《耕织图》为样本，通过多样化方式从整地到谷物入仓，还原每个环节，全景式地呈现古代劳动人民的劳作情况。这比书本上提倡"珍惜粮食，反对浪费"的勤俭节约理念更能入脑入心。崇尚节约的理念也融入了农耕文明之中，亦可通过农业博物馆来弘扬。在农业博物馆可陈列相关古籍农学著作，如《氾胜之书》《齐名要术》等。我们不必苛求要古籍善本，古籍中的内容与精神内核才是最重要的。在《农政全书》中提到："后稷名曰弃……好种植麻卖。及为成人，遂好耕农。相地之宜，宜穀者稼穑之。民皆法之。帝尧闻之，举为农师。"[6] 在《齐民要术》中说道："秦孝公用商君急耕战之赏，倾夺领国而雄诸侯。"[7] 这些都体现了农业的重要性，农本思想贯穿古今千年。农业博物馆是继承农耕文明，发扬农本思想的有效载体。

3. 建设农业博物馆为巩固拓展青少年基础教育、提升学科实践能力提供平台

教科书上的知识毕竟是有限的，此外课堂教育存在着重理论轻实践的弊端。想要巩固拓展学科知识，提升学生实践能力，去博物馆是一个不错的选择。农业博物馆可以助力青少年巩固拓展自然科学方面的学科知识。在物理学科方面，通过农业博物馆所展示的农具，如镢、长镰、铁杴、碓，可判断它们属于省力杠杆还是费力杠杆；观察灌溉农具，如翻车和筒车，可巩固机械能和势能的相关知识。在化学学科方面，通过观察农业博物馆的土壤标本及说明牌上的相关解释，再联系课堂所学，可加深对土壤中化学元素种类与特征的理解。在生物学科方面，通过观察在农业博物馆所展示的各种植物，可强化在学习藻类、苔藓和蕨类植物等方面的相关记忆。在条件允许的前提下，农业博物馆工作人员可依据青少年教学大纲，为青少年学生开设与学校教学大纲相关的针对性实验场地，如在学习植物的扦插或嫁接技术相关

知识时，农业博物馆可利用空余场地资源，预先栽种果树，同时邀请农业技术人员现场讲授植物的扦插或嫁接技术，并做演示，随后可由同学们分组，亲自动手对果树进行扦插或嫁接。这对于同学们提升相关学科实践能力至关重要。专家和学者提议将博物馆教育纳入国民教育体系中，这无论是对于博物馆学的发展，还是青少年基础教育的提升都是很有裨益的，这也是回应社会呼吁素质教育的关切。

4. 建设农业博物馆可助力乡村振兴战略及建成文化强国

"传承发展提升农耕文明，走乡村文化兴盛之路"是乡村振兴七大内容之一。乡村振兴除了要有经济上的高质量发展，乡村文化也应当齐头并进。一方面诸多图书馆、博物馆等文化场馆基本在城市中集聚，这是全国各省市存在的共性问题，另一方面有的乡镇甚至连一家书店都没有。这是文化领域的马太效应。城乡间公共文化服务严重失衡，阻碍了乡村文化的兴盛发展。在乡村建设农业博物馆，是繁荣乡村文化的实招，也是消弭城乡间公共文化服务鸿沟的有力举措。梳理乡村历史，摸清乡村家底，盘活乡村资源，依托乡村禀赋，为建设农业博物馆提供新的可能性。党的十九届五中全会明确提出了到 2035 年建成文化强国的远景目标。几千年的农耕文明是文化自信的源泉之一，文化自信为建成文化强国提供动力，文化强国又为提升文化自信提供保障。如果把文化强国当作是一个大肌体，那么文化强村就是文化强国的组织，农业博物馆就是文化强村的重要细胞。农业博物馆这个细胞越有活力，文化强国这个大肌体越有朝气。现在离建成文化强国的远景目标还有十余年，对于建设农业博物馆而言机遇和挑战并存，需要我们认真对待。在乡村振兴战略及建成文化强国方面，农业博物馆应有它的一席之地，也必定大有可为。

三　建设农业博物馆的可行性

建设农业博物馆的可行性主要体现在政策可行、经济可行、环境可行等方面。

1. 政策可行

宏观政策可行。在《关于推进博物馆改革发展的指导意见》中指出："实施卓越博物馆发展计划，因地制宜支持省级、重要地市级博物馆特色化发展。"[8] "鼓励依托文物遗址、历史建筑、工业遗产、农业遗产、文化景观和非物质文化遗产等设立博物馆"[9]。宏观政策的鼓励与支持是苏州建设农业博物馆最大的底气。虽然在苏州没有关于建设农业博物馆具体的相关政策与方案，但是苏州一直肩负着"争当表率、争做示范、走在前列"的光荣使命。一方面苏州在探索建设农业博物馆过程中要敢于迈开步子先行先试，另一方面相配套的容错机制也应该逐步完善，为真正干事的创业者消除后顾之忧。在探索建设农业博物馆过程中，要始终坚持"实践—认识—实践"的原则，第一个实践是在没有详细参照标准下的尝试，随后的"认识"就是要注重总结经验、教训。好的做法要巩固提升，善于发现事物的共性，使之成为具有普适性的指导性建议，以此去指导新的实践。这个新的实践是第二个实践。若发现脱离正常发展轨道迹象的要及时纠偏，防止量变转为质变。

2. 经济可行

经济基础决定上层建筑。上层建筑分为政治上层建筑和观念上层建筑。观念上层建筑包括政治法律思想、道德、宗教、文学艺术、哲学等意识形态。文化属于观念上层建筑。文化的繁荣发展，离不开经济的加持。2020 年，苏州地区生产总值为 20170.45 亿元，历史性迈上 2 万亿元新台阶、位列全国第六，规模以上工业总产值稳居全国前三 [10]。苏州地区生产总值基数大，决定着对于文化领域的投入就不会弱。如今，苏州公共文化服务体系建设发展又向前迈进了一步。目前在建的苏州科技馆、苏州市工业展览馆、苏州艺术剧院以及 2021 年 9 月底建成并对外开放的苏州博物馆西馆等项目都坐落在苏州市高新区，这形成了集聚效应，它们共同构成苏州市公共科技文化中心，即将成为高新区又一新地标。如果没有雄厚的经济实力作为支持，苏州公共文化服务体系建设发展只能成为空想。以苏州博物馆西馆为例，其建馆费用，不算陈列展览费用，财政投入十几亿。苏州雄厚的财政实力，为建设农业博物馆提供了更大的可能性。因此将苏州作为优先考虑建设农业博物馆的城市是一个最佳选择。

3. 环境可行

地理环境方面，无论苏州城区，还是郊区或是乡镇，区位优势甚好。以苏州市吴中区横泾镇为例（现横泾镇已改为横泾街道），横泾镇距苏州市西南 18 千米，北倚尧峰山，东南濒临太湖 [11]，水陆交通较为便捷。地铁、公交路线多数已延伸郊区。横泾镇资源禀赋好。因濒临太湖，受太湖水体调节，四季分明，适宜农、林、牧、副、渔全面发展 [12]。横泾拥有 1.7 万亩耕地、3484 亩山林、20 公里太湖岸线和 3 万余亩养殖水面，盛产"四大家鱼"和太湖蟹等水产品以及茶叶、林果等作物，是典型的"江南鱼米之乡" [13]。无论从地理环境、便捷的交通，还是资源禀赋方面，将横泾作为建设农业博物馆的地址是一个很好的选择。就横泾的耕地面积而言，在苏州的城镇中是数一数二的，横泾大米就是在这样的土地中生长的。或可将其中的一小块稻田作为农业博物馆的体验项目，让观众亲自体验整地、育秧、插秧、耘耥、施肥、灌溉等劳动，一方面可以唤醒 70、80 后父母们儿时的田园记忆，另一方面可以培养中小学生吃苦耐劳的精神。历史环境方面，横泾的历史文化底蕴深厚。横泾，又名横金，清《横金志》载："横金在县（吴县）西南三十里，相传横金于地有管鲍分金墩，故名。"[14] 此外，横泾烧酒在清朝颇有名声，"烧酒：《横金志》以出于横金者为贵，宜水性也。横金西南业此者居十之四五，其名记载鲜见《本草纲目》，云烧酒"[15]。这或可为苏州的酒文化研究提供珍贵的资料，农业博物馆也可将横泾烧酒史向观众展览。

　　建设农业博物馆不能等到所有条件成熟时才着手准备，否则容易丧失发展良机。

注释

[1] 刘忠岫：《关于我国农业博物馆发展的几个问题》，《农业部管理干部学院学报》2020 年第 3 期。

[2] 刘忠岫：《关于我国农业博物馆发展的几个问题》，《农业部管理干部学院学报》2020 年第 3 期。

[3] 中国政府网。

[4]（明）徐光启撰，石声汉校注：《农政全书校注》，上海古籍出版社，1979 年，第 19 页。

[5] 沈建东：《知味苏州》，上海文化出版社，2020 年，第 11 页。

[6]（明）徐光启撰，石声汉校注：《农政全书校注》，上海古籍出版社，1979 年，第 1 页。

[7]（北朝）贾思勰著，缪启愉、缪桂龙译注：《齐民要术》（序），上海古籍出版社，1979 年。

[8] 中国政府网。

[9] 中国政府网。

[10] 苏州市人民政府政务微信。

[11] 苏州地方志编纂委员会办公室官网。

[12] 苏州地方志编纂委员会办公室官网。

[13] 吴中区人民政府官网。

[14] 苏州地方志编纂委员会办公室官网。

[15] 吴县地方志编纂委员会：《吴县志》卷五十一《物产》，南京大学出版社，2015 年。

国际化背景下地方文博事业发展研究

——以苏州地区为中心考察

褚　燕　　朱春阳

（苏州博物馆　江苏苏州　215001）

内容提要： 近年来，文化大繁荣背景下文博事业空前繁荣，博物馆不仅数量逐渐攀升，且国际交流日益频繁。新时代地方文博事业如何迎接挑战、把握机遇成为重要研究课题，我们认为地方性博物馆应扎根地方文化，进行个性化打造。与之呼应，博物馆需要顺应时代潮流主动突破现有功能，更好地服务地方社会经济建设，以实现文博事业的跨越式发展。

关键词： 国际化　文博　研究　苏州

当前，各地博物馆迎来快速发展，国内外文博交流日益频繁，充分展现文化强国的形象。随着文博事业迈上新的台阶，新的困惑亦逐渐现象，其关键在于国际化趋势下地方文博事业何去何从。江苏是全国的文化强省，而苏州在江苏占据着重要的文化地位。本文即以苏州为中心，考察在新时期地方文博发展战略，助力文旅融合产业的发展。

一　博物馆发展的国际化趋势及困惑

根据国家文物局官方数据显示，"十三五"时期，我国博物馆的备案数量由4692家增长至5788家，可以说每两天就有一家博物馆诞生。其增长率为23.4%，年均增长率为4.3%，总量已经跃居全球前五位，即美国、德国、日本、中国、俄罗斯。这为世界博物馆发展注入了中国的强劲活力。非国有博物馆数量增长非常快，由"十三五"的1090家增长到1860家，增长率为70.6%。5788家博物馆当中，一二三级博物馆由764家增长到1224家，增长率为60.2%。其中，苏州地区博物馆事业发展尤其迅猛。至2020年，苏州正式建成"百馆之城"，与此同时苏州博物馆西馆、吴文化博物馆等相继落成并对外开放。博物馆热还表现在文博产业已经成为一种时尚，如博物馆人追求建筑空间设计时尚、展陈形式时尚、文创产品时尚创新、工作服务理念时尚等。

世界一体化趋势下地方博物馆国内外交流日益频繁。以苏州博物馆为例，与丹麦西南德兰博物馆、韩国国立全州博物馆等友好馆开展了外出展览、学术合作等多种形式的深入交流。同时积极与美国旧金山亚洲艺术博物馆、加拿大皇家安大略博物馆、美国芝加哥艺术博物馆、美国大都会艺术博物馆、美国圣地亚哥艺术博物馆、日本东京国立博物馆，故宫博物院、上海博物馆、南京博物院、东莞袁崇焕纪念园、杭州工艺美术博物馆（中国刀剪剑、扇业、伞业博物馆）、常熟博物馆、大连现代博物馆，中国博物馆协会、文物出版社、中国文物报社等海内外博物馆和文化机构开展了交流；与韩国、美国、英国、法国、加拿大等国家驻沪领事馆开展了交流和合作，进一步扩大了苏州博物馆在业内外的影响力。国际化趋势下未来博物馆应如何发展？各地博物馆大多成为现代城市标志性文化建筑，展示出鲜明的地域文化及独特的博物馆个性。

二　紧密联系实际，体现国际化进程中地方博物馆特色

各地博物馆尤其是综合性博物馆，都存在一定的共性，基本职能都包括宣传教育、文物收藏、科学研究三个方面，但常常为我们所忽视的是，博物馆还应该具备"个性"，不同地区的博物馆应该具有不同的特色。而一个博物馆的特色应该是由当地的政治、经济、社会、文化等方面的特征决定的。以苏州博物馆为例，自然应该集中展示苏州地区的历史文化，成为让世人了解苏州的窗口。苏州专题博物馆如丝绸博物馆、戏曲博物馆等从不同角度呈现地方文化的特征。仅仅如此还不够，博物馆建设应该紧密联系实际，把服务本地区经济、社会建设的功能放到重要位置，并努力展示当前苏州在各方面的建设成果。那么，目前苏州最大特色是什么呢？笔者认为是"国际化"，最明显的表现就是"外向型经济"的经济发展模式。所以，苏州地区博物馆将来的发展，应该抓住这个特色。这一方面可以服务社会，促进苏州社会、经济和谐快速发展，另一方面也可以争取更多的支持，扩大博物馆将来的发展空间。那么，国际化背景下的苏州地区博物馆建设，应该从哪几个方面着手呢？

三 国际化背景下地方博物馆发展战略

1．为地方创造良好的投资环境作贡献

地方经济的发展离不开外商投资、民营经济及其他多种经济形式的活跃。一个地方的自然环境、人文环境等因素所构成的投资环境与地方经济的建设紧密相关。苏州博物馆如果能为苏州创造良好的投资环境，将为博物馆的发展探索出新的道路。早在1993年5月11日，新加坡资政李光耀先生一行就曾参观苏州博物馆，并在省委及市委领导陪同下饶有兴趣地观摩馆藏文物精品，参观结束后仍意犹未尽，当晚中、新两国政府在苏就中国、新加坡工业园区达成协议。这就是博物馆在营造良好的投资环境方面的一个成功范例。在日后，我们应该进一步解放思想，努力为苏州地方创造良好的投资环境。

2．充分展示地方文化特色

看一个博物馆的层次高低，不仅在于馆藏文物的多少，而且要看它怎样挖掘文物蕴藏的文化内涵，并由此展示其地方文化特色。作为地方博物馆，自然应该集中力量挖掘地方的文化特色。那么，应该如何发掘地方文化特色呢？以苏州博物馆为例，笔者认为可以从如下几方面着手：

一是苏州博物馆作为地方性博物馆应集中收集苏州地方的历史、宗教、习俗及地理环境等相关文物，除收集前代文物之外，当代正在通用而独具风格或意义的作品，也应该是收集对象。

二是全面、系统地收集地方上已经成名者的美术家、收藏家、艺匠、艺术工作者早期、中期、晚期的作品。同时将收藏与教育推广、学术研究等活动相结合，充分挖掘和展示地方特色。

三是强化对地域文化特色的研究，结合苏州本地的人文历史、自然景观、风土人情等方面，对馆藏文物加以分析和整合，提炼出有文化价值、最具典型意义、最有外在表现力的线索，作为展览的主题，设计具有地域文化特色的展览内容。

3．努力展示当前的建设成果

从20世纪90年代初开始，苏州博物馆就曾在陈列展览方面进行了一些探索和改革，推出基本陈列"苏州万年发展史"，1995年又推出专题展览"中国近代史、中国古代科技展"等系列展览，但这些基本展览大都是对苏州古代历史文化的展示。但其实我们也可以将视野进一步拓展到当代历史，举办一些展览，展示苏州当前的建设成果，如展示苏州利用外资情况、苏州城市建设成果、工业园区发展史等等。

4．注重与国际化相结合，改进陈列、宣教工作

宣传教育一直是博物馆主要功能之一，历年来苏州博物馆在这方面做了许多工作，多次举办"博物馆之友"讲座、中小学生"历史考古"夏令营活动，在"国际博物馆日"开展"专家免费鉴宝""博物馆之友座谈会""小学生历史知识竞赛"等系列活动，在全国亦产生一定影响，赢得了广泛的社会认同。但这些活动往往只局限于在校学生，随着苏州的外来人和外国人越来越多，苏州博物馆宣传教育的对象范围也应该进一步扩大，不仅要针对学生，还要针对普通市民；不仅要针对苏州籍人口，还要照顾到外地人口；不仅要针对中国人，外国人也应该成为宣教工作的预设对象。只有这样，我们才能进一步扩大苏州博物馆的影响，更好地为当前的社会经济服务。这就需要我们进一步解放思想，探索宣教工作的新思路。

5．重视提高博物馆人的业务水平

在改进博物馆硬件设施的同时，我们也应该注重人的发展，即提高博物馆成员的专业素质。这是博物馆可持续发展的必要条件。尤其是年轻人，应该想方设法提高自己的业务水平，适应时代的需要。这可以从以下几方面做起：

一是对于博物馆非文博专业的工作人员抓紧转型，找到所学专业与博物馆学的结合点，而文博专业的工作人员则可以就博物馆某一领域作深入探究，不断提高自己的业务水平。

二是强化、完善培训制度。根据不同的岗位和专业需求，采用各种形式的培训，并将培训与个人考核相结合，提高工作人员参加培训的积极性。

三是探索人才引进的新思路。由于编制等方面的原因，博物馆人数有限，所以一些方面的人才尚有欠缺，不利于博物馆事业的进一步发展。但笔者认为我们可以考虑参考高校的方法，采取人才"软引进"的办法，加强博物馆的人才储备，如聘请专业研究者为兼职研究员，提供一定的待遇，并设定具体的工作指标，这样办理，一方面增强了博物馆的人才力量，又避免了机构臃肿的问题。我们也可以考虑与高校合作，开展学术研究及人才培训。

四　国际化趋势下地方文博事业展望

1．将博物馆打造成人类的精神家园

博物馆浓缩了人类历史文化遗存，随着人类历史文化的丰富，博物馆规模势必不断扩张，不同人群在各类型博物馆都能找到属于自己的文化空间，某种程度上博

物馆已经跨区域成为人类共同的精神载体。未来，甚至一座工厂，一个城市就是博物馆。因而，博物馆需保持多元文化，促进促使文明相互交流借鉴，推动平等开放、文化兴盛的和谐社会，当前博物馆热根源即在于此。为顺应国际一体化趋势，博物馆应秉承文化加科技的发展理念，重视智慧博物馆建设。科技元素的融入也推动实体博物馆向虚拟空间拓展，做到线上和线下有机融合，既向世界呈现立体、真实、全面的中华文明，也推动世界人类文明的共同繁荣，这是新时期博物馆人的重要使命与担当。

2. 博物馆应成为地方文化的社会坐标

国际化进程中，地方博物馆需在深度挖掘文化特色基础上进行个性化打造。未来地方博物馆建设应与城市发展战略紧密融合，苏州博物馆无论在建筑分格，还是展陈布置，都堪称城市经典之作，是苏州城市的文化标识。随着博物馆结构日益完善及与民众生活的融入，各类中小型博物馆成为主体，并主动融入社区生活。这些博物馆应充分体现社会文化的价值观念。在展陈布置、运行管理等方面需强化根据社区具体的需求、条件和特征进行个性化定制，甚至可以吸收社区民众参与管理，方便群众走进博物馆，以满足人们日益丰富的精神文化。

综上所述，当前博物馆热有着必然的历史趋势，而如何推动博物馆更好地发展，达到服务社会的目的，作为地方性博物馆应扎根地方文化做出特色和影响，使之真正成为地方社会的文化名片。

疫情下博物馆微信小程序的智慧服务应用展望

刘颖娜

（常州博物馆　江苏常州　213022）

内容提要： 2020 年年初疫情爆发以来，全世界博物馆受到不同程度的影响。面对冲击，博物馆在做好防疫的同时，需要创新变革，加快恢复与重塑，将困境转变为机遇，挑战转化为动力。疫情下催生的无接触式需求，迫使博物馆将工作重心转移至线上，微信小程序正是近几年线上新技术应用的亮点。本文通过分析微信小程序在博物馆的应用优势，微信小程序在博物馆的应用现状，探讨博物馆微信小程序的智慧服务应用发展策略，旨在促进博物馆改善服务模式，提升服务质量。

关键词： 微信小程序　博物馆　智慧服务

2021 年 5 月，九部门联合印发《关于推进博物馆改革发展的指导意见》的通知[1]，此意见作为新时代博物馆行业全面深化改革的纲领性文件，为博物馆高质量发展提出了很多具体举措。其中，第三部分"夯实发展基础，提升服务效能"中提到"强化科技支撑"和"优化传播服务"，提出"大力发展智慧博物馆，以业务需求为核心、以现代科学技术为支撑，逐步实现智慧服务、智慧保护、智慧管理"，"加强与融媒体、数字文化企业合作，创新数字文化产品和服务，大力发展博物馆云展览、云教育，构建线上线下相融合的博物馆传播体系。强化观众调查，推广分众传播，优化参观全过程服务"。从中我们不难看出，将高新技术用于博物馆公共服务中已是大势所趋，如何为公众提供更人性化、个性化的智慧服务是博物馆人应当思考的问题。

新冠疫情的暴发，迫使全球很多博物馆相继闭馆。庆幸的是，互联网让博物馆在闭馆期间做到了"闭馆不闭展，服务不打烊"。用户数众多的社交媒体微信成为博物馆宣传的宝地，各地博物馆纷纷通过微信公众号和微信小程序加大线上宣传力度。截止到 2021 年第三季度末，根据腾讯财报显示，微信和 WeChat 合并月活跃用户为 12.6 亿，活跃小程序的数量同比增长超 40%。微信创始人张小龙在 2021 年

1月的演讲中表示，每天有 10.9 亿用户打开微信，4 亿用户使用小程序 [2]。某种意义上来说，微信已经成为一种生活方式。融入公众生活的社交媒体必然有着容易被公众接受的强大优势，而微信小程序的推出更是为博物馆开展智慧服务提供了新的发展空间。

一　微信小程序在博物馆的应用优势

1. 满足便捷的服务需求

互联网时代，快节奏生活，公众的需求自然以便捷为首要出发点，人性化的服务总能深得人心。特别是疫情下催生的无接触式服务需求，更让我们看到，手机端才是提供所有服务的最佳载体，一站式的线上智慧服务，既可以让博物馆在闭馆期间拥有传播途径，又可以让公众在博物馆游览时获得服务加持。微信小程序作为一款不需要下载安装，扫一扫或搜一下即可使用的轻应用，有着其与生俱来的优势。相较于 APP 应用来说，省去了下载、安装、更新等繁琐步骤，更不用担心占用手机空间，无束缚的特性很好地回避了传统应用的弊端，契合用户轻便高效的服务需求。自 2017 年 1 月正式上线以来，微信小程序已然成为广大微信用户的新宠，各种类型的小程序应运而生，小程序用户数也迅速增长。

2. 开发成本较低，后台功能强大

微信官方为开发者提供开发者工具、参考开发文档，匹配了前端 UI 组件、API 开发接口等进行基础开发工作，还可以实现定制化开发。而 APP 应用需要针对 Android 和 IOS 两个不同操作系统进行开发，时间周期长，经济成本高。小程序能够自适应手机端的不同系统，加载速度快，既节省了平台开发成本，又具备了优质的用户体验。微信小程序的后台自带功能模块，包含人脸核身、微信支付、微信搜一搜、页面内容接入、小程序插件等实用性功能设置，便于开发者灵活增减常用附属功能，运营便捷。

3. 与微信公众号形成相辅相成的关系

微信公众号实现了与粉丝之间的文字、图片、语音、视频的全方位沟通、互动，形成了一种主流的线上线下微信互动营销方式，以主动推送信息服务为主。微信服务号每月可推送四次，微信订阅号每天可推送一次，博物馆的服务仅凭有限的推送次数难以满足公众多元化的需求，而微信小程序能够构建丰富的移动应用，弥补微信公众号的服务方式及服务内容的不足。微信公众号推文中加入微信小程序链接，

即达到传播宣传导流作用，又增强了微信公众号的服务能力。

二　微信小程序在博物馆的应用现状

笔者在微信小程序中尝试搜索博物馆相关小程序，结果显示大部分为博物馆自主开发，应用场景可归纳为参观预约、活动预约、语音导览、线上展览、藏品展示、文创商店、游览导航等等。值得一提的是，故宫博物院、南京博物院、山东省博物馆等几家博物馆已将小程序的服务功能集约化，一个小程序包含多个应用场景。"数字故宫"微信小程序堪称一个行走的博物馆，除了提供基础的在线购票、游览须知、故宫展览等内容外，还设置了故宫名画记、数字文物库、V 故宫、数字多宝阁、玩转故宫、全景故宫、口袋宫匠、每日故宫、紫禁城 600 等特色栏目，其中部分栏目内容是故宫网站、APP 的同步移植，而口袋宫匠则是故宫与腾讯合作的一款游戏。"南京博物院"微信小程序则以集成公共服务功能为主，包含参观预约、活动预约、特展购票、文物展览、停车缴费、巴士收费、问吧等功能模块，以人性化服务公众的角度设计，考虑到了参观全流程的服务内容，问吧采用智能语音交互技术和人工智能分析技术，为公众提供更便捷的咨询服务，提高参观体验的同时也提升了馆方的服务质量。然而，绝大多数博物馆微信小程序仅有单一功能，以参观预约、语音导览、文创商店三大类为主。

三　博物馆微信小程序的智慧服务应用发展策略

1. 资源共享

互联网时代将博物馆服务的触角延伸到了公众的一切活动中。面对疫情，博物馆必须转变服务模式。以常州博物馆为例，2021 年年初制作发布了"常州博物馆语音导览"小程序，智慧导览小程序实现四大常设展厅语音导览，支持输编号、扫一扫、蓝牙搜索三种方式获取讲解，以图文、音频等方式对藏品做全方位展示介绍。疫情期间取消讲解服务后，观众游览展厅多了一个自主服务选择，无需租赁讲解器，利用自己的手机便可自由选择收听收看内容，即使离开博物馆，同样能够随时获取相关知识点。但是，在开发制作过程中我们发现，每开发一次系统，我们就需要上传一次数据，数据整理上传花费了相当一部分时间。因此，博物馆微信小程序在架构建设初期，应当考虑集群化智能服务系统，为公众提供服务的统一接口和平台，建立统一的数据资源库，与网站、APP 等宣传服务阵地资源共享，内容互通，这将免去博物馆后台运维人员多平台发布多次的重复工作量。当然，我们在建立数字资源库时应考虑内嵌一个可对数字资源再加工的平台，图文、音视频等格式可针对微信小程序做人性化处理，以适应公众手机阅读习惯。故宫博物院将网站、APP特色内容同步至"数字故宫"微信小程序，正说明了手机端的吸引力，微信小程序的未来前景可期。

2. 公众互动

博物馆在利用微信小程序提供智慧服务时，可考虑加入公众互动功能，与公众沟通有助于博物馆的自我提升。2021年冬至，"数字故宫"小程序推出了2.0版本，全新打造"小狮子"虚拟导览助手，AI随身导游，可实现实时语音问答。此功能即为公众提供了便捷的服务，又为博物馆提供了公众需求数据。除此之外，笔者认为，博物馆在提供大量数字资源让公众浏览欣赏的同时，可推荐关联信息。很多博物馆在提供藏品资源时仅是单一罗列，浅层次地提供内容，文物知识之间孤立，缺乏有效的深度挖掘和组织。为内容加上标签，推荐有相同标签的信息，方便公众扩展阅读，服务公众同时又增加了信息阅读量。还可加入点赞、收藏、分享、评论等功能，收集公众喜好，这种形式如同将博物馆现场的留言簿搬到网上，提供给公众贡献自己想法的平台。公众可以将自己的所观所想图文并茂地分享出来，这些评论成为博物馆数字资源的一部分，又很好地起到了宣传博物馆的作用。笔者发现，很多公众在参观博物馆后会去热门社交平台发布自己的游览体验或记录游玩笔记，我们博物馆不如主动提供让公众分享、自我表达的平台，公众发布的内容或许能成为博物馆微信小程序另一道风景线。

3. 数据分析

博物馆可针对微信小程序开发的各项服务功能做好用户数据分析。微信小程序的后台自带统计模块，统计模块配备使用分析、实时统计、用户画像、自定义分析四大类，通过数字图表等形式直观了解用户使用行为信息。2021年5月27日，微信官方更是推出数据分析工具"We分析"，是支持小程序精准运营分析的数据分析平台，数据看板、数据分析、数据管理等功能更加全面深入、专业细致。当然，我们博物馆也可针对自身业务需求定制分析看板，为日后个性化、精准化服务提供数据支撑。该平台支持手机端登录，方便博物馆管理者查看分析数据，实时监测数据，这一优势是博物馆传统应用无法媲美的。抓好数据分析是提升智慧服务的基础，通过数据分析我们可开展面向不同用户群的资源推荐或信息导航服务。

四　结语

微信小程序已然成为疫情下博物馆提供线上服务的重要阵地。然而，经费不足是很多博物馆存在的共性问题，博物馆应当根据自身需求合理规划，量力而行，从基础服务做起，可逐步增加功能模块，点滴积累。有条件的博物馆可通过考虑一站式服务模式打造微信小程序，从公众参观前、参观中、参观后的需求入手，提供集群化、共享化、人性化的智慧服务。最后，借用 2021 年度热词"元宇宙"展望一下，元宇宙（Metaverse）是利用科技手段进行链接与创造的，与现实世界映射与交互的虚拟世界，具备新型社会体系的数字生活空间[3]。或许不久的将来，展示过去的博物馆和体现未来的元宇宙能够擦出火花，借助微信小程序打造一座元宇宙博物馆不只是梦想。届时，疫情下的博物馆虽然会闭馆，却不会停摆，公众通过元宇宙博物馆继续感知现实世界映射的虚拟博物馆，享受线下线上无差别的智慧服务。

注释

[1] 中央宣传部、国家发展改革委、教育部、科技部、民政部、财政部、人力资源社会保障部、文化和旅游部、国家文物局：《关于推进博物馆改革发展的指导意见》，中国政府网，2021 年 5 月 24 日。

[2] 2021 微信公开课 PRO "微信之夜"张小龙演讲，2021 年 1 月 19 日。

[3] 北京大学学者发布元宇宙特征与属性 START 图谱，光明网，2021 年 11 月 19 日。

关于考古发掘简报的几点思考

黄　苑　　张晓婉

（南京博物院　　江苏南京　　210016）

内容提要：考古发掘简报是发表于文博学术期刊的一种篇幅较短的田野考古报告，具有相对固定的体例规范要求。有些考古发掘简报在撰写中存在一些问题，如缺少一些基本信息、型式划分不规范、文图信息不对应等，应予以重视。在当前多学科合作背景下，考古发掘简报应该将一些重要的自然遗存数据或是人工遗物的科技检测数据等并入到简报正文中。

关键词：考古发掘简报　地层学　类型学　多学科合作

考古发掘资料整理是考古发掘环节中的重要一环，为了促进考古学研究的发展和成果的传播，实现保护文化遗产的最终目的，需要发掘者尽早将经过系统整理的发掘资料刊发出来。资料刊发一般有两种途径，一是通过出版社以专著的形式出版考古发掘报告；二是在学术期刊上发表考古发掘简报。能够整理成书出版的遗址毕竟是少数，大多数中小型遗址资料只能通过学术期刊发表，但囿于学术期刊的版面限制，不可能所有资料都予以刊发，所以很多遗址只能通过发表考古简报的形式，选取部分典型遗迹、遗物予以介绍。

考古发掘简报是一种篇幅较短的田野考古报告，一般发表于文博学术期刊。其主要内容为：简要地报道遗址的自然地理环境、历史沿革、既往工作、发掘经过与方法、文化堆积与分期，遗迹与遗物、编写者的初步认识等。它是考古资料公布的基本手段和形式之一[1]。通过考古简报的发表，发掘者得以将重要的考古资料以最快的速度公布出来，方便学界开展相关研究。

21世纪初学术界就对"理想的考古报告"展开过讨论，总结过一些要求，如全面准确地发表发掘资料，包括所有的层位关系；注重客观原始材料的描述，如按单位发表成组器物；考古报告应注重实效性，发掘资料应及时公布等[2]。但发表于学术期刊上的考古简报或考古报告囿于篇幅等原因，依然存在很多问题。笔者作为一名文博期刊的考古学方向编辑，工作中接触最多的一类文章就是考古发掘简报。根据多年工作经验，笔者想与大家分享几点认识，不当之处，还请方家指正。

一　考古发掘简报基本体例和内容

考古发掘简报虽然是一种篇幅较短的田野考古报告，但也有其必不可少的体例和内容，一般考古发掘简报主要分为以下四个部分。

第一部分是介绍遗址的概况，内容包括遗址的位置、自然地理环境、历史沿革、既往工作、发掘经过与方法等。这部分需要搭配遗址位置示意图、遗址布方图等。

第二部分是地层堆积介绍，内容一般包括每层堆积的土质土色、距地表深度、地层厚度、地层堆积包含物、每层下开口遗迹等。这部分需要搭配地层剖面图、遗迹总平面图等。

第三部分按照时段介绍遗迹和遗物，这部分是简报的主体。根据遗址资料的情况一般分为两种模式：一是遗迹、遗物分开介绍，先介绍典型遗迹情况，再选取典型遗物标本介绍；二是按照遗迹单位及其出土遗物整体介绍。简报中介绍的所有遗迹、遗物均需要提供线图，部分重要遗迹、遗物还要配以照片。

第四部分是发掘者对遗址的初步研究成果，一般是对遗址分期断代、源流发展等问题的研究。有时会附上测年、人骨鉴定、动植物遗存鉴定结果等。

二　考古发掘简报常见的问题

笔者根据近些年的工作实践，发现一般考古简报在初审时常会出现以下问题，本文按照考古发掘简报的四个部分分别介绍。

第一部分遗址的概况常见问题不多，偶见个别遗址信息缺失或历史沿革数据前后不一，或遗迹位置示意图过于简单等问题。

第二部分地层堆积介绍。笔者认为这部分的重要性常被简报整理者忽视。我们知道，考古地层学是指地层堆积和遗迹之间的相互关系的研究，即在考古发掘中判明地层和遗迹的相对年代关系 [3]。它是开展田野考古发掘和后续研究的基础。

常见一些遗址在发掘时每个探方单独编地层号，发掘后期和资料整理阶段也没有统一地层，这样仅选取个别探方进行地层介绍就有很大的局限性，如果再没有提供每个探方地层对应表供参考，读者得到的地层信息就很少，远远不能完整了解整个遗址的文化层堆积情况，后续遗迹、遗物的层位也会因处在不同探方，所属地层不能进行对应，而不便直接进行类型学、分期等研究。如果是一个较大型的遗址，遗址内有分区，这种情况下，每个小区可以单独统一地层或提供每个小区的地层对照表，简报里也要分区进行地层介绍。选取的探方壁要尽量保证地层都要介绍到，该探方缺失的地层，选取其他探方补充相关地层信息。

此外，这部分还常见缺少基本信息的问题，如发掘者在地层介绍时经常忽略距地表深度这个信息，这个问题在土墩墓的简报中比较常见，有时候发掘者提供的距地表深度是距土墩表面的距离，而我们要求的数据是每层层表距墩顶所在平面的垂直距离。这个数据是为了方便读者结合每层深度以及地层堆积剖面图更好的复原和理解整个土墩的地层堆积情况。每层下开口遗迹、遗迹总平面图等信息也常见缺失。这些信息在后期研究中都是不可或缺的重要信息，可以帮助研究者开展进一步的研究，是不容忽视的。

第三部分是考古发掘简报的主体，也是问题相对较多的部分。一般简报在介绍遗迹和遗物时，执笔者会经过类型学分析，挑选典型遗迹和遗物标本进行描述。特别在遗物标本挑选中，执笔者往往重视器物外形的完整性，而忽视了器物出土背景信息的完整性。如采用前文介绍考古简报的第三部分第一种模式，即遗迹、遗物分开介绍，执笔者选取标本时，容易忽略出土单位信息的完整性，一个遗迹单位内的器物组合介绍不全。发表的考古简报应该保证几个典型遗迹单位所出资料完整被介绍。完整资料应该包括遗迹单位详尽文字介绍和平剖面图、该遗迹所出所有遗物的文字资料和线图、照片等。而第三部分采用第二种模式时，执笔者虽然保证了典型遗迹单位出土器物组合介绍的完整性，但容易忽视文化层出土器物介绍。而且文化层内出土器物往往残损较甚，挑选标本时，很容易被忽略，但其在分期研究的重要性毋庸置疑，应该引起重视。这就要求执笔者无论选择哪种模式撰写简报都要注意所选模式的缺点，在选取标本时注意弥补对应的缺点，尽量向读者提供相对完整的出土背景信息。

选择典型遗物进行介绍时，有些简报执笔者会进行特别细致的型式划分，有时会出现"过犹不及"的情况，如有的器物明明只发现了几件，还一一进行型式划分，这就没有必要。还有的简报划分的式，仔细分析就能发现其并不具备划分条件。类型学是通过对考古遗存的形态排比，以探求其变化规律、逻辑发展序列和相互关系，是考古学的基本方法之一 [4]。栾丰实先生指出，考古遗存的类型学研究应从层位关系入手，最终要经过层位关系的检验 [5]。所以，如果没有充足的理由，发掘者在对器物进行型式划分时，还请慎重。此外，还有一个比较困扰笔者的问题，就是器物特征描述术语不统一。国家文物局颁布的《田野考古工作规程·2009》有对土色、致密度、堆积形状、包含物的规定，对遗迹单位的形状描述也有过举例[6]，但并没有对器物特征描述术语的相关规定。学界也很少对此进行讨论和规范。在器物整理阶段，由于不同整理者所掌握的知识储备不一，又没有相应规范加以参考，在器物描述时会带有自己的主观判断，常见同一简报的相似器物特征，或不同简报的相似器物特征描述不一的现象。如关于侈口、敞口的区分；沿部的描述；腹部弧鼓程度对应的描述等等，在具体的简报中会发现很多混乱的情况。其实，选取一些标准器，对器物每部分特征描述进行规范是具有可行性和必要性的。规范化的描述也有助于科学的研究。

这部分另一个出现问题较多的地方就是简报中绘制的遗迹、遗物线图。关于考古绘图问题，学界多有探讨，本文也无意讨论各种具体的错误。这里主要从编辑的角度提几条注意事项：首先，做到文图相符，简报中介绍的遗迹和遗物特征、尺寸等都要和线图相符，典型遗迹平剖面图要和遗址总平面图、探方壁剖面图等相符。这是考古工作最基本的要求，但遗憾的是，很多简报在投稿时都没有做到。其次，随着数字摄影制图法、图像处理软件的不断发展，越来越多的考古线图采用这种更快捷的方式绘制而成，但不可否认，如果对这些技术掌握还不熟练，就轻易尝试，绘制的图片或纹饰很容易出现线条生硬或不准确现象，甚至出现变形等问题，所以，如果想要普及这种制图法，还需要加强对绘图人员的相关培训。再次，关于器物线图排序问题，常见有些执笔者提供的初稿中，图片中器物的排序并没有按照文中介绍的顺序流水排号，而是出现较随意或无序的排列，造成这一现象的原因可能是文字资料整理者和图片资料整理者不是同一人，或者是执笔者认为如此排图更加美观，但实际上这样排版会给读者阅读时带来不便，也不方便对同类器物进行对比。最好整体还是按照文中介绍的顺序从左到右、从上到下进行排图，个别为了美观，可以稍作调整。

第四部分是文章结语部分，这部分通常是发掘者对遗址或墓地的初步分析和评价。初步分析，多数是通过与已发表的资料进行比对，并结合遗物所属层位和叠压、打破关系以及学界现有的研究共识，对新遗址进行年代、源流分析等。常见问题有：第一，文中划分式别的器物在遗址分期时并没有前后呼应，这可能说明前述器物型式划分或遗址的分期断代存在问题；第二，用于断代的器物标本，在前文介绍中缺少完整的信息，即文字、线图介绍不完整，或者重要特征描述前后文不一致；第三，选取的用于开展对比研究的遗址数量过多，有些遗址不够典型，其分期结果本身还未取得共识。这就要求作者认真对待结语部分，仔细选取分析标本和对比资料，全面搜集和掌握学界已有研究和共识，不要简单堆砌材料，而是要经过思考后再落笔。

关于对遗址或墓地的评价，主要问题是对其学术价值和意义评价不够客观，经常有夸大之嫌。

此外，很多考古发掘简报中内容提要、标点、注释还存在一些问题。内容提要是"以提供文摘内容梗概为目的，不加评论和补充解释，简明、确切地记述文献重要内容的短文"[7]。它的特点是用最为简洁干练的语言，概述文章的主要内容和观点。不必使用"本文""作者"等作为主语。字数不宜过多，一般二三百字为宜。简报中常见问题多是对发掘时间、地点、发掘者着墨过多，或者是对遗址发掘的意义、学术价值等主观评述性文字过多。其实，简报内容提要的重点应该放在概述该遗址主要发掘收获和初步结论上，其他内容前言和结语中多有详述，此处可以忽略。简报中的标点错误多是遗迹或遗物描述性介绍中，前后标点使用不统一，或描述特征时一逗到底，没有层次、没有停顿。中英冒号混用、双引号使用不规范等也是常见问题。注释中，要注意引用的资料尽量使用一手资料，少用转引的资料。注释格式要符合所投刊物的要求，引用的内容确保准确无误。

三 多学科合作背景下考古简报的发展

考古学研究的目的是全面复原人类古代社会历史，这决定仅仅依靠考古学一门学科是不可能完成这一目标的，必须依赖自然科学技术手段。随着考古学研究目标的深化及研究内容的扩大，自然科学相关学科和考古学的结合更加紧密。袁靖先生曾对考古发掘报告的体例进行研究，发现20世纪50年代报告阐述的全部都是人工遗迹和遗物的形状和特征，基本上不涉及其他学科的研究。20世纪60到90年代，一些自然科学相关学科的研究结果一般作为附录出现在考古发掘报告中。进入21世纪，很多附录逐渐消失，涉及自然科学相关学科的研究结果变成正文，与整个考古发掘报告的内容有机地融为一体[8]。这一变化正反映了自然科学相关学科和考古学的紧密结合。

文博期刊发表的考古发掘简报基本都是围绕人工遗迹和遗物为主，在多学科合作的背景下，有些考古发掘简报会在正文后，简单附上测年、人骨、植物、动物遗存等研究结果，有些重要的遗址，其自然科学相关学科的研究结果会另文刊发。检视考古类核心期刊近十年发表的文章，可以发现，有的刊物专门设置科技考古栏目，用以刊登自然科学相关的文章，如《考古》的"考古与科技"、《文物》的"科技考古"、《考古与文物》的"文物保护与科技考古"栏目等，有的随遗址或墓葬发掘简报同刊发表相关自然科学的研究文章，组成系列文章进行发表，如《东南文化》；

《南方文物》专设"生业与社会"专题，其他自然科学相关文章根据内容分散在"土与火的艺术""遗产保护""考古中国"等栏目中；《中原文物》《华夏考古》也是根据具体内容，分散在"考古研究""文物保护与科技"等栏目中。此外，还有一些专门针对自然科学相关研究的刊物，如上海博物馆的《文物保护与考古科学》是专门的文物保护方向的刊物；《农业考古》常发表一些遗址的植物遗存研究等。虽然上述很多栏目并非每期固定刊发，但每年的刊发总量也是不容小觑的，足以反映考古学的研究离不开多学科的合作。

不过，自然科学应用与考古学研究"两张皮"的现象虽有改善，但在很多发掘报告中还依然存在。袁靖先生结合近年来研究，对考古发掘报告应该考虑的体例和内容提出了很好的建议。他认为，在考古发掘报告的介绍材料部分，应该分门别类地介绍各种材料，既包括人工遗物的形状、尺寸、对全部或部分遗物的测试及观察数据，也包括对人骨及动植物遗存的观察、测量、测试等内容；而在最后的讨论里，则既有依据人工遗物的形状等，探讨考古学类型或文化的特征，也有依据动植物遗存的状况，探讨当时的获取食物的方式，还有依据材质、成分、烧成温度、合金配比等材料，探讨当时的手工业状况。这样一系列认识才是比较全面地研究了自己发掘的资料[9]。雷兴山先生也提出过类似的建议，他认为专题考古研究可作为附录，也可当作章节，也可提炼其结论或概括性信息和传统人文信息一起介绍。如介绍墓主人时，可将性别、年龄、病理等关键信息放在墓葬分述中，而将人骨的数百个数据及详细分析放在专题研究中[10]。

这些对考古报告体例的思考也给考古简报的编写提供了借鉴。笔者认为，发掘简报不应该只侧重对人工遗迹和遗物的介绍，而是应该将一些重要的自然遗存数据或是人工遗物的科技检测数据等并入到简报正文中，将其有机结合。在第四部分初步分析中，也要将遗址有关的各种分析结果都汇总概括一下，尽量做到客观、真实、全面、系统地介绍考古发掘简报。

四 考古简报的未来发展

客观性、详实性、全面性和科学性是编写考古报告需要遵守的原则。但是在实际中，受制于各种限制，考古报告或简报的编写往往不能尽善尽美。不过，随着信息时代的到来，这一情况有望好转。

目前在我国的田野考古发掘工作中，大量使用计算机技术对文字、绘图、测量数据、照片、视频等记录资料进行信息化管理，国家文物局于 2009 年颁布执行的

《田野考古工作规程》中明确指出："为了便于档案的管理、查询和进一步研究，可建立电子数据库。"[11] 过去由于考古报告受到篇幅的限制，一般只能择要发表，大量资料没有合适的途径加以公开，但在信息化时代，数字媒体提供了便捷的平台，全面发表材料已经成为可能。虽然目前在实践中还存在一些问题，如信息化程度低；数字化标准不统一；信息化工作推行困难；数字化的成果共享不充分等[12]。但从实现田野考古资料的长久保存、加强田野考古工作的管理效率、提高田野考古资料的被利用率等发展前景来说，"田野考古大数据库"必将成为时代发展的必然[13]，将来肯定在一定程度上取代田野考古报告或简报。在这个发展趋势下，学术期刊将以何种形式发表重要遗址的资料也是我们今后将要思考的方向。

注释

[1] 王巍总主编：《中国考古学大辞典》，上海辞书出版社，2014 年，第 13 页。

[2] 张忠培：《漫议考古报告》，《中国文物报》2001 年 9 月 2 日；陈淳：《增强考古报告的科学性》，《中国文物报》2001 年 5 月 2 日；者之：《"理想的考古报告"之我见》，《中国文物报》2001 年 7 月 22 日；曹兵武：《考古报告三题》，《江汉考古》2002 年第 2 期；蒋辉：《关于考古报告编写的一些思考》，《中国文物报》2020 年 7 月 24 日。

[3] 栾丰实、方辉、靳桂云：《考古学理论·方法·技术》，文物出版社，2002 年，第 22 页。

[4] 栾丰实、方辉、靳桂云：《考古学理论·方法·技术》，文物出版社，2002 年，第 54 页。

[5] 栾丰实、方辉、靳桂云：《考古学理论·方法·技术》，文物出版社，2002 年，第 56 页。

[6] 国家文物局：《田野考古工作规程》，2009 年。

[7] 江苏省期刊协会编：《期刊常用标准及规范汇编》，《中华人民共和国国家标准·文摘编写规则》（GB6447–86），2014 年，第 111 页。

[8] 袁靖：《考古发掘报告体例的变迁》，《中国文物报》2004 年 7 月 9 日。

[9] 袁靖：《考古发掘报告应该考虑的体例和内容》，《中国文物报》2013 年 3 月 1 日。

[10] 雷兴山、王洋：《田野发掘报告的编写理念与方法》，王巍、余西云主编：《中国考古学理论与方法》，科学出版社，2020 年，第 135 页。

[11] 国家文物局：《田野考古工作规程》，2009 年。

[12] 潘碧华：《我国田野考古信息化的现状与前景》，复旦大学文物与博物馆学系：《文化遗产研究集刊 8》，复旦大学出版社，2017 年。

[13] 潘碧华：《我国田野考古信息化的现状与前景》，复旦大学文物与博物馆学系：《文化遗产研究集刊 8》，复旦大学出版社，2017 年。

全国首家师德教育馆开馆与运营的研究

朱晓春

（南京晓庄学院　江苏南京　210038）

内容提要：南京晓庄学院师德教育馆以习近平新时代中国特色社会主义思想特别是关于教育的重要论述为指导，以"四有"好老师为主线，紧扣师德主题，以陶行知的教育理论和教育实践为素材，打造"理想信念——千教万教教人求真""道德情操——捧着一颗心来，不带半根草去""扎实学识——出世便是破蒙，进棺材才算毕业"和"仁爱之心——爱满天下，甘当人梯"四个主题展厅。整个展览回答怎么才能成为"四有"好老师？怎么培育"大先生"？我们力求师德教育馆的运营管理实现高起点、高标准、高规格、高水准，把师德教育馆使用好，管理好。加大各项力度，落实各项举措，融入南京城市文化建设与服务，为建设文化名城做贡献。

关键词：师德教育馆　展览　设计　运营

一　全国首家师德教育馆

全国首家师德教育馆坐落在南京北郊晓庄的劳山脚下，是我国著名教育家陶行知所创办的晓庄师范旧址。占地面积 100 亩，师德教育馆总面积 10878 平方米，室内面积 8289 平方米，布展面积近 5450 平方米，多功能厅 260 平方米。馆内藏品 1628 件，其中一级文物 11 件、二级文物 27 件、三级文物 11 件，是全国陶行知纪念馆文物最多、最全的纪念馆之一。

南京晓庄学院师德教育馆高度重视教育馆在可持续发展中的独特作用，立足新发展阶段，贯彻新发展理念，持续增强发展动力，厚植发展优势，提高发展质量，为实现创新、协调、绿色、开放、共享发展，力求推进教育馆可持续发展。师德教育馆紧紧围绕可持续发展目标，打造全国一流的师德教育馆，使之成为南京教育的一张名片。

全国首家师德教育馆定位为"一地四心"，即陶行知有关实物收藏展览中心，陶行知教育思想研究中心，陶行知教育思想学术中心，全国教师和大、中、小学生综合实践研学活动中心，全国教师师德教育的培训中心。我们按照国内一流博物馆的标准将师德教育馆运营好，彰显陶行知思想教育的新内涵、高层次和高水平。

二 全国首家师德教育馆展陈设计

百年大计，教育为本；教育大计，教师为本。"先生不应该专教书，他的责任是教人做人"。新时代的教师承载着传播知识、传播思想、传播真理，塑造灵魂、塑造生命、塑造新人的时代重任，须以德立身，为党育人，为国育才，培养社会主义建设者和接班人。

全国首家师德教育馆展陈设计体现：伟大的人民教育家陶行知先生，秉持"千教万教教人求真，千学万学学做真人"的理想信念；立志"为一大事来，做一大事去"；"要使全中国人都受到教育"；"用四通八达的教育创造四通八达的社会"；恪守"捧着一颗心来，不带半根草去"的道德情操，践行"我是一个中国人，要为中国作出一些贡献"的宏愿；以"出世便是破蒙，进棺材才算毕业"的态度厚积扎实学识，既向书本学习，又向实践学习；以"爱满天下，甘当人梯"的仁爱之心，"为老百姓烧心香"，"为了苦孩，甘为骆驼"；放眼宇内，师魂永驻，"世界的陶行知"名居其一；历史钩沉，名家辈出，"万世师表"的陶行知烛照当代。

第一，师德教育馆可持续发展定位：服务南京全国大、中、小教师和学生的文化名片。与各人学校对接，就是要融入更多的教育文化功能，发挥其教育价值，突出地域性，服务南京社会与经济发展，学习与实践并重，了解陶行知，体悟陶行知教育思想，进而对整个南京行知学校有所了解。

第二，师德教育馆可持续发展思路：体现出"手段新、资料全、立意高、有特色"。不仅仅回答陶行知是什么样的人，为什么会成为这样的人，还要凸显陶行知对中国教育的现实影响，即当代价值和未来生命力。

第三，师德教育馆可持续发展主题提炼：行知大爱。教育馆脚本突出"人物性"，努力还原本真的、平民化的陶行知，着重确立展览的定位，加强主题提炼，提升思想立意，努力准确传达出人物精神和人物形象的精髓。行知精神的核心是什么？那就是——陶行知的大爱奉献精神。爱国、爱民是陶行知毕生事业的灵魂。"爱满天下"是陶行知的人生信条和对教育的核心理念，也是他光辉一生的真实写照。陶行知教育思想所体现出的"行知精神"，即教育报国的"爱国精神"、爱满天下的"育人精神"、知行合一的"求真精神"、矢志不渝的"求索精神"，与社会主义核心价值观一脉相通、高度契合。其"求真""大爱"的精神实质与核心，体现出强烈的时代意义。所以，整个展览拟以陶行知的理想、情操、学识和仁爱为线索贯穿始终。这样，教育馆的整体就得以串联，"以人物为中心"的主题就得到了确立，"纪念人物、启迪民众、延续历史"的功能就能得到很好的实现，陶行知宽阔的视野与深刻的思想，坚定的信仰与不懈的行动，高尚的人格与挚爱的心灵就能得到精确的还原，他的"师德之魂"就能得到淋漓尽致的展现，从而影响越来越多的后来者在从教、为师之路上学习和传承。

第四，师德教育馆可持续发展展示重点：伟大的人民教育家。"伟大的人民教育家"是陶行知的人生名片，他的教育生涯、教育实践、教育思想无疑是展示的重点。这其中又突出晓庄三年。他在晓庄师范的生活教育实验在国内外产生了广泛而深远的影响。它是陶行知生活教育学说的第一次重要实践。晓庄师范的办学实践和生活教育理论的产生，既是陶行知独具特色的教育思想的正式形成，又是他其后一系列生活教育实验的起点，对当时和以后中国教育实验的健康开展，都具有非常重要的意义。

第五，师德教育馆可持续发展特色打造："知行合一"专题展，内容更加集中、主题更加突出，便于公众完整把握，同时在接待团体参观时可合理安排，有序分流。注重室内活动与室外参与相结合，设计针对不同师生群体的宣讲文案及知识答卷，利用规划中的互动体验区，参照陶行知请"农夫、村妇、渔人、樵子"做"指导员"的做法，开设读书吧、直播间、书画室等，让学生体验、参与，进入公众可交互式的新时代。这样更能体现行知先生当年"小先生制"的做法和"教学做合一"的思想。

第六，师德教育馆可持续发展展陈框架：围绕"四有好老师"进行展陈。改变以时间为轴、生平为序的旧例，设定"四有好老师"的展陈框架，勾勒出陶行知不平凡的一生，以教育家的陶行知向人民学习、向他人学习、向书本学习、向国外学习、向实践学习，反映立体的、多彩的、有当代价值和未来影响力的陶行知。部分之间既相互关联、融合，又相对独立，既有历史回顾，也有现实影响和未来走向。

三　全国首家师德教育馆展陈内容

第一展厅：理想信念——千教万教教人求真，千学万学学做真人。

伟大的人民教育家陶行知，从青少年时代就立志为中国做出一点贡献，要使全中国人都受到教育，要用四通八达的教育来创造一个四通八达的社会。他一生坚守心中有国家、心中有人民、心中有信仰，并身体力行，敢探未发明的新理，敢入未开化的边疆，将毕生所学运用在实现中华民族伟大复兴的事业中。

在生命的最后 10 年，他"一直跟着以毛泽东为代表的党的正确路线走，是一个无保留地追随党的党外布尔什维克"。使陶行知在青少年时代便立下宏愿要为中国做出一些贡献。在大学和留学期间，他逐渐确立以教育手段来实现报国的理想信念，在乡村教育的变革中创立了生活教育学说，并以之为指导终身从事教育事业。通过陶行知的照片，说明陶行知1891年10月18日出生于安徽省歙县西乡黄潭源村的一个贫寒家庭。陶行知十一二岁时就跟随父母干活，深知农家疾苦，自幼形成了亲民、爱民、为民、救民的思想。1927年3月15日，创办晓庄师范学校，陶行知亲自设计校旗，校旗中间一个大大的"活"字，表示晓庄学校要实行读活书、活读书、读书活的活教育；活字两边有代表读书的笔和代表劳动的锄头，寓意手脑相长；"活"字上面是一颗"心"，表示要把整个的心献给乡村教育；周围100颗星代表创办100万所学校，改造100万个乡村。

第二展厅：道德情操——捧着一颗心来，不带半根草去。

"做好老师，要有道德情操。老师是学生道德修养的镜子。好老师应该取法乎上、见贤思齐，不断提高道德修养，提升人格品质，并把正确的道德观传授给学生"。作为教师，最高的道德品质就是爱国。当国家遭遇危难，陶行知不顾个人安危，尽最大努力团结一切力量对抗外敌，用"捧着一颗心来，不带半根草去"的精神诠释了一个公民和一位教师崇高的道德情操。

第三展厅：扎实学识——出世便是破蒙进棺材才算毕业。

学习是个体成才的必由之路，陶行知从一名普通的农家子弟成长为教育家，始终坚持着正确的学习方向，向书本学习、向实践学习、向国外学习、向人民学习，实现了"出世便是破蒙，进棺材才算毕业"的学习信条，他"为一大事来，做一大事去"，将扎实学识应用到为民族复兴、为人民受教育的事业中，实现了中国传统知识分子修齐治平的圣贤进阶之路。

第四展厅：仁爱之心——爱满天下，甘当人梯。

做好教师，要有仁爱之心，好老师要用爱培育爱、激发爱、传播爱，通过真情、真心、真诚拉近与学生的距离，滋润学生的心田。好老师甘为人梯，应该把自己的温暖和情感倾注到每一个学生身上，用欣赏增强学生的信心，用信任树立学生的自尊，让每一个学生都健康成长和享受成功的喜悦。陶行知一生以爱满天下的胸怀爱国家、爱人民、爱学生，为了苦孩、甘为骆驼，完美地诠释了儒家的仁者爱人理念。

四　师德教育馆运营

全国首家师德教育馆按照"创新、协调、绿色、开放、共享"的发展理念，把全国大、中、小学教师、学术和公众的精神需求，作为办馆的立足点和出发点。在运营管理上，以知识管理和信息化管理为手段，以"行知文化"为内涵，以知识体验与文化休闲为途径，全力打造"陶行知品牌"；做好教育馆知识资产的管理，最大限度地发挥传播文明、弘扬文化、育人的作用，力求建筑智能化、文物信息化、管理科学化、人员现代化，为服务南京、江苏和全国做贡献。

第一，积极收集整理陶行知相关文物和史料，把馆藏文物全部电子化，建成全国最全的陶行知研究资料中心。本馆共有陶行知相关文物、照片和史料 1628 件，其中一级文物 11 件、二级文物 27 件、三级文物 11 件，充分展示。

第二，以陶行知研究为平台，强化研究力量，不断推出有影响的研究成果，打造全国一流的陶行知研究学术高地。目前陶行知研究院共有研究人员 31 名，成果显著。

第三，加强"陶行知"知识的创新和传播。通过各种展示、研讨会、论坛等等，把"行知文化"推广到全国各地。上半年和下半年各举行一次全国博士论坛。

第四，构建内部知识传递平台，保持馆内管理协调一致。办好刊物、研讨、交流、网上沟通，构建一个"陶行知品牌"的知识和信息畅通的组织，更好地为文旅服务。我们有"生活教育"杂志，全国发行过万。

第五，打造以中国优秀传统文化为基石的"陶行知品牌"形象。陶行知先生是在中国传统文化熏陶下成长起来的优秀儿女，从小立志教育报国，人生事迹深刻体现出中华优秀传统文化特质，通过展陈、讲座等形式进一步打造陶行知品牌形象。我们广泛深入大、中、小学举办讲座，每年参与学习者过万。

第六，针对参观群体的特点提供相应的学习方案。教师和大学生占参观群体的比重较大，在参观内容上明确学习重点，使他们学有所获；社区民众和中、小学生，应侧重"学研游"文化休闲一体化，寓教于乐。我们现在是江苏省、南京市研学基地，成为社区民众和大、中、小学生进行育人的好地方。

第七，品牌形象将从园内环境、布展设计、讲解服务、各类主题活动等方面进行打造。行知园内确保馆区内、外环境优质、优美；环保、安全工作达标，讲解服务令人满意，各类主题活动丰富。现在成为政府、机关和学校党日活动的热点，每月接待 2 万人。

第八，通过品牌形象视觉设计，精确表达信息，形成独特的识别记忆和强烈的视觉冲击。通过观看《陶行知在晓庄》《先生陶行知》等宣传片，震撼人的内心。

第九，师德教育馆的服务、设施名称和标徽等标志纳入标识系统，以图片、索引、口号、标题等形式，做到可视资源系统化、规范化和符号化。运营管理上台阶，接待服务上水平。

第十，"行知学雷锋志愿服务"是我们的优良传统。新馆为学雷锋志愿服务赋予了新使命。新时代文明实践中心的主体力量是志愿者，主要活动方式是志愿服务。爱心实践志愿者们活跃在馆内、馆外，宣讲陶行知思想的理论、组织行知文化活动、推进社会教育。依章工作，强化领导，规范操作与运营管理。

第十一，师德教育馆作为"行知文化"的中枢，连接着传统和未来，是记载和传承优秀文化的重要载体。教育馆作为社会、学校、社区活跃参与者的角色，结合自身实际和角色定位，提供高质量的文化供给，丰富社会的文化生活，增进公众的文化认同感和获得感，真正达到育人效果。

五　师德教育馆可持续发展的创新路径

让全国广大教师和大、中、小学生"走"进来。了解晓庄的悠久历史，体认当时的办学样态，通过参观、理解文物，触碰晓庄的历史，触及行知文化，感受行知精神。

第一，向信息化发展，利用超级链接，让师德教育馆"热"起来。充分融入和利用现代手段、开拓藏品展示与解说的新方法、新手段、新路径；通过微信公众号、数字馆、虚拟参观等方式扩展新受众，有效链接到缺乏时间、缺乏交通费用、缺乏独立外出能力的都市白领，以及贫困人群、老年人、小孩、残疾人等受众群体，使他们变成馆的新"粉丝"，从而强化师德馆育人功能。

第二，向数字化发展，让陈列藏品"活"起来。在当前的信息化科技时代，应将互联网、物联网、大数据、虚拟现实、人工智能等科技手段充分融入馆标识系统、解说系统、保护与开发当中，丰富师德馆的陈列展示、服务管理、开发利用方式，让文物能"说话"、会"说话"，说"陶行知的名言"、说"陶行知的诗"，让藏品在新时代融合新鲜血液，焕发新的生命力，让冰冷的、静态的馆藏品"活起来"。打造有温度、有情怀，并且创意感十足、穿越感极强、科技化融入、人性化彰显、互动性充盈的现代化馆，从而调动公众口味、激发公众兴趣、延长公众参观时间、增强公众体验黏性。

第三，向智能化发展，深度体验行知文化。让公众"嗨"起来。在体验经济时代，师德馆牢牢抓住互动环节，充分利用公众的感官知觉，用激光、虚拟现实技术等，抓住公众的"眼球"，用行知文化，打开观众的"味蕾"，用劳山的花香、泥石等展示"晓庄自然气息"，用3D技术等实现"穿越对话"，从而为公众提供全方位、综合性的感官体验。同时，通过行知讲堂、现场创意绘画体验、书法临摹体验、积木搭建犁宫等活动，打造令人眼前一亮、为之一振的新亮点、新产品，为公众制造兴奋点、新惊喜，从而让公众"嗨"起来。

第四，向创意化发展，让文创产品"火"起来。文创产品，师德馆将照其他同类型场馆的管理模式，积极引进社会资源和开拓校内资源，向公众提供新颖奇特、创意十足、鲜活可爱、实用性强的纪念品，把文创产品带回家，提升馆的知名度和品牌影响力。

第五，向学术化发展，以展带会，让功能链条"长"起来。师德教育馆拥有极具科学研究价值的藏品，十分适合开展各类文物、史料、书画等专业展览，适合借助藏品开展各类学术研讨会、学术座谈会、学术辩论会、历史专题报告会等类型不同的会议论坛。我们邀请国内外知名的陶学专家、学者、教师、相关社会团体组织成员等人员参加，加快形成"以展带会、以会促进"的展览、会议（论坛）相融合的发展模式，让馆的功能链"长"起来。

新时代，新机遇，新征途，师德教育馆全体人员主动增强可持续发展理念，积极投入到对于可持续发展理念的研究和实践当中，真正做到"知行合一"。我们深感责任重大，使命光荣，始终围绕行知文化、行知文创，不断探索和研究，遵循运营管理的基本规律，走出一条适合本馆实际和特点的科学运营之路。我们会不断开拓新方式、新方法，打造好特色品牌，弘扬好行知思想，传承好行知精神，创新好行知道路，书写一部永不完稿的行知诗篇，让陶行知的品牌擦得更亮。

六　结　语

陶行知是倡导中国教育变革、引领优良师德师风的先驱者、开拓者、实践者，在他波澜壮阔的人生轨迹以及壮怀激烈的教育生涯中，展现出的以理想信念、道德情操、扎实学识、仁爱之心为核心的崇高师德，成为一笔弥足珍贵的精神财富、教育财富，从劳山脚下到整个中华大地，行知师德赓续传承、永不完稿、薪火相传，激励着我们为实现中华民族伟大复兴的中国梦不懈奋斗！全国首家师德教育馆，努力实现形式设计与内容设计和谐统一，突出文物、史料主角地位和观赏性，突出陈列展览的真实性、知识性和教育性，走展馆科技化、信息化、智能化、数字化道路，力求可持续发展。

参考文献

1. 陈学军：《论陶行知的教育管理思想》，《南京晓庄学报》2020 年第 3 期。
2. 陶行知：《陶行知文集》，江苏教育出版社，2010 年。

论南通博物苑早期多元一体化创办理念与实践

赵　翀

（南通博物苑　江苏南通　226006）

内容提要： 文物是人类发展的见证物，博物馆藏品的丰富性和多样性蕴含着人类的精神密码。中国博物馆事业在初始阶段就站在一个先进的起点，早在1905年，中国近代博物馆事业的先驱张謇就在《上南皮相国请京师建设帝国博览馆议》中提出了创设博物馆的"六端之说"，他所创办的中国第一座博物馆南通博物苑，自创办之初就制定了多元化的收藏、陈列与服务的方针，其规划理念展现出了中华文化多元一体的格局。南通博物苑的建设与发展促进了地区社会和谐稳定与文化的现代化。在早期中国没有一个博物馆所包含的类别比南通博物苑多，因此，南通博物苑多元一体的创办理念对当代博物馆的发展仍具有十分重要的意义。

关键词： 南通博物苑　多元一体　收藏　陈列服务

中国博物馆事业发展从1905年张謇创办南通博物苑至今已有100多年的历史，直至2019年，全国各类博物馆数量增至5535家。在博物馆事业大发展的今天，我们一直追求在保持博物馆自身特色的前提下，坚持多元化的形式，向全社会提供高标准的分众式的陈列展览、社会教育、文物收藏咨询等服务。国家对博物馆的运行也形成了较为成熟、内涵丰富的定级评估标准。2019年12月修订的评估标准涉及3个一级指标、12个二级指标和78个三级指标，另有15个加分项[1]，"以评促建、以评促改"，推进中国博物馆高质量的发展。

然而，当我们回顾中国博物馆事业发展初始时，我们不难发现张謇在创办南通博物苑时，无论是博物馆的功能定位、博物馆的规划选址、博物馆的建筑设计，还是博物馆藏品征集、文物分类、展厅管理、文物安全以及观众服务等，都有着科学严谨的理念，且超越时代，并能与当今中国博物馆运行评估标准的内容相契合。本文将从现代博物馆评价体系中场馆建设、藏品管理、科学研究、陈列展览、社会教育、文化传播、组织管理等方面，重新诠释张謇时期南通博物苑多元一体化创办理念和实践活动。

一　场馆建设科学合理，中西文化完美结合

1. 规划科学全面

1905 年，张謇在《上南皮相国请京师建设帝国博览馆议》中提出博物馆规划"六端之说"。他认为博物馆"建设之初，所宜规画者，厥有六端"[2]，即建筑之制、陈列之序、管理之法、模型之事、采辑之列和表彰之宜等六个方面。张謇意识到优秀的文化需要有合适的载体，才能发挥普及和启迪民智的作用。因此，在规划理念方面，他首先提到的是建筑。他认为博物馆的选址应以"便于交通便于开拓者为宜"，建筑的面积与容积要以"颁存之品物容积为率"，应"多安窗，通光而远湿"，并且"宜少数门径，以便管理者观察"，这样既有利于室内空间的光照充足，也有利于陈列品防潮，还可以方便展厅管理人员做好安全保卫工作。为了缓解参观者的疲劳，他还建议"馆中贯通之地，宜间设文厅，以备入观者憩息""隙地则栽植花木，点缀竹石，非恣意游观、意取闲野"[3]。

2. 建筑功能明确、风格各异

在张謇主编的《南通地方自治十九年之成绩》一书中，这样记载：1905 年，"因授博物课仅恃动植矿之图画，不足以引起兴味，国文、历史课仅恃书籍讲解，不足以微事物图，地方人民知识之增进，亦必先有实观之处所"，张謇在通州师范学校河西"购并民房二十九家，迁移荒塚三千余座""十一月，筑苑垣，建苑表门、苑门房，规划苑内外道路，历四月而竣"[4]。之后，张謇根据南通博物苑发展的具体情况和社会教育的实际需求，在博物苑兴建了许多建筑风格各异、功能特点鲜明的建筑。1906 年"建楼五幢为馆"，"为观测地方气候之状况，验南通农业与气候之关系，复附设测候所"。1908 年，建国秀亭"以我国产之竹石标品列之"，建寒暑亭。1910 年，建风车，设水塔，"置喷水钵龙于圆池中央，蒔荷六种于其四周"，还专"设鹤柴、鹳室"。1911 年，建谦亭供通师老师用，修建"兽室""鸟室"饲养兽禽。1912 年，建相禽阁，修建水禽槑"分畜鱼鸟"，另建二层楼，以为苑事室、接待室。1913 年，在博物苑西侧新购并之地兴建"平屋七楹""以备发卖种子秧苗及动植物标本之用"，另"架鸠鸽霖以饲九鸠五鸡"。1914 年，"参酌东西各国温室之构造与设备，建新式温室七楹于南馆之南"。至此，博物苑的建设工程初步完成。

3．强调中西融合，符合中国实际

从以上内容我们可以看出，在十年的建设中，张謇基本是根据博物苑发展的需求来进行建设的。博物馆在当时是新鲜事物，中国人没有从事博物馆建设的经验。张謇曾感叹，"是故博物陈列，我国旧无先导，即乏专才"[5]。然而，张謇在规划博物苑时，并没有恪守陈规，照搬西方博物馆的办馆模式，而是依照自己的理念，结合当时的实际环境，摸索出一条适合中国博物馆的创办之路。如他在建设南通博物苑的过程中，始终贯穿着园林式的布局思想，优美舒适的参观环境也是其重点规划的内容。南通博物苑的苑名就体现出中国园林的特色。然而从整体来看，博物苑又不是纯粹的中式园林，从其整体以大块面积划分区域的特点看，似乎还带有一点法式规则式园林的特色。博物苑的主体建筑南馆、中馆、北馆位于博物苑中轴线上。中轴线周边还建有"鸟室9间，兽室8间，休疗室5间、花竹平安馆8间、温室花房3间、相禽阁3间"[6]。与西方博物馆形式所不同的是，南通博物苑内建筑周边广栽花草树木，点缀假山荷池、藤东水榭、谦亭、钓鱼台等游人休憩之所，充分体现了"非恣意游观、意取闲野"之意。博物苑的建设随时跟着实际情况进行改变，最有代表性的事件就是中馆的改造。中馆是博物苑最早的建筑之一，建于1906年，原名"测候所"，"为观测地方气候之状况，验南通农业与气候之关系"[7]。1914年，测候所撤至南通农校，张謇将此改称中馆。后有浙江人张之骞赠予张謇巨幅宝塔形状碑刻拓片《华严经塔立幅》，作品异常壮观，为了便于张挂，张謇命工改造原观象平台，在上加盖了一座尖顶气楼，作金石拓片的陈列室，并为气楼题写了"华严台"的匾额。而西式尖顶气楼与底层中式三间平房形成了完美而独特的结合，中馆日后不仅成为南通博物苑的象征，甚至也一度成为南通市的形象代表。

二　藏品管理办法先进

1．藏品种类丰富，征集范围精准务实

张謇深知博物馆的社会进步意义是能化私人所藏而"公诸天下"，他曾建议在北京建立帝室博览馆，也就是看到皇宫内有足够数量的藏品积累，然而南通博物苑创办初期在藏品方面几乎是一片空白。张謇亲自参与藏品征集的基础性工作。他毫不吝惜地率先捐赠出自己的收藏，所谓"謇家所有，具已纳入"[8]。他寻找一切机会为博物苑购置藏品，如1910年南洋劝业会在南京举办，作为大会审查长的张謇，就利用这一机会，在大会闭幕后购置了大量的展品，从而丰富了博物苑的收藏。向本地士绅征集藏品。他还主张政府捐出珍藏，以鼓励收藏家和民众捐出收藏品公诸

于天下。在张謇的感召下，其师友亲朋多人向博物苑捐赠了大量个人珍藏品，推动了传统私家收藏文化向"上可以保存国学，下可以嘉惠士林"的公共意识的演化。

张謇最初的想法是希望南通博物苑藏品能够"纵之千载，远之外国"，即包罗古今中外，能够"外而欧、美、澳、阿，内而荐绅父老，或购或乞，期备万一"[9]。因此，在早期藏品中，尤其是自然标本，就已遍及五大洲许多国家，如朝鲜的笔贝、日本的三叶虫化石、南洋群岛的猩猩、印度的鳄鱼、俄罗斯的斑鼠、美洲的蜂鸟、爪哇的孔雀、澳洲的鸸鹋等等。然而，这种"万物皆备于我"的征集方式，在当时积弱积贫的中国是不现实的，尤其对依靠私人财力而建的博物苑来讲，更是天方夜谭。1907 年，张謇发布《通州博物馆敬征通属先辈诗文集书画及所藏金石古器启》，将征集范围改为"搜集中外动植物矿工之物，乡里金石，先辈文笔"[10]。通过十年左右的征集实践，张謇逐渐明晰南通博物苑的藏品征集范围。1915 年，他确定了南通博物苑的藏品征集范围与原则："中国金石至博，私人财力式微。搜采准的，务其大者，不能及全国也，以江苏为断；不能得原物也，以拓本为断"[11]。

2. 藏品分类多元，功能目标明确

到 1914 年，南通博物苑初步建成为集植物园、动物园、历史文物和自然标本为一体的地方综合性博物馆，可以满足多学科的参观与教育实践。同年编印的《南通博物苑品目》记载，天产部包括动物类 460 号，植物类 307 号，矿物类 1103 号；历史部包括金石类 439 号，玉石类 86 号，瓷陶类 51 号，拓本类 45 号，土木类 16 号，服用类 49 号，音乐类 4 号，遗像类 5 号，写经类 3 号，画像类 2 号，卜筮类 2 号，军器类 9 号，刑具类 4 号；美术部包括书画类 101 号，瓷陶类 113 号，雕刻类 43 号，漆塑类 10 号，绣织类 8 号，缂丝类 2 号，编物类 6 号，铁制类 1 号，烙绘类 1 号，铅笔画类 1 号，纸墨类 8 号；教育部包括科举、私塾、学校三类，共 87 号。四部藏品共 2973 号，总数达到 2 万余件。

张謇认为"论天演之进化，天产之中有历史；论人为之变更，美术之中亦有历史"[12]。天产、历史、美术三部藏品的分类不是绝对的，而是要根据藏品本身所包含的自然、历史、人文信息来决定。他主张对个别的天产品物循名责实，察识物理，而且要求看到品物之间的相互关系，看到个别的品物在自然史上所处的地位，从而要求天产之部的品物反映"古今之变迁"[13]。同理运用于历史与美术二部，因此，我们可以在《品目》中看到，历史与美术二部都有瓷陶类藏品。遗像、画像属于历史部，而其他画类则属于美术部。教育之部的增设，是为了师范学校教学研究的需要。这说明张謇在藏品征集方面既要种类多元化，又要功能目标明确化。

三　独创陈列展览形式，理念超前

由于当年的南通博物苑没有专门的库房，所有的藏品都是陈列品，收藏藏品之处即为陈列展览之地，库房与展厅合二为一。在南、中、北馆中对历史文物和动植物矿物标本按照天产、历史、美术进行陈列展出。对于博物苑的展览，张謇认为"天然部所产所得之方地为等差；历史美术二部以所制造之时代为等差"[14]，即自然类的藏品陈列按照产地的不同进行分类陈列，历史类与美术类的藏品则以时代为顺序，以便观者"觇古今之变迁，验文明之进退，秉微知巨，亦可见矣"[15]。所有陈列品都需"条举件系，立表编号"，做好登记工作。此外，在展陈形式上，张謇汲取西方博物馆的先进理念，结合博物苑的藏品特点和环境优势，创造了室内陈列与室外展示、标本陈列与活体养殖相结合的展陈形式，这种多样性的展陈形式是中国博物馆界的独创，在当时的世界博物馆范围内也是超前的。这一展陈形式一直延继至今，成为南通博物苑陈列展览与众不同的一大特色。

1. 室内陈列与室外陈列相结合

南馆是早期博物苑中最重要的展厅，原称"动矿物陈列室楼"，始建于1906年。次年建成时，张謇题写"博物馆"篆书门额悬挂门楣之上。南馆是一座英式的二层楼，平面呈十字形，顶部边缘还砌有城垛装饰。建筑坐南向北，仅一门供进出。四面多开窗户，便于采光。室内陈列着苑内绝大多数的文物和自然标本。楼上陈列历史部的藏品和美术部中除书画以外的文物，楼下陈列天产部的标本。《二十年来之南通》一书中如此描述南馆："至于南馆，则全苑之精华存焉。其中陈列之物分为三部，曰天产部，曰历史部，曰美术部。""天产部在楼下，又分动物、植物、矿物三门。矿物所陈之品，有岩石一千余种，金类矿一千四百余种，非金类矿七百余种，土壤四百余种，矿场标本十余座，矿床七座，矿机四架。植物门计显花、隐花四千余种……""历史部为中外各国自古迄今衣冠、居住、器用、文化之沿革，代代均有……""美术部则有书画、雕刻、瓷器等，其尤者有汤海秋之铁画，象牙雕之佛塔、佛寺、大苏泛赤壁舟，木刻西湖十景，明之景泰蓝、宣德炉，清康熙、乾隆窑等。总之，凡耳目所触，无非琳琅奇异……"[16]

北馆于1912年建成，原计划为一排平房，后张謇命工匠改建成上下各五开间的二层楼，是当时南通面阔最广、进深最大的通贯梁楼房。据说楼的设计，宽度正好与藏品中的一幅清代南通画家钱恕的《江山雪景图》长卷相等，并根据这一长卷的展开长度而考虑的。北馆原本陈列金石书画，但因通海垦牧公司的民工在滩涂发现了一头搁浅而死的巨鲸，而改变了陈列结构。张謇命人制成鲸骨架标本，陈列于北馆的底层，同时把天产部的各种化石标本也一并陈列于此。因此，北馆的陈列便按楼层分为两大类别，"楼上除陈列名人字画、楼下陈列各种化石外，尚有一大鱼骨，具其名曰：'鲸'，长约四丈，肋骨粗如大碗，脊骨亦颇大，为余有生以来所仅见之大鱼也"[17]。

中馆与南馆几乎同时建造，如前所述，1914 年后用以陈列金石文物。

博物苑内除这南、北、中三个主要展馆外，还根据苑内园林景点设计了一些小型室内陈列。如国秀坛中的国秀亭，为陈列名贵竹石标本而设，名为"竹石陈列处"。

随着博物苑藏品的逐渐丰厚，张謇采用了室外陈列的形式，以丰富展陈的内容。据资料记载，当时的室外陈列有南馆外的大铁佛，一些较大型的石刻，而园中的花圃、药坛内种植的各类花草、药材以及饲养的一些小型动物，更是成为天产部陈列的室外延伸。1915 年出版的《南通地方自治十九年之成绩》曾作了如下的记述："（宣统）三年……七月，就南馆外四周分历史、美术两类，增馆外陈列。于是梁唐宋元明清各物品或购或乞均次弟列苑。"[18] 而稍后出版的《二十年来之南通》一书则记载得更为详细："古物类似佛象为多，释迦而尼塑者明物也，罗汉而铁质者梁武帝时所铸也。泥像四而铁像七，石像五而铜像六，皆环列于南馆之外，若众星拱之者也。铁炮、铜鼎、铁石铜盐桶，铜盐锅亦有数十种，皆陈露于南馆及中馆之周围，俱唐宋明古物。"[19] 足见当年南通博物苑室外陈列之盛。至于当年室外所陈列的自然方面的品种，更是数不胜数。仅国秀坛中的翠竹、美石，就洋洋大观，足以让观众细细观览。由此，我国博物馆事业创始之初，室外陈列虽然更多是因为受制于展厅的局限，但却也初具规模，成为重要的陈列形式之一[20]。

2. 活体展示与标本陈列相并重

张謇之子张孝若在为其父编撰的传记中曾说："我父生平有二件嗜好，一件是建筑。一件是种树。"[21] 这两件"嗜好"在南通博物苑中得到了完美的发挥，尤其是"种树"。博物苑的花木，除具备一般园林花木的功用外，还作为室外有生命的展品，是科学知识的传播媒介。张謇从一开始就规定了树木的名贵和多样，植入的花木都是经过精心挑选。如白皮松，购自北京西郊的农事试验场，还有苏州东山的白沙枇杷、山东的莱阳梨、无锡的水蜜桃等等。博物馆苑内除国秀坛所植花木较成体系外，还有中馆、南馆间的药坛，坛内栽培的是产于本地的药用植物，每种前都插牌注明其名称、药性等。另外还有专植春末之花的"晚春塝"，以及桂花、秋海棠等花木的"秋色坪"。1914 年，张謇还在苑内建造了七间温室，用以栽植比较娇贵的以雏菊、夏水仙、樱草、大理菊、菖兰、百日菊、太阳花等为主的比较娇贵的"洋花"。

此外，张謇购买了大量的动物用于活体展示。《张謇日记》中记载，武昌起义当日，张謇在武昌码头上船时，还为博物苑购买了两只仙鹤。当时博物苑鸟室、兽室中圈养动物中"鸟类则有家鸡、雉、金鸡、火鸡、驼鸟、白鸽、水鸭、鹭鸶、鸳鸯、鸸鹋、孔雀、鹳、鹤之属。兽类则有鹿、兔、猴、猿、山羊、熊鼠之伦，俱活者"[22]。

在标本制作方面，张謇在聘请日本教师木村忠治郎携同苑主任孙钺一同为博物苑采集制作标本的同时，还利用各种关系与机会为博物苑征集了大量的外国动物标本，陈列于南馆。南馆陈列的天产部标本中"植物门计显花、隐花四千余种。动物之标本虽不若植物之多，然最有价值之哺乳类，大小计百余种，如虎、豹、熊、狐、犀、狼、兕、鹿俱有之。鸟类三百余种，而最堪注目者，有孔雀二对，雕鹏、信天翁、始祖鸟之化石等，此外鸟巢标本亦有数十种，奇异精美，不亚于人之营屋。爬虫类及鱼类共五百余种，有长三丈余之巨蛇，狞恶之鳄鱼奇异之玳瑁等。而鱼类之怪奇繁夥，尤难细数。此外，其他非脊椎动物约一千四百余种，昆虫类占三分之一"[23]。

在当时的博物苑内，将可称"全城之冠"的花木和圈养的动物，与室内大量的动、植物标本同时展现在观众面前，使得博物苑的展览形成身在其中、动静结合的效果。

四 科学研究"筚路蓝缕"

对于博物馆的经营管理人员，张謇有着很清晰的认识。他指出"经理之事，关乎学识"，而"博物陈列，我国旧无先导，即乏专才"[24]。面对初创的博物苑，张謇急需一位得力助手来协助他。他对这个助手的条件提出了很高的要求，"胜斯任者，非博物好古、丹青不渝之君子，又能精勤细事，富有美术之兴趣者，莫克当此"[25]。也就是说，张謇眼中的博物馆管理人员有广博的科学历史知识，忠诚于博物馆事业，办事勤恳精细，还要有一定艺术修养。这个标准，在当时或许比较高，但对于今天的博物馆管理人员，却是必不可少的基本条件。按照这个标准，通州师范学校的监理江谦和日籍教师木村忠治郎不约而同地推荐了通师本科乙班的孙钺。孙钺既懂经史，又懂自然科学，还通日文，为人忠厚老诚，办事勤恳。博物苑创办之初，一切都得摸索。作为一名具体办事者，孙钺力负重任，一方面向木村老师虚心求教，一方面刻苦自学。他不仅根据张謇的指示负责博物苑的基建工作，更是承担起博物苑的学术研究工作。他在木村处学会做植物、昆虫标本和动物剥制标本技术，为博物苑内制作了大量精美的标本。其制作的标本，曾荣获南洋劝业会的一等金奖及巴拿马赛会的奖状，并于1915年在美国巴拿马万国博览会展出。孙钺称得上是中国博物馆事业初创时期的全才，完全符合了张謇对于"非博物好古丹青之渝之君子"的要求。

其子孙渠回忆："我父亲的工作是很繁重的。张謇为了要规划一个药坛，专植军山上的药用植物，我父亲就去军山采集了一个月。需要水产标本，我父亲就去吕四海滨调查水产，采集标本……天宁寺塔顶取下古物，要他去鉴定。鸟儿死了，要他做标本。还要他指导移植花木。每一植物或动物，要他定名。白天完不了的工作，深夜回到家里做。有时宿在苑内，经旬不归。如此种种，不胜缕述。"[26]1912年开始，孙钺开始为藏品定名。天产部藏品的拉丁文学名、分类和产地，历史、美术两部藏品的年代、作者及真伪，均由其考订详尽，并附有简短说明，后制成卡片，分类造册。这其间，还邀请了金石家诸宗元、书画家陈师曾、考古学者宣子野，古文学专家尤亚笙和朝鲜学者金泽荣等一些专家参与到鉴定工作，并于1914年编印出版了博物苑的藏品分类总目《南通博物苑品目》上下两册。

五　教育形式多元化，文化传播范围广

张謇创办南通博物苑与其"教育救国"的理念密切相关。他认识到"窃维东西各邦，其开化后于我国，而近今以来，政举事理，且骎骎为文明之先导矣。掸考其故，实本于教育之普及，学校之勃兴。然以少数之学校，授学有秩序，毕业有程限，其所养成之人材，岂能蔚为通儒，尊具绝学？盖有图书馆、博物院以为学校之后盾，使承学之彦，有所参考，有所实验，得以综合古今，搜讨而研论之耳"[27]。教育事业关乎着国运盛衰和民族存亡，博物馆可以弥补学校教育的不足。对教育的看重，在博物苑的建设中得到充分的体现。如题写并张挂于南馆月台的对联："设为庠序学校以教，多识鸟兽草木之名"，就道明了他办博物馆的宗旨：辅助学校教育，普及科学文化知识。而为苑藏品的分类时，更将原定三部，即天产、历史和美术，抽出有关教育的藏品，单独分成教育部，由此可见其对教育的重视。博物馆初成，张謇题博物苑石额时提到："越岁丙午，苑馆、测候室成，搜集中外动植矿工之物，乡里金石，先辈文笔，资我学子察识物理。"[28]1913年，《营博物苑》这首诗中的尾联"但得诸生勤讨论，征收莫惜老夫频"更是表达了他为博物苑奔波的目的。

南通博物苑兼具博物馆、动植物园、传统园林性质，室内陈列与室外活体展示并举，这使得中国博物馆事业开创伊始就印上了独有的特征符号。张謇为这个博物馆取名为苑，就喻指此处范围、文化、科学的荟萃之地。因此，他非常重视博物苑教育功能的体现。

首先，因博物苑最初为通州师范学校师生实习而设，所以"南通各校，凡讲关于动植矿物，常由教师率往参观，因之，人多称为南通各校专设之标本室也"[29]。

其次，为方便观众的参观与学习，南通博物苑的所有展品、动植物标本均配有中文、日文和拉丁文三种说明文字。从现存的博物苑早期陈列品标签上，我们可以清晰看到标签印着"汉名、西名、东名、产地"。西名、东名，即为拉丁文和日文。

再次，张謇在博物苑中还配置了专职的"招待员"，"用为纠监导观之助"。他对"招待员"提出了比较高的要求，"必得通东西洋语言文字二、三员，以便外宾来观，有可咨询"[30]。"招待员"可以看作是中国博物馆社会教育工作中讲解员的早期形态。

最后，为了提升博物馆的文化氛围，张謇亲笔题写了匾额、楹联，安于苑内各处景点，使参观者在优雅浓郁的文化环境中增长了知识，陶冶了性情。回想当年，每有观众来到，一入园即可从身边众多的室外陈列感受到浓厚的学术氛围，犹如置身知识的海洋，从室外引至室内，移步换景，渐入佳境，最终达到"寓教于乐"的目的，这不就是当今博物馆追求的"沉浸式"展览与教育的形式吗？

南通博物苑当时已在南通地方报刊上开始发表科普文章，解析一些鲜见的自然现象，对一些传统习俗也从科普的角度予以介绍，从而破除了因缺乏科学知识而产生的一些迷信思想。博物苑以科学的精神引导社会生产、生活，对南通社会公众科学精神的培养产生了积极的影响[31]。

六　组织管理统一规范

对于博物馆的管理，张謇曾向清政府提出建议，他认为"此馆隶于学部，自当由学部派员专管""开办之初，既由钦派王大臣先领其事，则非派一秩位较崇、学术通达之员不可。至于审定编制，尤当不拘爵位，博选名流以任之。其管理之责，虽责成专员，但办事员亦当共任其职，严管钥，禁非常及其他种种之有妨碍者，均当专定章程期限遵守"[32]。由于博物馆的初创，凡事没有成规可循，在实际管理中，南通博物苑还是遇到了一些困难。

作新生事物，博物苑的对外开放，引起全社会的关注。"不数年间，而寂寞无闻之南通，一进而为实业、教育发达之区，再进而得全国模范县（Model district，又所谓中国之地上天堂 Paradise on earth in China）。《密勒氏评论报》尝以此二语称南通之名。自是而声誉之振而一日千里举凡中外之教育家、实业家，无不以一至其地，得先睹为快焉"[33]。作为张謇自治成果中的掌上明珠，南通博物苑更是"他地人士特来参观者踵相接"。博物苑工作人员很少，仅苑主任和会计兼庶务各一人，苑丁七八人，因此"常苦应接不暇"。再加上来访者难免既多且杂，不出现一些不文明的现象导致了博物苑的一些损耗。张謇认识到必须制定一些制度来规范和维持博物苑的正常开放。

1912 年，苑主任孙钺起草了《南通博物苑观览简章》（以下简称《简章》），经张謇修改后，以张謇名义对外公布。《简章》规定参观必须持有"博物苑观览证"。"博物苑观览证"分白色公证牌和黄色特证牌两种。"证牌除本校用二十面外，凡城内外他校及他团体均酌量分送，多者十二面，少者四面，均另加一特证牌。不持此证牌不得辄入；不以证、牌交园丁验明，不得辄入"[34]。除规定了证牌具体使用办法外，还规定了本苑工作人员需佩戴"本苑事务所特别徽章"，临时小工则使用"白铁白饰圆形工牌"。《简章》特别规定了参观时出现的"折花木、摇动叠石、坐剥亭柱石、不循正路、践伤花草、蹦墙攀窗、损坏物件者"等不文明现象的惩罚措施。

七 结 语

张謇不是中国最早开始思索博物馆建设的人，但他是第一个提出博物馆建设具体任务与操作方案，并加以实践和完善博物馆建设的人。在他的规划建设下，南通博物苑以辅助学校教育普及科学文化知识为办苑宗旨，以自然、园林和文物、标本相互结合的办苑形式，收藏动物、植物、自然、文物、艺术品等各种类型的藏品，展览以古物、标本、艺术品、模型，甚至是活体的、养殖的动植物等为主，向全社会提供科学普及、文化传播的服务。这种多元一体的博物馆理念与实践，是中国人根据中国实际情况，依据自己的文化理念，进行的超越时代的探索，不仅在当时历史背景下成为中国近代博物馆学的至高点，即使在当下，对于中国博物馆，乃至世界范围内的博物馆来说，仍具有很高的参考价值。

注释

[1] 陈浩：《高质量博物馆散论》，《中国博物馆公开课》，南京艺术学院，2020 年。

[2] 李明勋、尤世玮主编：《张謇全集①》，上海辞书出版社，2012 年，第 106 页。

[3] 李明勋、尤世玮主编：《张謇全集①》，上海辞书出版社，2012 年，第 106 页。

[4] 张謇、江谦主编：《南通地方自治十九年之成绩》，张謇研究中心、南通博物苑，2003 年，第 131 页。

[5] 李明勋、尤世玮主编：《张謇全集④》，上海辞书出版社，2012年，第280页。

[6] 孙渠：《南通博物苑回忆录》，《东南文化》1985年第1期。

[7] 张謇、江谦主编：《南通地方自治十九年之成绩》，张謇研究中心、南通博物苑，2003年，第131页。

[8] 李明勋、尤世玮主编：《张謇全集⑤》，上海辞书出版社，2012年，第121页。

[9] 李明勋、尤世玮主编：《张謇全集⑤》，上海辞书出版社，2012年，第121页。

[10] 李明勋、尤世玮主编：《张謇全集⑥》，上海辞书出版社，2012年，第318页。

[11] 李明勋、尤世玮主编：《张謇全集⑥》，上海辞书出版社，2012年，第392页。

[12] 李明勋、尤世玮主编：《张謇全集④》，上海辞书出版社，2012年，第273页。

[13] 杜嘉乐：《南通博物苑初创时期的理论、实践及传承》，首届"艺术与科学"学术研讨会，上海博物馆，2018年。

[14] 李明勋、尤世玮主编：《张謇全集①》，上海辞书出版社，2012年，第107页。

[15] 李明勋、尤世玮主编：《张謇全集①》，上海辞书出版社，2012年，第107页。

[16] 陈翰珍：《二十年来之南通》，张謇研究中心，2014年，第78~79页。

[17] 陈翰珍：《二十年来之南通》，张謇研究中心，2014年，第78页。

[18] 张謇、江谦主编：《南通地方自治十九年之成绩》，张謇研究中心、南通博物苑，2003年，第132页。

[19] 陈翰珍：《二十年来之南通》，张謇研究中心，2014年，第78页。

[20] 任苏文、钱红：《步向室外天地宽——南通博物苑室外陈列研究》，《小康目标后的江苏博物馆事业——江苏省博物馆学会2011学术年会论文集》，文物出版社，2012年，第88页。

[21] 张孝若：《南通张季直先生传记》，张謇研究中心，2014年，第326页。

[22] 陈翰珍：《二十年来之南通》，张謇研究中心，2014年，第79页。

[23] 陈翰珍：《二十年来之南通》，张謇研究中心，2014年，第79页。

[24] 李明勋、尤世玮主编：《张謇全集④》，上海辞书出版社，2012年，第273页。

[25] 李明勋、尤世玮主编：《张謇全集④》，上海辞书出版社，2012年，第274页。

[26] 孙渠：《南通博物苑回忆录》，《东南文化》1985年第1期。

[27] 李明勋、尤世玮主编：《张謇全集①》，上海辞书出版社，2012年，第104页。

[28] 李明勋、尤世玮主编：《张謇全集⑥》，上海辞书出版社，2012年，第317页。

[29] 陈翰珍：《二十年来之南通》，张謇研究中心，2014年，第79页。

[30] 李明勋、尤世玮主编：《张謇全集①》，上海辞书出版社，2012年，第107页。

[31] 杜嘉乐：《南通博物苑初创时期的理论、实践及传承》，首届"艺术与科学"学术研讨会，上海博物馆，2018年。

[32] 李明勋、尤世玮主编：《张謇全集①》，上海辞书出版社，2012年，第107页。

[33] 陈翰珍：《二十年来之南通》，张謇研究中心，2014年，第79页。

[34] 李明勋、尤世玮主编：《张謇全集⑤》，上海辞书出版社，2012年，第129页。

融入联合国可持续发展目标的城市遗址类
博物馆前景探索

——以南京城墙博物馆为例

刘　斌

（南京城墙博物馆　江苏南京　210000）

内容提要： 21世纪以来，中国在引领和推动全球治理体系变革中发挥着日益重要的作用。中国政府高度认同联合国《2030年可持续发展议程》的理念目标，并且结合中国国情，落实在国家中长期发展规划之中，为实现联合国"可持续发展目标"做出了重要贡献。南京城墙博物馆作为中国目前规模最大的城墙遗址博物馆，是中国古代城墙专题性博物馆和"中国明清城墙"联合申遗的展示地。"可持续发展目标"既是博物馆的机遇与支撑，也是博物馆行动的坐标与方向。

关键词： 《2030年可持续发展议程》　可持续发展目标　大遗址　南京城墙博物馆前景

21世纪以来，在全球化以及全球治理体系变革的大趋势下，中国作为最大的发展中国家积极参与在安全、经济、社会、环境等各个领域的全球治理。2013年，国家主席习近平首次提出"人类命运共同体"这一重要理念，倡导尊重世界文明多样性，以文明交流超越文明隔阂，以文明互鉴超越文明冲突，以文明共存超越文明优越。习近平主席说，"这个世界，各国相互联系、相互依存的程度空前加深，人类生活在同一个地球村里，生活在历史和现实交汇的同一个时空里，越来越成为你中有我、我中有你的命运共同体"[1]。"构建人类命运共同体"的重要理念经过不断丰富发展，得到联合国的高度认同，成为国际社会的重要共识。中国始终做世界和平的建设者、全球发展的贡献者、国际秩序的维护者，在引领和推动全球治理体系变革中发挥着日益重要的作用。

2015年9月，纽约联合国总部举办"联合国可持续发展峰会"，193个会员国领导人就 2015 年之后未来 15 年世界的发展前景达成广泛共识，一致通过《变革我们的世界：2030 年可持续发展议程》这一纲领性文件，确立包括 17 大项目标和 169 项具体目标的"可持续发展目标"，这凝聚了国际社会的最大共识，将推动世界构建一个经济繁荣、社会安定、环境友好、全球和谐、共同发展的人类社会。

中国政府高度认同《2030 年可持续发展议程》的理念目标，并且结合中国国情，落实在国家中长期发展规划之中，为实现联合国"可持续发展目标"做出了重要贡献，体现了中国负责任的大国担当。中国积极推动《2030 年可持续发展议程》与"十四五"规划等国家发展战略对接融合，立足新发展阶段，贯彻新发展理念，构建新发展格局，推动高质量发展，中国将为人类走向共同繁荣做出更大的贡献。

博物馆是保护人类文化和自然遗产最重要的机构，在弘扬中华优秀传统文化、构建公共文化服务体系、服务人民美好生活、推动经济社会发展以及促进人类文明交流互鉴等方面都发挥着日益重要的作用。到 2035 年，中国将基本建成世界博物馆强国，为全球博物馆发展贡献中国智慧、中国方案 [2]。

一 南京城墙博物馆是中国目前规模最大的城墙遗址博物馆

城墙类文物是中国文化遗产的重要组成部分。南京城墙博物馆作为中国目前规模最大的城墙遗址博物馆，它是中国古代城墙专题性博物馆和"中国明清城墙"联合申遗的展示地。文化遗产是未来全球实现可持续发展的重要基础，是全人类的共同财富。对于以南京城墙博物馆为代表的城市遗址类博物馆而言，"可持续发展目标"既是博物馆的机遇与支撑，也是博物馆行动的坐标与方向。

城墙是构成中国古代城市的核心要素，是中国古代城市规划思想、空间布局、建筑功能布局以及人地关系观念的载体、标志和证明 [3]。中国古代城墙是中华文明最具代表性的综合物证，是国家文明史和人类文明史的重要组成部分。根据联合国教科文组织《保护世界文化和自然遗产公约》中的定义，"遗址"是指："从历史、审美、人种学或人类学角度看具有突出的普遍价值的人类工程或自然与人联合工程及考古地址等地方。" [4] 大遗址是中国文化遗产中规模宏大、价值突出的遗址类，由遗存与相关环境组成，是构成中国古代文明史史迹的主体 [5]。

纵观世界古老文明城市的城墙修筑史，中国古代城墙是延续时间最久、系统最为复杂、形态最为多样、建筑水平最为高深的"城墙文明"遗产之一。南京城墙作为 14 世纪中下叶城市工程的集大成之作，是中国 6000 多年城墙建设史上的巅峰之作和绝响，是中国古代城市文明的突出见证，也代表了东亚地区城防设施建设与城防系统建构的伟大成就。南京城墙文化遗产具有全球性的"突出普遍价值"（OUV），它"能为延续至今或业已消逝的文明或文化传统，提供独特的或至少是特殊的见证"；它"是一种建筑、建筑整体、技术整体及景观的杰出范例。展现了人类历史上一个（或几个）重要阶段"；它"是传统人类居住地、土地使用或海洋开发的杰出范例，代表一种（或几种）文化或人类与环境的相互作用，特别是当它面临不可逆变化的影响而变得易于损坏"[6]。

南京城墙自身具备"文化遗产""文化景观遗产""军事城防类遗产""警示性遗产"等多重类型的遗产属性。南京城墙目前享有三重保护地位：它是南京历史文化名城的重要组成部分，被纳入南京历史文化名城保护规划之中；1988 年，南京城墙公布为全国重点文物保护单位。2006 年、2014 年以南京城墙为代表的中国明清城墙联合申遗项目两次被国家文物局列入《中国世界文化遗产预备名单》，报送联合国教科文组织世界遗产委员会备案。

根据 2015 年年初正式实施的《南京城墙保护条例》中关于"南京城墙"的定义：南京城墙指都城城墙（含宫城、皇城、京城、外郭及其附属建筑），包括现存城墙（城门）、护城河、城墙遗迹和城墙遗址。其中第七条规定："南京市人民政府应当按照世界文化遗产相关标准进行保护，组织开展城墙系统性抢救修复、历史文化遗存整理发掘和展示利用，以及沿线环境整治和历史风貌恢复工作，通过建立博物馆、遗址公园等形式，展示城墙沿革及建造工艺等城墙文化。"[7]

高水平的博物馆和遗址公园建设，可以充分展示、阐释南京城墙的多元遗产价值。根据《中华人民共和国国民经济和社会发展第十四个五年规划和二〇三五年远景目标》《江苏省国民经济和社会发展第十四个五年规划和二〇三五年远景目标》《南京市国民经济和社会发展第十四个五年规划和二〇三五年远景目标》《江苏省"十四五"文物事业发展规划》《江苏省"十四五"文化和旅游发展规划》《南京城墙保护发展事业"十四五"规划》等国家、省市"十四五"发展规划，未来的南京城墙博物馆重点发展方向包括：

第一，整合"中国明清城墙"申遗、"海上丝绸之路"申遗及南京非物质文化遗产保护等方面工作，推进南京京城城墙遗址与明故宫遗址的"双遗产点"申遗进程；推动以南京城墙为框架的明代都城大遗址保护与研究，对南京城墙四重城垣及其附属建筑进行系统规划，用四重城垣串联起南京明代都城的相关遗址点，重现明代都城的格局与面貌；重点筹划南京明故宫国家考古遗址公园建设，形成明故宫大遗址保护格局。

第二，在古都南京的现代城市格局中，城墙位于主城区核心区域，串联一系列明文化大遗址和风景名胜区，形成独具特色的"山水城林"相融合的自然人文景观，构成现代城市的优美环境和公共休闲空间。城墙文化景观保护对于维系城市生态、延续文化传统、促进经济发展和文明进步都具有极其重要的意义。南京城墙博物馆作为遗产保护的主体机构，要站在人类文明的高度，严格遵循遗产保护的"真实性"与"完整性"原则，整体保护城墙本体、护城河、相关遗址遗迹以及城墙所在的自然环境和历史环境。南京城墙博物馆需要与各级政府、部门、行业、利益相关方等广泛合作，积极参与城市公共政策的制定，为城墙遗产保护与城市可持续发展做出重要贡献。

第三，加快南京城墙外郭遗址的系统保护及统一管理。南京城墙博物馆将筹备成立南京明外郭遗址博物馆作为分馆，对外郭遗址进行统一规划和统一展示，加强对外郭作为南京城墙四重城垣遗址重要组成部分的遗产价值挖掘、阐释与展示。

第四，南京城墙博物馆将打造南京城墙砖官窑考古遗址公园，建设南京城墙砖窑博物馆。位于南京市栖霞区官窑山的官窑遗址通过考古勘探和挖掘，确认为明代烧造南京城墙城砖的一处大型官办窑厂。它是南京目前已发现的数量最多、面积最大、保存最完整的一处窑址群。南京城墙博物馆经过多年考古调查发现，在长江中下游水系所涉及的江苏、安徽、湖南、湖北、江西等地，至今散落着大量的南京城墙砖烧制窑址，需要加以系统保护。将这些明代砖窑窑址纳入南京城墙的大遗址保护，将呈现清晰的南京城墙文化脉络，丰富以砖官窑为核心的长江文化遗产。

第五，南京是第二次世界大战中的创伤城市之一。二战时期的南京城墙是中国军队抵御日本法西斯侵略的重要战场和南京大屠杀事件的发生地，它也见证了世界反法西斯战争的最后胜利，南京城墙及其周边地区至今仍保存有大量二战遗址遗迹。2017年8月，南京正式成为第169个"国际和平城市"。作为中国首个国际和平城市，南京将为落实联合国"2030年可持续发展目标"，为推动实现人类持久和平，为构建人类命运共同体做出积极努力。南京城墙博物馆应当是具有"和平"属性的博物馆，肩负"建设积极和平"的时代责任，向社会公众开展"积极和平教育"。

二 融合"可持续发展目标"的南京城墙博物馆发展前景

全球化的文化遗产保护事业对于实现联合国"2030年可持续发展目标"具有重要贡献，在促进文明交流互鉴、消除贫困、建设和平、促进可持续发展等方面发挥着重要作用。近年来，南京城墙文化遗产保护对于社会、经济和环境可持续发展的重要性已经成为广泛的社会共识。在南京市委、市政府的统一领导下，南京城墙博物馆以及各相关部门共同开展了城墙本体保护、展示利用、环境整治等系列工作，有效改善了城墙保存状况和环境风貌。未来，需要切实着眼于"可持续发展目标"的时代大背景，关注南京城墙博物馆自身的发展，关注博物馆与所处自然与社会环境的关系以及博物馆在社会中的作用和地位。

"可持续发展目标"是基于社会、经济、人口、资源、环境相互协调和共同发展的理论和战略，主要包括生态可持续发展、经济可持续发展和社会可持续发展。联合国"可持续发展"理念的定义："这是建立在社会、经济、人口、资源、环境相互协调和共同发展基础上的一种发展，其宗旨是既能相对满足当代人的需求，又不对后代人满足其需求的能力构成危害。"[8]

2015 年联合国《2030 可持续发展议程》所设定的一系列"可持续发展目标"是全球性的社会和环境发展目标，以实现人与自然、人与人、经济与社会、经济与环境之间的和谐与协调为根本目标[9]。作为一个文明古国和文化大国，中国政府高度认可联合国"可持续发展"目标理念，并且具有本国的宏观战略和积极作为。2017 年党的十九大报告中，将可持续发展战略确定为决胜全面建成小康社会需要坚定实施的七大战略之一。

城墙是古代城市的重要组成部分，是现代城市独特的历史文化景观和市民休闲游憩的公共场所，具有重要的历史价值和当代影响。根据国际遗产保护趋势和前沿理论，未来的南京城墙博物馆除了博物馆自身事业的可持续发展之外，还应当包括：博物馆与城市、社区；博物馆的跨界合作；博物馆的教育发展等多个方向的可持续发展。在实践中，要充分认识城墙文化遗产保护的重要意义，不断提升城墙保护管理水平；要加强城墙文化遗产的基础研究，加强城墙的价值体系研究、遗址考古研究、保护技术研究，提高城墙保护科学水平；加强城墙本体的预防性保护，建立多部门应急联动机制，加强多灾种综合监测、预报预警和信息共享，提升风险应对能力；妥善处理文化遗产保护与城市发展建设的关系；将城墙文化遗产充分融入现代城市生活。发挥城墙文化遗产在传承弘扬中华优秀传统文化和社会教育方面的重要功能；整合城墙文化遗产与邻近历史文化街区以及山水景观资源，提高城墙整体展示利用水平。

三　结语

文化遗产是国家与民族历史文化成就积累的重要标志，保护文化遗产对国家和民族的发展具有重大意义。文化遗产也是国家主权的表现，是当代人和后代人生存环境的组成部分，是全人类可持续发展的重要因素。博物馆作为保护人类文化和自然遗产最重要的社会机构，是实现经济社会可持续发展的文化驱动力。联合国《2030年可持续发展议程》的内涵以及"可持续发展目标"所体现的公平性、持续性、共同性的原则，与博物馆所承担的社会使命高度一致。新的时代需求不断激发着博物馆的发展活力，博物馆应当积极投入到对可持续发展理念的深入研究和积极实践当中，实现未来博物馆的高质量发展。

注释

[1] 2013 年，习近平主席在莫斯科国际关系学院发表演讲，第一次向世界提出"人类命运共同体"的理念。

[2] 2021 年，中央宣传部、发展改革委、教育部、科技部、民政部、财政部、人力资源社会保障部、文化和旅游部、国家文物局等九部门联合印发《关于推进博物馆改革发展的指导意见》。

[3] 王广禄：《城墙：古代城市文明发展见证者——访南京大学文化与自然遗产研究所所长贺云翱》，《中国社会科学报》2016 年 11 月 25 日。

[4] 联合国教科文组织世界遗产中心、国际古迹遗址理事会、国际文物保护与修复研究中心、中国国家文物局主编：《国际文化遗产保护文件选编》，文物出版社，2007 年。

[5] 陈同滨：《中国大遗址保护与展示的多学科研究》，《中国文物报》2002 年 5 月 3 日。

[6] 贺云翱、陈思妙：《"中国明清城墙"体系下的"南京城墙"突出普遍价值分析》，《古都南京》2016 年第 6 期。

[7] 《南京城墙保护条例》2014 年 12 月 30 日由南京市第十五届人民代表大会常务委员会第十四次会议制定，2015 年 1 月 16 日由江苏省第十二届人民代表大会常务委员会第十四次会议批准。

[8] 1987 年，联合国世界环境发展委员会报告《我们共同的未来：从一个地球到一个世界》，联合国发展委员会官网。

[9] 《联合国〈2030 年可持续发展议程〉正式生效》，人民网。

博物馆藏品的数字文创开发价值及策略探究

李 南

（南京博物院　江苏南京　210016）

内容提要：博物馆行业作为传统文化产业中的一个门类，在数字化建设的过程中以文化＋科技为引擎，在数字技术应用、数字产品开发和内容生产及传播三个方面取得了重大进步，重塑了历史文化的当代价值，为传统文化在新时代的转化与创新积累了宝贵的经验。当前，数字文创在博物馆行业中的应用正在从产品层面向产业层面提升，并将在解决成本与付费，保护与监管等现实问题后获得更为广阔的发展空间。

关键词：博物馆藏品　数字文创开发　产品类别　信息技术

引　言

随着数字经济加快向各行各业和各种领域渗透，新媒体时代的数字化发展为博物馆藏品的数字文创开发带来了新的机遇。现代信息技术的发展，使得博物馆资源能够更好地得以记录和保存。数字化让博物馆的吸聚力、创作力、表现力、致效力、传播力和影响力得到了提高，使得数字文化建设呈现出新的气象。在数字化技术的支持之下，博物馆传播活动开展的形式及内容会不断得以创新和丰富，博物馆文化也可以得到更加广泛的传播和发扬，从而推动文博产业的蓬勃发展。

一　博物馆藏品的数字文创开发价值

1. 继承文化内涵

博物馆文化作为我国传统优秀文化的重要构成，产生于广大人民群众的劳动实践，是社会背景的产物和反映，蕴含着深厚的历史文化内涵。同时伴随着华夏文脉的传承，历久弥新，亘古流传，不断注入时代因素，保持着民族性与创新性、文化性与艺术性的完美融合[1]。立足于崭新的时代背景，借助先进的互联网信息技术推动博物馆藏品数字文创开发，对博物馆文化予以挖掘和传承，不仅有利于围绕优秀文化扩大宣传，发挥其对于广大人民群众的情感陶冶和思想教化作用，更有利于架构其传统文化与时代文明之间沟通的桥梁，将创新创意因素融入博物馆建设当中，从而推动文博产业获得持续健康全面发展。当然，在引导广大人民群众参与博物馆文创产品鉴赏活动的过程当中，可以更加深入而全面的了解我国传统优秀文化内涵和艺术特色，形成一定的审美素养和探究精神，将新时代的社会公众建设成为博物馆文化的继承者和弘扬者，扩大包括博物馆文化在内的优秀文化体系的群众基础和传播市场[2]。

2. 弘扬民族精神

产生于广大人民群众劳动实践和生活经验的博物馆文化不仅蕴含着深厚的文化意蕴，同时也包含着植根于华夏民族灵魂深处的精神。因此，对博物馆文化予以挖掘和传承，不仅有利于推动文博产业的创新性发展，也可以发挥民族精神对于人民群众的积极教化作用。在引导人民群众对于其文化内涵及表现形式予以深入了解的过程当中自觉培养并践行民族精神，在民族自豪感和文化自信心的指引之下自觉成为民族精神的传承者[3]。借助数字文创开发的博物馆文化的传承在塑造民族精神风貌的过程当中发挥着愈加重要的作用。

3. 推动文化输出

为了更好地融入全球化发展潮流，我国除在经济、政治方面扩大开放，加强国际往来以外，也应当将文化输出作为我国走出国门，走向世界的重要通道。博物馆文化作为我国优秀传统文化的重要构成和代表，在围绕其开展数字文创开发及传播活动的过程当中，可以借助中华魅力的展示扩大华夏文明在世界范围内的传播力和影响力，使中华民族更加自立于世界民族之林[4]。同时在推动国际文化交流的过程当中，也可以吸纳国际优秀文化内涵和艺术特征，将其融入博物馆文化建设当中，为博物馆文化的建设和发展融入创新性和时代性乃至国际化因素，激发其发展活力和创造力。

4. 扩大群众基础

博物馆藏品数字文创开发以及展览活动的开展主要面向基层人民群众，博物馆的存在与发展使得珍贵产品及其蕴含的科学文化底蕴走向基层，走向群众。有利于在开展传播活动的过程当中普及文化知识，使更为广大的人民群众能够更加充分地认识到我国历史文化底蕴的深厚，在增加常识的同时培养探究精神[5]。从这一层面上来讲，博物馆在推动藏品数字文创开发的过程当中，有利于扩大群众基础，夯实群众根基，使得植根于历史文化底蕴的文博事业能够借助广大人民群众的力量不断得以创新和完善，以历史为根基，在时代的洪流中实现更加蓬勃的发展。

5．创造经济效益

博物馆藏品数字文创开发的文化自信不仅在于对华夏民族传统历史文化的自信，更在于独特地域文化的自信。因此，基于文化自信的博物馆藏品数字文创开发乃至文旅产业的融合发展可以展现独特的地域风光和精神风貌，从而在带动文博发展的同时拉动经济增长。在博物馆藏品数字文创开发当中，对独特的地域风光尤其是有代表性的场馆、文物加以展现，有利于彰显独特的历史文化魅力，从而吸引更多的游客前来参观，推动本地区博物馆事业以及其他第三产业的发展，从而贡献更多的经济效益和社会效益。互联网信息技术的发展和应用也为文化传播和宣传活动提供了更加广阔的平台和渠道，也可以借助全媒体平台与博物馆藏品数字文创开发相融合，在扩大网上宣传的同时促进文创发展，为经济发展提供更多更新的增长点[6]。文化自信在博物馆藏品数字文创开发乃至文旅产业融合发展当中的融入，有利于充分发挥文化与经济之间的良性互动作用。

二　博物馆藏品的数字文创开发策略

1．挖掘文物文化特色，丰富产品类别

博物馆藏品数字文创开发活动的开展应当植根于博物馆文物文化特色，借助对其底蕴深厚而独具特色的文物文化内涵的挖掘来对文创产品加以设计，丰富产品内容及类别。

一方面，应当充分挖掘博物馆当中蕴含的文化基因，将其转化为设计因素，从形态、纹样、肌理、色彩、图案、寓意等方面考虑，设计出具有现代形态和功能的产品[7]。如可以利用博物馆中器皿、武器、铜镜上纹样或形态、图形符号、画像砖上的图案、画像砖拓片、非遗元素等方面进行设计因素的提取，同时与现代创意巧妙结合，突出构思的巧妙。将历史文化因素与日常生活需求有机融合，既可以拉近博物馆文化与人民群众之间的距离，也可以增强博物馆藏品数字文创开发和应用的实用性。

另一方面，为了充分扩大博物馆藏品数字文创开发和销售的市场和群众基础，应当立足于对受众群体和喜好需求的分析和挖掘，进行有针对性的文化定位，以多元化的产品类别满足不同群体的实际需求。

2．数字文创与文化 IP 融合，吸引消费

推动数字文创与文化 IP 的融合、开发与创新，不仅有利于在更加广阔的范围内吸引群众消费，扩大博物馆藏品数字文创产品的销售市场，同时也可以为文化传播和继承提供更加丰富的载体和发展空间。《只此青绿》舞蹈节目在央视春晚舞台上播出以后，受到广泛的追捧和赞扬，美轮美奂的青绿画卷在电视平台上的播出，使得传统文化再次出圈。尔后《只此青绿》推出演出行业首款数字藏品纪念票，"只此青绿出数字藏品了"相关话题也在社交网络引发热议。在增加传统文化热度的同时，使得广大人民群众充分体会到了科技在文化传承和文创创新方面的重要作用，在更大程度上激发了中国人民的文化自信和民族自信。

3．应用信息技术手段，创新开发形式

信息技术支持下的博物馆藏品数字文创开发活动的开展不仅在于创新和丰富产品类别，也应当借助多样化的开发形式扩大宣传。博物馆藏品数字文创的开发和销售应当打破传统商铺在时间和空间方面的限制，借助线上线下同步推广机制的建立拓宽销售渠道，借助区块链技术，生成一串全球唯一的专属编码，成为人们网络账号里收藏的"数字文创"。同时为购买到限量数字文创产品的消费者的网络账号升级服务，融入专属收藏编号和数字文创模式，使得消费者可以在自己的网络账号当中对数字文创产品加以翻转、放大，更加方便地了解文物和文创产品。当然，数字文创产品并不仅仅局限于图片形式，在数字化技术支持之下，短视频、音频、纪念卡、皮肤、头像等多种形式都可以被融入博物馆藏品数字文创产品开发和设计当中，在为消费者群体提供更多选择的同时可以多角度、全方位地展示博物馆藏品因素。

4．注重文物信息安全的保护

在推动博物馆藏品数字文创产品在内容和形式实现多样化及创新的过程中，应当对文物信息，尤其是数据信息安全的保护体系相当的重视，避免在借助数字化技术推动文创产品开发和销售的过程当中，造成重要数据信息的泄露。博物馆藏品数字文创产品的开发和销售应当基于正规授权渠道，在合理合法的范围内对文物资源加以适度、科学的开发和利用，促使文化价值在信息技术的挖掘和激发之下得以充分发挥，而文博单位不应直接将文物原始数据作为限量商品发售。同时由于数字文创产品的开发和产业的发展仍处于起步阶段，存在蹭热度、炒概念，甚至是存在炒作交易、诈骗洗钱的潜在风险。因此，博物馆在选择文创平台时应当加以甄别，树立起严格的风险防范意识。国家有关部门及人员也应当在提起相当重视的前提之下，采取有针对性的举措完善针对于博物馆藏品数字文创产品开发方面的法律法规，净化文创市场。

三　结　语

综上所述，博物馆藏品数字文创开发活动的开展，既要植根于博物馆深厚而独特的文物文化内涵，又要灵活应用互联网信息技术手段和平台，为文创产品的设计和开发融入深厚的文化内涵和艺术特色，丰富文创产品的类别和形式。同时在此过程当中，也要充分考虑到受众群体的审美理想和实际需求，扩大博物馆藏品数字文创开发的市场和群众基础，为其融入永远不断的活力和创造力的同时推动其持续性发展。

注释

[1] 张飞燕：《"互联网+"背景下的博物馆文创产品发展》，《遗产与保护研究》2016 年第 2 期。

[2] 金青梅、张鑫：《博物馆文创产品开发研究》，《西安建筑科技大学学报（社会科学版）》2016 年第 6 期。

[3] 韩海青：《传统文化解读与文创产品相融合——从〈上新了·故宫〉看文化类电视节目创新》，《艺术百家》2019 年第 5 期。

[4] 李洋：《博物馆库房藏品的管理和利用》，《文化创新比较研究》2017 年第 7 期。

[5] 李文华、李旭（通讯作者）、李晓磊：《虚拟现实技术在数字博物馆中的应用》，《计算机光盘软件与应用》2013 年第 8 期。

[6] 李尽沙：《文创开发与社会角色转型——以苏州博物馆原真性开发模式为例》，《长白学刊》2020 年第 2 期。

[7] 缪慧玲：《博物馆文化创意产品发展实践研究——以上海博物馆文创发展为例》，《中国博物馆》2019 年第 2 期。

"互动型"展览初探

——以扬州博物馆为例

刘　媛

（扬州博物馆　江苏扬州　225126）

内容提要： 随着博物馆事业的不断发展，科技手段的不断进步，公众对文化追求的不断提升，"互动型"展览逐渐成为各博物馆相继尝试的新形式。本文将以扬州博物馆为例，从内涵、必要性及实现方式三个方面对"互动型"展览进行初探。

关键词： 互动性　活态化　数字化　博物馆　展览

2021 年 6 月 16 日，扬州中国大运河博物馆正式开馆，吸引了各界人士的广泛关注。作为一家新建的大投入博物馆，5G、VR、球幕、环幕等"黑科技"在展览里随处可见，大型的场景复原街道、活态的展演形式、沉浸式的参观体验，无不体现着博物馆展览的"互动"性，吸引着众多观众的目光。扬州中国大运河博物馆自开始建馆以来，得到了自中央到省厅的高度重视，无论是在经费资源、智力资源上都有得天独厚的优势，但对于以扬州博物馆为例的大多数地方博物馆来说，在已有的建筑空间内，如何更好地做好展览，做"互动型"展览，是现在所有博物馆人该仔细思考的问题。

一　"互动型"展览的内涵

"互动型"展览是博物馆的一种展览形式，也是一种展览理念，其最显要的特征就是观众与展览有互动，可体现在观众与文物展品的互动、与辅助展品的互动、与展厅空间的互动等。

做互动型展览，就是做有温度的展览，让展览变得平易近人。每一处的巧妙心思都是以人为本的体现，是通过充满趣味性的方式和形式，让观众感受历史与文化的脉搏，每一场展览的举办都是一次文化的穿越之旅，因为现在做展览的初衷早已不仅仅是给大众展示奇珍异宝，而是文化的分享，分享千百年前的故事，共同感受历史文化带来的震撼。

二　"互动型"展览的必要性

"互动型"展览作为近年来越来越多出现的展览方式，有其存在的优势与必要性，主要有以下三点：

1．"互动型"展览顺应了时代潮流

在当今，博物馆以"人"为本的理念越来越深入人心。"互动型"展览，强调观众在展览中的参与感与重要性，将"人"摆在了重要位置，让博物馆不再是照本宣科的知识输送场所，而成为集教育、休闲甚至娱乐为一体的综合性文化场所。

2．"互动型"展览能创造更大的社会效益

"互动型"展览通过各种互动形式，能提高观众的参观兴趣，让观众更加愿意参观展览、参与展览，通过与展览的互动，让博物馆摆脱了教条"教书先生"的固有形象，成为观众生动、活泼的"好朋友"，因此展览的内容信息等就更容易被观众吸收，无论是在观众的好评度上还是在观众对展览的接受度上都能得到一定的提高，从而产生更加良好的社会效益。

3．"互动型"展览是现在博物馆转型的必然趋势

各博物馆在探索"互动型"展览的过程中，通过各种方式、形式形成展览的互动性，从而出现了更多样的展览方式，如数字化的应用、社教活动与展览的结合等，也正是因为展览方式的多样性，让现代博物馆更加多元，这也与 2020 年国际博物馆日的主题"多元和包容"相契合。经过多年的发展，博物馆转型早已成为必然，而"互动型"展览的理念也顺应了博物馆转型的趋势。

三　"互动型"展览的实现方式

"互动型"展览这一方式的出现，在内容和形式上都对展览提出了要求。内容上，要让文物"活"起来，注重内容的故事性，让展览可以自己开口说话。形式上，要让展览变得更加丰富多彩。同时，在先进的科技手段的运用上，也要积

极尝试。

1.展览内容故事化

自从"让文物活起来""讲好文物故事"的倡议理念出现后，各个博物馆都开始了对博物馆展览普适化的探索，这对展览大纲的内容设计就提出了新的要求。要做"互动型"展览，就展览的内容而言，首先区别于老式博物馆展览晦涩难懂的特点，应讲究深入浅出。大纲在内容架构上注重逻辑性，灵活运用各级看版，以分章节和层级的形式，让内容层层递进，一个展览的大纲文本就是讲述了一个故事。其次，在内容设计时，也应避免单纯、单向的知识点输送，注重语言文字的表达方式，以故事的形式延伸知识点，为整个大纲内容锦上添花。如在对"清风徐来——扬州市廉洁主题文物展"进行内容设计时，为了在内容上营造轻松的参观氛围，围绕文物展品有针对性地加入了民间故事、名人轶事，让原本严肃的展览内容生动了起来，增强了展览的可读性，提高了观众的参观兴趣；"峥嵘岁月——扬州地区革命文物展"为了加强对文物展品的解读，将"高峰遗书"等文物展品的文字内容单独做成说明牌，吸引了众多观众驻足，观众也在这文字笔墨间感受着英雄先烈们的热血与柔情，字句中饱含的眷恋与深情也让这些在战火纷飞中的英雄形象鲜活了起来。

2.展厅环境精致化

随着人们审美要求的提高，来博物馆参观展览早已不仅仅是看展品、读展板这么单一了。精致的展厅环境可以修饰展览空间的缺陷，烘托展览氛围，营造良好的参观环境，给观众沉浸式的参观体验，让展览取得更好的展出效果，因此各博物馆也早已开始了这方面的探索和尝试。以扬州博物馆为例，针对展览主题设计空间场景，在既定展线中融入艺术形式的加工、设计制作展览海报和吊幔是最常用的方式。"一花一世界——清代扬州书画名家作品展"，使用花瓣的组合作为序厅吊顶，在展厅空间内错落悬挂小鸟灯，渲染出一派春日的生机盎然景象，让书画作品中的繁华似锦与自然意趣从纸面延续到了展厅；"饰上华彩——江西省馆藏明代首饰展"进行了通柜的花窗设计，增添了整个展览的趣味性，端庄典雅的花窗也为展览增添了一抹温婉和秀丽的意境，明代藩王妃对镜梳妆的倩影仿佛依稀可见；"峥嵘岁月——扬州地区革命文物展"在展厅的中间部分，利用展厅的空余空间，打造出一扇红色五角星型的门，并在五角星的边缘饰以灯带，既自然地将两个展示空间进行了衔接，又将打造出的这一"闪闪的红星"的场景巧妙融入了展厅环境。

3．展示形式活态化

常见的博物馆活态化展示主要有两种方式，其一是将操作流程以人工方式再现，多适用于对非物质文化的展示。如扬州博物馆"中国雕版"展区内设置的活态演示区，将非遗传承人聚集于展示区，并现场进行雕版的刻版、模印等流程演示，雕版印刷的制作流程便一目了然。为了增强展览的"互动"性，也会进行"流动"的现场演示，与社教活动相结合。举办"清风徐来——扬州市廉洁主题文物展"时，定期在展厅内设置印刷互动体验区，通过体验印刷增强互动性，而版片上的廉洁文化元素则紧扣展览的主题。其二是通过"景观再现"的方式，让观众成为展览的重要组成部分，让历史活态化，让展览会说话。扬州博物馆"广陵潮"展览在唐代部分的讲述中，模拟打造了一个历史场景，青石街道、楼台坊市，出土的唐代铜镜、瓷器等文物展品都有序摆放于其中，而"三分明月"的复原场景，不仅是对"天下三分明月夜，二分无赖是扬州"的表达，更是唐代后期冲破坊市制度的藩篱，商品经济不断发展的体现。当观众行走其中，抬头共赏明月，伸手轻拂荷花，这便是一次难忘的穿越之旅，唐代精品、盛唐繁华皆已了然。

4．展览呈现数字化

随着各种高新科技的发展，展览数字化已成为现代博物馆展览的一种发展趋势，也逐渐成为展览的重要辅助手段之一。以扬州博物馆为例，在展览的数字化呈现上做了两方面的探索。一是将数字化方式作为辅助手段运用于实体展览。通常是以语音导览、数字显示屏等方式出现，在"中国雕版"和"扬州雕版"展厅内设置有多个显示屏，观众可自主选择观看视频或获取知识点；在展厅内设置小影院，播放与展览相关的视频短片，加深观众对展览的认识和理解。二是通过数字化方式呈现虚拟展厅，实现远程看展。"水蕴华章——大运河文物精品展"等展览就已通过虚拟漫游360度全景摄影的方式，建设了一个360度的线上虚拟游览系统，实现了观众随时随地参观展览，场景的切换，高清的三维立体图片，也让观众产生身临其境的观感。除此之外，VR、环幕等技术也常运用在博物馆展览中，实现展览的互动性，但由于经费等因素的限制，目前为止，扬州博物馆在展览上还未涉及。

"互动型"展览是博物馆在发展过程中衍生而出的时代课题，对其内涵与外延的研究探索将在实践中不断被丰富，这样一种新式理念的出现，也激发了博物馆展览继续前进的动力，让参观博物馆成为公众休闲娱乐的主要选择。

参考文献

1. 高玉娜：《“讲故事”展览的叙事方法——基于“故事与话语”理论的分析》，《自然科学博物馆研究》2019 年第 6 期。

2. 金姆·赖斯著，王思怡译：《在博物馆中讲故事：博物馆叙事的新方向》，《东南文化》2020 年第 5 期。

"奔流——镇江近代历史陈列"策展手记

连小刚

（镇江博物馆　江苏镇江　212002）

内容提要： "奔流——镇江近代历史陈列"于 2021 年 6 月正式开幕。为打造精品展览，策展团队根据展厅的实际情况，通过巧妙搭建大纲框架，提炼主题，在展览结构上凸显出亮点。通过精心选择展品，在展览内容上呈现出亮点。通过与设计人员的深入对接，在展览形式上打造出亮点。

关键词： 镇江　近代　历史　策展　手记

2021 年是中国共产党建党 100 周年华诞。6 月 26 日，镇江博物馆基本陈列"奔流——镇江近代历史陈列"（以下简称"奔流"）在 8 号楼正式开幕，向党的生日献上了一份特殊的礼物。该基本陈列突破了镇江博物馆以往的展陈系列"有专题展、无通史展"的格局，弥补了"有艺术展、无革命展"的缺憾，丰富了陈列体系，锻炼了人才队伍，积累了办展经验，对我馆各方面工作起到了很好的推动作用。开幕近半年来，展览接待观众数万人，取得良好的社会效益。

回顾策展团队 3 年多来的工作，有许多值得总结和归纳的地方。对镇江博物馆而言，举办镇江近代史的通史展览是一个全新的课题，之前没有办过这样的原创展览。如何在短时间内搭建展览框架，完成展陈大纲的撰写，如何与设计人员进行对接，将文本语言转化为展览语言，这些都是对策展团队的一次次考验。面对种种挑战和难题，策展团队没有退缩，而是迎难而上、共同努力，在各方面专家的指导下，最终顺利完成了展览。

一　妙搭框架，提炼结构亮点

镇江是中国近代史上（1840～1949 年）一个具有独特地位和影响的城市。它是被称为江河交汇、漕运咽喉的城市，也是沪宁铁路线上的交通枢纽。它是第一次鸦片战争中英国侵华战争最后一战的发生地，也是 1949 年 4 月人民解放军发动渡江战役前夕炮击"紫石英号"等英国军舰的发生地。它是清末江苏最早被迫开放的沿江通商口岸城市，也是江苏省唯一的英租界遗址所在地。它是被旧中国海关总税务司赫德预言"二十年内镇江将成为半中点站或货物转运站，取上海的地位而代之"的城市，也是被孙中山寄予厚望（"所以此镇江一市，将来欲不成为商业中心，亦不可得也"）的城市。它是民国时期江苏省的省会，也是被称为"小雨花台"的北固山烈士刑场所在地。它是中国共产党领导的茅山抗日根据地的核心区域，也是新四军挺进苏南、东进北上、主力南下、主力北撤时的战略通道。它是渡江战役的主攻方向之一，也是解放和接管上海的后方保障之一。

策展团队认为，每个城市都有自己的近代史，都有自己独特的印记和轨迹，要办好展览，就必须突出自己的特色和亮点，这样展览才会有吸引力和看点。从这个思路出发，策展团队首先对展览框架进行了分析和搭建。

中国近代史是帝国主义侵华史，也是中国人民反抗史。中国近代史的分期为 1840 年鸦片战争至 1949 年新中国成立。在这 110 年里，镇江的各个阶段表现如何？城市发展中有哪些节点性的关键时段？城市发展和革命斗争中有哪些重要事件发生？有哪些著名人物出现？这些问题都是搭建展览框架时必须考虑的重要问题。通过查阅文献史料，策展团队对镇江近代史进行了系统梳理，认为从近代化的角度看，镇江这座城市经历了清末开埠通商和省会时期两个重要的发展机遇期，镇江一度成为"华洋杂处"的国际化城市，城市面貌大大改观。从革命史的角度看，镇江经历了旧民主主义革命和新民主主义革命时期，第一次鸦片战争中镇江保卫战气壮山河，震惊世界，得到了革命导师恩格斯的高度评价，辛亥革命镇江和平光复，并扩大了光复范围，还参加了江浙联军，为光复南京立下了汗马功劳，得到孙中山的高度评价。新民主主义时期，在五四运动、五卅运动、抗日救亡运动、人民解放战争等重大历史时刻，镇江人民不畏险阻、奋起抗争，涌现了嵇直、管文蔚、李培根、王龙、凌荣炳、文必才等一批先进人物和共产党员，为革命事业和镇江解放做出了不可磨灭的贡献。

基于上述分析，最终确定展览以城市史为脉络，以革命史为重点，提炼出 7 个部分。展览的前四个部分主要讲旧民主主义革命时期（1840～1919 年）镇江人民的斗争史和镇江城市发展史这两个重要方面，揭示出在旧民主主义革命时期，由于农民阶级和资产阶级的历史局限性，没有完成反帝、反封建的革命任务，鸦片战争中的镇江保卫战最终失败，辛亥革命中镇江的光复虽然推翻了清朝的统治，但又处于北洋军阀的统治之下。后三个部分主要讲新民主主义革命时期（1919～1949 年）

中国共产党组织在镇江创建的过程，在党的领导下镇江人民为创建茅山抗日根据地作出的卓越贡献，以及解放战争时期镇江留守坚持的党组织冒着腥风血雨、不断斗争迎来解放的艰辛历程。

需要指出的是，由于展厅建筑结构分为上下两层，为服从展览内容的需要，展览叙事框架没有完全遵循时间顺序，而是对内容进行了适当分割，省会时期被列为第四部分，与前三个部分共同位于展厅第二层。经过这样的处理，展览的后三部分即新民主主义革命时期的建党史、抗战史、解放史全部位于展厅第一层，从空间上保证了展览的逻辑性和科学性。

二　精选展品，彰显内容亮点

近代史展览往往需要通过图片、史料、文物等多种展品来讲故事，展品的丰富多样、直观形象是确保展览质量的重要因素。策展团队一方面依托丰富的馆藏革命文物资源，精心挑选那些能够突出主题、引起共鸣的展品，一方面开动脑筋，积极通过各种渠道从馆外获取展品，向多家等单位和个人征集了许多历史图片，保证了展览的质量。

"奔流"展厅面积约 1500 平方米，共展出历史图片 800 余幅，革命文物 400 余件（套）。除了常规展品外，展览的每个部分都重点呈现了一些展品，升华了展览主题。

展览第一部分"鸦片战争、血战镇江"通过第一节"漕运咽喉"、第二节"战争爆发"、第三节"殊死抵抗"三节的内容，讲述了第一次鸦片战争中英国侵略镇江的原因、经过和镇江守军视死如归、寸土必争的英勇事迹。英国为什么要侵略镇江？是怎么侵略镇江的？这些问题应是观众普遍性的发问。因此，展览在第一节里，开门见山地说明了大运河是清王朝的生命线，镇江是生命线上的重要支点，占领了镇江，就等于切断了清朝的生命线，扼住了清政府的命脉，清政府就会彻底屈服。从这个逻辑出发，展览第一节重点展示了镇江作为漕运咽喉的重要地位。第一部分开篇是一个投影，片头是《清代运河全图》中镇江段的画面，营造了战争爆发前镇江城繁华喧闹的景象。随着战争的爆发，镇江守军拼死抵抗，最终失败，镇江城沦为一片废墟，版面上展示的英国画师的画作《镇江府：埋葬死者》表现了战后镇江城凄凉寂静的惨状。两种展品，一前一后，一动一静，形成强烈的对比，使观众很自然地认识到"落后就要挨打"的真理。此外，第一部分通过相关图表、图片、图版的对比展示，引导观众得出"镇江之战英军投入的兵力最多，伤亡却最惨重；镇江城设防最薄弱，而抵抗最激烈"的结论，从而对镇江守军尤其是青州兵英勇杀敌的壮举留下深刻的印象。

展览第二部分"镇江开埠、城市转型"主要讲述 1861 年镇江正式开埠通商以后所带来的各种社会变迁。第一节"太平军在镇江"、第二节"租界设立"、第三节"火烧洋楼"、第四节"租界收回"，四节内容表现了镇江英租界 68 年的兴衰史。1 米多高的"大英租地界石"静静地竖立在展柜中。这是英国人在镇江划定租界后所立，是英帝国主义侵略中国的罪证，相信每一个有良知的中国人见到这件文物，都会从心底里涌起奋发图强、自强不息的爱国主义情怀。为了使展览做到思想性、艺术性和趣味性的统一，在第五节"西风东渐"、第六节"华商振兴"中，集中展示了镇江最早的海关、近代化港口、邮局、电报、电话、铁路、隧道、马路、近代中小学、近代医院、电厂、电风扇、女子商店等一系列最早的近代事物，全景式勾勒出清末民初镇江逐步向近代化转型的历程，生活气息浓郁，为观众提供了别样的观展体验。

第三部分"辛亥革命、镇江光复"主要讲述了革命党人赵声一生的丰功伟绩及镇江光复的过程、影响。第一节"辛亥先驱"中，赵声的"先声夺人"印章引人关注，其背后的故事令人动容。据文献记载，赵声对他的秘书凌锐讲：发布进攻的命令时，可以盖这个印章，如果是撤退的命令，决不能盖此章，我也不会发布这样的命令。小小的一枚印章，体现的是革命先驱不怕牺牲、勇往直前的大无畏英雄气概。

第四部分"江苏省会、政治中枢"主要讲述了镇江成为江苏省省会后各方面的发展情况。三个铁制窨井盖是 1946 年镇江在大西路铺设江苏省第一条国产柏油马路的实物见证。井盖上有"善后救济总署苏宁分署"等字样，反映了当时改造大西路的曲折过程。大西路改造工程克服重重困难，好不容易将下水道建成了，但是上面的窨井盖还没有着落。地方人士严惠宇听说后，找到善后救济总署苏宁分署的署长陆子东商量，窨井盖由严惠宇在上海定制，钱由苏宁分署支付。由此可窥见省会时期市场萧条、饮食服务娱乐业畸形繁荣等史实。

第五部分"星火燎原、血染北固"主要讲述了镇江地区中共组织的建立经过及白色恐怖下的艰苦斗争。第一节"五四播火"中，"国耻扇"是反映 1923 年收回"旅大"运动的重要展品。第二节"五卅运动"中，王宗培烈士遗书默默诉说着一位爱国青年对北洋政府延宕外交、甘心媚外的悲愤绝望，唤醒更多的中国人投身于反帝爱国运动。

第六部分"镇江沦陷、团结御侮"主要讲中国共产党领导镇江人民开展的抗日斗争。第一节"镇江人民的抗日救亡活动"中，1946 年张怿伯的《镇江沦陷记》

手稿弥足珍贵，堪称"东方的《拉贝日记》"。1937 年 12 月 8 日镇江沦陷后，张怿伯为守护工厂，留在镇江 60 多天，目睹了日军烧杀淫掠的暴行。他将所见所闻写成《镇江沦陷记》一书，免费寄送，是揭露日寇侵华罪行的第一手资料。2008 年，该手稿在拍卖会上由镇江企业家拍得，并捐赠给了镇江博物馆，续写了一段爱国爱乡情缘。第二节"茅山抗日根据地的创建"中，陈毅、邱东平给汤通庆的题词是陈毅坚持巩固扩大抗日民族统一战线、团结一切抗日力量的历史见证。

第七部分"留守坚持、城市新生"主要讲抗战胜利后，镇江人民迎来胜利解放。重庆谈判期间，根据中央的指示，新四军主力迅速渡江北撤，留下少数同志在镇江留守坚持斗争。王龙同志牺牲是这一时期党的重大损失。第一节"坚持原地斗争"中，《扬中县政府悼王龙特辑》展现了王龙这位中共任命的镇江市第一任市长的英雄人生。在抗战中，新四军在镇江帮助重建党组织，但主要建立在镇江城外的农村地区。随着三大战役胜利、解放战争逐渐向南推进，在中共南京地下市委和中共镇丹扬工委两条线的领导推动下，镇江城内建立了两个地下党组织，开展了迎接镇江解放的一系列工作。第三节"迎接镇江解放"中，展出的《镇江概况》《扬中概况》《丹阳概况》等书籍即是地下党组织大力搜集各方面情报、为接管城市而编印的资料。

三　深入对接，打造视觉亮点

在与设计公司对接时，策展团队与之进行了深入交流，就展览的整体风格、色调的变化、空间的转换与过渡、展品的呈现方式等问题展开充分讨论。经过多次讨论、修改，最终为观众呈现了一场全新的视觉体验。

序厅位置设置了一个天幕显示屏，以滔滔的江水为背景，滚动播放镇江近代史上的重大事件和重要节点，堪称近代镇江的百年大事记。置身于此，观众仿佛穿越到百年前，提前感受到历史的沧桑和苦难的辉煌。

第一部分以深灰色为背景色，在墙板上设计出断裂的纹路，并刻画出残垣断壁的图案，以此表现战争对城市的摧残、破坏，营造了一种战争环境下压抑沉重的氛围。高大的海龄雕像矗立在展厅中，双目怒视，神情威武，符合他誓死抗击英军的民族英雄的形象。"西门激战""殊死巷战"两个场景，枪声阵阵，火光冲天，让观众有身临其境之感。

第二部分前四节以灰白色为背景色，采用通柜展示，这是整个展览中唯一的一段通柜。后两节以浅灰色为背景色，分别以镇江地区典型的西洋和中式建筑外形为墙板装饰，左右两边陈列的展品进行中西对比展示，契合了内容主题，也显得富有新意。

第三部分以灰白色为背景色，第二节"光复风云"中设立一个龛柜，里面交叉放置着两柄剑，一柄剑代表革命党人，一柄剑代表清军，两柄剑下面是火焰的形象，这个艺术造型的标题为"铸剑为犁"，寓意镇江光复时兵不血刃、和平光复。

第四部分以白色为背景色，这部分图片相对较多，采用集中加框展示的方法，形成了一定的视觉冲击力。第四部分结束后，通过楼梯与一楼的第五部分衔接。楼梯右边的墙上标示了时间轴，左边墙上悬挂了密集的镇江老照片，形成一个照片墙。站在楼梯上向下俯视，居高临下，视野开阔，许多观众喜欢在此拍照打卡。

第五、第六、第七部分的内容与中国共产党党史密切相关，因此这三个部分的背景色以红色为主，中间根据具体内容穿插一些其他色调，第七部分第四节"人民政权诞生"采用灯箱的方式展示，寓意着胜利与光明。

展览的结尾采用开放式结尾，利用投影仪循环播放《跑向未来》专题片。《奔流》展讲述的是镇江人民站起来的过程，专题片讲的是镇江人民富起来的历程、强起来的愿景。如此，将镇江的昨天、今天、明天串联起来，使观众在看完展览后，能够明白一个颠扑不破的真理：没有共产党就没有新中国！只有社会主义才能发展中国！

参考文献

1. 严其林：《镇江史要》，苏州大学出版社，2007 年。
2. 镇江市史志办公室编著：《中国共产党镇江史》（第一卷），国家行政学院出版社，2006 年。
3. 镇江市政协文史资料委员会编：《辛亥革命与镇江》，江苏大学出版社，2011 年。

论展览策划的时空选择和个性表达

——以"一水间·金陵八家、扬州八怪、京江画派书画特展"为例

徐 佳

（镇江博物馆 江苏镇江 212002）

内容提要：本文以镇江博物馆"一水间·金陵八家、扬州八怪、京江画派书画特展"为例，阐述在新时代"体验经济"背景下，该展览在展览选题、内容架构、实施手段创新等多个维度，涵容时代要求，注重科技、媒介、数字化的运用及视觉的艺术化呈现，使展览呈现综合、互动、沉浸式体验的个性表达，收到良好效果。

关键词：博物馆 书画展 策展 时代延展 个性表达

新时代如何使展览充分涵容时代性，更好地服务公众，实现文化传播和社会价值引领，需要我们在策展实践的不同层面，注入对时代的思考，更新理念，创新实验。本文以"一水间·金陵八家、扬州八怪、京江画派书画特展"为例，探讨从策展到设计，从诠释到体验，跳脱传统书画展单一和扁平化的展陈模式，结合时空向度，构建展览骨架、打破展览边界、展开个性表达的具体做法，以期提供个案参考。

一 策展源起：呼应时代要求，体现时代精神

博物馆作为一个城市的文脉所在，承担着以优质的展览传播地域文化，链接公众，服务社会的历史使命和时代责任。近年来，随着宁镇扬一体化发展的推进，区域文化融合在宁镇扬一体化中的作用日益凸显。镇江博物馆曾联合南京、扬州的兄弟馆成功策划举办过"铲释三城——宁镇扬三地考古成果展""流韵——宁镇扬地区大运河文化展"等区域性原创展，形成既适应时代要求，又符合自身发展规律的展览体系，取得较好的社会反响。策展兼顾时代性、地域性、文化性，也是促进区域文化交流，提炼区域共同文化基因，提升区域文化认同感的应有之意。宁镇扬三

地联动，打破地域壁垒，在区域文化的传播、传承、保护、创新中探索前行。

基于扎实的学术研究，南京、扬州、镇江这三座古城曾孕育的在中国艺术史上熠熠生辉的三个绘画群体：清代初期的金陵画派、清代中期的扬州画派和京江画派，由于地缘相近，文化相通，邻近地域画家群体间互相影响，都具有"革新"的精神气质、相近的艺术趣味以及不同时代、城市背景造就的"和而不同"的艺术风貌。我们萌生了主要依托镇江博物馆馆藏资源，并向南京博物院、苏州博物馆、扬州博物馆等7家兄弟馆借展，将三个画派的代表作品集结一堂，打造以古代书画为主要展品的策展方向，表达传承、融合、创新内涵，并以此观照时代精神。一方面，通过展览呈现三地书画艺术发展的多样性和独特性，从中窥见当时精彩纷呈的江南画坛，为研究三个画家群体抛砖引玉；另一方面，延续区域联动的策展思路，通过展览呼应时代要求，促进交流，共享资源，提升区域文化认同感。

展览定名"一水间"（图一），取自北宋王安石的名句"京口瓜洲一水间，钟山只隔数重山"，体现"宁镇扬"翘首相望、相助之意。我们希望"一水间"不仅仅是一个具象的空间形态，一个专业学术的书画展览，一个充满艺术调性的时尚空间，更是一种蕴含时空审视，嵌入对历史、当下、未来等不同维度思考的创新策展理念，也是保持动态延展、融合互鉴、努力拓展博物馆教育服务功能的积极探索。

图一 展厅外部空间"一水间"展标

二 展览架构：打破常规，因地制宜

新时代"体验经济"大背景下，书画展览作为博物馆展览中的重要类别，也面临着观众越来越多的挑剔。从"单一的信息传递"到"信息交流"的转变，在兼顾学术性和普及性的同时，对于"体验"的追求，让观众更期待拥有超越传统书画展扁平、单一视觉感官的观展体验。为了更好地把握展览节奏、启发展览思路、丰富视觉效果，结合展览主题和展场建筑结构特点，对该展览内容架构和空间形式进行了深入思考。

（一）"3+1"模块式展览框架

展览打破常规纵向推进式的展陈方式，从三个画派的艺术特点、个性和共性入手，依次提炼出对应关键词："故都旧梦""张扬个性""隐逸超俗"，以及共性中的"革新精神"，进而确定"3+1"模块式基本框架和"文物线"与"故事线"并行的展览叙事结构，并以此进行铺陈。"3"是以三个画派出现和盛行的时间为轴，以其形成原因、交流影响为线索，进行展览布局，组成三个个性化独立展区；"1"是指同时打造一个相互间具有关联性、"故事性"，结合多媒体手段的互动、体验、开放式"融合"空间。"3+1"的布局，为架构展览的内容及空间结构、展品的组织、借展工作的有序开展、展览的可视化等都提供了明确的方向。同时，关键词的提炼，有助于厘清各展区的情感基调，为后续展览拓展的多样性和可能性启迪了思路。

（二）因地制宜的空间布局

该展厅由既有建筑改造而成，存在空间上的先天不足：层高较低，且展场中有 14 根平行的混凝土立柱，破坏了空间的完整性。结合建筑结构特点和展示的具体要求，设计团队因势利导、因地制宜，在居中位置设置"融合"空间，三个画派展区分布在其周围，以此进行合理的平面布局和动线设计。展场中间的立柱围合形成"融合"空间，用嵌展柜、造场景、建展墙、留通道等方式，巧妙"屏蔽"立柱视觉感。每个展区与"融合"空间保持通透的视觉关系，打破原有空间的低矮、局促，观众置身其中亦能感受到移步换景的意境美，带来新颖、独特的空间体验。

三　展览实施：探索多维度拓展的个性表达

该展览实施，从展览"可视化"构建、观众"视、听、嗅、触"感官体验入手，融合科技、多媒体、多种展示材料等，进行了多维度拓展，以个性化的设计语言，创造出新的"空间语境"，以对话、交互的方式架起观众与展览的桥梁，引导观众从三个画派自身发展的时间轴到跨越古今的时间维度、三个画派所处城市空间到现实展览场景的空间维度以及艺术与新技术融合的维度，全方位、立体化理解展品及展览所传达的文化价值和精神内涵。

（一）空间的"可视化"构建

1. 核心空间，强塑展览灵魂

"融合"空间是展厅核心区，在空间视觉和内容组织上分别与三个展区保持呼应，形成一种对话关系，是突出展览主题、铺陈展览内容、营造展览意境、丰富展览内涵的点睛之笔。

在空间形式上，有效划分了区域，使观众的参观动线统一而丰富。统一是指围绕主题，合理明确，丰富是指形式灵活，增添了趣味；在展览内容上，传达承袭、融合、创新的主题内涵。分别从三个画派中梳理出绘画题材、风格、人物交游等关联角度，精心选取相关代表作品集中展示；在陈列手法上，围绕主题核心，利用多媒体技术和互动装置，实现观众与展品、空间的交融互动。

2. 场景设计，营造"戏剧体验"

"观展"很大程度上是一个仪式化的过程，通过展陈特有的艺术语言，帮助观众实现"精神空间带入"[1]。该展结合建筑空间结构特点和展区转换、情感转化的需求，在金陵八家、扬州八怪展区引入场景设计（图二、三），分别以代表画家龚贤、郑板桥雕塑的形式作为重点来表现，且注重结合人物背景、时代背景和各展区的情感基调进行艺术创作，精准表达了展览情感内涵，给观众带来情景交融、虚实相生的空间"戏剧"体验，丰富了展览空间层次和艺术感，引人入胜。同时，还着眼于一些小的细节，如龚贤的人物雕塑，取其自画像"扫叶僧人"形象，营造冷僻、清凉意象；郑板桥人物雕塑运用巧思提炼他擅长的竹、题写的名句"一枝一叶总关情"为素材进行视觉设计，与时代精神呼应。从一脉相承的中华优秀文化中观照时代精神内核，满足人民群众新时代更高的精神需求。

图二　金陵八家展区场景　　　　　图三　扬州八怪展区场景

3. 现代表达，实现审美链接

展览中运用一些现代设计手法、材料、支架体系，传递现代审美简约、大气的质感，与古典文化审美相呼应，减少与公众特别是年轻群体在视觉表达上的隔阂，形成新的视觉风格探索。如在"融合"空间，以"水"为动线，地面用镜面反光材料勾勒成江水奔流，宁镇扬两岸三地，一衣带水的空间感扑面而来，呼应了展题，体现意境美又富有现代感；在京江画派展区引入现代艺术装置，提取山水元素进行装饰性、插画感美术风格的设计绘制，再以框架结构为骨，透明网质为膜，装饰以山水图案，同时运用多媒体动态方式对开派画家《溪山烟霭图》进行处理，以挂轴形式融入其中，构成"山水立方体"，为观众营造身临其境的空间氛围（图四、五）。现代艺术手法，凸显京江画派实景山水创作的特点，传达"隐逸文化"特质，既含蓄、婉约又现代、时尚。

图四　现代艺术装置，装置中间挂轴形式 　图五　透过融合空间造型门看京江画派展区
　　　　为动态多媒体

（二）艺术与技术融合

1. 香氛科技，提升艺术调性

在书画展览中首次引入空间香氛科技，打造"有味道的展览"，是本次展陈的一大亮点。隐藏在三个空间的扩香器，融入专利技术，精选匹配各展区情感基调的专属香型，使空间、展品、内涵气质完美契合。独特的香味标识，带来愉悦的观展氛围，巧妙诠释了展示内容所传达的文化背景，也提升了整个展览的艺术感和空间调性，激发观众情感共鸣。

2. 多媒体技术，形成新艺术语言

结合不同展示内容采用不同的数字化多媒体技术手段，激发观众求知和探索。如"人人都是大画家"互动板块（图六），观众不仅可以通过触摸屏体验画家创作乐

图六　"人人都是大画家"互动演示

趣，同时也可将完成的作品上传到展厅的公共装置被艺术化呈现，形成新的空间艺术语言，进而转化成融合空间的"新展品"。历史文物与数字化的艺术语言并置，一定程度上形成了艺术与技术、古与今的融合和对话。

（三）"通感"理念下的沉浸式体验

该展览策划选取"视、听、嗅、触"感官元素和介质，与各展区的形象特质、精神特质、情感基调相契合，带给观众沉浸式的观展体验。分别选取低奢的哑金色、低沉的埙乐、"睡莲"香型匹配金陵八家展区的"故都情怀"；热烈的红色（图七）、《春江花月夜》古曲、"牡丹"香型匹配扬州八怪展区的"个性张扬"；沉静的蓝绿色（图八）、空灵的高山流水声、"御竹"香型匹配京江画派展区的"隐逸脱俗"；融合空间的多媒体技术和互动装置，则精选书画展品进行数字化设计作为模板，观众可通过触摸屏自由选择，书写或着色，感受不同画派艺术风格，体验画家创作意趣。通过打造不同色彩场域气质、个性化的环境背景音乐、独特的香氛气息、互动游戏，形成视觉、听觉、嗅觉、触觉链接，激发观众的情感回应。随着观众在展区空间的转移，色彩、声音、气味的变化使观众向内审视自己的思绪和情感，实现观众、展品和空间的交互，帮助观众理解展品的艺术性和深层内涵。

图七　从扬州八怪展区透过隔断　　　图八　京江画派展区的蓝绿色基调
　　　　看金陵八家展区

（四）二次传播，实现展览延展

1. 展品调度，延展展览空间

"一水间"共汇集展出金陵八家、扬州八怪、京江画派书画精品84套共173件，其中一级文物就多达60件，规模之大，作品之优，是难得一见的书画盛事。由于受展览场地的限制，展品未能一次性完全呈现，因此展览实施时考虑进行一期

图九　展览尾厅的"香氛站"可供观众
免费选取香氛书签

展品更换，以时间换空间，通过展品调度的方式，弥补展陈空间不足。更换藏品，滚动陈列，保证了展览的整体高质量，满足了观众的观展需求，同时也激发了观众的好奇心和新鲜感，引导观众二次甚至多次观展，多嚼、细品、慢咽，利于观众观摩、探讨和研究。

2．个性化文创，增强情感黏性

文创产品是展览的延伸和补充。为丰富观众观展体验，此次展览推出了配套展览图录、环保袋、手账本等常规产品，还结合引入的香氛科技，特别定制展览专属"香"系列，如香薰蜡烛、精油套盒等；在展览尾厅设置"香氛站"（图九），设计精美的展览折页和 9 款各展区专属香氛书签，供观众取阅、留念、回味，成为展览中除精美场景外的另类"网红"打卡地，形成展览的二次传播，增强观众记忆点和情感黏性。

四　创新构想：新时代书画策展的几点思考

（一）涵容时空选择，构建独特内涵

古代书画兼山水之美与人文底蕴，蕴含较高的史学、文学、美学、文化艺术价值，展现了中华民族一脉相承的精神风貌和审美旨趣。新时代的书画策展，需要我们嵌入历史、当下、未来的思考，从时空向度进行策划和构建，用优秀传统文化辉映当下时代精神，以时代精神激活优秀传统文化生命力。在空间向度，使其更具广度、高度和深度；在时间向度，紧密联系当下，通过对历史文明的发掘和继承，使其呈现独特的文化内涵和充沛的当代价值，并对未来图景进行拓展和创新。

（二）实现书画展览成果转化为社会美育资源

新时代除了用多元化展览思维和新技术的引领，推动展览在形式和内容等方面展现新意，"以人为本"，融合"通感"理念，多元化、多角度、多层次实现知识输出、文化传播；另一方面，也要注重吸收美育思想，"以美育人，以文化人"，实现文化精神表达和社会价值引领。2018 年习近平总书记在写给中央美院老教授的回信

中强调："美术教育是美育的重要组成部分，对塑造美好心灵具有重要作用""做好美育工作，弘扬中华美育精神"[2]。努力把书画展览成果转化为社会美育资源，传播审美价值和艺术价值，观照现实，滋养心灵，让观众在美的体验中健全人格而非接受刻意说教[3]，也是需要不断探索和实践的课题。

（三）书画展或可成为链接多种艺术的纽带

在时代延展中，对于展览的叙事主题、创作方式、制作流程、美学形式、艺术形态等多个维度，都应该展开新时代下不同于传统展陈的新视角和新思考[4]，探索传统书画展览的无限可能。如苏州博物馆"画屏展"，将各类媒介和介质创新结合，表达新技术和新艺术观念相统一，给观众带来耳目一新之感。传统书画展是否也具有一定的扩张性和发展性？除了对书画本体的探索，笔者认为传统书画展览亦可被视为一种媒介和手段，以视觉、艺术、笔墨的形式，诗性地加以运用，成为观念表达的另一种思考形式和语言形式。在未来的书画策展中，传统书画展览或可成为链接多种艺术的纽带，不断拓展边界，拥有更多元的空间场景和跨媒介的多样化态势，用特有的语言链接历史、艺术和公众，实现展览的社会属性。

注释

[1] 许潇笑：《从线性到多样性，从讲述到表达性——"明月入怀·中国团扇文化印象展"策展解读》，《东南文化》2018 年增刊《陈列艺术》。
[2] 新华网，2018 年 8 月 30 日。
[3] 陈同乐：《知识生产和文化传播使命下的绘画展强策展趋势——基于美术馆和博物馆的对比研究》，《东南文化》2020 年第 2 期。
[4] 许洁、杨艺：《苏州博物馆学术性书画展览的剖析与探讨》，《东南文化》2020 年第 2 期。

浅谈新时代纸质革命文物的活化利用

——以无锡博物院"红色书信"主题活动为例

张　啸

（无锡博物院　江苏无锡　214021）

内容提要： 纸质革命文物在各大革命主题博物馆、纪念馆的藏品中占有很大比重，但由于纸张载体的特殊性，纸质革命文物的利用方式较为单一，在展览中的受关注程度不高。本文以无锡博物院开展的红色书信主题活动为例，探讨纸质革命文物在研究、展览展示和宣教活动等方面的有益尝试和创新做法，为未来纸质革命文物活化利用工作提供思路和借鉴。

关键词： 纸　革命文物　红色书信　利用

习近平总书记在全国革命文物工作会议上强调，加强革命文物保护利用，弘扬革命文化，传承红色基因，是全党全社会的共同责任。作为革命文物中的重要组成部分，纸质革命文物包括书信手稿、出版物、文件、电报等等类别，在江苏省内各大革命主题博物馆、纪念馆的藏品中占有很大比重。由于这类文物展现方式以文字为主，在展览中呈现的互动性、趣味性较少，受关注度不高，利用方式较为单一，使其较高的史料价值和爱国主义教育意义难以得到充分转化，影响了革命文化传承效果。2021 年，无锡博物院以迎接中国共产党百年华诞为契机，推出以院藏红色书信为主题的系列活动，在书信类纸质革命文物研究、展览展示和宣教活动等方面作出了许多有益的尝试和创新。本文谨就此次活动中文物活化利用的做法与经验作一总结，结合未来工作提出思考与展望，以期为 2035 年乃至第二个百年到来之际纸质革命文物真正"活起来"提供镜鉴。

一　无锡博物院藏红色书信的基本情况

无锡博物院藏纸质革命文物以红色书信和各类革命出版物为主，蔚为大观。其中红色书信藏品具有三个特点。一是数量丰富，涵盖面广。院藏红色书信总数 500 余件，写信时代涵盖从大革命时期到改革开放新时期的各个历史阶段，有家书、工作信件、友人来往书信、慰问信、请战书等各类别。二是研究和教育价值高。书信作者包括秦起、李伯敏、严朴等著名的无锡籍革命烈士和陈翰笙、秦钱俊瑞等老一辈著名经济学家，以及抗美援朝时期的志愿军战士和普通群众，书信内容极为丰富，不仅具有较高的史料价值，还蕴藏着写信人崇高的革命信仰和高尚品德，更反映了党领导中国革命与建设的伟大进程和时代风貌，富含值得传承的红色基因，弥足珍贵。三是研究利用效率有待提高。书信总量较大，一些具有代表性的红色书信解读和宣传比较到位，挖掘其价值已较为深入；但就大部分书信而言，仅仅做了登记、评级等基础工作，且部分书信因年代久远、纸质脆弱、流传中保存条件不佳等原因，文字释读和展览展示等工作面临不少困难，没进入到解读和宣教阶段，也没有进行过公开的展示和举办专题展览。可以说，这批书信实为红色资源的一大宝库，但在研究与利用的深入性与广泛性方面，并未摆脱"养在深闺人未识"的尴尬局面。

二　红色书信主题活动开展的主要经验和创新点

（一）活动概况

2021 年，无锡博物院有计划地展开对院藏红色书信的研究，逐次开始内容释读、背景资料研究、实物展览、图文集出版等一系列工作，统筹文物保管、编研、展览、宣教等各个环节，力求打开红色书信资源宝库的大门，把研究成果以形象化、多样化的方式展现给无锡乃至全国的观众，为党的百年华诞献礼。主题活动于 3 月正式启动，内容包含红色书信研究、红色书信展览展示和红色书信宣教活动三大板块，各板块分别由若干子项目构成。各项目间、各板块间交互融合，最终达到红色书信研究与利用成果的最大化和影响力的多元化。

书信研究板块。红色书信研究板块立足院藏红色书信的释读与解读，推出了三项主题活动，即三个"一"：推出一本《院藏红色书信选编》；完成一项红色书信研究专项课题；召开一场红色书信主题研讨会并出版研讨会论文集。其中，红色书信研究专项课题申报 2021 年度无锡社会科学党史专项招标课题；红色书信主题研讨会作为无锡博物院庆祝中国共产党成立 100 周年系列活动的组成部分，面向全国征集论文；《院藏红色书信图选编》为 2021 年度红色书信研究的阶段性成果，年内出版发行。

图一　"展红色书信 传革命精神"特展现场

展览展示板块。在对院藏红色书信进行前期研究的基础上，无锡博物院推出"展红色书信 传革命精神——无锡博物院庆祝中国共产党成立 100 周年特展"（图一）。该展览分为"先烈遗墨照初心"和"致敬最可爱的人"两个单元，分别展出无锡籍革命烈士的亲笔书信和抗美援朝时期社会各界写给志愿军的慰问信、明信片共 24 件，并配有部分院藏实物图片和历史照片。展览于 7 月初面向公众升放后，截至 9 月底，已接待超过 4.2 万人次观展。

宣传教育板块。宣传教育为红色书信系列主题活动的"终端"。无锡博物院通过与市内、省内乃至国家的相关机构合作，充分推广红色书信研究成果。在线上，联合求是网和《群众》杂志社，在求是网《解码红色家书的精神力量》栏目中将李伯敏烈士家书的解读推向全国；"展红色书信 传革命精神"特展通过无锡广电慧直播的现场直播活动全网推出；无锡电视台、广播等媒体也推出相应的节目，对院藏的重要红色书信以现场朗读和意义阐释的形式播出。在线下，无锡博物院将红色书信展示和解读环节融入党史教育活动，在确保文物安全的前提下，向来院开展组织活动的全市各单位党员展示书信原件，并安排工作人员进行讲解，增强教育活动的感染力。部分书信还被改编成短剧，以红色小剧场的形式跟观众见面，引起了广泛关注。

（二）主要经验和创新点

1. 红色书信选取的针对性和精细化

鉴于书信总量较大，内容繁杂，无锡博物院盘点藏品"家底"，梳理了红色书信的基本情况，从中挑选 100 件书信纳入研究计划，并作为《院藏红色书信选编》的基本内容。从这些书信中，再精选出革命战争年代的烈士书信、抗美援朝时期的书信、改革开放初期无锡籍经济学家的往来书信数十封，作为研究、展示和宣教的重点。这部分书信最能体现写信人的思想情感，背后可供挖掘的红色故事也最为丰富，且保存状况较好，适合开展研究和展示。精挑细选下，保证了能在有限的时间内将红色书信的精华部分得到准确解读，并展示给公众。爱国主义教育意义最为凸显的无锡籍革命烈士家书，在重点展示与宣传中已经为观众熟知。如无锡工人运动的先驱秦起烈士写给弟弟的信中体现的安于清贫、追求进步的思想；曾被关押在上饶集中营的李伯敏烈士家书中体现的舍小家而为大家的家国情怀，每每让观众动容，极大增强了教育的效果。

2. 书信研究力量的拓展

得益于无锡博物院的统筹协调和前期宣传，活动筹备和开展期间，得到了无锡市档案史志馆、无锡新四军历史研究会等党史研究机构的专家在学术上的全力支持，为书信解读、展览大纲撰写等工作出高招、把好关。而书信的研究者也不再局限于院内人员。以红色书信研讨会为例，除吸引来自江南大学、江苏科技大学等长三角地区的研究人员外，研讨会还邀请到了来自四川、山东、辽宁等地的大学和科研机构的专家、学者。他们的加入，给红色书信学术研讨会带来了全新的思路、角度和材料，并注入了活力。如其中一篇论文《红色书信与记忆中的抗美援朝》的作者以解读志愿军书信为切入点，采访了家乡辽宁省丹东市健在的数位志愿军老战士，得到了关于抗美援朝的许多珍贵的口述回忆和影像资料，使书信的研究跳出了文字范畴，大大提升了学术研究的深度和广度。研究力量向长三角以外拓展，走向全国，是无锡博物院革命文物研究走出的历史性一步，为无锡地区红色书信文化的对外传播开辟了新的途径。

3. 展览宣教的互动性和形象化

以纸质文物为主题的展览展示和宣教活动，最大难点之一就是将纸张上的文字形象化，加强与受众的互动，方便受众理解纸上承载的内容和背后蕴含的故事、精神。无锡博物院在此次主题活动中，除了运用图片展示、讲解员现场讲解等传统方法外，进行了三项新尝试。第一，与无锡新闻频道合作，邀请了无锡各行各业的优秀代表，在《重温红色书信 牢记初心使命》专题节目中现场朗读红色书信，并结合自身经历，畅谈对书信的理解和感受（图二）。对观众而言，从当年的写信人到现在的朗读人，是红色基因的传递，是信仰与精神的传承，足以引起共鸣。第二，在书信展览设计中，改变传统的展柜陈列方式，改用半开放式的展台，并在展品下方打上柔和的背光，方便了观众近距离地观察书信细节。同时，每一件书信展品配以二维码，扫描即可得到该书信的文字内容释读和简要解读，避免了现场展示中的大量文字堆砌，使展览风格大气而凝练；观众在离开展览后，亦能从容领略书信涵

图二　无锡新闻《重温红色书信，牢记初心使命》节目
（图片来源：无锡博物院官网视频截图）

图三　红色书信小剧场
（图片来源：中国教育网络电视台视频截图）

义和它背后的故事，第三，举办红色书信小剧场（图三）。博物院通过与无锡演艺剧团的编剧、导演合作，将具有较大教育意义、内容较丰富的书信改编成小短剧，自备服装道具，由院工作人员在院内小舞台演出。根据秦起、李伯敏家书和志愿军慰问信改编的情景短剧《手足情深》、锡剧说唱《自古忠孝两难全》、诗朗诵《战壕里的琴声》三个节目已经完成改编和公开演出，并在多家网络媒体播放。这是红色书信从相对抽象的文字向形象化的创新，给观众沉浸式的体验和更好的互动，受到广泛好评。

三　对未来纸质革命文物活化利用的思考与展望

（一）加强文物活化利用工作的系统谋划

长期以来，相较于多姿多彩、艺术鉴赏价值突出的书画类、器物类文物，一些博物馆、纪念馆的革命文物利用工作还是有点"不温不火"，能吸引眼球的展览不多，除重大革命纪念日外观者寥寥，导致革命文物在人们心中所占份额不足，而纸质类的革命文物更是如此。其中固然有文物艺术价值不高、外观吸引力不够等客观因素，但工作缺乏系统谋划是影响纸质革命文物利用工作的主要原因。无锡博物院藏纸质革命文物中，单就书信一类，研究与利用的工作量就相当庞大，仅原文释读和背景材料的解读需要大量人力、物力的投入，绝非短期内可以一蹴而就。如果缺乏中长期的规划，就将导致对平时工作的习惯性忽视，而在需要出成果时，仓促上马往往达不到预期的效果。只有做出系统规划，在人才吸纳与培养、研究课题设置、纸质文物保护、陈列设施优化、精品展览和社教活动开发等方面做足准备，才能打牢工作基础，厚积而薄发，让活化利用具备可持续性，使纸质革命文物的"火爆"成为常态。

（二）文物利用与精细化保护相结合

纸质革命文物由于有机质载体的特殊性，存放要求高，对展览环境和时限约束较多，给革命文物活化利用效率的进一步提高增加了困难。无锡博物院在策划"展红色书信　传革命精神"特展时，就鉴于展陈设施情况和书信保存现状，缩小了展览规模，将部分书信做了复制品，取代原件进行展出，以求得观展体验的提升。这实为文物保存和展览环境的高要求与文物利用效率提升产生矛盾时的权宜之举。在迈向第二个百年奋斗目标的新时代，各大革命主题博物馆、纪念馆必将成为更热门的打卡地，越来越多的纸质革命文物也必将掀起神秘的面纱，以满足红色教育的需要。在这样的形势下，需要从顶层设计出发，做好文物精细化保护与利用的结合，建立纸质革命文物征集、保管、研究、展览动态化保护机制，加强保管、展陈等环节的科技支撑，加强文物操作的规范性，最大限度提高文物在展览展示中的"生命力"，在安全的前提下，完成好让革命文物"活起来"的使命。

（三）文物利用方式亟待进一步创新

无锡博物院在红色书信主题活动中，虽然在展览和宣教方面做了许多有益的尝试，取得了不错的效果，但离红色书信真正走入观众心中还有不小的距离。总体上看，时下颇受欢迎的网络新媒体手段在活动中起到的作用稍显薄弱；展览的可看性、带给观众的体验感仍有提升空间；书信研究成果转化的影响力不足。展望未来，纸质革命文物亟须在传统展示和传播方式基础上，探索与最新科技成果的对接，进一步加强观众的沉浸式观展体验（如运用虚拟技术，实现观众与革命烈士的"时空对话"），并将线上与线下、展览与红色课堂、红色剧场有机结合。同时，拓展文物传播渠道，加强与馆外、市外甚至省外相关单位的联系，联合举办研学、红色旅游等活动，在文旅融合中提高文物的爱国主义教育效果；在确保安全的前提下，让文物以巡回展的方式走进社区、学校等机构，使文物价值传播的辐射面和受众群体最大化。

展望未来，纸质革命文物活化利用将朝着更可看可读、更重视形象化和互动体验的方向发展。但无论形式如何新颖，技术如何先进，革命文物的利用、传播始终是庄重而严肃的工作，以达成弘扬革命精神，传承红色基因的社会效益为最终目的。新时代的每一个纸质革命文物工作者，都要以高度的政治意识，求真求实的思想认识和细致严谨的工作态度，将纸质革命文物这座宝库运用好，为党史、革命史研究与教育事业做出应有的贡献。

参考文献

1. 《习近平对革命文物工作作出重要指示强调 切实把革命文物保护好管理好运用好 激发广大干部群众的精神力量》，《人民日报》2021 年 3 月 31 日。
2. 中共中央办公厅、国务院办公厅：《关于实施革命文物保护利用工程（2018 — 2022 年）的意见》，中国政府网。
3. 陈军：《融合视域下革命文物保护与活化利用路径考察》，《中国文物科学研究》2021 年第 1 期。
4. 卢世主、朱昱：《革命文物保护利用的现状与进展》，《江西师范大学学报（哲学社会科学版）》2020 年第 6 期。
5. 陈洁：《纸质文物展览相关经验与启示》，《文物鉴定与鉴赏》2018 年第 2 期。
6. 无锡博物院承担课题：《百年飞鸿见初心——无锡博物院藏红色书信研究》，无锡市哲学社会科学招标课题（党史专项）结项稿，2021 年。

谈革命纪念馆红色资源的活化利用

程薇薇

（南京抗日航空烈士纪念馆 江苏南京 210042）

内容提要： 2021 年是中国共产党成立 100 周年，是党领导人民开启全面建设社会主义现代化国家新征程的第一年。为了把红色资源利用好，红色传统发扬好，红色基因传承好，本文以南京抗日航空烈士纪念馆展览和社教工作为例，从高度、深度和广度三个维度对革命纪念馆红色资源的活化利用进行研究。

关键词： 红色资源 展览 社教 活化利用

党的十八大以来，习近平总书记在不同场合多次强调，"把红色基因传承好，确保红色江山永不变色"。革命纪念场馆是党和国家的"红色基因库"，对红色资源的利用，有别于其他博物馆、文化场馆，它更注重于将现有的红色资源背后的革命故事及其蕴含的革命精神内涵挖掘出来，更注重通过各种形式和手段，让广大观众尤其是青少年了解中国共产党的革命历史，传承先辈们的革命精神，从而实现红色基因的代代传承和红色传统的弘扬。

在革命纪念馆中，展览和社教无疑成为最重要的功能之一。无论是展览还是社教工作都是直接面向观众，因此最能传达出红色资源的感染力和生命力，能真正融入观众的生活中，走进观众的心坎里，让观众感悟革命文物背后所蕴含的红色精神，在身临其境的熏陶中产生共鸣，从而实现档案馆、革命纪念场馆展览社教的真正目的。为了把红色基因传承好，红色资源利用好，革命文化弘扬好，本文以南京抗日航空烈士纪念馆（以下简称"南京抗馆"）、市档案馆展览和社教为例，从高度、深度、广度三个维度对传承红色基因、弘扬革命文化进行研究。

一 一个好的展览社教，首先要有高度，站位高、立意高、技术高

站位高，即展览宣传要契合国家战略，讲好国家故事。立意高，指的是展览宣

传必须紧扣时代发展主题，抓住观众的观展心理，让展览社教的精髓深入人心。技术高，则要求展览社教的形式和手段要紧跟科技的发展和审美的需求。为此，我们需要革新传统纪念馆的展览宣传形式，摒弃史料、图片堆砌展览宣传手段，深度挖掘鲜为人知的文物和史料，吸引观众。

2021 年，南京抗馆紧扣建党 100 周年主题，先后推出了"红色战鹰——郑少愚""红色丰碑——抗战时期南京地区的中国共产党"（图一）、"红色飞鹰——笕桥航校中走出的中国共产党人"（图二）、"华南抗战的光荣旗帜——东江纵队"等一系列红色主题展览。展览政治站位高，从不同角度，展现了建党初期、抗战时期、新中国成立及现代化强国建设等不同时期，一代代中国共产党人的初心坚守和使命担当；展览立意高，被江苏省委党校、南京大学、市区各级档案馆的专家教授评价为，从新的视角，解读南京地区抗战的红色历史，是一次深刻的党史学习教育体验，也是红色文化资源活化利用的重要典型案例；三是展陈手段与时俱进，技术高，采用线下实体展览和线上 VR 虚拟展览相结合的形式，满足了疫情期间观众足不出户的观展需求。

2021 年，为纪念中国共产党成立 100 周年，南京抗馆联合南京市档案馆在清明前夕推出"红色丰碑——抗战时期南京地区的中国共产党"专题展，以抗战时期中国共产党在江宁横山、溧水李巷、六合竹镇及高淳西舍等地的抗战故事、民主建政及精神传承为主线，共分中流砥柱、星火燎原、红色传承三个部分，通过 140 余张珍贵图片、20 份珍贵档案，充分展现抗战时期南京地区的中国共产党人发挥中流砥柱的重要作用。

南京抗馆举办的"祖国在心中 英烈励我行"原创诗歌征集及现场诵读快闪活

图一　"红色丰碑——抗战时期南京地区的　　图二　"红色飞鹰——笕桥航校中走出的
　　　　中国共产党"专题展　　　　　　　　　　　中国共产党人"专题展

动被国家文物局评为 2021 年度中华文物全媒体传播精品（新媒体）入围项目，成为江苏省唯一一家获奖项目（图三）。该活动站位高，契合社会主义核心价值观，从抗战到抗疫，体现爱国主题；该活动立意高，从过去、现在、未来三个层次讲述革命文物的故事，激发广大市民尤其是青少年的爱国情怀，树立报国之志；该活动技术高，以图文短视频的诗歌快闪形式，通过自媒体的微信、微博及融媒体等广泛发布，较为新颖，传播广泛。

图三　南京抗日航空烈士纪念馆《祖国在心中 英烈励我行——一场跨越时空的诗歌快闪》获奖证书

二　一个好的展览社教，要有深度，基于丰富的文物的深入研究

1. 创新征集思路，为展览社教的开展提供充实的红色资源

红色资源是衡量一个革命纪念场馆馆藏、展陈和研究水平的重要指标，革命文物征集则是革命纪念场馆的基础工作，是革命纪念场馆赖以生存的支柱。

为深入贯彻落实习近平总书记"让历史说话、用史实发言"重要指示精神，2021 年南京市档案馆携手南京报业传媒集团，组织开展"百年华诞·百件珍档——红色百年南京印记"档案征集活动，截止到 4 月中旬，该馆共收到各单位报送（包括本馆馆藏在内）的珍贵档案 94 组，300 余件；接收市民捐赠档案资料近百件，其中捐赠的资料大多为个人保存的照片，其次是证件证书，少部分视频。这些丰富的档案不仅充分见证了中国共产党的百年辉煌，更为活动的成功举办奠定了重要的基础。

2. 深入挖掘文物背后的故事，提炼文物档案所凝聚的精神内涵

红色资源征集的数量和质量一定程度上影响着展览的效果和观众的兴趣，一个好的展览一定会有一些重量级的文物史料。征集到的文物，一定要深入研究，挖掘其背后的故事，从中提炼出革命精神。一个有质量的展览宣传，一定是有灵魂、有思想、有精神内涵的。观众透过这些具有灵魂的红色资源，才能直击心灵，真正被打动。

以南京抗馆为例，2021年推出的"红色丰碑——抗战时期南京地区的中国共产党"专题展，该展览整合市区两级六家档案馆红色档案，策展人从上万份档案中，挖掘整理了近200件珍贵档案，深入挖掘研究档案背后的故事。一张临时党员证的背后是中国共产党人"全心全意为人民服务"的宗旨（图四），一张张泛黄照片诉说着在抗战烽火中，一批又一批优秀的年轻女性冲破黑暗，加入到党领导的抗战队伍中（图五）。从这一系列的档案中，我们能清楚地了解到中国共产党一以贯之的宗旨和目标，始终将国家的利益、人民的利益放在最重要的位置，抗战时期的中国共产党人就是为了国家的独立、民族的自由、人民的幸福而战。

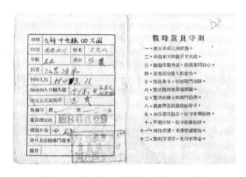 

图四　方志山《临时党员证》　　　图五　溧高县9名女干部合影

3. 优化研究队伍，破解革命纪念场馆专业人才不足的困境

目前，全国各大革命纪念场馆几乎都普遍存在研究征集人才断档、展览社教人才断层的情况，因而加强革命纪念场馆的人才梯队建设迫在眉睫。综合来看，各个场馆根据实际工作需要，编制人才发展和培养的规划，积极向上级部门申请适当增加展览、社教及研究等的人才编制，通过公益性岗位配齐革命纪念场馆的专（兼）职管理人员，加强对在职红色文化人才的业务培训，鼓励和发动更多的红色文化爱好者参与党史研究，从而凝聚一批有较高专业素养的人才队伍，为革命纪念场馆的展览宣传奠定基础。

如南京抗馆结合自身发展需要和实际情况，针对人才建设发展，制订了三步走的计划：一是有针对性地加强现有人才的培养，通过"请进来、走出去"等形式，开展针对征集研究、展览社教等的专业培训，增强现有人员的整体素质；二是从高校，尤其是名校引进征集研究、展览社教方面的人才，及时补充新鲜血液；三是梳理景区现有的专家和人才，关心重用、奖励提拔现有专家、人才，鼓励"以专带人""以老带新"，发挥景区人才的专业榜样和示范作用。

三 一个好的展览宣传，还需要有广度，对形式和内容、受众和同行皆须综合考虑

1. 增加仪式感、参与感，针对不同群体开展特色化主题社教活动

针对不同群体，通过生动形象地展览以"人、事、物、魂"为载体的革命精神，使红色资源成为干部党员和青少年的"加油站"。"以用户为导向，广泛征求受众的意见，充分发挥革命纪念场馆的功能与作用，挖掘红色资源等，解读其背后的精神内涵，强化爱国主义社教"。与各大中小学校及企事业单位联动，为大中小学校、企事业单位实行 VIP 量身定制的爱国主义社教形式。

"除传统形式的展陈、宣讲等社教形式外，还可以进一步深化社教的服务产品，进一步转化文史研究成果，通过仪式性、参与性、体验性、展览性等项目，将社教与游学、研学、工学相结合，在学习工作中，将爱国主义变为活化的情感，将爱国主义变为可实践、能落地的实实在在的行动"[1]。

针对不同年龄阶段的学生，为进一步培育和弘扬以爱国主义为核心的社会主义核心价值观，南京抗馆深入挖掘馆藏抗战档案资源，联合南京市部分高校将抗日航空烈士的英勇事迹策划为"六一节礼物""开学第一课""红色文化文艺汇演""红色文化讲坛"系列品牌爱国主义社教活动，以文化讲座、情景剧表演、家书及诗歌诵读、爱国歌曲演唱等形式开展进校园、进军营、进社区活动，获得了南京市大、中、小学校的充分认可（图六）。与此同时，我们还积极开展丰富多彩的研学游活动，其中"听！文物在诉说"研学游项目，活化利用抗战文物，普及文物知识，学习文物背后的故事，让展柜里高冷的文物与广大青少年近距离的接触，让沉睡的文物活起来。

针对大学生及成年人，南京抗馆在馆内标志性建筑"正义之神"广场上设置"庆祝中国共产党成立 100 周年"标识宣传牌，在抗日航空烈士纪念碑前制作大型固定的中国共产党党旗，设置仪仗队，增强红色文化氛围，提升思政社教水平，让党史教育更有仪式、参与感。浓厚的文化氛围吸引了南京市及周边地区大量的党员群众及大中小学生，使得景区文博场馆成为开展党史学习社教的热点和重要"打卡点"。

通过深入解读抗日空战史、人物及遗物等内容，南京抗馆专门为企事业单位的党（团）日活动在航空烈士公墓增加了"英烈在我身边"沉浸式情景教学（图七），包括"红色飞鹰——郑少愚""舍身撞敌——陈怀民""国际战士——库里申科"，以文物、遗址、仪式、讲述相融合，提高企事业单位党员、广大青少年及其他观众党史学习的参与感，让广大党员、青少年在身临其境的党史学习和文化熏陶中产生共鸣，感悟革命精神的内涵。

图六　由南京永利铔厂珍贵档案背后的故事
　　　改编的抗战情景剧《爱国魂》在南京
　　　金审学院演出

图七　"英烈在我身边"沉浸式情景教学，
　　　讲述中共地下党员郑少愚的故事

图八　党史专题讲座

此外，南京抗馆还在馆内针对不同社会群体，举办了"三大系列九个主题"的党史专题讲座，体现出了个性化的宣传社教形式。针对企事业单位党员开办的党史专题讲座"从航空先驱事迹感悟建党精神"等，针对广大青少年开办的关于核心价值观主题的讲座"从林恒烈士的事迹看家风传承"等，以及爱国主义主题的"胜利的荣光——从芷江洽降到南京受降"等（图八）。

2．通过线上、线下互动，增加展览社教的受众面

无论是展陈还是宣传社教活动，革命纪念场馆需要紧跟时代步伐，综合运用自媒体和传统媒体，在融媒体时代，灵活机动地举办展览社教活动。除了基本陈列外，当前很多场馆都已运用数字化展览，手段更加灵活，形式更加丰富，与观众的互动性也更强。尤其是全球面临疫情的当前，我们更需要通过各种数字化的展览和分享，让更多的观众参与到场馆的展览和社教活动，才能覆盖更广泛的人群，真正增加社教的广度。在利用自媒体制作抗战档案爱国主义社教的语音、课件、微电影、微视频的同时，革命纪念场馆也不应放弃拍摄纪录片、制作展览、宣传画、开设讲座、出版书籍等传统形式。

为了改变"养在深闺人未识"的现状，让更多的人了解抗战历史，走进革命纪念场馆，更好地发挥场馆的社教功能，南京抗馆从 2020 年 7 月份开始，推出了线上

"抗馆微课堂"，定期在钟山风景区官方微信公众号和服务号推送，面向社会全方位、多角度地解读抗战文物，普及抗战历史，借助网络传播力量持续向外发声，宣传抗馆的效果。截止到年底，共发布微课堂 30 余期，浏览量已超 10 万人次。

3. 开展多元化合作模式，打造资源共享、优势互补的良好局面

依托本馆的红色资源，对接当地及周边的红色文化景区、党史办、档案馆及高校等，实现馆区、馆校、馆办、馆馆等跨地区、跨行业、跨部门的深入合作，共同构建红色资源体验专线，实现红色资源的科学合理利用。虽然本馆的馆藏资源有限，但是可以与不同社会组织、文化场馆开展跨地区、跨行业、跨部门，以合作办展、借展等多种形式开展合作，举办临时展览，达到资源共享、优势互补、合作共赢的目的和效果。

近年来，尤其是 2021 年，南京的革命纪念场馆和档案馆从红色档案的多维利用开发，到红色文化传播方式的不断创新，积极探索全方位、多层次、立体式打响南京红色文化品牌。

如 2021 年，红色丰碑专题展就是南京抗馆和南京市档案馆及南京各区档案馆共同举办的，红色飞鹰专题展则依托抗馆展览宣传的优势，联合杭州笕桥

图九　2021 年南京首个红色档案展示教育室落户南京抗日航空烈士纪念馆

航校旧址、民间纪念馆的红色资源共同策划举办，还吸纳了民间收藏家珍藏的珍贵红色文物，使此次展览取得圆满成功。南京抗馆还成为 2021 年南京首个"南京红色档案展览社教室"（图九）。

4. 打造精品线路，实现红色文物与旅游经济融合发展

包括红色文化、革命历史文化及传统文化在内的文化资源凝聚着中华民族自强不息的精神追求和历久弥新的精神财富，是发展社会主义先进文化的深厚基础，是建设中华民族共有精神家园的重要支撑。

用好用活旅游景区的文化资源是一项长期性、系统性的工作，不光需要旅游景区集思广益、创新思路，更需要景区与所在地区、周边地区的文化资源、生态旅游资源相融合，以文化为魂、旅游为体、商业为力，通过生态景观加文化景点的方式，设计打造文化旅游精品线路。以南京红色李巷为例，通过以红推绿，以绿带红，将散落的特色民宿体验地、自然风光旅游点等串点成线，让游客在参观红色遗址、聆

听红色故事、感悟革命精神的同时，倍加珍惜今天的绿水青山，在享受天然氧吧的过程中，洗涤心灵、感受身心愉悦，从而实现文旅融合的新发展。旅游景区在取得经济效益的同时，带动当地及周边地区文化场馆、红色资源的良好发展，让经济和文化双丰收、共发展，才能使得红色文物的生命力更持久。

四　结　语

"欲知大道，必先为史"。历史是最好的教科书，蕴含着生生不息的思想力量、文化基因、精神动能。革命纪念场馆等就是要将革命历史通过展览、社教等形式，讲深、讲透，讲活，讲得深入人心。革命纪念场馆、档案馆红色资源的活化利用是一项长期性、系统性的工作，不光需要各馆集思广益、开拓思路，更需要馆与所在地区、周边地区的红色纪念地联动合作。力求将红色资源中蕴含的思想力量、文化基因、精神动能传递到每个观众的心里，使广大人民尤其是青少年深刻了解中国共产党永葆先进，不断从胜利走向胜利的根本原因，才能让每一位党员从中国共产党的伟大历史中，从抗战英烈的英勇事迹中汲取智慧和力量，不断砥砺初心与恒心，团结奋进，实现中华民族的伟大复兴。

追寻红色记忆，传承红色基因。在新时代下，要让底蕴丰厚的红色文化与年轻观众的心贴得更紧，就必须讲好红色故事、搞好红色社教。因此，档案馆、纪念馆要恪守社会责任，以"传承 + 创新"的方式，深入开发好、利用好红色资源，让红色资源活起来、火起来、靓起来。依托包括红色资源在内的宝贵的红色遗产资源，结合深厚的历史文化底蕴，积极探索出红色文化品牌建设路径，坚持保护为本、故事为媒、创新为要，加强对红色遗产资源的挖掘、保护和活化利用，树立红色品牌，着力打造唱响红色主旋律的红色革命圣地、爱国主义社教的红色基地。

注释

[1] 程薇薇、王伟、王宇、王静：《自媒体时代抗战档案爱国主义社教的实施途径探析》，《中国档案》2017 年第 6 期。

参考文献

1. 中共中央文献研究室编：《习近平总书记重要讲话文章选编》，中央文献出版社、党建读物出版社，2016 年。
2. 中共中央党史和文献研究院编：《习近平关于"不忘初心、牢记使命"论述摘编》，中央文献出版社、党建读物出版社，2019 年。

基于馆藏"物"与"非物"非遗展陈叙事实践路径探索

朱莉莉

（南京博物院　江苏南京　210016）

内容提要：当下博物馆的社会功能得到强有力的发挥，博物馆内非遗保护传承问题探讨恰逢其时，"物"呈现一脉相承的历史性，"非物"呈现传承的动态性。博物馆非遗展陈，较之于传统博物馆文物展陈，在设计理念、程序设定、展品组织、质量标准等方面发生较大的变化，博物馆中"物"与"非物"有效联结，对保护、传承主体的纳入，呈现非遗中与自然、人际、自身的融和与博弈，为策展打开多样思路，促进公众与外界关系梳理构建。

关键词：博物馆　非物质文化遗产　展陈

传统博物馆基于"物"的保护、研究反哺于公众，发挥其社会功能。非物质文化遗产（以下简称"非遗"）是保护各种传统文化表现形式，以及与传统文化表现形式相关的实物和场所，异于物质文化遗产的保护，进入博物馆，与传统"物"相碰撞，非遗应该如何突破？

一　"物"与"非物"关联

1. 博物馆中"物"与"非物"现状

那些被人类创造或改造过的、满足人类某种需求，表达某种意图的"物"，通常被称为物质文化。非物质文化是指人类创造的不以物质载体形式呈现的成果[1]。在"非物质文化遗产"专业名词还未出现的时候，非遗存在于人们殷殷绕耳的民歌、曲艺、戏曲中，精雕细琢的手艺中。"物"呈现一脉相承的历史性，"非物"呈现传承的动态性。博物馆相当一部分文物藏品是"非遗"历史性的呈现，如剧装、皮影、木雕、泥塑、民俗用品等，在传统博物馆注重文物藏品研究、展陈的前提下，这些具有历史性的"非遗"藏品更是作为配角或者是存在于库房中无法发挥其作用。文物是过去的，与生产生活已经产生了距离感，在文物策展中策展人仍要在朝代、功用等多方面加以辅助说明。非遗仍存活于生产生活之中，基本能达到所见即所得，在认知和共享方面的价值与进馆公众交互中更易获得。

2. 博物馆中非遗展陈实践现状

保护非遗已添加至博物馆功能之中，目前博物馆的非遗展陈实践呈现：一是国内非遗馆的类型及数量在急速增长，与之相伴的是对非遗展陈品的征集和活动策划，其实可着重在已有博物馆进行多方位的非遗保护，与"物"相关联，不过度追求非遗馆的数量。况且非遗"人""活态"的属性，并不是扩充建立非遗馆就能够完成保护工作的，而是讲求活态性、流动性，非遗项目繁多，如何与公众搞好互通才是关键；二是已推动非遗保护的综合性博物馆，探索路径以社教活动或是展演为主，近几年与博物馆藏品展陈合作逐渐增加，同期开拓非遗手工技艺或是展演同步互动；三是将本地非遗嵌入到古建中，依托古建的氛围，进行非遗常设展览。优点在于活化古建筑，使得传承人有固定工作室。考验在于展线、保存条件、展陈环境等方面过于随机简陋；四是综合或是专题博物馆对非遗推出的主题性展览，展期短，主题明确，如联合展览"金漆辉映：潮州木雕"，将多馆木雕文物及非遗国家级传承人的作品同台对比展示，在展览中布置宗祠，彰显当代潮州木雕的传承和发展。

二　非遗主题展陈试验性

1. "物"与"非物"并置

非遗项目依赖于"人"呈现为一件作品，最终形成离不开"物"。物与非物是相依相助的，小到盔帽、头饰、服饰、乐器，大到表演者、戏楼都呈现非遗项目的相关性。在注重非遗保护的今日，不只看当下，过往和未来也在范围之中，过往的皮影藏品、剧目、习俗及与戏曲的关系，当下的皮影制作、演绎、创新，未来皮影研究发展等，都是馆藏与非遗活态结合努力的方向。博物馆策展，并非要将文物与非遗割裂，基于馆藏打开全面互动的展陈格局更具内涵。在中国大运河博物馆非遗展陈中，戏曲类非遗采用乐器制作—剧装制作—盔帽—砌末—戏台—戏曲展演进行有效展陈。皮影类非遗采用原材料牛皮—皮影制作工具—皮影作品—皮影箱—全景观皮影演出台—皮影展演多方位切入。在博物馆非遗策展中，难点在于如何将馆藏文物与非遗作品及活态展演在有限空间内实现联结，有效把控"物"与"非物"之间的展陈比例。博物馆对于戏曲重剧装、曲本文献的馆藏保护，当下戏曲活态传承，最终是需要舞台呈现的，考验传承效果就是登台献唱，如南京博物院古戏台，变成活态传承其中一环，将保护曲本文献与活态登台献艺，完成"物"与"非物"的集合，跨时空演绎在场，并不断地培养公众，历史创作的曲本与当下的演绎不同，却可以促成公众对戏曲传承扬弃的理解。

　　"物"与"非物"蕴含着中国古代哲学"技"与"道"的思辨。庖丁解牛，内化于道，自身价值观，知识存储，形成"非物"。外化于技，通过手或形体展现与旁人不同的高超技艺，形成"物"，最终呈现技道统一。馆藏文物有不同材质、器型、年代的差别，通过文物可洞悉当时社会科技、文化情况。"非遗"在传承中对筛选原材料、器形、图案设计、功能使用、艺术风格的"再创造"主观把控，最终呈现的是融入当下的作品。社会科技、文化的发展，原材料替换、器形功能都有所变化，艺术风格也从宫廷风、繁复风逐渐过渡到与当下社会生活相关联的艺术表示形式。非遗技艺一脉相承，在各朝各代的"物"身上表现得淋漓尽致，"非物"在发展中仍是动态变化的，其中反映受众从欣赏传统手工艺，喜欢传统手工艺新形式的转变，不拘泥于最传统的艺术形式，反向促进非遗传承人量料取材，因材施艺，把对艺术、生活的理解加入到创作中去。

2. "非物"的遴选标准及来源

　　"物"对博物馆的意义重大，博物馆非遗遴选必要性有二：一是为策展提供源源不断的活力，二是丰富博物馆功能，文物见证历史，非遗见证当下，当下终归会过去，为明天收藏今天。因此就涉及"非物"的遴选标准，文物遴选标准着重于历史、艺术和科学价值，非遗遴选标准，不在于美不美，而在于是否可以有效地支撑博物馆非遗保护研究实践。博物馆非遗藏品征集过于片面化、盲目性、随机性，并没有科学有序的开展 [2]。当下博物馆非遗征集仍进展缓慢，大多是因建馆而临时开展的"为展而征"，并没有长效而有计划的机制。非遗征集，要基于对"物"的理论研究和"非物"的田野实践并重，展开其在博物馆体系下保护实践的研究探讨。非遗征集的前提是持续有效、扎实而深入的田野调查，对一定范围内非遗存续保护情况了然于胸，对传承保护中出现的问题和需求，尽可能的反馈及回应。

　　根据馆藏的缺项和未来发展方向进行博物馆非遗藏品征集，非遗藏品收藏是一个漫长的过程，而不是结果，总有一定数目的非遗，不能够顺应当下走向没落，有目的的搜集，是对非遗项目及非遗传承人的认可，能够促进区域认同感。过程中对仪式用品、用具、数字资源、历史资料、演出道具、地方剧种服饰、代表性传承人使用的工具、设计稿、绘制品及作品都要有所关注。组织专家遴选、论证，确定入选的藏品，鼓励捐赠，必要时支付一定的材料补助经费，可颁发收藏证书，并进行积极开展活化藏品的策展，将藏品呈现给公众。在博物馆科学保护下系统研究，对单一项不同流派的整体性保护，可以作为藏品进行横向比较研究、历史艺术价值研究、展品利用和科技保护研究。非遗展览中展品多来自于非遗传承人或非遗保护团队，撤展后展品会回归到原本的团队中去，要在过程中考虑好非遗展品可展时间窗口和非遗展品中优秀作品能否入藏，补充馆藏。

3．"非物"传承人位置界定

中国社会的地缘关系和血缘关系，造就非遗在特定区域内人的创造性参与，原材料、风俗人情通过载体"人"的呈现。博物馆非遗保护存在传承人缺位问题，非遗的身体性敦促非遗策展不能与人割裂，在非遗策展过程中，将保护主体和传承主体纳入进来，非遗传承人及非遗传承团体是非常重要的参与者。社会分配给知识制造出一种二分：普通知识与角色专属知识。只有在社会组织方式能让特定个人集中关注自己专业的时候，角色专属知识才能积累起来[3]。也就是说策展人、非遗传承人、设计者、研究人员、公众各自有其角色专属知识，重新定义博物馆中非遗策展与传承人的角色，在非遗临展策展过程中要将各自角色专属知识提供出来，互动调和产生作用。

非遗活态也要谨防在展陈中仅仅将非遗传承人"在场"称之为活态的误区，这种现象在常年实践中也暴露出一定的弊端，传承人创作过程深受打扰，虽然能在一定程度上使公众与非遗传承人达到互动，并且为非遗传承人创收，但在非遗长效传承的正面效果较弱。在博物馆非遗策展中鼓励非遗传承人主体情感的激发。不再作为配角出现在展陈中，充分的与策展人、研究团队及设计团队的沟通，在展陈中挖掘非遗好故事，自发性的挖掘非遗传承中所悟所想，非遗技艺是"人"对于世界的理解和反馈，是思想的表达。其中蕴含的智慧、技艺、情感、精神、经验、习俗，是可以共同领会、掌握、继承的。非遗中与自然、人际、自身的博弈，理念和观念的变化是可以通过讲故事，来促进公众尊重非遗多样性和产生认同感。

4．"非物"策展程序探索

目前非遗常设展呈现非遗项目流动性差，更新换代慢，主题性弱，虽有活态，对非遗传承人自身调整创新也是极大的考验。而临展具有时间周期短，主题性强的特点，可规避传承人长时间消耗精力。临展把握非遗属性，将文物与非遗结合，紧抓内容、形式设计，甚至开发新的衍生品，促进市场效益。非遗的可共享性，也提醒博物馆在非遗主题策展时，需要放开视野，众多非遗项目，是一个开放学习的状态，为进馆公众打开多样思路。如"云泽芳韵土布展"通过两位女性非遗传承人的手工织布作品来讲述个人生命故事，呈现"物"与"人"的关联，对自我生命的观照和思考。又如苏州博物馆主题类临展"苏艺天工，绣随时代"，凸显手工技艺与当下社会生活的关联。成都博物馆临展"巧手夺天工——传统工艺的现代新生"，成都博物馆与成都非遗保护中心跨界合作，成都非遗中心提供学术支持，成都博物馆提供展览设计，将国家级非遗大师与新锐设计师的展品同台争艳。

博物馆非遗临展主题，非遗活态性保护，一代又一代的人，为什么做成了这样的"物"，在发展过程中承载着什么作用，当下还需要这样的"物"么？当下在制作或者形成过程中有没有发生什么变化？为什么同一项目不同传承人呈现的最终作品各有千秋？这项非遗能够在当下自主的生存延续下去么？碰到了什么困难？深层原因是什么？这是呈现给公众且引发公众思考的。手工技艺和展演都是社会发展、文明演进的标志物。皮影在历史发展中，代代相传，是在它特有的时代应需求而生，没有电话、电视、互联网的年代，全村人坐在一起看一场皮影演出，就是基本生活之外的需求。当下活跃度式微的原因是多方面的，这个都是在展览中可以呈现给公众的。甚至人学会了用手利用工具，工具成为手的延伸，人脑控制着手的动作，手是人脑的延伸，脑—手—工具呈现出由"非物"到"物"的过程。单单考虑到工具革新、科技进步使得传统手工艺艺术性下降还不够深入，后面折射出的人脑对工具的取舍，对效率的追逐，对艺术感的舍弃，对所持有非遗项目质量品质控制的严谨度偏差。

非遗临展展期短，体量不大，内容形式多样，完全有展览策划、陈列设计、配套社教、媒体宣传的流程。策展团队的临时性，合力推进展览，展览结束，可另起炉灶。从设计理念到展览实践，一旦运作起来，对博物馆保护非物质文化遗产有着深刻的变革作用。非遗策展中非遗传承人及非遗展品和过程制作工具，甚至活态展演，设备维护等成为传统展览无法借鉴的新的费用。策展的程序设定、展品组织、衡量标准、招投标等都会发生变化，如表演类非遗中涉及活态展演的部分，包括传统音乐、传统舞蹈、传统戏剧、曲艺、杂技等，展陈以演为主或以相关展品静态展示，对表演空间的活态展演，力图上升为一个活态展览的高度。手工技艺类非遗项目的末端是实物，表演类非遗是过程性的，停止便是结束，还有一些饮食类、中药类非遗都亟待探索，饮食类非遗在展陈中更具难度，在解读和呈现上全方位调动视觉、嗅觉、味觉多维度互动体验等，才能真正意义上满足。传统书画装裱修复技艺"苏裱"与"京裱"饱含非遗传承人对于修复技艺的觉知度，在展览中充分呈现传承过程、时间维度、最终呈现方式，构成博物馆非遗传承的实践形态。

三　结　语

"物"会以不同的形式耗损和消亡，"非物"随着身体性传承、延续、创新，因此，不同时代不同人饱含对物的理解、对生活经验的理解创造出"物"。影响民众想象力的，并不是事实本身，而是他们发生和引起注意的方式 [4]。我们每一个人在非遗保护传承中，不自觉地扮演着这样或那样的文化传译角色，博物馆的每一个动作都会对我们当下甚至未来产生影响，对我们的知识、信息、经验产生影响。在此类博物馆非遗策展中，增强非遗交流的适应力与相关性，在不断变动中改变非遗的交流方式，通过轻松多样的氛围吸引公众参与，启发反思，理解非遗在当下时代语境空间中的变化，回应当下社会生活需求，提升日常生活审美与责任担当，促进公众与自己与他人关系的梳理和构建。

注释

[1] 刘魁立：《非物质文化遗产保护的回望与反思》，《中国非物质文化遗产》2020年第 1 期。

[2] 朱莉莉：《博物馆在非物质文化遗产保护中的作用——以南京博物院非遗馆为例》，南京艺术学院硕士学位论文，2016 年。

[3] ［美］彼得·L.伯格、托马斯·卢克曼著，吴萧然译：《现实的社会建构：知识社会学论纲》，北京大学出版社，2019 年，第 98 页。

[4] ［法］古斯塔夫·勒庞著，冯克利译：《乌合之众：大众心理研究》，中央编译出版社，2004 年，第 40 页。

博物馆展陈设计视角下的石窟寺

——以"东方微笑——麦积山石窟艺术展"为例

王　蒙

（常州博物馆　江苏常州　213022）

内容提要： 新时代下，"博物馆＋"的形式越来越多样化，以石窟寺等文化遗产为展览主题的临时展览也日益增多，对展陈设计的要求亦逐步提高。本文以"东方微笑——麦积山石窟艺术展"为例，从展陈设计的视角下出发，探讨如何在展览中重新构建及表达出石窟寺的文化内涵和艺术价值，传递出展览的主题思想，从而达到展现和弘扬中华优秀传统文化的目的。

关键词： 石窟寺　麦积山石窟　展览主题　展陈设计

石窟寺作为不可移动的文化遗产，其本身兼具诸多领域的内涵与价值，近年来有关文化遗产地活化利用的讨论议题屡被提起，"博物馆＋文化遗产地"的合作模式也常出现于各类展览之中。在当今文旅相融合的大背景下，博物馆和石窟寺的合作完全是双向共赢的模式。博物馆需要包含优秀文化价值及精神内涵的展览内容来丰富其展览面貌，石窟寺则需要优秀的展示平台对外宣传自身并扩大其影响力，把不可移动的石窟寺"搬"入博物馆已被证实是条可以走得通更走得好的道路。

麦积山石窟作为中国四大石窟寺之一，素有"东方雕塑陈列馆"的美誉，保存有国内时代序列最为完整的泥质塑像体系，现存有自北魏至明清营造与修葺的编号洞窟共 221 个、历史上各时期不同风格特点的造像 10632 尊、壁画近 1000 平方米，着实蔚为大观。麦积山石窟在中国佛教史及艺术史上占据着不可忽视的重要地位，其文化艺术价值不仅体现在数量庞大的造像及壁画之上，更体现在它脉络完整的序列见证了佛教艺术中国化的过程，深层次上展现了中华民族包容并济的文化内涵和精神格调。

2020 年 9 月 15 日，由常州市文化广电和旅游局、敦煌研究院主办，常州博物馆、麦积山石窟艺术研究所承办的"东方微笑——麦积山石窟艺术展"在常州博物馆开展，这是双方通力合作下举办的一次原创性展览，也是麦积山石窟在国内首次异地全面性的展示。展览的成功举办，对于双方都有着重要的意义与价值，同时也对展陈设计实施提出了不小的挑战。如何办好此次展览，把文化内涵广博、艺术价值超群的麦积山石窟通过整理与设计重新呈现在展厅现场，精确表达展览主题及内容，让展览所想表述的信息准确有效地传递给观众，并让观众在看展时有所感有所获，是此次展陈设计的难点所在。笔者有幸成为此次展览的主要策划设计人员之一，在展览项目实施过程中对于石窟寺类展览的展陈设计产生了几点思考与反思。

一　理解石窟寺展览主题，明确展陈设计方向

石窟寺类的展览并不罕见，如何避免展陈上出现同质化的现象，则需设计人员更深层次理解展览主题及内容，并寻找出展览的自身调性。面对信息量瀚如星海的麦积山石窟，策展团队决定把此次特展定位于全面反映麦积山石窟艺术，并选择了麦积山石窟区别于其他石窟寺的风格特点为展览主题，即"东方微笑"。

不同于龙门、云冈石窟的国家意志开凿，麦积山石窟更多的是由地方豪族、僧侣和信众雇佣匠人自发营造而成。这些来自底层的工匠在营造洞窟时，不自觉地将普通人的情感与形象投射到所想表达的佛陀世界之中，形成了麦积山石窟艺术上与众不同的一大特点，所塑造像拉近了人与神之间的距离，佛陀嘴边的一抹微笑展露出一丝人性的光辉[1]。符号具象化的展览主题往往能够给予观众对于展览更深刻的印象，同时也便于观众在面对石窟寺类信息量庞大且观展门槛较高的展览时，能从明确的信息点出发从而加深对于展览内容的理解和感受。

博物馆陈列内容是形式设计的先导，其质量决定着形式设计的高度[2]。麦积山石窟艺术研究所拥有着一批理论涵养深厚、专业技术过硬的专家学者们，与常州博物馆展览团队在就展览内容设计上进行了深度全面的合作，使得展览大纲打磨得丰富详实。根据"东方微笑"这一展览主题，展览在内容设计上秉持"以人为中心"的理念，将整个展线划分为"佛陀的世相""信仰的造化""世人的愿力"三个部分，通过三个部分从不同角度来解读阐释麦积山石窟艺术，并以"人"为线，串联起了整个展览内容。"石窟""微笑""人"这三点要素相互影响彼此，构成了麦积山石窟独特的人文脉络和艺术风格，同时理解这三点要素也为此次特展的展陈设计明确了方向和基调。

二　合理空间规划，提升石窟寺展览效果

笔者在展览筹备期间曾两次前往麦积山石窟进行实地考察，这两次考察的经历使得笔者对于麦积山石窟产生了较为深刻的印象与概念，并为前期通过展览主题与框架来构思形式设计与空间规划，以及后期通过展览大纲深化展陈设计方案时提供了必要的现实感受与依据。

此次展览由于是麦积山石窟国内首次的异地全面展示，所以并无已经成型的配套展品清单来安排展线，这为展览的空间规划带来了一定的可变性。基于麦积山石窟艺术研究所前期所提供的可展展品清单和展览团队对于展厅空间的初步规划，在实地考察展品情况后，常州博物馆展览团队对展品清单进行了重新梳理与增删，并根据展览大纲和展厅实际状况，最后确定了可移动文物展品60件（组）及不可移动文物的临摹品59件（组）。

麦积山石窟艺术展的展品体积差距悬殊，其中临摹品多为体积较大的造像及壁画，如两尊宋代泥塑菩萨立像临摹品高度就达3米，而小者则多为文物原件，最小者如北魏晚期的影塑供养人头像高度仅4.3厘米。合理的空间规划能够避免展览陈列上大小杂乱的情况出现，并能有效调节展览的观展节奏，降低观众的观展疲惫感。常州博物馆特展厅面积约1000平方米，其中柜内展线长度约120米，在考虑到文物安全的情况下，确保文物展品全部入柜展示，并将尺寸在1米以下的造像类临摹展品根据展览大纲有机安排进柜展示，以保证展线及内容上的连贯性。柜外部分的展线，依据展厅现有的展墙并补充了约40米的假墙作为柜外展线，将体积较大的临摹品造像及壁画放置其中。考虑到本次展览的造像展品较多，每件展品都具有极高的艺术观赏性，所以相对拉大了展品之间的间隔距离，让每件展品在和谐统一的大环境下拥有相对独立的展示空间。

同时策展团队对于展线外部空间做出了充分的利用规划，在展厅外通道区域设置展览导读板块介绍麦积山石窟相关背景知识及石窟全景VR二维码，并在序厅部分分割出多媒体区域播放麦积山石窟的介绍性质影片，确保了对于麦积山石窟了解较少的观众在进入主展线前能构成对麦积山石窟相对立体的印象认知，降低其观展难度，保证其观展体验。

三　石窟寺展陈设计中的色彩选择

色彩不仅是博物馆陈列展览效果不可缺少的重要条件，也是对展览主题思想的

一种表达与深化^[3]。与展览主题相适应的主色调，不仅能有效辅助展览阐释其主题思想，并能帮助观众快速融入展览氛围，提高其观展的代入感。同时，相适应的主色调也会成为展览记忆的延伸，会长期保留在观众的观展记忆中，让观众在日后的行为活动中接触到相似颜色也会产生相关记忆点。

在确定此次展览主色调前，笔者收集整理了国内佛教展览相关的资料，将相关展览所选用的主色调大致分为以下两类。第一类为色彩饱和度较高并带有一定宗教性特点的主色调，如苏州博物馆"佛陀·中国——甘肃省博物馆藏早期佛教文物展"所选用的朱红色、上海博物馆"圣境印象——印度佛教艺术展"所选用的明黄色、中国国家博物馆"和合共生——临漳邺城佛造像展"所选用的宝蓝色等，此类色调可以快速有效地烘托展览氛围、辅助展览信息传递，且佛教造像类展品自身颜色较为单一，将展品放置其色彩氛围中可形成明显的对比，更易突出展品自身的特征。第二类则选用带有神秘雅致气息的中性灰色调为展览主色调，如山东省博物馆"佛教造像艺术展"，此类色调可以营造出典雅的展览氛围，造像类展品置身其中与主色调相辉映，形成和谐统一的展示效果，从而凸显出造像类展品的庄严肃穆感。

麦积山石窟艺术展在经历前期主色调试色后，发现这两类主色调均不能很好地与展览主题相呼应。此次展览的主题为"东方微笑"，且展览大纲以"人"为线串联起三部分，饱和度较高的主色调会偏向于宗教性特点，相对削弱了"人"的元素体现，而雅致的中性灰色调虽然能使展览氛围显得庄严肃穆，但会促使展览与观众间产生一定的疏离感，不能很好地体现展览主题中"微笑"的亲切感特点。

选择与此次展览主题相切合的主色调，不仅能让展览的代入感更强，还能使展览调性与所述主题更为统一。在经过多次主色调尝试总结后，策展团队将主色调确定为以麦积崖砂砾岩为基底的土红色，并适当降低了其色彩饱和度。麦积山石窟所在山体主要为砂砾岩构成，其颜色以土红色为主，点缀有米黄色砂质物。展览所采用的土红色调，首先可以使观众在进入展线后联想到麦积山本体，产生置身其中的代入感，并且展览为还原砂砾岩的肌理感，采用了带有少量米色絮状点缀的土红色吸音板通铺展柜内部空间及外部展示墙面，展品置身其中，相对还原了其原本的展示环境。暖色调的土红色还能够拉近展品与观众间的距离，体现出展览主题中"微笑"的亲切感。同时，此次展览的造像展品多以泥塑为主，其颜色上经过岁月洗礼后多呈现灰白色特点，放置于土红色主色调中可以形成充分的反差对比，更易凸显出造像自身的存在感与特征。

四　简约化版式设计辅助石窟寺展览信息传递

与展览主题相适应的版式设计，不仅能有效传递展览所想表述的信息内容，且可以使展品、展示版面、展线和谐统一于展示环境内。此次麦积山石窟艺术展的展览内容十分丰富详尽，不适应于繁复的版式设计，简约化的版式则更能突出展览主题与展示内容。此次的展览版式设计，去除了不必要的繁杂信息，只保留有简洁的文字内容及配图、用于区分版面的色块和提炼概括后的展览元素。

其中，在展览元素提炼概括上，选择了常出现于麦积山石窟壁画中的天莲花造型穿插于各类版面中，避免版式设计过于呆板，增加灵动性。在展览文字字体选择上，标题部分选择了更符合麦积山石窟鼎盛时期时代特点的北魏碑体作为字体，段落部分则选用简洁的黑体作为主体字体，使展览层级区分更为明显，便于观众迅速阅读。

同时，为了切合展览主题中以"人"为线的概念，在展览三大部分中分别提炼出了符合各部分内容特点的人物形象单色线描稿用于装饰，如"佛陀的世相"部分提炼第 121 窟北魏"窃窃私语"菩萨与弟子像、"信仰的造化"部分提炼第 127 窟西魏"舍身饲虎"壁画、"世人的愿力"部分提炼第 5 窟唐代供养人壁画，从而达到了增加三个部分区分度的目的。

五　区别于其他展览的石窟寺展陈特点

石窟艺术作为一个有机的整体，造像脱离于洞窟放置于展厅内展示，会与其原本展示环境产生差异性，展示的高度、角度、陈列方式都会影响观众从其中获取准确信息。此次麦积山石窟艺术展，着重留意了成组造像的陈列方式，尽量还原了其本身所在洞窟内的展示高度与角度。为让观众更直接深入地了解石窟艺术的整体性，策展团队特意结合了展览内容与展线，在展厅内部布置了两个等大的复制洞窟，并根据其原本环境的展示高度，将地台高度设置为 1 米，使观众能够在展厅内部采用与在麦积山石窟实地一样的仰视角度，观察造像因视角不同所带来的细微情感变化。

灯光照明同样是石窟寺展览所需考虑的一大难点，精心合理的灯光设计能促使石窟寺展览的展示效果提升显著。麦积山石窟艺术展在灯光设计上，将展厅整体的环境光压暗，减少了展品周围的光干扰，并确保一组展品一组灯光，把握好灯光照度、光线角度。由于展览造像类展品居多，不同的光线角度会营造出不同的面部表情呈现。区别于一般展览的灯光直打，此次展览造像类展品采取了侧打光的模式，每组灯光都根据展品的具体高度与形态调整成合适角度，同时针对个别灯光角度难以调节的展品则在合适位置放置镜面用于补光，确保了在营造出展览肃穆氛围的同时，也能够保证展品在质感和细节上的表现力，并使造像面部呈现出贴合展览主题的"东方微笑"。

六　结　语

博物馆展陈设计是展览内容的落地体现，展览所需表述的主题与信息内容都需要通过展陈设计有效准确地传递给观众，并让其透过所见之物了解到展览所想表述的深层次内涵。

"东方微笑——麦积山石窟艺术展"的展陈设计，是常州博物馆对于石窟寺类展览形式表现的一次有益尝试。此次展览的展陈设计，紧扣了其"东方微笑"的展览主题，并依据石窟寺类展览的特殊性，对展览的表现形式进行了适以相成的设计，通过与展览内容的深度结合，在展厅现场重构出了麦积山石窟独特的人文内涵与艺术价值，让观众能够在相距千里之外的博物馆内，亦能感受到麦积山石窟艺术所拥有的磅礴生命力与中华民族包容兼蓄的精神格调。

注释

[1] 李威：《文化遗产内涵的展览重构》，《中国文物报》2020 年 9 月 25 日。

[2] 耿超、刘迪、陆青松、彭志才、鲁鑫：《博物馆学理论与实践》，科学出版社，2018 年，第 125 页。

雕版印刷展览的展示方法

——以扬州中国雕版印刷博物馆改造提升为例

陈允兰

（扬州博物馆　江苏扬州　225126）

内容提要： 陈列展览是博物馆的重要职能之一，是博物馆开展公共文化服务的重要载体和切入点，展览的展示水平直接影响了一个博物馆的吸引力、竞争力和影响力。本文以扬州中国雕版印刷博物馆的改造提升工作为例，阐述雕版印刷展览展示过程中应该注意的问题和方法。

关键词： 雕版印刷文化　展览展示　方法重点

陈列展览是博物馆的重要职能之一，是博物馆开展公共文化服务的重要载体和切入点，展览的展示水平直接影响了一个博物馆的吸引力、竞争力和影响力。一个好的展览不仅能展示、表现文物之美及所表达的文化内涵，还要拉近与观众的距离，使观众浸入其中，高效完成博物馆的教育职能。随着社会的发展及信息化时代的到来，人们对参观展览的要求也越来越高。只有多角度、全方位综合考虑，注重展览的艺术性、科学性、趣味性，才能吸引观众。

中国雕版印刷是重要的非物质文化遗产，承载着深厚的历史和民族文化内涵，在世界文化传播史上地位斐然。扬州中国雕版印刷博物馆建于 2005 年，由中国雕版印刷和扬州雕版印刷两部分组成，系统介绍了中国雕版印刷的历史和扬州在雕版印刷史上的重要地位。经过近 15 年的发展，我们较好地做到了雕版印刷文化的展览展示，同时也有许多问题需要在工作中不断完善、改进。在此，仅以扬州中国雕版印刷博物馆的改造提升工作为例，阐述雕版印刷展览展示过程中应该注意的问题和方法。

一　雕版印刷展览展示特色

1．活态性

《中华人民共和国非物质文化遗产法》规定：非物质文化遗产是指各族人民世代相传并视为其文化遗产组成部分的各种传统文化表现形式，以及与传统文化表现形式相关的实物和场所。由此可见，非遗项目和活动是一种在人类社会历史发展历程中产生的精神性、经验性和技艺性的非物质形态和文化价值。它以人为核心，以物质为载体，具有生命力，是活态存在，随着传承主体、时空、技艺、精神、文化和历史社会不断传承、发展、流变。

作为非物质文化遗产，雕版印刷的活态性包括雕版印刷技艺产生、发展、传承的全过程以及技艺本身从始到末的工艺流程。所以做一个雕版印刷文化的展览应该重点展示它的活态性，让观众能够感受它的"活力"及发生发展的全过程。

2．物质遗存与非物质文化的结合

物质文化是空间的存在（又称终结存在），非物质文化是过程的存在[1]。非物质文化遗产展示的则是一种物质与非物质的集合，构成展示的元素不仅限于物（实物、标本）同时掺入了人及其技艺的表现。因为非物质和物质往往是不可分割的，非物质文化遗产极少没有物质载体来体现的。雕版印刷文化展示的过程中，我们既要有雕版印刷的版片及其印品古籍陈列，同时还应该重点展示其雕版过程和印刷过程，并让他们完美地结合在展厅这一有限的范围之内。

二　扬州中国雕版印刷展览现状及存在的问题

扬州雕版印刷肇始于唐，发展于宋、元、明，兴盛于清。在各个历史时期，都有着无数技艺高超的雕版刷印艺人，他们云集扬州，薪火相传，为古城的文化繁荣做出了极大的贡献。清代的扬州，刻书之风已遍及郡城州县，其品种之富，数量之多，规模之大，质量之高，卓然于历朝。扬州诗局的创建，奠定了扬州成为当时中国重要的刻书中心之一的基础；而《全唐诗》刊刻，更以其无可逾越的精美，标志着扬州雕版印刷的辉煌。无论是弥足珍贵的版片还是绝无仅有的工艺流程，都是我们展览展示的内容。

扬州中国雕版印刷博物馆由两个常设展厅组成，自 2005 年开放以来已 13 年，期间接待了大量观众，得到了各界一致好评。但随着中国雕版印刷学术方面的持续研究及陈列要求的提高和展览技术的发展，展厅中部分展陈设计已不符合现代展览的要求，急需引进先进的展示手段对原有展览进行全面再造提升。

首先是展厅的设计不能使观众得到较好的参观体验。设计包括内容设计和形式设计，只有将它们有机联系起来，才能算一个好的展览。我们通过认真的梳理，发现现有展厅和形式设计没有与内容设计很好地结合，展板将内容设计的内容平铺，没有将重点内容突出，展板过密、字数太多，这大大降低了观众的观展舒适度，使观众不能快速、有效地吸收雕版印刷信息，且容易视觉疲劳，不能较好完成博物馆的信息传播功能。

同时展厅的展线和空间设置也有待改进。雕版印刷馆由陈列展览区和互动演示区两部分组成，两者相辅相成，共同完成展示目的。但根据近几年来的观众反馈和调查，它们组合得并不完美，大部分观众重演示、轻展示，这从侧面反映了观众的参观兴趣，也对我们的陈列展览区域规划提出了更高的要求。

最后就是展厅多媒体的应用。经过 15 年的发展，馆内原有的多媒体已经有较多损坏，且技术落后，数字化基础薄弱，满足不了现在观众的参观需求。

三　信息时代雕版印刷展览的提升展示

文化是民族的血脉，是人民的精神家园。传承发展民族文化是博物馆的重要使命。雕版印刷作为世界非物质文化遗产，它是物质与非物质的重要结合，也是活态的、互动服务型的，因此在对雕版印刷技艺进行展示时，要抓住它的特点，小处着手、细处入微，充分策划，再现这一传统技艺。同时也要充分发挥博物馆的教育功能，将这一文化传承、发展下去，让其历久弥新，重放光彩。具体可以从以下几个方面着手。

1. 注重活态展示

古代扬州是雕版印书艺人的重要集中地。他们世代以刻书为业，技艺高超，写刻工整秀丽，字体珠圆玉润，选纸用墨无不精良，生产出众多刻印精良、装帧考究的雕版图书。到了现代，雕版印刷仍然是一项重要的活态遗产，即"至今仍保持着原初或历史过程中的使用功能的遗产"。"活态遗产"（living heritage）最初由 1982 年在《佛罗伦萨宪章》中提出的"活态古迹"（living monument）的概念引申发展而来的，其概念出现于 20 世纪 90 年代，是联合国教科文组织世界遗产委员会针对世界遗产地的保护提出的，旨在强调文化遗产在本土社区中的动态使用和传承。所以活态展示就是指保持遗产的原初功能现在仍然发挥作用。现实中的活态遗产很多，如历史名城、名镇、名村、历史园林、非物质文化遗产等。

雕版印刷技艺的活态展示本质上就是活态传承、活态发展。而在博物馆中的活态传承与发展，应该是区别于以现代科技手段对非物质文化遗产进行的保护，如用文字、音像、视频的方式记录非物质文化遗产项目等。如何在密闭的博物馆中进行活态展示是雕版印刷展览中的重要工作。综合部分展馆的方法，大致应有两种方式，即"引进来"和"走出去"。

"引进来"的主要做法是请相关非遗大师（传承人）进行现场演示其技艺过程的方法来达到遗产"活化"，起到了没有实体文物照样有信息传播的效果。扬州中国雕版印刷博物馆自建馆以来就非常注重这种活态展示方式，在展示上不断开拓创新，有了许多成功的实践……馆藏 10 万余片的古代雕版和雕版技艺传承人的技艺展示在同一个时空（展厅）呈现。这种活态展示应该不仅仅是技艺的展示，同时在环境营造方面也应该与传统接轨，通过环境的营造，观众在感受雕版印刷技艺的同时也应该能够感受到这种技艺生存发展的空间，如此才能体会到雕版印刷技术的匠心和匠意，即"情景还原"。这种活态展示使观众在观展中既了解了雕版印刷技艺的前世今生，又能直观感受到这一工艺的发生全过程，实现了博物馆信息的传播。

"引进来"还应包括在展厅空间内的互动体验。互动性和体验性是雕版印刷展示的重要特色，观众体验是加深对雕版印刷项目认识的最有效手段。目前，展馆中的互动体验主要有造纸、刷印等相关工艺的断连式体验。除动手实操外，在信息时代我们还应该设计制作现代化的互动体验项目，包括利用音视频、数字化虚拟技术、3D 打印技术及其他辅助手段等，突破时间与空间的限制，让观众无实物体验雕版印刷流程。由此，我们在展览和观众之间架设一座沟通的桥梁，使观众体会到雕版印刷背后蕴含的丰富的人文历史信息。这样把雕版展厅拓展成为一个由各文化主体共同主动参与的自由空间，扩大了展示空间，延伸了展示内容。

"走出去"即突破展厅的展示范围，走进社区，加强与社区联系，重视社区教育。随着社会的进步、经济的发展，城市化进程不断加快，社区在城市居民的工作、生活中所发挥的作用正与日俱增，社区的文化建设关系着整个社会主义文化建设的进行。所以博物馆作为推动社会主义精神文明建设的非营利性公共文化机构，同时也是社区中的特殊成员，它有义务利用其自身特殊的资源优势为社区文化建设发展作出贡献。除学校外，扬州中国雕版印刷博物馆也应该利用自身的馆藏和人才优势，积极参与到雕版印刷文化的社区推广中去。几本样书、几块版片，展示雕版印刷知识，演示雕版印刷流程，让社区的人们在家门口就能感受雕版印刷文化魅力，延伸了展示外延，提高了保护、宣传、教育、研究和传承的力度。同时，信息时代展览的数字化传播也是社区教育的重要途径。

2．以人为本，重视观众体验

现代博物馆发展日新月异，优秀展览层出不穷，越来越多的博物馆认识到"陈列选题可以千变万化，陈列模式可以不断探索和更新，但为社会公众服务的主题永远不能变。唯有如此，才能得到公众的关心和支持"[2]。简洁的讲就是"展览要以人为本"，进一步将观众精神层面的感悟，转化为实际行动，注重观众体验，增强观众参观的主观能动性。

展览是空间分析与时间分析的碰撞，是内容设计与形式设计的结合。同时，博物馆作为社会公共空间是一道独特的文化景观，散发着浓厚的文化气息，从而吸引公众走近它并感受它的艺术魅力。观众进入展厅后，首先是靠视觉来感受的，所以我们应该在展览文字、展品、整体环境三方面做文章，使展览本身即是历史文化信息展示、传播中心，同时也更多的是文化体验、精神慰藉的场所，注重博物馆审美空间的营造与创新。

博物馆的空间营造对陈列展览有着特别重要的作用，特别是非物质文化遗产的展示。非物质文化遗产是不能孤立存在，它需要在特定的文化环境之中才能不断地传承，同时需要相应的物质载体来展现它的流变和发展。所以我们在表现雕版印刷文化时，应该注重对其展示环境场所的空间渲染，达到"情境还原"。以扬州中国雕版印刷博物馆为例，"仓储式"陈列一直是它的一大特色。但只是从侧面展示了一排排雕版橱柜，加之版片保护的灯光要求，原有设计并不能让观众深入，甚至普通观众会忽视这一设计。所以在空间设计时，我们应该合理规划，让观众可以从正面直面卷帙浩繁的雕版版片，引发观众情感的共鸣和丰富的联想。

情境还原的同时，我们也应该注意到展厅中展示版片为繁体文字反刻到木板上，普通观众在参观时只会看到浸过墨水的版片躺在展柜中。虽然雕版印刷技艺的过程已经展示出来，但多数观众在看到版片时并不会产生强烈的参观兴趣，所以在展示版片时我们也应该"以人为本"，将传统与现实结合，通过拓片或者白话的方式选取观众喜欢的展示形式，只有这样才会使观众与展览对接，产生心灵的共鸣。

3．重视青少年儿童观众，做好儿童教育者

博物馆是知识的宝库，是艺术的殿堂。近年来，随着社会经济的发展，越来越多的少年儿童走进博物馆，经过调查也发现少年儿童在观众数量中所占比重逐年增加。博物馆教育是社会教育中不可忽视的环节，展览是博物馆教育最直观的体现，

而少年儿童是其教育的重要对象。所以我们在做展览时，即使不是专门的儿童展，在内容设计和形式设计时都要将少年儿童的需求考虑进去。尤其是雕版印刷展览，它的发展、传承离不开未来的主人——青少年儿童。

2015 年国家文物局印发的《关于提升博物馆陈列展览质量的指导意见》中明确提出要"提升陈列展览质量，积极策划实施主题性陈列展览，加强数字化展示手段"。在《指导意见》中还特别强调"注重陈列展览配套青少年教育项目的策划与实施"。博物馆历来都重视青少年在馆内的教育问题，每个馆都有针对青少年的教育方案，如组织参观、开设课程、设置儿童活动区等，但在陈列展览时却很少考虑青少年的参观需求，所以我们在进行展览改造提升时就要把青少年的参观需求纳入到规划中。

通过对青少年的调研，我们发现做一个青少年爱看的展览，在对展览进行设计时，每个环节都要考虑到青少年的参观需求。青少年是一个富有想象力的、直观感受的并乐于动手的群体，所以我们在对中国雕版印刷博物馆进行改造提升时要在展板、展品的设计上满足青少年及儿童的需求，增加青少年容易理解的展品，如充满民俗风味的雕版年画、平时生活中可以接触到的文学典籍版片（《百家姓》《论语》《千字文》）等，这样可以让他们在参观时更容易浸入其中，提高展览教育功能的感受度。同时展览的互动项目设计时也要按层次、分年龄设计，这样才能提高青少年观众的认同度，完成展览的教育功能。

中国雕版印刷工艺是世界非物质文化遗产，饱含了中华儿女的集体智慧，是工匠精神的传承与体现。我们在展现这一非遗文化时，应该努力挖掘它所蕴含的历史文化信息，集合展览空间、展品组合和设计语言，讲好雕版印刷故事。而随着时代的发展、信息技术的进步，观众的参观需求在不断提高，我们更应该与时俱进，对展览进行提升改造，赋予展览时代特色，"以人为本"，以丰富的技术手段使展览"活"起来，重视观众体验，鼓励观众互动，使雕版印刷展示场馆成为大众参与的共享空间，更好地保护、展示和传承中国雕版印刷文化。

注释

[1] 费钦生：《博物馆展示设计八大关系新说》，李跃进主编：《为博物馆而设计：2016 中国博物馆协会陈列艺术委员会论文集》，文物出版社，2016 年。

[2] 刘康：《为公众服务是陈列展览的永恒主题》，《中国文物报》2004 年 4 月 30 日。

关于博物馆"城市历史景观再现"展厅价值开发的思考

——以扬州中国大运河博物馆"因运而生"展厅为例

彭 悦

（南京博物院 江苏南京 210016）

内容提要： 以新开馆的扬州中国大运河博物馆中三号展厅"因运而生"展厅为例，主要考虑从古建筑角度，围绕不同人群开展不同公众活动为切入点，合理利用城市历史景观再现展厅特有的群体仿古建筑优势，探究新兴展览模式"城市历史景观再现"展厅的价值开发，思考在博物馆中创新性、深层次传播中国传统建筑文化的方式方法。

关键词： 博物馆 城市历史景观再现 价值开发 扬州中国大运河博物馆"因运而生"展厅

随着人们生活水平的不断提高，对精神文明的追求也愈加迫切，博物馆作为连接公众与文化的桥梁，也更加受到欢迎。"十三五"期间，博物馆年度参观人数由7亿人次增长至12亿人次，平均每年增加1亿人次，"到博物馆去"已然成为社会新时尚[1]。在这种新时尚之下，如何让博物馆的展览更好迎合观众需求，如何不断开发博物馆社会价值和经济价值，如何让博物馆可持续发展等，都是未来博物馆发展需要关注的问题。

一 城市历史景观再现展厅

"城市历史景观再现展厅"是目前博物馆中备受欢迎的一种新兴展览模式，展览内容主要包括复原特定历史时期的城市街道及建筑，再现生产生活场景，引入商家进驻开展真实的商业服务[2]。与一般博物馆常见的场景复原展览模式不同的是，城市历史景观再现展厅所复原的街道和建筑在数量上有所突破，会充斥整个展厅，形成片区，充分营造符合时代和地域特征的氛围。其次，该类展厅再现的街区既是展陈的主体，也是载体，可以让观众身处其中，成为场景中的主角，实现沉浸式体验。在江苏省内的实际案例中，南京博物院民国馆和扬州中国大运河博物馆三号展厅"因运而生"展厅一直热度不减，成为博物馆中的"网红打卡"地。

二　扬州中国大运河博物馆"因运而生"展厅

扬州中国大运河博物馆（以下简称"中运博"）"因运而生"展厅是近期城市历史景观再现展厅的一次实践，中运博于 2021 年 6 月 16 日开馆迎客，"因运而生"展厅为三号展厅，是其常设展厅之一，展厅主题全称为"因运而生——大运河街肆印象"，致力于真实再现大运河沿岸城镇的历史景观，反映运河沿线人民的勤劳智慧与美好生活。展厅从时间、空间、有形和无形四个维度来展示主题，时间跨度选取了隋、唐、宋、元、明、清时期，空间范围覆盖了隋唐大运河、京杭大运河和浙东运河河段，建筑类型包含唐代官式建筑、唐代商业建筑、宋代商业建筑、明清时期商业建筑、明清时期民居、明清时期官式建筑等，展厅内已融入真实业态，观众可以体验、采买，形成良好互动。

为更好了解观众对"因运而生"展厅的观展体验，通过"大众点评"应用程序，搜索相关观众评价信息，截止 2021 年 8 月 25 日，程序上对大运河博物馆景点总体评价分 4.9 分（满分 5 分，取每条评价"总体"打分均值），已有 264 条评价信息，256 条好评，8 条差评，好评率约 97%，文字内容提到"因运而生"展厅的有 106条，占总评价数目的 40.2%，其中具体内容全部为推荐参观，好评率 100%；发布照片有"因运而生"展厅的有 169 条，占总评价数目的 64%。由此可见，观众对"因运而生"展厅的喜爱程度颇高。从深化博物馆工作角度出发，进一步探究"因运而生"展厅深受观众喜爱的原因，通过现场采访和相关应用程序评价程序的高频词汇统计发现，最常见的词汇是"适合拍照""适合打卡"。毋庸置疑，该类评价是对展厅的一种认可和正向导向，在网络时代的今天，拍出好看的照片，再通过社交平台的传播，不仅可以愉悦观众自身，还可以为展厅进行宣传，进一步为整座博物馆积累人气。但在成为"网红拍照打卡"展厅的背后，还应注意到毕竟单一的拍照热点具有时效性，且该类展厅换展难度大，展厅的可持续发展需要再进一步挖掘展厅价值，达到更深层次文化传播的目的，实现长远发展。

三 "因运而生"展厅价值开发

为营造展厅真实的环境体验，"因运而生"展厅内的每一处建筑物、构筑物都在查找大量文献资料、图像资料，走访实地遗存，并不断研讨基础之上，遵循博物馆展览的科学性、真实性原则来确定参考依据，然后再结合具体街区设计，将建筑物和构筑物有序串联。从方案设计、方案修改、方案确定、方案施工、施工整改到最后方案验收，处处凝结着工作人员的心血和汗水，努力做到尽善尽美。作为集结跨越多个时代、多个地域仿古建筑的城市历史景观再现展厅，为避免资源浪费，可以继续深化考虑将其打造成古建筑研究和学习基地，为对古建筑感兴趣的观众和专业人士提供更深层次的公众活动，展厅也会在活动中与观众共同成长，收集各方面建议，适时进行整改提升，让展厅细节更加完善。所以，从古建筑入手，现对"因运而生"展厅内出现的仿古建筑及其细节进行统计（表一），作为组织活动的基础。

表一 中运博"因运而生"展厅仿古建筑及其细节统计表

建筑年代	建筑功能	建筑、构筑物类型	建筑细节
唐代	商铺	楼阁	斗拱
	宴饮		门窗
			建筑色彩
宋代	商铺	单层建筑	斗拱
	正店酒楼	楼阁	门窗
		彩楼欢门	建筑色彩
		乌头门	
明清	商铺	楼阁	斗拱
	茶馆	牌楼	门窗
	钱庄	骑楼	建筑色彩
	药铺	河坊	建筑彩画
	四合院		建筑砖雕
	戏台		
	盐商住宅		
	邮驿		
	当铺		
	织造署		

续表

建筑年代	建筑功能	建筑、构筑物类型	建筑细节
明清	救熄会		
	天后宫		
	粮仓		

　　按照建筑功能罗列，"因运而生"展厅内涵盖了各个时代大运河沿岸城镇有代表性的功能建筑，包括商业建筑、公共建筑和地方民居；按照建筑、构筑物类型罗列，包括单层建筑、楼阁式建筑、骑楼、河坊和彩楼欢门等；按照建筑细节罗列，包括各时期斗拱样式、门窗样式、建筑色彩以及相关建筑细节装饰做法。所以在此基础之上，可以从不同出发点，再结合观众年龄段，开发不同主题古建筑研究公共活动。

　　以针对中小学生为例，可开展研学活动。2020 年 10 月，教育部、国家文物局联合印发《关于利用博物馆资源开展中小学教育教学的意见》，强调"要提升博物馆研学活动质量，开发一批立德启智、特色鲜明的博物馆研学精品线路和课程"，由此可见，博物馆已经成为研学旅行的重要目的地和资源供应方[3]。"因运而生"城市历史景观再现的展览模式本就是一种新型模式，开展相关针对中小学生的研学活动，创新性和特色性很容易凸显。研学活动的策划可以从"展厅寻宝（将展厅内建筑细节拆分成不同图片，按照图片寻找实物）""中国建筑中的乐高——斗拱大世界""我是小小建筑师——手工制作建筑小构件"等角度展开，从"听、玩、带、思"等多维角度，启蒙中小学生对中国传统建筑的兴趣。

　　以针对中青年公众为例，从官方数据得到中运博 6 月 16 日～7 月 16 日开馆一个月内，总接待数为 253026 人，其中在不同年龄中，观众人数最多的集中在 30～39 岁，为 60448 人，其次是 17～29 岁年龄段 57234 人，二者占总参观人数的 46.5%[4]，成年人中的中青年是参观的主力军，所以在"因运而生"展厅开放期间也常见身穿汉服的青年穿梭其中，所以，针对中青年人可以在展厅内开展"勾栏瓦肆间的真正穿越之旅"的公众活动，以不同时期建筑为背景，结合不同时期服饰，组织专题讲座，学以辨别不同时期建筑，再选择穿对应时代特征的服饰在对应年代建筑环境下拍照打卡，以丰富当今到处都是汉服风的单一现象，进一步弘扬中国传统建筑风貌和传统服饰的风采。

　　以针对建筑相关专业在校大学生为例，目前全国开设建筑学专业的普通本科和专科院校共 289 所，江苏省内有 18 所，每年有大量新生入学，中国建筑史作为新生入学后的基础必修课，不少学校会开展实地古建筑调查，帮助学生深刻学习和掌握古建筑知识，但受时间和经济条件限制，不是所有学校所有学生都有机会，且短期和局部地域的调研活动也很难完整地帮助学生了解建筑演变，所以可以结合该情况，与开设建筑学专业的高校联合，开展"从唐宋到明清时期历史建筑的演变"的公共活动，活动主题可以是功能性建筑特征专题、建筑构造专题、斗拱专题、建筑色彩专题、建筑彩画专题等等，具体活动形式可以是建筑写生、专题讲座、专题竞赛等，并借此契机，联合高校教授、教师定期开展公开讲座，为全年龄段观众开放。与高校合作，既可以帮助推进专业学生培养进程，丰富教学形式，又可以让高校师生参与到展厅建设开发，形成优势互补。

除了举办公众活动外，还可以围绕"因运而生"展厅设计文化创意商品，如标志性建筑冰箱贴、明信片、帆布包等等，用更多方式来开发展厅价值。

四　总　结

弘扬传统文化是博物馆永恒的使命，在这条不断进取之路上，博物馆的展览方式、公众活动、文化创意周边产品等都在日益丰富，博物馆不再只注重能看展的单模式文化传播，也开始不断加强与观众的互动，不断提升博物馆的吸引力，让更多的人来到博物馆，也让观众在离开博物馆时收获精神上的满足。城市历史景观再现展厅是博物馆展览方式的创新，在博物馆语境下的城市历史景观再现绝非仿建或"重建"历史建筑、拼凑或改编历史故事、篡改或臆造历史风貌等行为，而是在尊重历史的前提下，进行可逆的、可识别的、具有实验性质的多学科交互研究[5]。每一处该类展厅的诞生，都融入了高投资、长时间、多专业的付出，所以，发挥展厅更大价值需要更多的关注，逐渐建立愈加成熟的开发体系。

注释

[1] 应妮：《"到博物馆去"为何成为中国社会新时尚》，中国新闻社公众号，2021年10月6日。

[2] 钱钰、戴群：《"城市历史景观再现"展览模式探索——以民国馆和"因运而生"展为例》，《东南文化》2021年第3期。

[3] 中华人民共和国教育部：《国家文物局关于利用博物馆资源开展中小学教育教学的意见》，2020年10月20日。

[4] 中国大运河博物馆微信公众号，2021年7月21日。

[5] 陆宇航：《博物馆多样性与城市历史景观再现》，南京艺术学院硕士学位论文，2018年。

民办博物馆征藏与陈列展览的思考

刘文思　梁辰霄

（徐州博物馆　江苏徐州　221010

九州职业技术学院　江苏徐州　221100）

内容提要：民办博物馆的征藏与展陈要符合主题原则、法规原则、陈展原则和经济原则。征藏与陈展工作还要与时俱进，主动学习并对接利用好政策；陈列要贯彻"三贴近"原则；了解当前社会对陈列展览的需求，抓住"新时期"和"党史教育"两大热点，优化征藏体系，提高陈展质量；机动与灵活地进行征藏与陈展。民办博物馆的发展问题虽多，但前景光明；其发展还需要呼吁政策落实和社会支持，更需要民办博物馆从内部自省自律自强。

关键词：民办博物馆　征藏　陈列展览

陈列展览是为社会服务的主要手段，展览策划则是这手段中的主要思路，要做好这项工作，必须认真思考，也必须与征藏工作相结合。不忘初心，明确思路，坚守原则，实事求是，与时俱进，当是我们博物馆人的基本思路。在共性之外，民办博物馆的陈列展览策划有别于国有甚至行业博物馆，要基于实际情况，办出特色。

一　民办博物馆的征藏与展陈原则

博物馆工作千头万绪，简而言之不外乎：宗旨、职能、政策法规与惯例。这四者既有交叉又彼此互补，然择其要者，万变不离其宗，这个"宗"就是博物馆的宗旨，即工作的中心，也是民办博物馆的征藏与展陈原则。

1. 主题原则

所谓主题原则是指我们博物馆的收藏与陈列展览的主要专题与方向。一般中小型博物馆，设区市与县级市博物馆都非常注意收藏与陈列展览的特色，特别是民办博物馆，没有能力、精力和资金做到随意调整收藏与陈列展览的特色，因此必须注重主题原则，即围绕自己藏品特色办展览，搞收藏。应该而且必须有合法渠道能够取得的文物来源。主要是填补国有博物馆的缺项与弱项，这是主题原则的核心。虽然资金技术力量不如国有博物馆，但是机制效率等某些方面，好于国有博物馆。应该充分利用好政策，扬长避短，确定主题，调整主题，用好效率优势。

2．法规原则

孔老夫子的"七十而从心所欲不逾矩"，这话的本义是讲人的心性修养到了一定阶段，应该达到的意境，或者说标准。人若能"从心所欲"真是大幸事，然原则底线是"不逾矩"。博物馆人希望"从心所欲"地开展工作，这没有错，关键是"不逾矩"。这个"矩"就是文物与博物馆的法规。换言之，博物馆工作要围绕宗旨，实现职能，必须遵守法律规章。知法守法成为民办博物馆发展的重要问题。因此在思考策划征集收藏与陈列展览这些博物馆的核心问题时必须遵守法规原则。《中华人民共和国文物保护法》《中华人民共和国文物保护法实施细则》《博物馆条例》等文物大法要遵守，其他规章也要认真贯彻执行。

3．陈展原则

与主题原则相关联的是陈展原则，即我们在征藏时要考虑陈列展览的需求。尽量做到藏品即是展品，既考虑其历史科学、艺术价值与科学价值，又注重其陈列展览的可能性，注意其组合性，考虑其修复保护的代价。多数民办博物馆既没有大量征集藏品的财力，也缺乏相应的保管条件与人才，在征集藏品时就要考虑其主题、组合及文保问题，把陈列展览作为一个重要因素考虑进去，把社会的文化产品需求考虑进去。不仅考虑好传统陈列展览的本体，还要考虑趣味性、互动性、延伸性，甚至可复制性、可销售性等因素。要视野开阔，注重角色，利用优势，勇做重要配角。

4．经济原则

开源节流、量入为出是单位的运营原则，尤其是民办博物馆最基本的经济原则。所谓开源，就是把文化产品中的商品属性开发出来，除了经营一般意义上的文创产品外，要把陈列展览抓到手；博物馆里故事多、趣味性强，要在延伸上下功夫；如何做大做强，"做大"要有经济效益，"做强"必须考虑持续性问题；要重视新理念新技术在博物馆陈列中的开发，特别是新媒体，徐州有家博物馆做了一个文物类有声节目，在全国最知名有声读物平台排名榜名列前茅，值得借鉴；个人公众号都可以做到高流量高效益，博物馆也同样可以。所谓量入为出，是个人、家庭、企事业单位的基本经济原则，民办博物馆更是这样。对自身经济能力和抗风险能力要有正确客观的评估，在可能的情况下尽量少用资金多办事，提高资金效能。

二　民办博物馆的征藏及陈列要与时俱进

1. 博物馆的宗旨与展陈

2015 年 1 月 14 日国务院第 78 次常务会议通过，2015 年 3 月 20 日起施行的《博物馆条例》规定："本条例所称博物馆，是指以教育、研究和欣赏为目的，收藏、保护并向公众展示人类活动和自然环境的见证物，经登记管理机关依法登记的非营利组织。"国际博物馆协会在维也纳全体大会上，将博物馆定义为："博物馆是一个为社会及其发展服务的，向公众开放的非营利性常设机构，为教育、研究、欣赏的目的征集、保护、研究、传播并展出人类及人类环境的物质及非物质遗产。"这是目前关于博物馆最权威的定义，是对博物馆办馆宗旨与职能最明确的规定。从中我们可以看出，博物馆的职能可分为基础职能，即收藏、保护、研究和展示各类物质和非物质文化遗产的职能，以及社会教育职能和促进社会发展的社会责任等，在这些职能中，社会教育职能对整个社会发展影响最为深远。社会教育的核心就是陈列展览。这既是博物馆的定义，也反映了我们当初办博物馆的初心与宗旨。

2021 年 10 ~ 12 月期间，国家陆续下发了博物馆的相关政策：2021 年 10 月 11 日《国家文物局办公室关于举办 2021 年度全国非国有博物馆馆长培训班的通知》；2021 年 10 月 28 日国务院办公厅关于印发《"十四五"文物保护和科技创新规划》；2021 年 12 月、国家文物局、国家发展改革委、人力资源社会保障部、商务部、文化和旅游部、市场监管总局等六部门出台《关于加强民间收藏文物管理促进文物市场有序发展的意见》。此外，各省市也会下发许多配套意见跟进。这其中有许多对民办博物馆的利好消息，绝大多数是公开的，尽管存在落地难的问题，但是民办博物馆人才缺乏、政策敏感性差当是重要原因，作为民办博物馆要吃透政策精神，主动对接，为我所用。

2. "三贴近"与陈列

如何办展览搞活动，刘云山在 2011 年第 16 期《求是》撰文提出了《为了谁 依靠谁 我是谁》的问题。由此提升出"三贴近"原则，即贴近实际、贴近生活、贴近群众，作为改进和加强自身工作的一条重要指导原则。新时期，进一步把"三贴近"写进《博物馆条例》。2015 年 3 月 20 日起施行的《博物馆条例》第三条进一步规定："博物馆开展社会服务应当坚持为人民服务、为社会主义服务的方向和贴近实际、贴近生活、贴近群众的原则，丰富人民群众精神文化生活。"在博物馆的核心工作——陈列展览中必须贯彻"三贴近"原则，也只有这样才能够与时俱进。2017年4月19日，习近平在广西考察工作时指出：博物馆建设要注重特色。并提出"要让文物说话，让历史说话，让文化说话"。这其中的主要精神就是使中华优秀传统文化得到传承和发扬，加强文物保护和利用，重视历史研究。

3. 当下形势与征集陈列

当下社会需要什么样的征藏与陈列展览？有两大背景需要清晰：一是，2017年10月18日，习近平总书记在党的十九大报告中指出"中国特色社会主义进入了新时代"，"新时代"有"新时代"的新要求；二是，最近中共中央发布了一系列政策号召进行"党史教育"，2021年5月24日中央宣传部、国家发展改革委九部门联合印发《关于推进博物馆改革发展的指导意见》的通知（以下简称《意见》），《意见》第三部分"夯实发展基础，提升服务效能"，对"优化征藏体系""提高展陈质量"提出了具体的指导意见。

"优化征藏体系"方面，提出收藏理念要专业化，藏品要能反应新中国发展的历程，能作为经济社会发展的见证物，同时兼顾收藏方向的多元化、世界化。

"提高展陈质量"方面，落实中共中央办公厅、国务院办公厅2017年1月发布并实施《关于实施中华优秀传统文化传承发展工程的意见》的要求，将中华优秀传统文化深入发掘，全面展示给公众，突出中华文明的灿烂成就和对人类文明的重大贡献。展览形式要灵活多样，提高藏品利用率。探索独立策展人制度，鼓励原创性主题展。这是我们必须遵守的，也是我们必须把握的政策与要求。

4. 机动与灵活

各地的情况不同，时间不一，各个馆的情况千差万别，这就需要结合形势，根据自己的具体情况创造条件发展。党史、新中国史、改革开放史、社会主义发展史；旧城改造、城乡建设、科学技术、现当代艺术、非物质文化遗产；政治、经济、文化、教育、医疗等专题都可以作为收藏侧重。如因个人社会关系而结识老革命家的后代，就可以尝试征集这位老革命家的党史资料；借助对教育行业熟悉或在这一地区教育地位较高，就可以教育收藏为主。各地社会发展变迁不同，说明建设成绩的资料自然不同。展陈形式组合多样，联合办展、巡回展览、流动展览、网上展示形式多样，这就需要机动与灵活地进行征藏与展陈。

三　呼吁、期望与展望

民办博物馆的可持续发展，是博物馆界必须思考的问题。国务院发布《"十四五"文物保护和科技创新规划》，预计 2025 年博物馆将达到 6500 家，将有一批新的民办博物馆面世。外部需要创造一个民办博物馆发展的良好环境，内部需要民办博物馆的自省自律与发展动力。民办博物馆运营与发展问题诸多，但是前景光明。

1．呼吁——政策落实，社会支持

《意见》第五部分提出"优化发展环境，加强改革保障"，从政策上予以支持。根据国务院办公厅《公共文化领域中央与地方财政事权和支出责任划分改革方案》，为促进民办博物馆发展，鼓励地方政府通过购买服务、项目补贴、以奖代补等方式予以支持。将博物馆认定为非营利组织，并对符合条件的捐赠给了免税政策，符合条件的公益性捐赠方可享受所得税税前扣除政策。民办博物馆多数是收藏家企业家所办，尽管他们自身非常努力，也离不开社会的支持，特别是藏品捐赠者，志愿者。呼吁落实支持民办博物馆发展的相关政策，支持民办博物馆的健康发展。

2．期望——自省自律自强

国家文物局举办 2021 年度全国非国有博物馆馆长培训班就是从提高其管理层素质着手，加强非国有博物馆的管理。民办博物馆要在自省自律上下功夫，清楚自己的缺陷与问题，面对现实，面对问题，解决问题，在关键环节下功夫，特别是普遍存在的专业弱与人才匮乏问题上下功夫。戒急戒躁，持之以恒，久久为功。博物馆建设是百年大计，要形成可持续发展的长久机制。自强一定要建立在自省自律的前提下。

3．展望——快速发展，前景光明

博物馆的重要作用逐渐形成社会共识，党中央国务院连续下文；有识之士认识到财富与文化遗存的最好去处之一是建立博物馆；民间收藏大军在逐渐成熟，为民办博物馆的发展提供了重要资源与后备军；民办博物馆发展的良好机制在快速形成。随着共识的形成，政策的落实、社会的支持，民办博物馆的自省自律自强，加之社会对博物馆产品的需求，民办博物馆一定会在不远的将来茁壮成长。

地市级博物馆承接国际性临时展览
所面临的环境控制挑战

——以徐州博物馆"穿越时空文明的对话
——古埃及文物特展"为例

刘　娟

（徐州市博物馆　江苏徐州　221010）

内容提要： 国际性临时展览作为博物馆展览的一种特殊形式，相比基本陈列更能吸引观众，有利于提高博物馆的知名度，但其对博物馆的硬件设施、人才力量都有较高的要求。徐州博物馆作为地市级博物馆，能成功举办此次"古埃及文物特展"，这其中凝聚了全馆人员的心血，本文试图从环境控制这一方面展开，阐述这次展览举办过程中的艰辛与收获。

关键词： 地市级博物馆　国际性临时展览　徐州博物馆　古埃及展　环境控制

2019年6月28日，加拿大皇家安大略博物馆（Royal Ontario Museum，ROM）的古埃及文物在徐州博物馆展出（图一、二）。这是徐州史上第一个境外展览，也是继宁波博物馆之后，全国第二家地市级博物馆承办的古埃及文物特展。加拿大皇家安大略博物馆（以下简称"加方"）是加拿大最大同时也是拥有收藏品最

图一　古埃及文物特展开幕式

图二　宣传海报

多的博物馆，馆藏古埃及文物 2 万余件，拥有着加拿大规模最大、最重要的古埃及文物收藏，其中不乏古埃及艺术杰作。

本次古埃及文物特展展品丰富，包括珍贵的木乃伊、人形棺、神秘的亡灵书和护身符、庄严的神像和石刻、精美的装饰品和生活用品等。展览分为众神殿、守护者、金字塔、埃及人 4 个单元，精选加拿大皇家安大略博物馆馆藏古埃及珍贵文物 121 件，其中有来自两千年前的赛特王朝的莎草纸[1]、神似阿凡达的佩托西里斯沙伯提[2]、木乃伊彩绘面具、豺狼阿努比斯像[3]、双臂交叉女性木乃伊、鱼形护身符[4]、疑为埃及艳后克利奥帕特拉七世的雕塑等珍贵文物。

一　概况

这次古埃及文物特展展品共计 121 件，其中有 37 件珍贵文物加方提出了针对性的展出和保护技术要求，包括展厅和展柜内温湿度控制、灯光布置等（表一），是本次展览工作的重点和难点。这些文物从材质上可分为青铜器、木器、复合材质、铁器、陶器等，特别是木乃伊类，属于复合材质，里面不仅有人类或动物残骸，其外还缠裹有纺织布。鉴于本次展览的重要性，展品材质的特殊性，对于徐州博物馆的展厅展柜的硬件设施是一次重大的考验。

表一　特殊文物展出环境要求统计表

序号	质地	数量（件）	温湿度要求	紫外光照要求	展柜要求
1	青铜器	16	温度 19～24℃，每日浮动在 ±3℃；湿度≤30%，每日浮动在 ±3%	无紫外线	封闭且环境可控
2	木器	12	温度 19～24℃，每日浮动在 ±3℃；湿度 45%～55%，每日浮动在 ±5%	视文物敏感程度而定，介于 150～50Lux 之间，无紫外线	
3	复合材质	3	温度 19～24℃，每日浮动在 ±3℃；湿度 35%～55%，每日浮动在 ±5%	≤50Lux，无紫外线	
4	铁器	1	温度 19～24℃，每日浮动在 ±3℃；湿度 24%，每日浮动在 ±3%	无紫外线	
5	陶器	4	温度 19～24℃，每日浮动在 ±3℃；湿度 45%～55%，每日浮动在 ±5%	≤100Lux，无紫外线	
6	其他（木乃伊盒）	1	温度 19～24℃，每日浮动在 ±3℃；湿度 45%～55%，每日浮动在 ±5%	≤100Lux，无紫外线	

本次特展在"邓永清收藏书画馆"展厅举办，该厅面积 405 平方米，于 2016

年配合徐州博物馆馆藏文物预防性保护项目实施了邓永清收藏书画馆陈列展览提升工程，更换了全新的陈展设施，新展柜具有良好的密闭性，能满足相应文物对展示环境控制的规定要求；同时安装了由 47 台展柜专用恒湿模块组成的恒湿系统，24 小时全天候温湿度在线监控。展柜照明使用的是博物馆专用无紫外线、红外线的 LED 灯具，色温为 1500K～4000K，显色指数 Ra＞90，基本能满足本次特展需求。

二　举办展览前后面临的环境控制问题和挑战

身为文物保护人员，笔者全程参与了前期展览环境准备及展览期间的环境调控、监测工作，这期间，遇到不少问题和挑战。

（一）展览前期的环境调控工作

按照加方提供的文物需求清单，在文物抵达徐州博物馆两周前，完成有特殊要求文物所在展柜的微环境调控，确保展柜达到相关要求，文物方可进入。

由于距离该展厅改造已过三年多之久，大部分展柜的密封胶条已变形，玻璃与玻璃之间有明显缝隙，特别是 1 号通柜密闭性较差，无法实现精准调控，也没有达到加方要求的密闭性展柜要求。在开展前一个月，我方对此类展柜进行了密闭性改造，改造完后 1 号通柜调控范围达到 25%RH～65%RH，其他展柜达到 35%RH～65%RH。展览开始前约 20 天左右，我们还对展柜恒湿机组进行了全面的保养、调试，使机器精确度和灵敏性更高。鉴于独立柜设计展示的文物均较为贵重，为满足文物的技术需求，购买了大量的湿度为 0%RH 和 45%RH 不同规格参数的调湿剂，在文物进柜前将展柜微环境湿度调控至要求的范围内。

在正式布展前，文物一直保存在加方的文物暂存箱内，其内部按暂存箱面积大小放有一盒到数盒不等的调湿剂，用来控制微环境的湿度，还会放置一个小型温湿度计，方便随时观察温湿度情况（图三）。

考虑到文物完整和安全等因素，加方建议在展厅里一边点交、一边布展，每点交完毕一件，立马由加方将这件展品在展厅内进行布设，且在文物进展柜前，加方艺术品修复师会挨个展柜检测温湿度数据，并亲自调整灯光角度，测

图三　豺狼阿努比斯像布展前暂存情况

图四　加方工作人员测试展柜内光照指数

试光照指数（图四），确保达到要求范围内方允许文物进展柜，工作态度之严谨、对文物高度尊重的科学态度值得我们学习。临时展览的国际化标准（表二），让我们在与大型国际博物馆的合作中深切地感受到文物的至高无上，同时也了解了举办临时展览必备的条件。我们一些文物藏品尤其是对环境较为敏感的珍贵文物在出外展览时，也应该配备专门的文保技术人员跟随，确保展出环境达标、不会对文物造成损害。

表二　国际博物馆协会推荐使用的照明标准 [5]

展品类别	最高照度
对光特别敏感物品：纺织品、服装、水彩、织锦挂毯、绘画、手稿、印刷物、水粉画、染色皮革等。大多数自然科学展品，包括植物标本、毛皮和羽毛	50Lux
对光较敏感物品：油画、蛋彩画、未染色的皮革、角、骨头、象牙、漆器、木器等	150Lux
对光不敏感物品：金属、石材、玻璃、陶瓷、珠宝、搪瓷、珐琅等	不必大于 300Lux

（二）展览期间的环境监测工作

展期内的维护与调整是一项重要工作。尤其是展厅的温湿度控制系统，它直接影响着文物是否能够确保在展览时不受损坏 [6]。

徐州博物馆文物保存环境监测系统，是馆藏文物预防性保护项目的重要组成部分，于 2017 年 4 月建设完成，施工单位为深圳市华图测控系统有限公司，总投资约 155 万元，布置了覆盖全部展厅、库房和重要遗址（土山汉墓）的无线传感监测网络，配置了 30 台中继、125 台多种类型的环境监测终端，运用先进的环境无线监测技术与物联网技术，搭建了完善的文物保存环境无线联网监测与评估系统平台。物联网技术使文物保护工作人员无需赶赴现场，就可及时、准确、同步获悉较大区域内各展陈环境的状况，实现快速环境预警和调控指示 [7]。此举实现了对整个徐州博物馆重点文物保存区域环境质量监测，同时也做到了对文物保存温度、湿度、污染物环境质量的及时感知和风险预控。

其中，邓永清收藏书画馆展厅作为举办重要临时展览的展厅，配置了 1 台中继和大量的无线环境监测终端（图五），包括 8 台温湿度、3 台紫外光照、2 台二氧

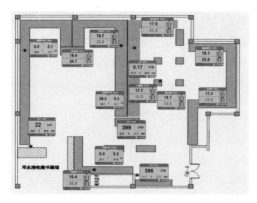
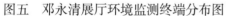

图五 邓永清展厅环境监测终端分布图

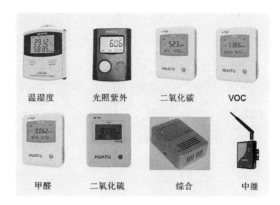

图六 邓永清展厅环境监测终端配置情况

化碳和 1 台二氧化硫（图六），保证 24 小时不间断地监测展厅及展柜内部的温湿度及有害气体等变化情况。

技术人员需定期监测展厅和展柜内的温湿度，并如实上报数据，这也是展览协议上约定的非常重要的一项工作。因此，在为期 3 个月的展览期间，笔者不仅需要每日随时关注展厅内所有监测终端数据变化情况，更要确保个别有特殊要求的文物展出环境达标，如有意外，需要及时采取调控措施，以确保展出环境安全。同时，还要以星期为时间单位，统计、整理每个展柜包括通柜和独立柜及展厅的环境监测终端数据，包括环境参数变化曲线图和具体监测数据表，通过电子邮件的形式反馈给加方。这项工作较为枯燥繁琐，且工作量较大，但是坚持下来后，发现这不仅是为了满足加方的需求，同时也给我们留下了宝贵的有机质文物预防性保护的基础环境监测数据库，对我们日后开展进一步分析、研究工作打下了基础。我馆珍贵文物外借展览是否也需要对方单位提供展览期间监测数据？这也是一个很有启发性的思考。

三 结 语

展品是展览的核心，"古埃及文物特展"是目前徐州博物馆展览中有机展品最多的，是对文物保护工作的一次考验。在整个展出过程中，徐州博物馆恒温恒湿工作准备充足，特别是对木乃伊、木棺等珍贵展品的保护都符合加方的要求，对于以后的有机展品展出积累了宝贵的实战经验。

同时，引进国外博物馆藏品展出，可以促进国际的交流和沟通，借鉴他们先进的管理经验和文物保护理念，是博物馆国际交流的重要手段[8]。经历此次外展的成功举办，徐州博物馆的硬件设施条件、管理体制都经受住了考验，同时也形成了一支由展览设计、藏品保管、文物保护等领域人才组成的专业策展团队，加之领导者独具魅力的运筹，徐州博物馆的社会知名度和影响力也在全世界很快扩大。

　　该展览选在了临时展览的黄金季节——暑假举行，这是为了在有限的展出时间里能最大限度地服务公众，特别是对学生群体的教育。这一点对于举办临时展览，尤其是重点国际性展览项目尤其重要 [9]。据统计，在为期 3 个月的展出时间内，共接待观众 25.6 万，同时在微博、各大主流媒体网页、微信公众号等平台掀起了一场"埃及热"，取得了很好的社会效益。

　　正如习近平同志所提出的"文明因交流而多彩，文明因互鉴而丰富，文明交流互鉴是推动人类进步和世界和平发展的重要动力" [10]，接下来我们将继续深入践行博物馆多元化交流与合作办展模式，为广大观众提供更丰富的展览大餐。

注释

[1] 莎草纸（papyrus），又称纸莎草、莎草片，是为古埃及人广泛采用的书写载体，它用当时盛产于尼罗河三角洲的纸莎草的茎制成。

[2] 沙伯提（Shabti），意"回答者"，是古埃及陵墓随葬品中的人形雕像，充当死者在来世的仆人。

[3] 阿努比斯是古埃及神话中的死神，有时直接以豺狗的形象出现，有时被描绘成长着豺狗头的男性。古埃及人把它奉为神灵，把原来对它的恐惧和憎恶转化为敬畏及期望，指望它保护死者的尸体并帮助他转生。

[4] 吉埃及人在日常生活中与尼罗河以及沼泽地打交道，鱼形护身符具有帮助佩戴者免受水怪危害的功能。

[5] 中国国家博物馆：《守望文明——中国国家博物馆"十·五"规划展览设计构思》，中国社会科学出版社，2008 年，第 228 页。

[6] 黄雪寅:《博物馆承接国际性临时展览所必备的条件》,《中国博物馆》2008 年第 12 期。

[7] 李华：《物联网技术在秦始皇帝陵博物院环境监测中的应用》，《文物保护与考古科学》2020 年第 4 期。

[8] 陆建松、韩翊玲：《我国博物馆国际交流与合作的现状、问题及其政策思考》，《四川文物》2011 年第 3 期。

[9] 杨茜：《上海博物馆和大都会艺术博物馆之临时展览比较研究》，《中国博物馆》2013 年第 1 期。

[10] 摘自习近平主席在联合国教科文组织总部发表演讲内容，2014 年 3 月 27 日。

屏幕之间

——浅谈博物馆新媒体应用中的多屏叙事

缪文君

（江苏省江海博物馆　江苏南通　226199）

内容提要： 文章将从博物馆新媒体技术应用中寻找多屏幕的叙事方式，分析两种普遍的媒体介质，即以手机、平板电脑等小屏幕为主的随身携带的媒体（主要是线上展示）与展示空间中包括大小屏幕、投影的多种用于场景展示的媒体（主要是线下展示）。一方面，人们被网络讯息包围，日益依赖的手机屏幕等便携屏幕上的平台内容输出；另一方面，博物馆为了达到丰富生动的空间叙事，提升博物馆展陈特色，对多媒体在展厅空间中的应用也进行了改进和创新。本文对博物馆展陈设计中多媒体技术应用的意义进行了概述，然后分析以上两种多媒体叙事方式的特点与应用情况，最后对多媒体技术在展陈设计中的应用提出了相应的创新策略。

关键词： 博物馆　多屏叙事　多媒体技术　展陈设计　创新策略

一　什么是"多屏叙事"

（一）屏幕霸权

信息技术的飞速发展，网络应用的广泛使用，加之 2020 年至今新冠疫情的全球蔓延，加速了线上技术的日常化应用，屏幕成为信息来源、娱乐频道、电子钱包、出行设备、社交平台等等，几乎涵盖了生活的方方面面，网络成为电力一般的基础设施，在全球化推动、防疫需求及"元宇宙"热点的多重语境下，电子屏幕逐渐代表着一种融合的文化趋势。"在当代数字技术普及之后，虚拟与现实的边界被打通，屏幕界面成为虚拟世界与现实世界的中介，以视觉为主、听觉为辅的屏幕文化兴起"。

新的文化与视觉观念正在被塑造，个人信息数字化反过来影响着整体社会模式，不同媒介之间的叙事模式不断被探讨，如社交媒体中"图文对话体"被视作一种新叙事文体，又如多屏应用已经成为各行业不得不全面拥抱的媒介形式。

（二）多屏叙事

这里的"多屏"主要指在博物馆空间中广泛应用的多个屏幕媒体，包括"线上"与"线下"。实体空间中的"多屏"作为视觉输出一部分，是共同呈现展览及背后文化叙事的元素。"多屏叙事"由此而来，是构成空间视觉表达的新纬度、新赛道。"多屏叙事"链接了空间与平面，使人群在展厅中形成驻足与流动，多屏在发挥其延展信息、丰富内容的同时，屏幕与屏幕之间也产生了有趣的互动，如实时投影、人机交互、主题复现等等。线上内容，更是伴随生活中无处不在的"屏幕"演绎了无限数字空间。"多屏叙事"使得展陈设计有了新的展开面向，让观众与空间、空间与主题展开多面"对话"。博物馆一直是集教育、研究、展示、娱乐等一体的综合性非营利机构，屏幕时代的探索与实践将扩展博物馆展陈新领域。

二 博物馆的屏幕时代

（一）画幅（Frame）

画幅作为最基本、最直观的视觉形式，在很大程度上决定了视觉文本的视觉叙事逻辑。画幅的概念在业界应用的范围非常广泛，对视觉叙事产生的影响也很深远。画幅是一种潜在的、不易被感知的视觉形式，但是其对视觉叙事却具有至关重要的影响。在电子媒介飞速发展的今天，画幅形式和视觉叙事之间的关系已是视觉文本生产实践中无法回避的话题。

1. 横画幅（Horizontal Frame）

横画幅被广泛使用于屏幕介质中，如电视、电影荧幕、电脑、平板电脑等屏幕，横画幅是经历实践、达到某种行业认证、比较经典的画幅形式。横画幅成为经典画幅形式的主要理由是：人眼生理结构更适于观看横画幅；现实世界中的大量视觉信息更适合横画幅呈现。

2. 竖画幅（Vertical Frame）

第一，人手使用习惯对竖屏应用的影响。在智能手机诞生之初，视觉文本依旧因袭着横画幅的传统，随着手机智能化、全屏化的发展，为了满足人手生理结构的特点，手机被设计成一种"竖式"的智能媒介。根据习惯性和便捷性原则，人也不会总是通过旋转屏幕的方式来保持横画幅文本的全屏显示。显然，横画幅内容与智能手机屏幕利用率之间一直存在矛盾。竖画幅内容生产就是在这种情况下，开始被考虑作为大众传播维度上的流行视觉产出形式。

第二，竖屏对于视觉体系的重构。如今，最常见的竖画幅文本大体上可以分为两类：一类是以人物为主要表现对象，一类是以垂直维度建构的景观（如摩天大楼、高山峻岭等）为表现对象。前者类似动态的"人物摄影"，由于其信息量有限，且多是以人物为主体的全景、近景，所以其在构图上并不具有太高的难度。由于后者的被摄物特点，拍摄者在拍摄时通常会采用不同程度的仰拍或俯拍，其并非像横画幅文本一样，与生俱来就有丰富的表现对象和表现手段，所以其发挥的空间也较为有限。画幅是构图的基础，画幅的改变会直接对视觉文本的构图产生影响。

第三，竖画幅对视觉叙事的影响还体现在对拍摄对象的选择上。由于竖画幅的形式限制，视觉文本的生产主体不再致力于表现广阔宏大的场景。相较于横画幅强调表现形式或审美意蕴，竖画幅的视觉叙事更倾向于突出内容。竖画幅是信息时代快节奏的产物，强调开展简单直接、通俗易懂的视觉叙事实践，审美维度的视觉造型或隐喻转喻维度的视觉象征并不是其第一诉求。

第四，以各大平台的短视频内容创作为代表，短视频以其适应竖屏手机屏幕、注重人物表现、时长精短等等优势形成了几乎令人沉迷的生产机制。由于电子媒介竖画幅创作的发展时间较短，其景别和表现对象暂时较为固定，这意味着其构图形式简单、对影像叙事语言本身的探索降低了要求。

（二）空间影像叙事

第一，"多屏叙事"结合展线形成新的时空线索，多层次、多角度补充说明，不断加强或者深化展览主题。如上海电影博物馆的"光影颂百年：庆祝中国共产党成立100年电影主题展"（图一），展览采用帘幕结合投影与屏幕等形式，挑选百部红色电影、摘取百句经典台词，让观众在光影线索中找寻动人叙事。

图一　上海电影博物馆"光影颂百年：庆祝中国共产党成立100年电影主题展"

图二　扬州中国大运河博物馆"运河上的舟楫"展厅第二部分

第二，"多屏叙事"对于展厅空间有着强有力的改造能力，在多种媒体的叙事营造下，可以编织出不同的视觉风格、临境体验。如扬州中国大运河博物馆的"运河上的舟楫"展厅第二部分（图二），为沙飞船实体体验与多媒体虚拟体验，通过数字多媒体融合，展示内容从沙飞船体验拓展到大运河古今时光穿梭，空间净高近11米，现场复原一艘20米长的康熙时期的沙飞船，观众可以进入船舱参观体验。

（三）在线展厅

1．连接线下

展厅空间的线上展示与传播，大多数情况下，是为了更好地宣传线下展览、提高传播覆盖面、扩大展览影响力，以达到寓教于乐、为公众提供知识、教育和欣赏的文化教育功能。

首先，"在线展厅"依托众多展示平台。其中博物馆官方网站，以其专业角度、完整信息、官方来源发布为特点，全面展示了博物馆的各项功能与延展阅读。博物馆官方微博账号，用其大众喜闻乐见的发布形式、雅俗共赏的文案，展示出微博平台的科普性与流量引导性。博物馆官方微信公众号平台，这个平台更多的是发布实时展讯、活动细则、参观预约准则等，达到更好服务大众、引导大众参观博物馆的功能。其次，"在线展厅"依托新媒体技术的应用，目前使用比较普遍的是360度全景 VR 展示技术，通过全景拍摄、3D 建模和全景 VR 渲染技术构建虚拟空间，在网络空间尽可能给观众一个全面立体的观展体验。

除了展示平台与技术应用，"在线展厅"还以其详尽的图文展示、可延展可收缩的链接便利程度，极大丰富了网络传播中的专业知识，成为不可多得的公共资料，是网络基建中文化传播与美育大众的重要环节，延伸了线下展览的可读可看性，逐渐形成"在线展厅"的展示标准性。

2．虚拟展览

虚拟展览与虚拟展厅不同，虚拟展厅是根据一个已有的实地展厅空间通过技术将其在网络展示。而虚拟展览，则是彻头彻尾的虚拟情景，策划与展示都在网络上呈现，不涉及现实空间中的"落地"。此类展览往往具有实验性，形式亮点大于主题亮点，有很强的策展意识。组织形式不拘常规，通过新颖的形式讨论当下热门话题，更好的引发人们对于网络世界的反思。

三　多媒体技术于展陈设计中的创新策略

（一）基于"多屏叙事"探讨"参与性"策略

随着展览文化的发展，观众成为博物馆场域中的重要影响因素，也是"多屏叙事"参与者与共建着，是观众投入的注意力与倾注的情感将展览空间中的一切叙事有了共情载体与传播方向。

观众或整个社会的共同语境就显得尤为重要，屏幕与我们的日常生活联系越发紧密，而屏幕霸权这一网络社会现状已蔓延至众多公共领域，博物馆作为城市重要公共教育平台也在其中，"多屏叙事"就是因此而产生的空间叙事方法，其复杂性宛如在空间平面坐标中加入时间线索，像是一个有趣元素投入了原本寂静的变量池，如果运用得当、设计巧妙，将会在策展与展陈设计中有意想不到的效果。

反之，从观众角度出发，大众对博物馆的需求也更偏向于多维度的、虚拟的空间。"多屏叙事"对展厅空间的改造能力，也不仅停留在实际空间中，更是在心理空间、虚拟空间、社会空间层面有拓展意义。

（二）基于新媒体"统觉叙事"拓展"沉浸式"策略

数字技术与新媒体技术在博物馆中的应用大大增加了观众和博物馆之间的互动，博物馆的数字媒体展陈从最初的以"一体机"为主要模式的展览，到多点触控界面，再到更高级的混合现实（MR）、增强现实（AR）和有形用户界面（TUI）的混合交互系统的出现，逐渐实现了向沉浸式体验展方向的转变。"有形交互"突破了简单的信息表达和传输，将人工控制、创造性和身体交互作为重点，这样的改变对参观行为有了更具体化的规定，对交互式在博物馆空间的地位和角色产生了至关重要的影响。从一定程度上来看，博物馆实现了从最初的简单运用影像的"视听叙事"到突出沉浸感的"统觉叙事"的完美转变，博物馆的媒介关系和形态也发生了突破性的改变。

如扬州中国大运河博物馆的"河之恋"数字化沉浸式体验展（图三）、奉贤博物馆的"敦煌印象"沉浸式数字影像交互展（图四）、首都博物馆的"文物的时空漫游"数字体验展（图五）等等。这种无边界感的展陈设计，极大烘托了环境氛围、体现了科技、艺术、场景等元素的多元融合。沉浸式数字影像交互类展览已然形成了行业流行，预示着博物馆展览的未来发展方向。

图三　扬州中国大运河博物馆的"河之恋"
数字化沉浸式体验展

图四　奉贤博物馆的"敦煌印象"
沉浸式数字影像交互展

图五　首都博物馆的"文物的时空
漫游"数字体验展

（三）基于"媒介延伸"精进"交互性"策略

随着传统博物馆向更广阔空间的拓展和延伸，博物馆创新了多维和多重空间的新形式，在媒介技术的影响下，博物馆的"媒介化"越来越突出，创造出了全新的媒介奇迹和媒介关系。

在不断的改革和创新过程中，博物馆越来越重视观众的主体性，增加了更多与观众互动的机会，互动的交流空间成为新的发展方向，博物馆在传播空间方面有了一个质的飞越。在新媒介技术大力发展的背景下，博物馆逐渐实现了向交互式叙事模式的转变，新媒介作品的出发点是吸引受众参与到作品中，是一种典型的具有无限想象空间和可能性的公共艺术作品的代表。在数字化艺术的推动下，互动已经从最简单的点击屏幕的动作延伸到屏幕内外的方方面面，观众也参与到了作品的创作中，通过与艺术家的深入性讨论，解放了屏幕用户的创造性，释放了艺术家的定向创作思维。

　　未来，对于博物馆的藏品、文物、展品、作品进行语境建构、多维讨论、社会聚焦等等，都有了新的"交互性"发展纬度——数字化发展。可以说，新媒体技术在博物馆中的应用，已经使博物馆发生了质的改变，博物馆已经成为一种创造性媒体的代表，对文化参与的技术改革起到了助推剂的作用。

注释

[1] 魏琦：《屏幕的霸权——赛博技术时代的当代绘画研究》，中央美术学院博士学位论文，2020 年。

[2] 张海超：《传统与重构：媒介画幅的视觉叙事》，《装饰》2021 年第 4 期。

[3] 薛亮：《虚拟现实与媒介的未来》，光明日报出版社，2019 年，第 189 页。

[4] 刘迪：《规训、惯习与认知语境：论博物馆媒介场域与观众认知间的关系》，《文化与传播》2017 年第 5 期。

[5] 李彬：《博物馆的媒介关系、媒介叙事与媒介伦理》，《艺术评论》2021 年第 3 期。

[6] 李彬、杨晓影：《影像沉浸与审美教育》，《艺术评论》2018 年第 10 期。

[7] 温京博、马宝霞：《数字时代的博物馆情境体验》，《美术观察》2019 年第 10 期。

[8] 高宇婷、朱一：《虚拟自然——Team Lab 的数字艺术创作特征分析》，《大众文艺》2019 年第 22 期。

[9] 胡杰明、左亚：《技术日常化的当下关于数字艺术展览的思考——"Team Lab：油罐中的水粒子世界"观后有感》，《科学教育与博物馆》2019 年第 5 期。

未来博物馆策展面临的挑战与对策

——兼论南京市博物馆新态势下的策展实践

朱逸霏

（南京市博物馆　江苏南京　210004）

内容提要：陈列展览是博物馆最核心的文化产品，是博物馆发挥公共文化服务功能的重要途径。品牌影响力强、社会接受程度高的精品展览，不仅可以满足人民精神文化需求，同时在促进人的全面发展和社会文明进步方面发挥积极作用。未来博物馆发展最大的变化体现在对公众对社会发挥的职能与责任上，策展工作关注的焦点需要从藏品本身切换到公众体验上。博物馆展览的高质量发展，意味着不仅关注展览的数量与规模的增长，更要统筹发展的"质"与"量"，不再因循守旧，对不适应发展需求的部分进行改革创新。南京市博物馆近年来也在临时展览的策展工作中不断探索，寻找应对挑战的新路径，从自身定位出发不断提升理念意识，更好地实现博物馆的社会价值。

关键词：策展挑战　对策　南京市博物馆

一　博物馆策展工作面临的挑战

中国博物馆事业已走过百余年的发展历程，当前正面临着前所未有的发展机遇。博物馆展览数量快速增长，展览成为展示国家形象、促进交流、增进国家互信的重要手段。另一方面，在展览数量增长的同时也存在着展览发展水平与人民美好生活需要之间不相适应的矛盾。博物馆展览存在着同质化严重，追求数量、忽视质量，重视形式创新、缺乏内容创新等突出问题。陈列展览是一项复杂的综合类工作，但归根结底是面向大众的文化形态，是实现博物馆公共服务功能的重要途径。观众是博物馆的服务对象，又是博物馆赖以生存的基础，只有真正了解观众需求，放慢速度，认真策展，才能帮助观众了解过去，提供展望未来的视角，鼓励观众在变化中探索答案，思考当下。

1. 公众对于展览的需求是动态发展的，传统策展逻辑正逐渐丧失吸引力

博物馆的陈列展览是博物馆的中心工作，是博物馆给社会提供的核心公共产品，是文物藏品保护与研究成果的体现，更是博物馆直接面向公众的重要手段。观众是博物馆的服务对象，又是博物馆赖以生存的基础，博物馆所筹办的展览最终目的是要尽最大的努力扩大公众积极有益地参观博物馆的机会。

在传统博物馆时代，展览可以以本馆馆藏作为基础，按器物种类划分展览逻辑，循环复制，推陈出新，这样的策展方式已经落后于时代的审美与创意水平。21世纪的博物馆策展理念经历着不断变更的过程，从最初只重视物件展示，到强调物件相关的知识传授，再到关注展品对公众的意义构建，我们需要明确观众对博物馆展览的需求与预期是动态发展的。博物馆的展览策划所要关注的焦点，也应该是策展人立足当下情形思考的创新与突破，处理好展品与时代的关系，展览与时代的关系。同一主题的展览可以用不同的展品表现，相同类型的展品可以通过不同的主题表达，改变模式化的展览发展思路，克服低水平、同质化的现象。博物馆展览的主题定位要建立在符合博物馆自身发展趋势，同时关注公众期待方向的基础上，才会对观众有影响。

2. 观众群体标签在不断细化，单一的叙事展览模式无法满足多元需求

很多年以来，我们国家的博物馆展览大多选用高度概括的单一叙事模式作为展览的表达方式，定位宏大叙事，标记关键节点，提炼代表性的历史事件，追求的是科学的、客观的呈现效果。宏大叙事固然很好，但是相对于历史上所发生的重大事件，人们更感兴趣的是在一些特殊时期生活和感受究竟是怎样的，以小见大，从小的切入口深入挖掘展品的丰富内涵也能启发观众思考。同时，这种看似客观中立的展览叙述实则包含很多主观因素在其中，从展览主题的选定、到展品的组织、说明性文字内容的表达等，策展人的主观判断会渗透在展览各个方面，这是无法避免的。站在专家学者角度进行的诠释或许可以帮助观众更快速地理解展览内容，了解展品背后的文化价值，同时，它也限制了理解的范围，禁锢其他的诠释可能性。

博物馆的内部职能围绕是物（藏品）展开的，而博物馆的外部职能是围绕着"物"与"人"的对话交流展开的。相同的历史事件，不同年龄、性别、身份、背景、知识结构认知程度的人的看法往往是截然不同的。因此，怎么通过展览项目打造具有个性的文化品牌，构建一种更新颖的博物馆与公众之间的互动关系是策展过程中需要不断思考的问题，这种关系必须是互动的，不是单向输出。展览需要摒弃只表达一种权威性的观点，与观众形成交流的过程，通过展览启发观众的思考并且鼓励多视角的叙述方式，尊重每一个个体，为观众呈现更为多元的展览视角。

3．旧有的策展体系已经不再适应当下需求，策展团队需要跨学科的专业人才

我国综合历史类博物馆的核心展品主要是遗址或者墓葬出土的文物，这类文物在博物馆陈列展览和发挥社教功能中起着举足轻重的作用。考古出土的文物成为展品后，仅依靠考古学自有的阐释体系是不够的，在历史类博物馆中的解读需要适应更加多元化的观众的需求。目前我们在撰写展览内容文本时，背后的学术支撑较多依赖于考古报告以及考古研究论文，对于展览叙事背景的描述以及展品解读主要借助文献，对于实物也就是展品本身承载的信息研究比较，考古语言也充斥在展览说明文字中。因此在传统的考古研究的基础上，引入跨学科的研究方法，能够形成更加丰富的阐释视角，从而让此类文物发挥更大的社会价值。

博物馆展览的选题策划，从本质上说是处理展览选题、概念设计、展品组合三个要素之间的关系，力图在概念和展品之间建立具有内在逻辑的联系，或以主题概念统领展品展示，或以展品组合推演主题概念，进而实现展览选题的立意表现、展览内容的精彩解读、展览效果的整体呈现以及展览影响的价值效应。具有强大学术支撑和历史渊源的博物馆在策展工作中不会再仅局限于文博专业背景的人才，更需要依托各类非文博考古专业的技术人才，跨学科人才组建的策展团队会带来思维的碰撞，展览将不再局限于实体空间范围，或者局限于几个月展期的时间范围，而是在时间与空间上拓展展览的深度。

二　针对挑战的应对方式

什么样的展览才是好的展览，这个问题没有标准答案。策展工作属于创意工作，但是创意并不意味着杂乱无序，制定更加系统成熟的展览评价指标体系，可以促进展览效果的有效评估，引导博物馆策展水平不断提升。虽然什么是好的展览这个问题没有标准答案，但是高质量的展览是存在共性的，掌握"让人感动的能力"，才是博物馆展览真正的核心竞争力。只有了解观众的不同类型及需求，才能从展览的主题、展览的线索、展览的每个细节给观众以触动，给予观众启发与思考，提供新的价值。

1．制定更加系统成熟的展览评价指标体系，引导博物馆展览水平不断提升

在博物馆高质量发展要求的新形势下，展陈工作从注重展览数量转向了追求质量，注重增长的可持续性与效益性。欧美和日本的学者在进行陈列思想研究时，往往会从观众的角度出发，对影响到展览效果、观众认知的每一处细节都进行有针对性的探讨，同时善于总结，设立普遍标准，对陈列设计实践形成有效指导。

在制定展览评价指标体系中，除了对展览的学术研究能力、策展水平、艺术效果等指标外，可以增加展览传播影响（海内外媒体对于展览的报道数量）、受众吸引力（社交平台上相关话题的曝光及网友参与互动情况）、展览服务力度（各种导览服务的支持种类以及是否有配套线上观展服务）等指标，细化展览效果，这有利于我们更好地研究观众，了解观众在参观展览时的各种经历与需求，促进博物馆与观众之间的沟通。

2. 掌握"让人感动的能力"，才是博物馆展览真正的核心竞争力

按照器物种类和年代排序将馆藏文物作为精品展展出，重视的是文物展品审美视觉上的单一展示，着重强调展品本身的美学意义，忽视了背后人文内涵的展示研究。展览实物的好坏评价标准其实是比较明确的，展览中展品的艺术价值、历史价值基本都可以通过文物等级进行判断，但是展品背后那些鲜活的人物形象却缺乏勾勒与呈现，无法让观众感受展览的温度。

从感受展览氛围到观看展品再到对展览主题产生共鸣是一个情感递增的过程，目前我国大多数博物馆展厅的展览信息牌更多追求的是客观、稳妥，提供给观众的信息量也相对较少，往往只是文物出土时间、地点、朝代，这已成为展示中的一个痼疾。观众驻足在无人讲解的展览前，凭感觉和简单的信息牌来识读展览信息，深邃的展览文化内蕴与观众之间的传达没有得到更好的链接，削弱了展览文化传播的意义。展品的内在线索是缺失的，与观众之间的关联是缺失的，展览没有告诉大家现在看到的藏品是以怎样的轨迹来到大家面前的，或者曾经是以何种形式存在于墓葬或者往日世界中的，观众接收到的信息是碎片化且不连贯的，这很难引起观众对于展览及展品的共鸣，观众看完以后思考空间有限。展览是一个梳理的过程，是一个学习的过程，展品不仅仅是放置于展线上就完成使命了，背后的历史价值、文化价值、艺术价值需要被充分挖掘，为沉默的展品发声，讲述它们的前世今生，将故事娓娓道来。

3. 了解观众的不同类型及需求，站在观众的角度策划展览

博物馆作为包容的文化栖息地，需要最大程度了解观众。博物馆的观众根据年龄划分，可以分为少年儿童、青年、中年、老年四类；根据参观目的，博物馆观众可以分为学习型（对博物馆拥有极大好奇心）、观光型（仅为打卡留念参观博物馆）、科研型（深度参与博物馆展览及活动），不同类型的观众对于博物馆展览的情感需

求也是不一样的，展览需要实现知识信息层级化输出。对此可以将展览内容划分为一级信息、二级信息、三级信息等，以满足不同观众的个性化需求。其中，一级信息为基础信息，服务于大多数观众，让观众通过简单的一句话了解展览的中心思想；二级信息则服务于有兴趣进一步了解的观众；三级及以上层级信息则面向对展览内容具有极大兴趣的观众，以满足他们更深层次的探究与思考。

策展工作在某种程度上与其他艺术形式是一样的，如电影拍摄必须有起承转合，有情绪的酝酿也有高潮的迸发。对观众而言，在一个小时左右最长不超过两小时的有效参观时间中，需要达到的预期包括：对展览基本信息的认知；对于展览中兴趣点的探究；情感的高峰体验。成功的展览是能够完成向观众传达信息、与观众实现交流、让观众产生共鸣这样一个过程的，观众不会是置身事外的旁观者，而是能沉浸其中的参与者。策展工作中每个细节都要兼顾，展览的动线是否合理，是否有一目了然的路线标示系统和内容导览系统以鼓励观众自行安排参观体验活动，是否设置了休憩空间，灯光、温度及音响水平是否符合人体工程学等，从观众体验视角看待展览，才能设计、制作出观众能理解的、受益的、喜爱的、愿意进行二次参观的优秀博物馆展览。

三　南京市博物馆在新态势下的策展实践

南京市博物馆是一座与地方历史相结合的综合性历史艺术类博物馆，现为南京市博物总馆分支机构之一，作为南京公共文化服务体系的重要组成部分，南京市博物馆的定位是展现南京城市发展进程，让观众感知生活在南京这片土地上的先人的生活智慧，启发观众探索和分享自己的身份、文化和地域环境。近年来南京市博物馆也在不断探索，临时展览的策展工作从主题设定、展品组织到内容编写、展陈设计、公共服务、宣传推广等多个环节越来越重视观众的需求与接受度，从自身定位出发不断提升策展能力，承担社会责任，不断探索博物馆在文化品牌打造与价值引领、迎合观众与影响观众之间的平衡，更好地实现博物馆的社会价值。

1. 融入大局，通过策展构建博物馆的多元与包容

局限在行业或者小范围内的发展，不是真正高质量的发展。中央宣传部、国家发展改革委、教育部、科技部、民政部、财政部、人力资源社会保障部、文化和旅游部、国家文物局等九部委联合印发的《关于推进博物馆改革发展的指导意见》中要求博物馆展览要配合"一带一路"倡议、京津冀协同发展、长江经济带发展、粤

港澳大湾区建设、长三角一体化发展、推进海南全面深化改革开放、黄河流域生态保护和高质量发展等国家重大战略，以及长城、大运河、长征、黄河国家文化公园建设等国家重大文化工程，加强博物馆资源整合与协同创新。

2020年5月17日，"5·18国际博物馆日"南京主会场活动在朝天宫拉开序幕，"又绿江南——南京都市圈八城文物联展"也同时开幕。展览以"多元与包容""区域协同发展"立意，展出来自南京都市圈8个城市18家博物馆的文物207件（套），其中60%以上为国家一级文物。此次展览是南京都市圈公共博物馆合作联盟框架下的八城市18家博物馆的首度联合办展，是博物馆公共文化服务合作的一大实践，也是彰显国际博物馆日主题的一次实践。

南京都市圈城市发展联盟是以南京为中心，地跨江苏、安徽两省，涵盖南京、镇江、扬州、淮安、芜湖、马鞍山、滁州、宣城八个城市的经济区域带，是长三角区域一体化发展国家战略的重要组成部分。同时这里也是吴楚文化的交汇地带、南北文化的交融区域，在明代同属"南直隶"行政区域，在清初同为"江南省"辖地，在近代最先受到西方文化的浸润。这个区域具有兼容并蓄、富有活力和创新精神的多元文化特征。展览结合2020年国际博物馆日主题，分为序厅、"多元的城市""多元文化的融合：青花瓷"三个部分，以"平等""多元"与"包容"贯穿整个展览始终。既展示各城市独特、多元的个性，又展现都市圈城市间的文脉相通、文化相融的共性，展现出南京都市圈不仅是经济圈，也是文化圈，是一个充满生机的共同体。

围绕"又绿江南——南京都市圈八城文物联展"，南京市博物馆联合社会机构，结合中国唐代大诗人李白在南京、芜湖、宣城、马鞍山、扬州、镇江、淮安等地留下众多传诵至今的名篇，用他人生的旅途，为如今南京都市圈的紧密相连写下最早的诗篇为线索，开发《太白之旅·南京都市圈研学》课程线路及服装、游戏等文创产品。在2020年国际博物馆日系列活动中，南京都市圈联盟博物馆研学项目推介以"太白之旅"研学活动为主线，串联介绍都市圈八座博物馆社会教育工作的开展情况，以及城市的地域特色，为公众带来一场穿越千年的文化之旅。首次南京都市圈研学游就选择了南京和马鞍山这两座城市。南京市博物馆和马鞍山市博物馆以李白及其诗篇为IP资源，深度解读李白所写的诗篇（其中包括小学生必备75首古诗中，李白所写的7首诗）。结合校本课程，通过活动让青少年了解古典诗词，品味中国故事，让古诗文经典嵌入脑海、融入血脉，成为我们的文化基因，把中华民族优秀传统文化不断传承下去。

2020年国际博物馆日以"致力于平等的博物馆：多元和包容"为主题。"多元和包容"，也是南京都市圈城市发展联盟、南京都市圈公共博物馆合作联盟的立意所在。博物馆展览的社会化不仅是在博物馆展览中扩大服务对象范围、增加观众人数，而是面向更有针对性的当代人群，乃至引入更具讨论价值的当代社会话题。博物馆有意识地配合国家重大战略策划主题展览，反映出博物馆正以一种全新的、主动的方式来展现自身价值和创造社会价值，这与博物馆的建立初衷与终极追求相契合，体现的是博物馆对时代、对社会的责任与担当。

2. 坚持创新，展览策划重视陈列方式创新，更重视内容创新

创新是引领发展的第一动力，对于博物馆来说，只有不断推进博物馆发展理念、技术、手段、业态创新，破除体制机制束缚，才能释放发展活力，带动博物馆高质量的发展。策展工作的创新不应该仅仅停留在陈列方式的创新上，更应该注重内容创新，对于展览的阐释与解读，需要突破固有展示层面，加强对展品的解读，重视陈列方式的创新，更重视展览内容创新，让观众感受到展览背后的温度。

2020 年，永乐皇帝迁都北京将满 600 年，南京市博物总馆联合首都博物馆、北京市昌平区十三陵特区办事处、蚌埠市博物馆、南京博物院、南京市考古研究院等多家单位，举办了"1420：从南京到北京"特展，集结明代精品文物 340 件（套），为公众讲述 600 年前从南京到北京的故事。

帝制时代都城的兴衰总是与王朝的命运休戚相关，以城市为基点叙述明代历史，最适合的两座城市就是南京和北京。1368 年，明太祖朱元璋于南京称帝，开启了延续 276 年的统一王朝；1420 年，永乐皇帝下诏迁都北京，北京作为国家政治中心、文化中心的地位延续至今。南京与北京在明代历史文化上各具优势，两种文化资源优势的汇聚促成了本次展览。

展览主要围绕明洪武与永乐两代重大历史事件展开，分为洪武肇基、永乐开拓、国祚绵延三个单元，各部分之间以历史发展脉络为主线，在特定的历史场景中复原历史人物的身影，再现昔日的风云激荡。此次展览立足于南京市博物馆自身馆藏优势，突破传统按墓葬划分或者是按照器物种类划分的策展逻辑，创新内容文本：从南京到北京，三位帝王、两座城市，再现南北相对的重影与镜像。太祖以南京为根本肇立基业，匹夫起事，无凭借威柄之嫌，恢复中华，创制立法。成祖清君侧、靖国难，迁都北京，睦邻四海，诞新治理，用致庸熙，奠定了至今 600 年的中国政治格局；故事还在继续，定陵地宫重见天日再现一代帝王的无限尊贵，两京王公贵族的金玉珠宝见证 276 年绵延国祚的辉煌，已成灰白的人物与故事又重新着上了色彩。

在艺术表现上，展览重点营造具有大气磅礴的空间氛围和南北相对的空间划

分。展厅入口，印有展览海报的电动玻璃移门缓缓拉开，引领观众进入 600 年前的明代。序厅部分，右侧逐一展示明代 16 位皇帝年表及庙号、年号，为观众梳理出清晰的历史脉络。展览运用红墙黄瓦的传统色调，奏响大明华章。南京部分以红色基调为主，结合不同内容，采用宣绒布、吸音棉等材质，烘托明代功臣墓出土的展品，营造太祖从南京出发攻打天下的波澜场景。北京部分多运用细节，选用"金陵八景"与"燕京八景"制作屏风样式，既是优美的背景又起到了很好的转换效果。除单元展板外，在单元衔接上，展览选用北京城市高清图像、北京十三陵全景图片、治隆唐宋碑高清拓片，制作了大幅背景，增加单元连接，缓解观展疲劳，增强展览气势。空间规划上，打造中轴对称的空间结构进行划分，抓住南京与北京两座城市的共通性，南京城为后续迁都北京后的北京城建设蓝本，在第一第二单元过渡部分，运用两组清晰通透的四面柜展示南京出土的建筑构件与北京出土的建筑构件，表现南北城市建设的恢宏场景，试图再现南北相对的重影与镜像。展览在中心位置选用南京大报恩寺遗址、明故宫等遗址出土的大型建筑构件搭建明代宫城场景，为观众勾勒直观的恢宏画面，让观众更直观地融入展览氛围。

针对此次展览的宣传推广，南京市博物总馆积极拓展各类传播渠道，创新传播内容，打造了全方位的传播矩阵。除官方媒体自主宣传以外，我们也注意到，很多看完展览的观众，自发地将观展过程中拍摄下的精美展品照片及视频上传至社交网络，也吸引了更多未观展观众的兴趣，扩大了潜在观众，起到了良好的社会宣传效应。

四　结语

当前，我国博物馆事业正处于历史上最好的时期之一，以习近平同志为核心的党中央高度重视博物馆建设，将博物馆事业与国家战略、国运发展密切相联。生逢伟大时代，博物馆工作者应该按照时代发展要求，深入挖掘展示中华优秀传统文化，提高藏品展示利用水平，优化展览策划制作流程，推出更多高质量的主题展览。

参考文献

1. 陆建松：《增强博物馆的公共服务能力：理念、路径与措施》，《东南文化》2017 年第 3 期。
2. 周墨兰：《迎合与影响——从临时展览选题谈博物馆的社会价值》，《中国博物馆协会博物馆学专业委员会 2016 年"博物馆的社会价值研究"学术研讨会论文集》，中国书店，2016 年，第 92 ～ 93 页。

3．翟群：《我们需要什么样的展览？——来自全国博物馆陈列展览学术研讨会的反思》，《中国文化报》2014 年 1 月 23 日。

4．王梦缘：《近三年西方博物馆对中国文化展览的主题选择——从展览主题中看西方世界对中国的印象改观》，武汉大学历史学院主编：《珞珈史苑》，武汉大学出版社，2019 年，第 1～15 页。

5．《聚焦策展背后的人文关怀，让中国博物馆与世界对话》，弘博网。

小荷才露尖尖角

——南通博物苑"小小讲解员"培训的实践及认识

王建华

（南通博物苑　江苏南通　226006）

内容提要： 小小讲解员培训在大多数博物馆采取的均是短期集中培训方式。南通博物苑小小讲解员培训活动试用了一种不同的方式，通过综合素质培训、考核、展厅实习、自修学分、考核五个环节的学习，完成一批培训过程。本文以南通博物苑十年小小讲解员培训实践活动为目标，解读了培训过程的专业内涵。通过培训成果的调研，阐述了培训各环节对小小讲解员成长的影响。

关键词： 小小讲解员　博物馆　培训　公益

南通博物苑是中国最早的公共博物馆，是国家首批一级博物馆。近年来，南通博物苑认真贯彻中央关于"加强和改进未成年人思想道德建设工作"的精神，充分发挥博物馆作为爱国主义教育基地和中小学生素质教育基地的作用，把博物馆建设成为广大青少年提升思想道德、增强审美情趣、提高实践能力的第二课堂。从 2011 年开始，我苑开展了小小讲解员公益培训活动，10 年来共培训小小讲解员1200 余人，活动得到了社会各界的大力支持和肯定，取得了良好的社会效益。本文将对此活动进行总结与思考。

一　培训活动简介

（一）培训目的

我苑举办小小讲解员培训，是为了充分发挥博物馆作为爱国主义教育基地和中小学生素质教育基地的作用，积极配合学校开展素质教育活动，培养孩子们对文博知识学习的浓厚兴趣，拓宽他们的知识面，提高他们的语言能力、临场应变能力和服务社会的能力，让孩子们更加自信，为孩子们更健康地成长搭建一个锻炼的平台。同时也希望借此让更多的观众走进博物苑，了解博物苑。这项活动也是博物苑服务社会、回报社会的具体举措。

（二）培训过程

1. 报名筹备

报名时间我们一般拟定在 6 月第二个休息日进行，这样既不影响接下来的学校期末考试复习，也让家长好统筹安排孩子暑假其他课程。报名前期我苑社教部通过在苑网站、当地电视台及主要媒体报纸上登载招生启事，告知社会，并成立了报名组、审核组、师资组、后勤组及保卫组等，周密筹划，确保活动忙而不乱。出乎我们意外，培训活动在社会上引起巨大反响。每年报名当天，在报名处排着长队的家长们成了博物苑一道感人的风景线，也让我们的培训人员有了更大的动力。根据培训教室的座位及辅导师资情况，我们每期拟招收学员 80 名左右，年龄定为 9 ～ 12 周岁。学员生源之多、来自地域之广出乎我们意外。每期学员都来自 15 所左右学校，甚至有县区的家长坚持带孩子来报名上课。家长和小学员们的热情很高，由于名额有限，我们不得不婉拒了一些后来的报名者，对由于名额原因未能录取者，我们登记在案，答应在来年优先安排。由于这一社教品牌的宣传效应，每年报名基本都在半天内爆满，可见活动深受社会欢迎。

2. 综合素质培训

学员中基本上都是小学生，对于他们而言，博物馆方面的知识暨陌生又新奇。我们在培训时间和课程设置上精心谋划。目前大多数博物馆小小讲解员培训班都是一周左右的集训，而 10 年来我们采取的是渐进式系统培训，让小学员有消化的时间，培训时间跨度达 1 个月，每期培训班安排 12 次课左右，至少 4 次展馆现场实习。培训内容涉及口腔操练习、礼仪知识、历史文物基本知识、动植物基础知识、讲解技巧、形体训练等诸多内容。这些课程的学习，可为一名博物馆讲解员的基本素质建立基础。

为了确保培训质量，除了本苑专家任课外，我们还邀请了南通电视台、南通大学、南通高等师范学校等单位的专家为特聘老师。根据各自所长，对孩子们进行各有侧重的培训。讲解内容和形式根据小小讲解员的特点，注意图文并茂，生动活泼及课堂互动，取得了良好的效果，受到家长和学生们的欢迎。为保证学习效果，我们的培训课都安排在上午进行。参加培训的学员们都能有始有终，坚持完成各门课程的学习。很多学员克服业余活动多、时间紧、身体不适、天气炎热、路途遥远等困难，坚持上课。有些住在县区的家长甚至坚持每次开车1个多小时送孩子来听课，家长的期盼和执着令我们感动，也更增强了我们的信心和责任心。

3. 综合素质考核

在知识课授完后，我们前期在中间还设置了才艺考核阶段。既可以深入了解学员的综合素质，又可以让孩子在紧张的学习之余能增添欢乐的气氛。通过考核，对成绩优秀者留下进行深度培训。对由于各种原因，考核不符合要求者，通过庄重的结业大会，进行总结和颁发结业证，使孩子们对于博物馆的培训学习留下一个完美的记忆。

4. 展厅实习培训

培训课程结束后，接下来是展厅实习集中培训阶段。我们实行的是分小组管理，一个讲解员老师带6～8位学员，保证每位学员均有老师一一辅导的机会。实习的内容包含本苑固定陈列的各展厅，由学员根据自己的爱好自由选择。兴趣广泛、有时间的学员可以选择多个展厅。我们鼓励孩子们多选择，并在考核时给予加分鼓励。

实习培训阶段完成后，是自主练习讲解修学分阶段。修学分阶段，实行的是值班制，每天安排一位老师值班，专门为学员答疑解惑，我们鼓励苑专家和讲解优秀的志愿者定期到展厅为小学员们辅导。在讲解员老师的指导下，在家长的陪同下，每位学员须完成近30个学时的展厅自主学习。

5. 严格的讲解考核

讲解员作为一个专业岗位，必须有一定的与这个称号相对应的技能。掌握这些技能需要经过培训、考核。参加培训的孩子最后想获得"南通博物苑小小讲解员"证书，必须经过几关严格的考核。授课结束后，统一考试，考试合格者安排在暑假期间进行讲解实习；实习期满规定的课时后，再次进行统一严格的现场考核。每组考核老师由博物苑专家2名、外请老师1名、辅导老师2位组成，不同知识背景的考核老师是为了从不同层面对学员有个综合客观的评价，学员成绩分数取5位评委的平均分。对受考核的学员，我们主要根据考核评分，同时参考平时出勤、纪律等综合情况考虑，录取一定数量的学员，颁发"南通博物苑小小讲解员证书"。获得证书后，才能成为一名真正的小小讲解员，可以参加我苑组织的专为小小讲解员打造的各类拓展提升活动。

6. 培训阶段的安全保障

为保证前来培训的孩子们的安全，我们高度重视安全细节。如发给家长安全培训告知书，每次上课均有保安把守教室大门，学员不得随意外出。此外，每期我们都安排专人担任班主任，专门负责学员的考勤记录、接送记录及日常事务的督办。上课时将学员分成若干小组，每组均有管理员老师管理。培训结束后将学员交给家长才准离开，整个培训过程没有发生一起安全事故。

二　培训成效调研

每期培训结束后，我们欣喜地看到，几乎所有学员都达到了我们预设的目标，绝大多数学员能讲 1～2 个展厅，孩子的接受能力之强，进步之快令我们鼓舞。而学员们在展厅之外的进步和收获也可圈可点。如有的同学认为通过学习，丰富了课外知识；有的学员由学习背诵展厅知识，变得对学校的学习也产生了热情；更可贵的是，不少孩子的综合素质得到提升，如由内向变得开朗；由害羞变得能主动与人交流；由胆怯变得落落大方地在众人面前讲解等等，这些变化都在培训中悄无声息地发生了，家长眼中欣喜的目光是对我们辛勤工作的最大宽慰。

按照规定，获得"南通博物苑小小讲解员"证书的学员们必须在博物苑提供义务讲解服务一年以上。他们在双休日、暑假、寒假和旅游旺季，为来自五湖四海的家长和孩子们提供了热情的义务讲解服务。我苑社教部管理人员还及时为每期小小讲解员申请了 QQ 群，在 QQ 群上发布值班信息、活动公告等，小小讲解员们也会在 QQ 群上交流讲解心得。博物苑还在各展厅醒目位置放置告知牌"今日有小小讲解员义务为您服务"。有时小小讲解员也会在展厅里，主动热情地为游客做导览讲解，观众的微笑和赞扬是对孩子们的最好鼓励。观众留言簿上留下了许多对小小讲解员的赞美之词，有的观众甚至为提供讲解服务的学生真诚地写来了感谢信。小小讲解员们在展厅里传递着知识，也传递着志愿精神和希望。

2013 年 8 月，南通市文明办、市妇联举办了"'关爱成长，喜看发展'千名留守儿童看南通"夏令营活动。在南通博物苑的参观讲解，全部由小小讲解员们担纲，他们的表现受到活动组织者和参与者的一致好评，产生了极好的社会效益。还有几位学员参加了江苏省（南通片区）廉政文化周中"小学生廉洁书画作品展"的讲解接待，受到领导的高度赞扬。2014 年，省市文明办领导来苑考察未成年人工作，我苑小小讲解员的生动讲解得到领导的好评。2016 年江海旅游节期间，小小讲解员为来苑参观的外国学生作讲解，展示了南通学生的风采。

除综合素质有显著提高外，参加培训的学员还有其他有益的收获。每次参加培训的学员，分别来自不同的学校、不同的班级。大部分学员过去从来不相识，但在每期的学习过程中，大家朝夕相处。同学们之间互相学习、互相交流、互相帮助，不仅增进了友情，而且也留下了人生美好的记忆。很多同学都纷纷表示：通过这段时间的培训学习，让他们懂得了书本以外的很多知识，结交了新的朋友，自己也得到了全面的锻炼。

三　培训后期管理

第一，每期培训活动结束后，我苑社教部都会及时加以总结，完善各类档案。及时召开参加考核的各评委座谈会，听取大家对活动的意见和建议，并适时召开家长座谈会，听取家长的建议。好多家长激动地说：这样的培训活动太好了，希望今后要多搞几次。

第二，每节课结束后，我们都会精心设计调查问卷，听取学员的反馈意见，以便来年调整培训课程，改进培训方式。绝大多数学员都能认真填写调查问卷，真实反映自己的意见和感受，为我们做好下一步的工作和课程改进提供了参考。

第三，颁发《南通博物苑小小讲解员服务章程》，为小小讲解员来苑义务服务制作专门的记录。到了年底，根据孩子的服务情况评选"十佳优秀小小讲解员"并颁发证书。

第四，为提升小小讲解员的综合素质，我们在培训结束后，还组织了小小讲解员夏令营活动，外出参观学习，并与外地小小讲解员进行交流，如组织去浙江省自然博物馆、浙江省科技馆参观并与那里的小小讲解员互动。探访天目山，使孩子们在大自然中学到知识并在爬山过程中磨炼意志，让孩子们享受快乐博物馆之旅。在寒暑假期间，组织小小讲解员赴上海各博物馆参观学习，开阔眼界，也锻炼孩子们的独立生活能力和团队精神。

第五，组织小小讲解员参加全市举办的"张謇杯·文博南通"讲解大赛，小小讲解员们在少儿组的比赛中展现了风采，取得了优异的成绩，也向全市宣传了我苑这一品牌活动。

第六，为丰富小小讲解员的知识，我们还会不定期开展一些学习活动。如组织参观市区文物保护单位；利用我苑植物资源丰富的特点，经常组织孩子们来苑参观，讲解植物知识。组织外出观察鸟类等，培训孩子们热爱大自然的情节。苑里有适合孩子听的讲座，我们也及时在 QQ 群里公布。许多知识都是孩子们在学校里学不到的，这或许也是家长们争先恐后把孩子送到博物苑学做小小讲解员的目的吧。

四　体会和认识

第一，青少年是祖国的未来，是民族的希望，也是家庭的寄托。作为公益性的文化服务机构，南通博物苑在社会教育方面积极地尝试与实践，我们欣喜地看到，活动取得了预期的成效，得到了广泛认同，取得了显著的社会效益。通过培训，孩子们增长了知识，开拓了眼界，结交了朋友，综合素质有了显著提高。在博物苑做一名小小讲解员的经历，成为小学员人生中一段美好的回忆和再上一个新台阶的支点。

第二，培训活动取得成功，得益于博物馆苑领导的高度重视和对学员的关心。单位领导多次听取部门工作汇报并做指导。为保证上课效果，活动中特别邀请了本市电视台著名节目主持人、高校的专家教授前来授课。考核阶段我苑领导、高级职称人员在繁忙的工作中挤出时间，认真参加了考核工作。

第三，作为学校教育基地，本单位每次培训均为纯公益性的活动，我苑在人力、物力和财力上均给予了极大的支持。与外地有些馆的小小讲解员培训做法不同，我们不收取学员一分钱费用，对家庭困难学生还特别照顾录取，得到了社会上广泛好评和称赞。

第四，在活动过程中，我们高度重视呵护孩子们的参与热情和纯洁的心灵，鼓励孩子们参加公共活动的积极性。2011～2015 年我们在报名阶段采取宽进严出的原则，培训前不考试。凡是前来报名的，只要合乎年龄要求，都可参加培训，将优质教育资源最大限度地辐射到每个孩子身上。在工作中我们将"爱心""包容心"，贯彻到每个细节。如在 2011 年培训中，从最初招收 50 名学员到扩招到 150 名；从 50 名选 30 名作为小小讲解员，到 50 名全部录取为小小讲解员，一次次人数的突破，都包含了我们对孩子热情的呵护。

第五，在培训活动中，我们注重宣传"公共观念"，强调互相尊重。博物苑是一个公共场合，我们每个人都有权利共同享受这样的公共资源，同时也有责任和义务，共同维护它的安全。我们向学员传递"公德""公心"的文明礼貌，同时也以"公平"之心对待每位学员，以"公允"之尺对待每件事。这种做法让我们的学员都感受到被尊重，对博物馆苑有认同感和归属感。

第六，培训活动的成功还得到了所有学员家长的高度重视和全力支持。如有的家长专程请假陪同孩子参加考核，尤其在展厅自主实习阶段，有些家长整天陪在展厅里，充当听众。有些孩子因事在外地，家长代替上课，回去再转告孩子。有些家长将展板拍成照片回去再反复练习，如此等等，诸多感人的画面时时浮现在我们脑海里，让我们感动和振奋。一些家长们还一起为孩子们定做了美观的小小讲解员服装，购置了讲解话筒，家长的支持和鼓励是孩子们进步的重要动力。

第七，10年来，在这项培训工作中我们积累了一些经验，我们充分认识到小小讲解员培训活动的积极意义。我们也逐步完善了一些工作方法。如在招生过程中，从无门槛到实行面试选拔。这样做的原因，是因为我们发现有些家长送孩子来培训，一是因为免费，二是希望博物苑能帮他们管理小孩，至于学到什么，并不重要。有些小孩对学做小小讲解员并没有兴趣，完全是家长的包办。这样造成有些学员上课并不认真，心不在焉，甚至影响其他学员上课，影响了课堂纪律。通过选拔，淘汰了一些不适合做小小讲解员的学员，留下来的孩子更加珍惜培训机会，课堂纪律明显改善，学习效果也有很大提高，保证了培训效果。至于没有被选拔进来的孩子，我们也欢迎他们加入小小讲解员群，可以参加博物苑举办的一些社教活动，得到家长的理解和欢迎。在课程设置上，我们也根据调查问卷的结果，对一些课程及上课方式与任课老师沟通。我们也尽量根据孩子的心理以及博物馆的特点，以物说事，形象生动地授课，受到学生的欢迎。

第八，社会赞誉。2015年本苑"小小讲解员公益培训"项目荣获江苏省民政厅、共青团江苏省委评选的"助梦青春·益起来"2015年江苏省青年公益大赛一等奖。

2016年"我学我讲——南通博物苑小小讲解员公益培训"荣获共青团南通市委颁发的"南通市第二届青年志愿服务项目大赛银奖"的荣誉。

五　不足之处

小小讲解员培训已经在许多博物馆蓬勃开展，取得了许多好的经验，值得我们借鉴学习。我们馆起步较晚，培训过程中也还存在着不少不足之处。如培训能力与全市学生需求的矛盾。由于精力有限，该培训我们每年只开展一期，每期只培训80人左右。此外，由于培训对象基本上都是小学生，对于小学生的学习心理和思维特点，博物馆人也缺少专业的研究。一些课程的设置安排、上课形式还有待进一步改进。上课方式较多的还是"我讲你听"的模式，一些说教式的、填鸭式的讲课方式还未完全转变。一个月的培训过程，对于较好地掌握、理解、消化一个展览内容仍显匆忙，毕竟学员是稚气未脱的小学生。小小讲解员讲解服务过程中出现的死记硬背讲解词、食而不化的现象时有发生，这些都或多或少地影响了讲解服务效果。

如何对小小讲解员进行长效管理，让其每次来都要有新的认识和收获，培养其持续来博物馆的学习热情，并将新知识应用到自己的讲解中去，值得博物馆人认真思考。

六　结　语

培养小小讲解员志愿者，是博物苑服务公众的一项纯公益行动，目标在于让更多的孩子走进博物馆，举办此活动，我们的目标是希望通过一个孩子带动一个家庭、一个班级甚至一个学校，从而让更多的人走进博物馆，享受博物馆免费开放后，给大众带来的文化大餐。值得庆幸的是，我们的辛勤付出得到了社会认可，每年报名的火爆以及上级部门颁发的荣誉给了我们做好这项工作的无穷动力。博物馆人通过这项活动，也结交了许多博物馆之友。我们相信：每位小小讲解员，会像传播文明的种子，将会引导更多的孩子走进博物馆、从而爱上博物馆！我们也相信，小小讲解员的经历，将会激发孩子们更多的潜能，为今后成长为对社会有用的人才奠定坚实的基础。

论未来博物馆之"二大":"大博物馆""大教育观"

——以江阴博物馆和苏州博物馆为例

贡振亚

(苏州博物馆 江苏苏州 215001)

内容提要： 当今博物馆人应有一远见，即未来博物馆有"二大"："大博物馆""大教育观"。第一个"大"，是就已经在路上的事业机构改革和博物馆资源整合的必然趋势而言；第二个"大"，是就"一个博物馆就是一所大学校"[1]，将曾经古老、静止、艰涩、地域性的博物馆文物资源，通过观念转变和多种手段，转化为多元、开放、活泼、现代的社会教育资源，并使博物馆成为革新鼎故的精神文化传播载体。本文即以江博、苏博二馆为例，来论述一二。

关键词： 兼容并蓄的"大博物馆"观 多元包容的"大教育观" 未来思考

2019 年，作为全国首批试点城市的无锡事业改革拉开序幕，直至 2021 年落下帷幕[2]。8 月，在全国县级市博物馆中名列前茅的江阴博物馆进一步扩大了阵容，形成"七星捧月"[3]的新格局：以博物馆为中心，纳刘氏兄弟故居、曹颖甫故居两大故居，江阴文庙、国民党要塞司令部、徐霞客三家文保所，及高城墩良渚文化遗址陈列馆、唐公祠遗址为"七星"，打开了江阴博物馆未来兼容并蓄做大内涵的新局面；同年，伴随十一国庆小长假而新鲜出炉的苏州博物馆西馆也正式开放，"首次引进国外大英博物馆罗马展""打造国内首家博物馆学校""打造中国第一家专题儿童博物馆"等一系列崭新标签，被专家评论为"一次吃了好几只'螃蟹'"[4]，而络绎不绝的参观人流和如潮好评也向国人证实了苏州博物馆"立江南，观世界"[5]的视野之大和胸襟之广。

一　海纳百川，有容乃大——看大博物馆之"大"

自 2011 年 10 月 18 日建设"文化强国"的长远战略在党的第十七届中央委员会第六次全体会议上提出以来，一度冰封的传统文化事业可谓"忽如一夜春风来"。然而，在全国各地"千树万树梨花开"的星星点点、大小参差和各显神通中，不免存在格局狭小、资源重叠、鱼目混珠、着力不匀等问题。私所见，改革下的大博物馆，第一增大的是体量，第二增大的是格局，第三增大的是内涵。

1. 体量之大，有容乃大

博物馆是一座城市的灵魂，是城市的文化之光。目前，江苏全省共有国家等级博物馆 70 家，其中国家一级博物馆 13 家、国家二级博物馆 25 家、国家三级博物馆 32 家。另有民办博物馆 160 家[6]。其一级馆数量位列全国第二，十分可观。江阴博物馆作为一家县级单位的国家二级馆，在未纳进"七星"之前，主要以可移动文物为主，纳入"七星"后，江阴的文化最亮点"千古奇人徐霞客""音乐文化名人刘氏三杰""经方大师曹颖甫"等，及以不可移动文物、非物质文化遗产为主的国民党要塞司令部、徐霞客文保所两家国保所、江阴文庙一家省保所都被纳入旗下，犹如一根主线串起了星汉灿烂，在博物馆体量增大的同时，原来都仅仅搭配了三五员工的各文物"小"单位也仿佛瞬间有了"灵魂"。

2. 格局之大，高瞻远瞩

1949 年新中国成立后，国内博物馆行业在潜移默化中数度历经改革或转型。从最初像其他行业一般向"苏联老大哥"学习，趋于"地志类博物馆"的范式；到 20 世纪 80 年代后，博物馆的专门化新发展模式，如南京博物院等诸多省博馆的发展模块；到时至今日，"综合性博物馆"的概念越来越明晰、主动性越来越明确，一种既保留着展示历史文化和革命进程的"国博风"，又融合了历史、艺术、自然科学、人文地理等全方位坐标的综合性博物馆应运而生。我们可以从江阴博物馆的"江阴古代史馆"来看地方历史，从"高城墩遗址"来窥良渚文化一角，可以从"暨阳史观"的文庙大成殿、明伦堂来续江阴文脉。格局上江阴博物馆就不仅仅拥有了 1.2 万平方米的本馆，在横向延伸出"七星"的同时，也纵向延伸出了无限的可能性。

3. 内涵之大，兼容并蓄

博物馆的融合，还有效促进了资源统筹和资源整合，有意识精炼提高了文化活动内涵。于江阴博物馆尚未改革时期，最常见的弊端就是"你方唱罢我登场"。如某次江阴文庙主办一个太极拳讲座，按明伦堂规制可容纳一二百人，但实际参加的却不足 20 人，究其原因此前该团队已在许多馆、场搞过讲座或体验活动了。像这样同一个资源，同一道文化项目，同一批表演者，常常会受邀接连出现在一个地区的大小各个馆、室、场，无形中增加了一个地方的文化支出成本不说，其结果是受众越来越少、效果越来越小，这对于培养一个地方的文化受众和提高受众的文化素养都是极其不利的。经过整合，江阴博物馆合并资源、精准定点，活动和场地有序统筹、各司其职，极大提高了利用率和地方博物馆的综合展示功能，体现了大博物馆的兼容优势。

二　春风化雨，润物无声——成大教育观之"大"

所谓大教育观，相对的是传统教育观，以及狭义的学校教育观。学校教育以传授书本知识为主，而大教育观可以说涵盖了生活的方方面面，万事万物，皆是教育的抓手；传统教育观，只作地方性的探索和深度解读，不与外省、外国、外界作过多的交通交流，而大教育观在中国全球一体化进程中必要打开胸襟、拥抱世界。此时此刻苏州博物馆西馆首家提出的打造"博物馆学校"理念，这既与国际博物馆协会将教育放在博物馆功能首位的理念不谋而合 [7]，也与国家提出的"一个博物馆就是一所大学校"的新理念同步，是未来发展之大势所趋。

1. 视野更新，多元包容

俗话说：眼到、心到、手到。凡事先有观、启，后有思、行。苏州博物馆这家全国一级博物馆，从"立江南"到"观世界"，以全国首屈一指的眼光和胸襟，打开了一个多元包容的博物馆视角，给了大教育观一个适当的容器。打造江南文化品牌，从贝聿铭老先生设计的秀丽外观，到云集江南的才子佳人打造的精品内涵，其江南特色蜚声海内外，其江南灵魂几乎承载了 20 世纪至今的江南情结者的全部情怀。一桥一水、一花一木、一亭一阁，都在无声描绘江南，都在补充扩展苏州博物馆的外延。随着世界日新月异，当今的中国也越来越开放，全方位走在复兴之路、全面建设社会主义现代化国家的新征程上 [8]。打开国门，就连美国某大学一个小小的图书馆里，都能看到中国展厅的存在，而国人却从未在自家的博物馆里读过别人的历史、看过别人的长相。苏州博物馆西馆，首开大英博物馆罗马展厅，传递了一个国内博物馆与世界文博馆接轨的信号。

2. 观念更新，物物可教

最好的教育，都是在最平常的事、物中，"随风潜入夜，润物细无声"[9] 的。博物馆的存在，如一名百岁、千岁的长者，以她的一字、一物、一场展览、甚至一种环境布置，传递出她要同我们诉说的古往今来和南来北往，使我们为自己的民族历史而感到骄傲，使我们为自己的民族未来而勇于拼搏。一如贝聿铭老先生在苏州博物馆闻名遐迩的"假山片石"设计理念，其教育符号清晰明了，其教育涵义影响深远。苏州博物馆西馆在打造博物馆学校的道路上，兼传统与创新并举，既承继江南文化的从小传播、积极开发学校教育的课程补充，也迎进多家研学队伍、碰撞各种教育点子，以全新的观念、开放的思维和实践的勇气，用心做好博物馆学校之探索体验馆。

3. 方法更新，润物平等

最近几年，博物馆的社会教育开展得如火如荼。仅江阴博物馆下属的江阴文庙，一年就以上以千计的数字开展了各类国学课程、手作体验等传统文化活动及课程[10]，其他各馆各所也不例外。新的博物馆理念下，大教育观将极大地促进前期物教、人教资源的开发，而降低中后期时间、人工、金钱的付出。如苏州博物馆西馆的"外婆的家"，在布置温馨亲切的"外婆家"，除了能直观感受到江南物什和江南生活，全室的家具家电都能触摸朗读苏州方言，寓教于乐中传承方言。又如以江南园林著称的苏州被誉为"百园之城"，苏州人从小便是与这些园林相伴成长的，同样的一座按比例缩小的微型园林，也被搬到了苏州博物馆的博物馆学校之内，设有粉墙黛瓦、花窗围屏、假山流水，甚至还有微型古井，里面为身高 1.5 米以下的幼儿设计了有趣的迷宫。物的教育是平等的，人的构思是无穷的。只要用心去做，条条大路通向罗马。

三　知行合一，笃行致远——思博物馆未来之"向"

今天的博物馆，走在同祖国快速发展的同步轨道上，只有摒弃敝帚自珍、画地为牢的旧家什，才能解放思想、迈开脚步、思接千载、璧联中外，以更加包容、开放、客观、冷静的态度看待文物和文物的价值。

1. 平等博物视角

博物，本意是辨识了解各种事物，引申指万物。现多用作动植物、矿物、生理一类学科的统称[11]。在博物馆，我们既要观看物的外表，也要剖析物的内在；既要挖掘物的前世，也要联想物的未来；既要藏，也要用；既要用于学，也要用于教。以广泛平等的博物视角，来成其大博物馆的大教育观。

2. 扩大博物价值

博物馆的馆藏，包含着免费学习、终身学习、以身示教的作用。我们今天所做的一切观赏、探索和研究，都应是为了更多地破解提高应对人类未来的价值线索，毕竟人类的一切研究都应该且必须是面对未来的，而不只是为了复原过去。大博物馆融合了更多的博物馆资源，大教育观提高了更多的博物馆存在价值，未来，让我们成为更加大气磅礴、更具智慧的大博物馆人。

注释

[1]《习近平 2015 年春节前夕赴陕西看望慰问广大干部群众时的讲话》，《人民日报》2015 年 2 月 17 日。

[2]《江苏完善机构编制深化改革 6 月底完成事业单位改革试点》，人民网，2021 年 3 月 24 日。

[3]《机构调整同级最大 江阴市博物馆馆长翁雪花谈"七星捧月"创新发展》，《博物馆头条》采访，2021 年 11 月 18 日。

[4]《苏州博物馆西馆 2021 年建成开放》，中国新闻网，2019 年 5 月 7 日。

[5]《"立江南，观世界"让自然与文化重新定义苏州》，苏州博物馆西馆公众号，2021 年 9 月 6 日。

[6]《江苏国家级博物馆全名录》，《互联网知识解读》，2021 年 11 月 20 日。

[7]《苏州博物馆西馆 2021 年建成开放》，中国新闻网，2019 年 5 月 7 日。

[8]《中共中央关于制定国民经济和社会发展第十四个五年规划和 2035 年远景目标的建议》（中国共产党第十九届中央委员会第五次全体会议通过），2020 年 10 月 29 日。

[9]（唐）杜甫《春夜喜雨》。

[10] 暨阳文庙公众号（现已并入江阴博物馆）。

[11]《汉典》词语解释。

关于开展"纪念馆外交"激活文博场馆特殊功能的思考

——以南京抗日航空烈士纪念馆为例

高萍萍

（南京抗日航空烈士纪念馆　江苏南京　210042）

内容提要：南京抗日航空烈士纪念馆是南京和平文化的基础设施之一，在促进南京国际和平城市建设中，具有独特的优势和作用。开展"纪念馆外交"，激活场馆特殊功能，从服务国家战略大局出发，结合自身实际，围绕一个中心，着眼两个落脚点，依靠三个抓手，充分发挥功能，对创新国际和平城市建设手段，全方位提升城市影响力具有积极意义。

关键词：南京抗日航空烈士纪念馆　国际和平　纪念馆外交　命运共同体

博物馆有无限可能。博物馆可以引领时尚和潮流，真正成为人们生活的一部分。2017年，南京成为世界上第169座国际和平城市，在追逐人类最伟大的梦想"和平"的道路上，具有重要意义。联合国教科文组织携手"博爱之都"南京，把"和平"愿景融会于交流对话、合作共赢之中。"和平"这一主题广受人们关注。

南京抗日航空烈士纪念馆（以下简称"南京抗馆"）是南京和平文化的基础设施之一。作为首批国家级抗战纪念设施、遗址，南京抗馆以创造性的思维去设想和分享博物馆创造价值的新方法，担负起弘扬以爱国主义为核心的抗战精神，致敬海内外为抗战牺牲的中华英雄，密切与那些在艰难岁月中向中国人民伸出援助之手的爱好和平与正义的国家和人民的联系，传播共同构建人类命运共同体理念的神圣使命和职责。

一　南京抗馆的基本现状与特殊优势

南京抗日航空烈士纪念馆位于南京紫金山北麓，是国内首座国际抗日航空烈士纪念馆，是南京钟山风景区的"正义之光"。纪念二战期间为中国的抗日战争而牺牲的中苏美等国空军英烈，讲述他们在中国的蓝天单独或分别联合抗击日本侵略者的英勇历史。抗日战争是世界反法西斯战争的重要组成部分，是中国近代以来抗击外敌入侵第一次取得完全胜利的伟大的民族解放战争，更是一场中国人民反抗日本帝国主义侵略的正义战争。南京是抗战中受战争灾难最惨重的一个城市。南京同时也是当年国民政府的首都。为保卫南京和保卫中国而英勇牺牲的空军官兵们，永远值得人们纪念和缅怀。

1. 纪念馆宣扬维护正义、追求和平理念

南京抗馆主要纪念的是在 1931 ～ 1945 年的中国人民伟大的抗日战争中，中国空军为保卫祖国与地面部队共同击退日本侵略者而进行的英勇不屈的战斗历史，尤其纪念在这场战争中牺牲的或为国捐躯的空军英烈们。由于当时国防力量有限和军事实力薄弱等客观原因，中国空军在南京沦陷后就陷入极端困难的境地，这时幸而先后得到苏联、美国等国的帮助，苏联派出了航空援华志愿队，美国也组成志愿飞行队，即鼎鼎大名的"飞虎队"来华助战，后来美国空军与中国空军还在中缅印战区飞行"驼峰航线"，为中国源源不断输送战略物资，美国空军与中国空军并肩战斗至抗战胜利。同时，在抗战爆发后，也有一些其他国家的空军，如韩国籍飞行员等加入中国的队伍；另外，许多在海外的游子十分关心祖国的安危，回国参战。因此，中国人民抗日战争的空战不仅是华夏儿女赶跑侵略者的一场艰苦战争，更是世界各国人民携手抗击法西斯的一部英雄的史诗。世界各国人民都爱好和平，为维护正义而不畏牺牲、勇往直前。

2. 纪念馆建设目的在于铭记历史、珍爱和平

南京抗馆的建成分三个阶段：一是始建于 20 世纪 30 年代的"航空烈士公墓"，当时曾安葬有苏联援华抗战牺牲的将士若干名；二是落成于 20 世纪 90 年代的"抗日航空烈士纪念碑"，建碑之时，俄罗斯联邦驻华大使馆、俄罗斯老战士委员会、中美空军联合作战退伍人员协会、韩国国民、新加坡与印尼等地华侨等纷纷捐款；三是 20 世纪初，纪念馆由中山陵园管理局开工建设完成后于 2009 年 9 月正式免费开放，场馆的建设得到了江苏省和南京市政府的大力支持，以及海内外有关单位、团体、个人、广大烈士亲属的热情关注和踊跃捐款。人们之所以报以高度关注，就是为了铭记历史和珍爱和平。

3. 纪念馆展示利用文物凝聚力量、传递和平

疫情之前，南京抗馆的游客中有许多是来自境外的游人。不仅包括政府层面俄

罗斯、白俄罗斯、乌克兰等国的驻华领事以及美国的文化官员，还有来自俄罗斯、美国等地民间的外事团队。美国在华留学的留学生，如南京大学中美文化研究中心的许多学生，包括教师等，也到南京抗馆追寻美国当年援华空军"飞虎队"的印迹。不少英语国家的游客通过网络对南京抗馆进行关注，以网上留言的方式探讨航空抗击日寇史实。许多原籍中国台湾后来侨居其他国家的华裔，尤其是抗日空军后裔，更是纷纷前来参观凭吊。到此的游客多数被当年中苏美空军做出的牺牲及他们背后的故事而感动，南京抗馆成为向世界宣扬维护和平、让人间充满爱的媒介。

第二次世界大战的历史是世界各国人民都刻骨铭心的历史。中国的抗战是"二战"的一部分。海外散落了中美空军等联合抗战的诸多珍贵的历史文献资料。在美国的华裔十分积极主动且具有高度热情地为南京抗馆收集文史资料，目的就是为回国捐赠，这也在一定程度上打响了南京抗馆在国际上的知名度。通过国际友人收集更多的有关"飞虎队"和"苏联援华航空志愿队"等的一手文史资料，得到海外自愿协助寻找及捐赠资料人士的帮助，进行这段历史的传承和弘扬，同时也凝聚起世界各国人民珍爱和平的力量。

4. 纪念馆与外界密切交流、传承和平

由于在中国的抗日空战中，出现过苏联飞行员的无私援助，南京"航空烈士公墓"也安葬过牺牲在中国蓝天的苏联空军烈士，因此南京抗馆自建设之日起就受到俄罗斯政府和俄罗斯联邦国防部中央军事博物馆的高度关注。俄罗斯（圣彼得堡市）炮兵、工程兵和通信兵军事历史博物馆与南京抗馆签订了长期的"共建合作协议"，约定双方定期开展人员往来、文博展览交换、信息传递交流等多项合作。南京抗馆向俄罗斯友馆输出了"中国抗日战争中的苏联英雄"图片展，俄罗斯馆也为南京抗馆带来了"1941年—1945年的战争宣传画"专题展等。馆际之间的交流是文化的交流，也是情谊的互动。双方努力在友好的文化交流中，传续国际和平，为加深中俄友谊做出贡献。

二　开展"纪念馆外交"建设和平城市地标的几点思考

南京进行国际和平城市建设，既是为尊重南京人民受难的创伤记忆，也是为了未来不再有伤痛，"唤起每一个善良的人对和平的向往和坚守"。同时传承历史，更加积极地前进。这必将促进南京的国际知名度的提高，促进南京的全面发展，展现中国的和平形象，为维护世界和平、构建人类命运共同体做出贡献。然而，未来

的事业任重道远。南京在建设国际和平城市中还有很多工作要做。南京抗馆目前是国家三级博物馆，在这方面还大有可为，尤其在城市的对外交往方面，南京抗馆既是南京城市公共外交的物质性资源，同时也包含着开展公共外交所必需的大量的非物质元素，它塑造了南京不为人知的英雄气概，表达了中国对世界各国的友善，赢得部分海外参观者的价值认同。

面对新的形势与艰巨的任务，南京抗馆可以"正义与和平"为主题，在教育、引导民众与面向未来等方面进行积极探索，期待为维护国家形象、利益贡献更多的力量。

1. 认识使命，充分发挥和平文化基础设施的担当作用

中国人民抗日战争的胜利是中华民族实现伟大复兴中的一个波澜壮阔的里程碑。在抗战胜利75周年之际，服从服务于国家战略，维护二战成果和秩序，提高中国的话语权和大国地位，讲好国家故事，服务构建人类命运共同体，每个单位与个体都责无旁贷。

南京抗馆是陈列展示中国空军抗战史的重要场所，是宣传中国人民抗战精神的重要阵地，是体现世界各国人民友爱互助的重要载体。应围绕一个中心，着眼两个落脚点，依靠三个抓手，完成各项工作。

一个中心即以国家战略为中心。两个落脚点，即爱国主义教育和国际交流合作，一明一暗两条线。三个抓手，即抓住博物馆定级、爱国主义教育基地建设、抗战胜利80周年改陈等几个重要契机，提升场馆的软硬件条件。如在南京抗馆交通位置方便并具备一定的接待能力的基础上，建议再建立具有前台接待、中外文讲解器租借等基本功能，兼具基础的旅游餐饮，有一定能力接待内外宾尤其是外宾的游客服务中心，及建设富含抗战文化元素的文创旅游商店等，吸引更多的海内外游客。通过加大文史征集力度、加强学术研讨、创新展示研究成果、开展多种形式的爱教活动、拓展国际交流，充分发挥南京抗馆在南京建设国际和平城市中的文化基础设施的担当作用，围绕钟山景区建设，以"文化建设"为主线，将南京抗馆建设成为"具有国内影响力的抗战精神教育基地和具有国际知名度的和平城市传播窗口"。

2. 加强教育，充分发挥继承和弘扬抵抗侵略之正义精神的作用

南京抗馆主要纪念的历史是中苏美等国空军联合抗击日寇的反侵略战斗史，牺牲的先烈们在极端困难的境地下，并不气馁，而以大无畏和敢于对抗强暴的精神，抱着必死的决心，与侵略者一搏，保卫自己的家园。这种英勇不屈的抗战精神，这种抵抗侵略的正义精神，是全民族全人类共同的精神财富，应当予以更好地继承、

传播和弘扬。历史史实向我们揭示了中国人民抗日战争的空战不仅是华夏儿女赶跑侵略者的一场艰苦战争，更是世界各国人民携手抗击法西斯、维护正义的一部宏伟的英雄史诗。这些都应当永志不忘，可以成为各国人民携手合作生动的教材；更可以转化为强大的动力，用于推动人类共同热切渴望的至今在世界上部分地区还未实现的和平进程。

抗战精神在中国的核心是爱国主义精神，爱国主义尤其是我们民族精神的核心，"是中国人民和中华民族同心同德、自强不息的精神纽带"。加强对抗战主题的爱国主义教育也是对先烈的告慰。

3. 加强交流，充分发挥维系热爱和平的各国人民之间友谊的作用

南京抗馆同其他抗战纪念馆一样，是历史的遗迹，历史的见证，同时这里也体现了人文精神。慈善、爱和勇气在过去的那场残酷的战争中突出彰显。和平的意义在灾难来临的时候更被人们渴求和呼唤。西方人愿意救助中国难民，西方人士愿意同中国人民站在一个战壕，共同抵抗罪恶、共同抗战，这反映了东西方共同的祈愿。在中国空中战场上牺牲的东西方英雄，共同见证了全人类所崇尚的英雄主义和国际主义。因此，南京抗馆就是"和平的使者"，能够体现各国人民之间的友谊，能够促进中俄、中美等国之间相互的友好往来和交流。加强对外交流，特别是国际交流，必将能使南京更好地向世界传播和平的声音。

在大的历史背景与特殊的现实基础之上，南京抗馆应抓住机遇，利用自身资源与优势，积极作为，朝着"一年打基础，三年上台阶，五年大发展"的目标奋进，为南京在国际和平城市建设方面贡献更多更有益的力量，使南京这座中国首座"国际和平城市"以闪亮的形象出现在世界舞台上。

参考文献

1. 刘成：《和平学》，南京出版社，2006 年。
2. 南京公共外交研究中心：《用民间交流促进世界和善——基于南京抗日航空烈士纪念馆的思考》，《公共外交》2019 年第 1 期。
3. 张建军：《用"世界语"讲好中国故事——侵华日军大屠杀遇难同胞纪念馆的公共外交实践》，《中共南京市委党校学报》2017 年第 1 期。
4. 习近平：《在亚洲文明对话大会开幕式上的主旨演讲》，中共中央党校（国家行政学院）网，2019 年 5 月 15 日。
5. 习近平：《在纪念中国人民抗日战争暨世界反法西斯战争胜利 75 周年座谈会上的讲话》，人民网，2020 年 9 月 3 日。

关于革命类博物馆、纪念馆品牌化建设的思考

——以梅园新村纪念馆"梅园红"实境课堂为例

沈利成

（中国共产党代表团梅园新村纪念馆 江苏南京 210018）

内容提要： 近年来，博物馆品牌化发展成为趋势，作为革命类博物馆、纪念馆，梅园新村纪念馆充分发挥党和国家的红色基因库的功能，用好用活馆内深厚红色资源，充分利用"周恩来班""周恩来图书馆""周恩来精神研究会"三大平台，将馆内中共代表团办事处旧址、国共南京谈判史料陈列馆、周恩来铜像等建筑设施有机结合，打造了独具特色的"梅园红"实境课堂，为前来的观众提供学习的平台，发挥革命纪念馆服务大局、资政育人的独特作用，助力城市红色文化建设，取得了良好的社会效益。

关键词： 梅园新村纪念馆 梅园红 教育实境课堂

红色资源是中国共产党人在革命、建设、改革时期形成的红色文化及其载体的总和，革命类博物馆、纪念馆蕴含着丰富的红色资源，是开展党史教育学习，赓续红色血脉的重要平台。习近平同志曾指出："革命博物馆、纪念馆、党史馆、烈士陵园等是党和国家红色基因库。要讲好党的故事、革命的故事、根据地的故事、英雄和烈士的故事，加强革命传统教育、爱国主义教育、青少年思想道德教育，把红色基因传承好，确保红色江山永不变色。"[1]作为红色基因库，革命类博物馆、纪念馆，如何讲好党的故事、革命的故事，用更加灵活多样的形式发挥其教育功能尤其重要。同时，2021年5月，国家九部委联合印发《关于推进博物馆改革发展的指导意见》，提出博物馆要"发挥教育功能""加强爱国主义教育和革命传统教育"[2]。可以说教育功能尤其是对于革命类博物馆、纪念馆来说已经成为其首要功能。

近年来，品牌化建设成为博物馆扩展影响力，增强传播力的重要方向，众多博物馆在品牌建设方面做出了众多努力，不仅满足了公众的文化需求，也推动了博物

馆各项职能更好的发挥。博物馆品牌建设是一项长期的工作，涵盖建筑、展览、教育、文创等各个方面，教育品牌则处于中心地位，贯穿于博物馆品牌建设始末。因此，借鉴博物馆品牌化发展经验，整合馆藏藏品资源，立足自身地域特色，走品牌化发展道路，打造鲜明的品牌标识，成为革命类博物馆、纪念馆发挥教育职能，传播红色文化的重要途径。有鉴于此，梅园新村纪念馆发挥自身革命旧址类纪念馆的优势，充分利用"周恩来班""周恩来图书馆""周恩来精神研究会"三大平台，依托中共代表团办事处旧址，深入挖掘周恩来、董必武等老一辈革命家留下的红色精神财富，结合陈列展览、红色研学、社教活动等核心业务，创建了"梅园红"教育品牌，通过实境课堂方式为广大观众开展党史学习教育提供规范化、仪式化体验，取得了一定的成效。

一　"梅园红"实境课堂创建过程及内涵

品牌原为一个商业领域的名词，指的是消费者对产品及产品系列的认知和信任程度，是企业一切无形资产的总和以及企业核心竞争力的重要体现 [3]。对于博物馆来说，品牌是区别于其他文化机构，彰显自身馆藏特色的重要标志、标识。特别是对于一些革命类博物馆、纪念馆更为重要，由于多方面原因，同质化现象在革命类博物馆、纪念馆广泛存在，以"新四军"主题为例，根据国家文物局全国博物馆年度报告系统 2020 年数据查询显示，馆名中带有"新四军"的纪念馆有 25 家，还有众多新四军的纪念场所没有涵盖进去，各馆之间馆藏文物和陈列展览相似。因此，通过品牌建设凸显自身特色，传播红色文化成为应有之义。

梅园新村纪念馆全称为中国共产党代表团梅园新村纪念馆，主要纪念以周恩来为首的中共代表团于 1946 年 5 月至 1947 年 3 月在南京与国民党政府进行和平谈判的历史。虽然中共代表团在梅园新村仅仅只有 10 个月，且谈判最终因蒋介石坚持独裁内战的政策最终失败。但通过谈判，中国共产党争取和平民主的诚意和原则立场，与蒋介石集团真内战假和谈、真独裁假民主的虚伪面孔形成了鲜明对比。最终，中国共产党赢得人心，蒋介石则在政治上更加孤立。

作为专题性博物馆，梅园新村纪念馆长期以来更多地侧重于对周恩来个人事迹及精神风范的弘扬，对于代表团的其他成员则有所忽视。同时，梅园新村地名的优势也没有充分利用做更多地解读，与邻近的中国近代史遗址博物馆（南京总统府）、六朝博物馆以及市内同为红色主题的雨花台烈士纪念馆相比知名度有待提升，亟需一个更为鲜明的标示性品牌，将鲜为人知的故事讲述出来。

2020 年，按照市委宣传部要求，梅园新村纪念馆启动党建品牌创建工作，经过多次论证，提出了"梅园红"党建品牌的概念，该品牌主要有三层内涵：一是从历史来看，梅园新村虽然得名于附近的桃源新村，但 70 多年前以周恩来为代表的中共代表团在梅园新村开展的谈判斗争赋予了了它红色内涵，郭沫若在当年的《梅园新村之行》一文更将其比喻成为国统区的一片绿洲。二是从现实中来看，梅园新村是全国第一批 30 个历史文化街区之一，和颐和路公馆区一道成为南京民国建筑的典型代表，且作为该街区的唯一红色场馆，该品牌更彰显其标示性。三是从精神内涵来看，梅园新村虽没有梅花，但中共代表团在国统区白色恐怖下为争取和平民主的斗争过程，展现出了中国共产党人如寒冬腊梅般坚强忠诚、威武不屈的高贵品质和优良作风，从精神层面给予了梅花的气节和风骨。

此外，该品牌以"周恩来班""周恩来图书馆""周恩来精神研究会"为重要依托，以陈列展览、社教活动和红色研学为服务内容。"周恩来班"主要面向学生群体，自 1986 年在梅园中学创建以来，不完全统计，全国 20 多个省市自治区有近 200 所院校中创建了"周恩来班"，63 家由梅园新村纪念馆牵头命名，其中南京市内有 45 家，这也成为"梅园红"党建品牌走进学校服务学生的重要途径。"周恩来图书馆"丰富的藏书资源和阅读空间是广大青少年开展研学的空间。由梅园新村纪念馆牵头成立的"南京周恩来精神研究会"则在南京地区搭建起周恩来、国共谈判史和中共中央南京局研究的学术研究平台。目前，"梅园红"党建品牌已被南京市委宣传部列为"南京市宣传文化系统'基层党建品牌'"。

2021 年是中国共产党成立 100 周年，党中央在全党开展党史学习教育，梅园新村纪念馆以此为契机，在"梅园红"党建品牌创建的基础上，整合馆内中共代表团办事处旧址、国共南京谈判史料陈列馆、周恩来铜像等设施构建了"梅园红"实境课堂。自 4 月 26 日梅园新村纪念馆开放以来，已接待 1800 余批次 5 万余人。

二 "梅园红"实境课堂内容及特色

"梅园红"实境课堂由铜像缅怀、誓词重温、展厅微党课、旧址寻访、梅园讲坛五部分组成，并根据观众对于教育时间和内容的实际需求，开展分级分类讲解，给予不同套餐式选择，提供对应的接待服务。

1. 通过集体活动，营造仪式感

党的十八大以来，习近平总书记在地方调研时多次前往当地的革命博物馆、纪念馆、烈士陵园，通过重温入党誓词、献花、参观陈列等方式重温党的历史，回顾党的光辉历程。"铜像缅怀"和"誓词重温"模块即设置在周恩来铜像和序厅，观众可以在此开展重温誓词、献花、追思、诵读等各种集体活动，党员干部重温入党誓词，中小学生重温入队、入团誓词。

周恩来全身铜像矗立在梅园新村纪念馆的入口庭院中央，由著名雕塑家孙家彬设计，南京晨光机器厂铸造。铜像高 3.2 米，重 900 公斤，是以 1946 年周恩来步出梅园新村 30 号的照片为原型创作的，形神兼备，体现了周恩来坚定、沉着、机智、从容的革命家形象。在铜像背后墙面有 28 个小窗口，上下长，两边窄，中间有玻璃，看起来正如一个个竖眼，象征着一双双特务监视的眼睛，显示出代表团身处的周边险恶环境。

走进国共南京谈判史料陈列馆，序厅由中共代表团汉白玉群雕、党旗、《中共代表团在南京》视频组成。汉白玉雕塑自前到后，依次为中共代表团七位成员，周恩来、邓颖超、董必武、吴玉章、叶剑英、陆定一、李维汉，其后为协助周恩来工作的廖承志和负责西南地下工作的钱瑛，最后是工作人员的群像。群像呈反 S 形，既象征着革命的曲折道路，也预示着革命的后继者源源不断，革命必将取得胜利。雕塑背后整个墙面是 LED 大屏，可放映《中共代表团在南京》视频。周恩来全身铜像位于户外庭院，根据天气状况，可以考虑在序厅开展相关集体活动。

2. 展厅微党课，感受初心使命

"人民的希望——中共代表团在南京"为梅园新村纪念馆固定陈列。近三年来，经过两次陈列提升改造，2021 年 4 月 26 日恢复对外开放。展览由"为了和平，进行重庆谈判""进驻梅园，开启南京续谈""审时度势，力控严峻局势""扩大统战，开辟第二条战线""竭力奔走，各方斡旋调解""抵制国大，中共赢得人心"六个单元组成，各单元内容编排以谈判事件发展的时间顺序为明线，结合中国共产党通过谈判赢得人心的逻辑线和谈判过程中的故事线，将各单元内容有机组合，主题鲜明，脉络清晰，布局合理，衔接紧凑。共展出珍贵文物、文献档案、历史照片300 多件（套），珍贵历史影响资料 4 段。

展览围绕"殿堂"概念展开，整体格调庄重、朴实、大气。设计注重展览陈列厅与中共代表团办事处旧址的有机协调。随处可见的民国风装饰，关联特定的时代烙印，结合展览内容同时又唤起观众记忆。"布景式展览"手法结合展览要点设置若干"故事空间"，根据空间叙事节奏和空间情绪的变化，单元之间加以冷暖色调的调和与变化。展线设置了中共代表团的户口卡、梅园新村周边环境、电台的斗争、法币的故事、红梅的铜钟等驻足点，进行微党课教育，带领观众重温 70 多年前的这段国共谈判史，对中国共产党从人民的利益出发，与国民党政府进行谈判的初心有更加深入的理解。

3. 旧址寻访，进行实境体验

旧址是最具感染力的地方。中共代表团办事处旧址是三处极具南京特色的民国住宅，梅园新村 30 号是周恩来、邓颖超工作和居住的地方，梅园新村 35 号是董必武、李维汉、廖承志和钱瑛工作和居住的地方，梅园新村 17 号则是中共代表团机构所在地，周恩来经常在此召开记者招待会，向中外记者宣传党的政策。

周恩来率代表团入驻梅园新村后，国民党特务机关在梅园新村周边早已布置了大量特务，他们伪装成小商小贩，监视代表团，距离梅园新村最近的监视站就是梅园新村 31 号。为应对监视，30 号外墙加高了一层，35 号内也加盖了两间小屋用于挡住特务视线，同时也解决了住房问题。虽然 70 多年过去了，但梅园新村 30 号的基本保存完好，院内周恩来、邓颖超亲自培土、栽植过的石榴树、海棠树和圆柏仍然枝叶茂盛，每年春天海棠花开，秋季石榴结满树枝。在这座小院里，周恩来曾经会见过民主人士沈钧儒、梁漱溟、黄炎培等，还有李勃曼等中外记者朋友。梅园新村前后有工作人员 100 多人，除了代表团成员之外，还有廖承志、钱瑛、章文晋、王炳南、范长江、梅益等，他们也在梅园留下了自己生活和战斗的故事。

三处旧址的复原陈列基本上都是根据当时的历史照片和文献资料复原的，生动地还原了中共代表团成员生活和工作的场景，作为客观真实存在、可以触摸的时空场景，观众浸入其中，瞬间进入国共南京谈判的历史时期，触碰到历史中的人物和事件。在特定的凝固的历史时空中，现场的观众和昨天的经历者有了穿越时空的沟通和交流，在情感上为他们的互动找到了最佳的契合点，从而起到较好的体验效果。

4. 梅园讲坛，开展座谈交流

周恩来在少年时曾说过"为中华之崛起而读书"，1998 年，在周恩来百年诞辰之际，周恩来图书馆建成开馆，是全国第一家以周恩来命名的图书馆，馆内藏有周恩来相关图书、文献、影像近万册。周恩来图书馆由四座民国建筑改建而成。周恩来图书馆一楼设有临展厅，定期更新临时展览，已成功举办过"我们的四十年——庆祝改革开放 40 周年专题展""国家记忆·南京长江大桥建成通车 50 周年档案史料展""共产党人的初心与使命档案文献展""新四军与南京史迹展"等专题展览。

二楼"红色阅读空间"设有阅读区、文化沙龙区，集研学、阅读、座谈、讲座为一体，常年开设"崇高的精神永远的榜样""周恩来与国共南京谈判"专题课程，定期开展"小小报务员""我是编译员"等社教课程，在观众缅怀、参观、寻访等活动结束后，可在红色阅读空间进行阅读、学习，并开展读书、座谈会等活动，与专家面对面座谈，真正做到学有所得。2021 年，周恩来图书馆"红色阅读空间"被江苏省文旅厅列为 2021 年江苏省"最美公共文化空间"打造对象名单。

三　"梅园红"实境课堂存在的问题与对策

"梅园红"实境课堂集中体现了纪念馆展览、研究和教育三项基本职能，将革命文物史料和旧址蕴含的党史国史教育功能与现实教育任务紧密结合，为观众提供了学习的平台，彰显了革命纪念馆的社会教育功能。而且，实行品牌建设有效突破了革命类博物馆、纪念馆馆藏文物不够丰富、活动单一的困境，为其他场馆发展提供了借鉴。但"梅园红"教育实境课堂处于初创阶段，还存在一些内容形式不够多样、宣传力度不够等问题，需要进一步提升。

1. 品牌定位不够明确，内涵范围扩展不足

梅园新村纪念馆"梅园红"品牌从党建品牌扩展至教育品牌实境课堂，但是否还将继续扩展至建筑、展览、社教、文创等方面还有待进一步论证，而且实境课堂是直接面向更多党员干部和学生群体，针对一些中老年观众和社会青年的准备则不足。同时，新的一些教育项目，是否要纳入到"梅园红"教育实境课堂内，如"重返梅园"青少年情景体验活动，抑或创建一个同等层次的品牌。但从其他博物馆的发展来看，品牌整合是趋势。因此，梅园新村纪念馆"梅园红"品牌应继续精准定位，扩大内涵范围，在陈列展览、红色文创、红色研学等方面做更多的努力。

2. 内容形式欠缺多样，社会力量参与不强

目前，"梅园红"实境课堂的形式还比较单一，灌输式的教育比较多，与观众的互动性还不够强，以上海中共一大会址纪念馆为例，其近期推出了"思南路上的枪声"实境沉浸式体验，馆内工作人员担任主演，从社会上公开招募 10 名玩家参演，结局则由社会玩家的表演决定，这种新型的形式，增强了纪念馆教育的灵活性。同时，在内容上仅仅依靠馆内人员是不够的，无论是参与度还是内容质量方面都远远不够，可以考虑引进社会专家参与进来，将其纳入周恩来精神研究会中，特别是高校、党校的智库资源，打破藩篱，直面观众。

3. 品牌意识有待提高，宣传缺乏有效渠道

品牌建设既要有具体项目，更需要树立品牌意识，同时注重品牌推广，增强社会上对品牌的认知。"梅园红"实境课堂现在仅仅是梅园新村纪念馆自发地推广，实际上，馆内的部分工作人员对该品牌的意识还不足，仅仅将其作为社会教育活动的一部分，社会上对该品牌的认识更是不足。因此，首要提升馆内工作人员的品牌意识，做"梅园红"教育实境课堂的自发宣传者。同时，多渠道扩展宣传该品牌，无论是纸质媒体还是新媒体都应该宣传推广，还要打造属于"梅园红"教育实境课堂特有的标志，如 LOGO，在微博、微信、宣传折页、文创产品等方面推广，提升认识。

总体来说，品牌建设已经成为博物馆高质量发展的重要途径，但具体的品牌建设方式还需要各馆结合自身需要进行开展，特别对于革命类博物馆、纪念馆和中小型博物馆来说，树立品牌意识，打造优质的品牌项目进行对外宣传推广，将博物馆品牌融入城市发展文脉中，助力城市文化品牌建设，从而在融入中实现共同发展。

注释

[1]《坚定信心埋头苦干奋勇争先　谱写新时代中原更加出彩的绚丽篇章》，《人民日报》2019 年 9 月 19 日。

[2]《关于推进博物馆改革发展的指导意见》，中华人民共和国国务院新闻办公室官网，2021 年 5 月 24 日。

[3] 丁福利、丁萌：《试论高质量发展语境下的博物馆教育品牌战略》，《河南博物院院刊》2021 年第 2 期。

疫情防控常态化条件下博物馆社教活动
可持续发展路径探索

——以南京市民俗博物馆"南京非遗云课堂"公益网络课为例

刘媛之

（南京市博物总馆、南京市民俗博物馆　江苏南京　210001）

内容提要： 2020 年年初，针对抗疫形势，南京市民俗博物馆大力开展博物馆资源网络空间建设，仅在闭馆一周多就迅速创新开展"南京非遗云课堂"公益网络课，每年 50 多次，超过 1000 万人在线收看，社会效益十分显著，项目已获得 3 项大奖，得到行业内外专家及受众一致肯定。

关键词： 博物馆　社教活动　可持续发展

2020 年，一场突如其来的新冠病毒疫情肆虐全球，人类健康遭受严重威胁，各行各业受到巨大冲击。当前，新冠病毒疫情仍在全球肆虐，中国虽取得抗击疫情斗争重大战略成果，但疫情尚未完全结束，一切尚未完全恢复如前，随时都可能小规模爆发，从外国外地回流以及季节性的发作，而且迁延时间较长，成为疫情防控常态化，对各方面产生深远影响。2021 年"国际博物馆日"的主题为"博物馆的未来：恢复与重塑"，聚焦疫情防控常态化，面对未来社会、经济、环境等挑战，博物馆界应开启新思考、探索新模式、提出新方案，展开广泛探讨。南京市民俗博物馆是国家一级博物馆南京市博物总馆的分支机构，是南京地区唯一研究、展示、保护南京民俗文化以及南京非物质文化遗产的专业性"双博馆"。2020 年被江苏省文化和旅游厅公布为江苏省首批"非遗旅游"体验基地；博物馆"梨园雅韵"书场获得江苏省首批"非遗曲艺书场"称号。2020 年年初，针对突如其来的抗疫形势，南京市民俗博物馆依托自身师资力量优势，大力开展博物馆资源网络空间建设，仅在闭馆一周多就迅速创新开展"南京非遗云课堂"公益网络课，体现出博物馆公共文化服务的时代性、创新性、公益性、针对性，受到公众广泛好评，全年 50 多次，超过 1000 万人在线收看，社会效益十分显著，也获得业内外专家及受众一致肯定，获得 3 项大奖。2020 年 7 月，"南京非遗云课堂"线上教学活动获评江苏省哲学社会科学界联合会评选的 2020 年"江苏省社科普及重点项目"之首。省社科基金还资助拍摄了 5 期"成贤课堂"。2021 年 3 月，南京市民俗博物馆"南京非遗云课堂"荣获 2018～2020 年度南京市博物馆优秀青少年教育示范项目"十佳精品奖"。2021 年 4 月，南京市民俗博物馆"南京非遗"云课堂公益网络课荣获 2021 年度江苏省博物馆教育优秀案例馆校合作示范项目"十佳优秀案例"。2021 年 9 月，《江苏省"十四五"文物事业发展规划》提出：实施一批智慧博物馆建设示范项目，加强与融媒体、数字文化企业合作，培育博物馆云展览、云教育，发展沉浸式体验、虚拟展厅、高清直播等新型文旅服务，构建线上线下相融合的博物馆传播体系。2021 年 10 月 28 日，国务院办公厅印发的《"十四五"文物保护和科技创新规划》明确要求"提升博物馆服务能力"：推动博物馆发展线上数字化体验产品，提供沉浸式体验、虚拟展厅、高清直播等新型文旅服务。下面，笔者将从四个方面展现"南京非遗云课堂"公益网络课作为博物馆社教活动项目的可持续发展路径探索。

一 应对新形势，充分发挥专业优势，迅速上线一批精品非遗课程

南京市民俗博物馆积极响应文化和旅游部办公厅、国家文物局办公室发布的《关于做好新型冠状病毒感染的肺炎疫情防控工作的通知》，履行博物馆社会责任，做到"闭馆不闭展，服务不缺位"，面向社会公众，突破传统"线下教学"模式，迅速创新设计了"南京非遗云课堂"公益网络课的线上教学方法。

2020 年，民俗馆针对突如其来的抗疫形势，依托自身师资力量优势，迅速创新开展了"南京非遗云课堂"公益网络课，上线一批由驻馆非遗传承人亲自授课的精品非遗课程。博物馆于 2020 年 1 月 24 日闭馆，2 月 7 日即在博物馆官微推出了首次公益网络课，主要形式有"云教学""云展览""云直播"三种，主要内容有"南京非遗""我们的节日""战疫"与健康、学校课本涉及内容等多方面，让公众可以足不出户、免费、随时随地网上跟随非遗传承人学习非遗技艺，做出自己的作品，感受中华优秀传统文化的独特魅力。

"南京非遗云课堂"公益网络课针对 30 多所国内中小学校及海外华人华侨师生，研发各种网络课程，全年 50 多次"南京非遗云课堂"直播，并可无限次回放，2020 年 1.6 万多人次海内外师生实名参加"云教学"学习互动，2021 年仅寒假就

有 1 万多人次学生实名参加"云教学"学习。2021 年仅头 2 个月"云直播"就已经突破 1000 万人次阅读量。"南京非遗云课堂"实际受益人数多，且为免费公益永久可回放课程，倾注了主创人员、授课教师的极大心血，受到公众广泛好评，社会效益十分显著。

"南京非遗云课堂"受众群体为海内外学校师生、非遗爱好者。每次网课时长约 5～30 分钟不等，博物馆现场直播可达 2 小时，且都可免费永久无限次回放。

"南京非遗云课堂"公益网络课的宣传服务目标明确。一是知识目标。让青少年通过网络课堂学习，了解南京地区非遗项目知识、手作的不易及精益求精的工匠精神。跟随非遗传承人通过收看与制作互动、作品反馈、教师点评等方式学习了秦淮灯彩、南京剪纸、南京白局、风筝、葫芦画、抖空竹、民间布艺、泥塑、绳结、戏剧脸谱、南京面塑、扎染、种子画、端午彩粽、雨花石汤圆制作等 15 项非遗项目的制作过程，亲自动手实践，学习多种非遗知识。二是能力目标。让参与学习的青少年获得了对非遗技艺的了解认知能力；启发了创新思维和非遗传承实践操作能力；培养了对非遗作品的审美鉴赏能力；提升了对传统文化的观察力、学习力。三是情感目标。充满乐趣的非遗课程，使学生学得有兴趣、玩得开心；增长了知识，开阔了眼界，使学生真正感到有所收获；优秀传统文化浸润着心灵，使学生爱上传统文化，增强文化自信和民族自信，传递了正能量。四是价值目标。用艺术语言表现了不同的南京非遗、传统佳节、感人至深的抗疫故事和民众守望相助、凝聚中国力量抗击疫情的坚定决心，传递了热爱祖国、热爱劳动、志存高远、大爱无疆、无私奉献的人生价值观。

二　教学准备充分，教学形式灵活，专业人员
精心设计多种宣传教学法

"南京非遗云课堂"公益网络课教学准备十分充分，课程教学方案均由民俗馆专业人员精心设计，一类是博物馆社教专职研究人员团队：人员均具备博物馆专业技术职称和专业社教活动策划实施经验，从事对接学校、课程定制研发、收集反馈、宣传、总结等工作。主创人员有馆长、部门主任和员工。另一类是博物馆非遗传承人教学团队：由秦淮灯彩、南京云锦织造技艺、南京剪纸、绒花制作技艺、南京白局、风筝、葫芦画、抖空竹、民间木艺、民间布艺、泥塑、绳结、金陵竹刻、戏剧脸谱、南京面塑、扎染、种子画等 20 多项非遗项目的 50 多位国家级、江苏省、南京市级非遗传承人师徒等，两类人员共同研发各类课程，设计各类独特的教学课件，

并由第二类非遗传承人亲自教学。

"南京非遗云课堂"公益网络课教学准备十分充分，以单次教学为例：第一，学习准备。事先赴学校开展公开课或发布宣传视频，让学员了解网课链接和直播链接，便于参加直播或收看回放。让学员通过"南京非遗馆"微信公众号、"南京非遗云课堂""南报云课堂"等QQ群的信息发布，对教学内容事先有一定的认知和预习，提前准备电子版教材、手工所需材料，自主获取有用信息，确保带着兴趣及有所准备参加教学。第二，指导学习。传承人课前录制学习视频，同时现场直播指导学员体验制作。第三，直播答疑。学员根据视频内容自己动手，可随时提出问题，在老师回答指导下完成作品。第四，课后总结。课程结束后，老师根据课堂情况及时反馈，并提示后期课前准备，学员将自己制作的成品分享至直播群中，教师点评、颁发电子证书。

"南京非遗云课堂"公益网络课的教学形式非常灵活，博物馆事先会根据教案拍摄非遗传承人教学视频，可以直播，也可以录播的播放形式，事先联系学校，集体报名加入学习QQ群在线互动学习，或在民俗馆官微、各类媒体上分享视频免费学习，不限时、不限地，可无限次回放。

"南京非遗云课堂"公益网络课充分运用多种宣传教学法，一是"云教学"空中课堂教学法：课程选取学生家中可以轻易获取的纸张、废布料、面粉、彩笔等为制作原料，调动学生想象力和创造力，指导其实践操作，了解非遗知识并完成自己的作品。第一，直观展示法。非遗传承人将自己的作品进行展示解读，并引出相关知识。直观展示教学是配合讲授、课堂讨论的重要环节，可以帮助学生解读非遗作品构思，使学生对所要学习的非遗知识加深了解，活跃课堂气氛，变被动为主动，充分调动学生的学习兴趣。第二，问题探究式。"问题"是课堂授课的开始和延续，将"说教式"解读转换为"探究式"的教学方法。教师通过一系列自问自答＋课后问题回顾，充分吸引学生注意，激发学生兴趣，从而自然地传递了非遗知识。如"少年志"系列课程就有诸多互动问答。第三，讲授式。非遗传承人仔细讲授非遗作品的制作方法，同时注意难易程度和讲授进度时间，便于学生跟随学习。第四，实践体验式。让学生听懂非遗传承人分步骤演示制作流程、指导其实际操作，并适当留出发挥空间，让其充分发挥自己的想象力和创造力进行更多的创新，让学生体验自己动手完成作品的乐趣。二是"云直播"博物馆教学法：博物馆事先通知学校，让学生收看在博物馆进行的"云直播"。博物馆工作人员带领直播主持人，介绍博物馆非遗展线的非遗知识，介绍博物馆非遗展览的非遗作品，参访18间非遗传承人工作室，并让主持人跟随非遗传承人学习数个非遗项目，带领主持人在博物馆老茶馆聆听或学习 2 项曲艺类非遗——江南丝竹演奏、南京白局说唱。一般直播约 2 小时，可免费无限次回放。三是"云展览"网络参观法：通知学校，让学生收看博物馆"云展览"——"同心抗疫中国力量——南京艺术家抗疫主题精品展""非遗过大年——'我们的节日'主题非遗精品展"等。手机微信扫描后就可以体验，简单快捷方便。设置外景漫游，不光看展览也可以逛游博物馆园林。360 度任意视角参观，仿真模拟漫游，设置人性化的点击图示，方便身临其境观展。点击展品图片还可以任意放大观看并且下载保存展品图片或者发送给微信好友。可以点击看作品介绍、作者介绍，增加了观展的知识获取，提高了体验度。同时网上展览永久免费开放，无限次回看。后台提供每周、每日、每月参观人数及点击量等运营数据，还便于博物馆了解观众喜好，提供更好的服务。目前，博物馆 2 年陆续推出 6 个线上"云展览"，点击量约 5 万次。

三　课程特色鲜明，专业性强，重点突出，
充分展现了博物馆的教学优势

"南京非遗云课堂"公益网络课特色鲜明。课程充分发挥了南京市民俗博物馆"非遗活态"传承师资力量强、专业性强的特色：一是坚持博物馆专业研究团队研发课程，与馆校共建学校共同进行特色定制教学方案，并由国家、省、市级非遗传承人亲自教学，注重"原汁原味"的非遗传承，确保教学效果；二是通过循序渐进式教学，系列课程，使学生每次都能完成作品，完成系列作品，增强了青少年的文化自信，更加爱祖国、爱家乡。三是创新运用"互联网+"技术和多种宣传方式，不仅拓展了文博场馆的服务时间和空间，也适应了疫情尚未完全结束期间，受众足不出户即可学习传统文化的特殊形势。

南京市民俗博物馆是市教育局公布的中小学生研学实践教育基地，博物馆立足爱国主义与传统文化教育宗旨，育人价值明确，充分发挥自身优势，从教学方式、教学内容上进行创新，制定教学方案、设计教学课件，开发了近 20 种适合学生的身心发展水平的系列非遗直播鉴赏、体验课程，内容十分丰富，为学员提供了高质量、常态化的非遗传承实践定制课程。

"南京非遗云课堂"公益网络课充分展现了博物馆的教学优势。专业的师资团队，才能确保良好的教学效果。网络空中校园的空中非遗课堂，让受众亲身体验非遗手工的学习，促进了教学实践与学校课程、德育体验、实践锻炼的有机融合，增强了受众的创新精神和实践能力，文化自信和民族自信。其教学优势主要体现在三

方面：一是活动设计很专业。博物馆依托非遗传承人资源优势，从教学方式、教学内容上进行创新，制定教学方案、设计教学课程、为学员提供免费、高质量、常态化的非遗传承实践定制课程。二是活动执行有保证。通过微信公众号、QQ群对活动进行前期宣传，定时对直播群进行维护，确保教学质量做好服务。三是活动效果很实在。课程采用直播和录播的形式，以图片、文字、短视频、语音，讲解操作步骤，让受众通过网络亲手学习非遗知识，知行合一完成作品，培养了实践能力。

四　课程受众人数多、受众评价好，宣传教育服务效果十分显著

"南京非遗云课堂"公益网络课是南京市民俗博物馆非遗教学的新尝试，特别是针对当前疫情尚未结束，网上直播学习成为新趋势，让受众通过网课普及非遗知识、体验非遗技艺，可以更有利于爱上传统文化，增强文化自信。该项目实实在在的使数万青少年获益，受益人数已经大大超过线下课程，关键是可以无限次免费回放，成为永不落幕的校外"第二课堂"，社会效益十分显著。博物馆采用与学校自媒体宣传，及邀请官方媒体宣传相结合的方法。利用"南京非遗馆"官微、"南京日报"、新华网、交汇点、抖音平台，以及"曼谷中国文化中心""海牙中国文化中心"官微、网易"壹收藏"直播、"南京非遗云课堂"QQ群等网络平台进行线上直播视频教学、实时师生互动及教学反馈，2020年共有230多万网友在线收看或学习，2021年，博物馆通过推出网上展览"非遗过大年——'我们的节日'主题艺术精品展""第八届民俗文化节暨首届楹联文化节"活动开展大力宣传，网络直播和网课浏览人数已经超过1000万，深受海内外师生学员、网友们的一致好评。活动成果在南京各官方媒体上都有宣传报道。博物馆还通过市委统战部的平台，派出优秀的非遗传承人教师教授南京剪纸技艺，使海外华人华侨师生上万人参加了实名学习，让中华文化传播海外，提升了海外华人华侨对祖国文化的认同感。美国芝北中文学校校长留言："有机会一定要带学生到江苏南京来参观。"

2020年，南京市民俗博物馆联合各界多次网络直播社会效益十分显著。如与南京市文旅局推荐的南京广播电视集团，共同开展"创新名城美丽古都"直播活动，邀请主持人参观博物馆，并在博物馆内10多间非遗传承人工作室进行访谈，同时让主持人跟随非遗传承人学习众多非遗技艺，15万网友在线收看。携手交汇点新闻，共同举办端午民俗直播，在博物馆老茶馆，通过宣传介绍传统文化知识，线上非遗教学，直播带货，向公众传播端午节俗非遗文化，20万网友在线观看。携手抖音平台合作发布抖音视频，在博物馆内拍摄了9位非遗传承人"非遗抖起来"——"甘

熙故居"大宅门后的老物件趣味视频，151 万网友点击观看。和新华网合作直播，开展"中国传统节日——非遗中的端午节"云上游览南京市民俗博物馆大型直播活动，44 万网友在线收看，南京发布官方微博与新华网共同推送；新华网总网首页大图展示，新华网客户端首屏显示，进一步提升了南京市民俗博物馆和南京非遗在全国的影响力。为进一步扩大活动影响力和覆盖面，让更多公众，甚至是海外华人足不出户在家了解并学习中国传统文化和非遗技艺，博物馆又和南京非遗中心、曼谷中国文化中心、海牙中国文化中心合作，在南京非遗中心微信小程序、"曼谷中国文化中心"微信公众号上发布"非遗云课堂"教学课程视频，开展教学宣传活动。

2021 年，南京市民俗博物馆联合各界多次网络直播社会效益十分显著。如参加省文明办"爱上经典——优秀传统文化名家名师微课堂之探寻非遗文化"网络课，4 位博物馆专家及传承人，8 次网课。与现代快报合作开展"非"你不可——非遗大师教你学做绳结、剪纸、花灯、种子画、泥塑、插花、元宵，制作"南京非遗云课堂"公益网络课，共 7 次网课。教学视频被《学习强国》《人民日报》微博等多家媒体转载，其中，仅种子画（财神）公益网络课被《人民日报》微博转载，阅读量达 551 万人。与南京电视台合作拍摄南京白局，103 万网友在线收看，同时还开展"元宵好声音"活动，发动学生跟随南京白局传承人学唱非遗活动，教育效果十分显著。博物馆还成功吸引到被外交部点赞的、拍摄《南京战疫》纪实纪录片的日本年轻的网红导演竹内亮前来打卡，并在博物馆直播拍摄其团队跟随南京面塑非遗传承人钱翠芳老师学习面塑的过程传回日本，再次将南京的文化、南京疫情防控的真实情况传播到海外。

2021 年，为进一步拓展文旅融合非遗进景区相关工作，南京市民俗博物馆与熙南里街区除了每年合作在"我们的节日"——春节、元宵、清明、端午、七夕、中秋、重阳节七大节期间、"5·18"国际博物馆日、文化和自然遗产日、五一、国庆假期等节假日期间联合举办直播活动，宣传广场舞台非遗演出、非遗传承展示、非遗文创销售、非遗美食品鉴等大型非遗展演活动外，又联合推出了博物馆夜开放沉浸式体验"甘宅雅韵"——"南京喜事"剧本杀户外版，已经有多家媒体就部分片段进行了直播网上宣传，众多市民前来打卡夜间沉浸式体验，下一步将考虑完善剧本与配套服务，为公众提供更优质的服务。

总之，"南京非遗云课堂"公益网络课适应疫情尚未结束，适应当下网络宣传教育服务的特点，适应大众的自由时间，取材方便，课程精心设计，简便易学，社会效益、教育效果都十分显著。在"南京非遗云课堂"的内容安排上，我们将继续开展集舞台演出、美食购物相融合的大型户外非遗文旅活动，如"5·18博物馆日""文

化和自然遗产日""我们的节日"等文化旅游大型宣传体验活动；我们将组织各种
中小规模的非遗展演，发挥博物馆江苏省首批非遗曲艺书场——"梨园雅韵"书场
的阵地优势，利用博物馆深厚的京昆艺术、江南丝竹、南京白局、皮影戏、抖空竹
等文化资源，开展非遗曲艺直播教学培训及体验活动。在"南京非遗云课堂"公益
网络课的形式上，继续采用视频、音频、图片，直播、录播，官媒、自媒相结合等
多种展现形式，使优秀传统文化年轻化、趣味化，有利于激发大众对优秀传统文化
的兴趣。"南京非遗云课堂"打破了地理空间及时间限制，运用多种平台媒体，让
非遗"活"起来、"火"起来，为传承中华优秀传统文化，为增强大众文化自信，
让地方特色非遗进入全国甚至全世界观众的视野，向国际社会展示博大精深的中华
文明，特别是利用南京非遗向海内外数万名华人华侨传播中华优秀传统文化，为促
进对外文化交流，为加强国际传播能力建设，为提升国际文化传播效能，为服务国
家外交战略大局做出新贡献。

"馆校共建"探索基层博物馆教育新样态

——以仪征市博物馆为例

林　靓

（仪征市博物馆　江苏扬州　211499）

内容提要：文化是民族的血脉，是人民的精神家园。随着公共服务教育覆盖范围的扩大，博物馆从传统的文物收藏、保护、研究基本功能转型为教育资源的提供与推广。青少年作为国家的未来，少年强则中国强，发挥教育优势，促进青少年健康成长成为博物馆的重要职能。仪征市博物馆依托馆藏资源，从文物知识、考古知识、地方非遗文化知识中提炼整合相关资源并设计出多类别的博物馆教育课程，在部分学校进行授课后获得较好的成果。本文以仪征市博物馆"馆校共建"教育项目为例，对基层博物馆多元化发展青少年教育做一番思考。

关键词：馆校共建　博物馆课程　青少年教育

"博物馆应当根据自身特点、条件，运用现代信息技术，开展形式多样、生动活泼的社会教育和服务活动"[1]，将教育作为博物馆重要业务。国家文物局发布的《博物馆定级评估标准》中，将博物馆社会教育列为重要考核指标，分值超过藏品管理、学术研究等博物馆传统重点业务工作。近年来，我国建设社会主义文化强国，提出弘扬中华优秀传统文化成为当代文化建设发展的一项要务。习近平总书记一直非常关心青少年成长成才，党的十八大以来，习近平通过座谈、演讲、回信等多种形式寄语青少年，强调让青少年健康成长，是国家和民族的未来所系。

在国家文物局大力倡导之下，全国各地博物馆在"完善博物馆青少年教育"思想指导下，根据自身实际，推出各类具有地方文化、文物特色的教材，面向各个学龄段的青少年，"让历史说话，让文物说话"，使学生们切身感受家乡历史文化特色，从而感染他们的爱国情怀。

一　历史文化与学校基础课程相配合，
合力打造素质教育阵地

近年来，仪征市博物馆立足本职，以弘扬优秀传统文化为抓手，大力培育社会主义核心价值观，借鉴周边博物馆优秀社教活动做法，不断挖掘符合本馆特色的社教项目，将服务场地从场馆转移到校园，将服务内容从常规式参观讲解转变成文博知识授课，极大地提升博物馆美誉度。

2019年起，仪征市博物馆推出"春芽之约——文物小课堂进校园"活动（图一），目前与市区两所小学签订共建协议。在前期课程制作中，博物馆人员与学校教师充分沟通探讨，了解到学生的日常课业、课余时间安排、学生知识点涵盖面等基本情况后，根据不同年级，初步设计出10套课程，时长定为一节课45分钟，课程中涉及馆藏精品文物陶器、铜器、漆木器、玉器等类别，包含了日常用具铜镜、香薰、甗等，礼仪用器鼎、装饰挂件玉佩，战争兵器等文物知识点。

课程设计理念贴近学生的日常生活，区别于学校课程内容，遵循从简、从易的原则，将文物知识点以PPT演示文稿的形式，通过生动的语言讲解、直观的文物图片和视频，向学生们介绍文物的形制、用途及背后的故事。

课程设计内容根据学生年龄段，1～3较低年级学生，课程内容侧重于文物知识启蒙，以古人生活用器为主，如梳妆铜镜，博物馆工作人员趣味性讲述馆藏的战国至清代时期的铜镜纹饰特点：

1. 课前导入

同学们大家好，我是仪征市博物馆的老师，在开课之前，有些问题问大家，我们平时梳妆打扮会用到什么？古人也是和我们一样吗？

2. 课堂呈现

现在由我和大家讲述"铜镜的故事"。中国有五千年的文明史，如此精美的铜

图一　"春芽之约——文物小课堂进校园"活动课程内容

镜，在不同的历史时期，又有着哪些时尚流行元素呢？首先让我们一起看看精美轻巧的战国镜。大家通过图片，观察古铜镜上有什么图案呀？

生：有龙有山（师：山字纹、龙纹）。

师：接下来我们来到汉代，两汉铜镜出现了什么奇特图案？

生：有文字、树叶和小兔子（师：铭文、草叶纹、神兽）！

师：到了唐代，铜镜艺术达到鼎盛，还看到了什么？

生：龙、云、鸟、外形改变了。

师：宋代的铜镜你发现了什么？

生：菊花、文字。

师：元、明、清时期铜镜图案简易，到了清代，玻璃镜开始传入中国，逐渐取代了铜镜，铜镜退出历史舞台。所以同学们，我们现在用的镜子都是玻璃材质。

3．课堂互动

提取各时期铜镜上的代表纹饰，学生用手中的画笔，发挥想象力，创作出独特多彩的 DIY 手拎袋。

4～6 较高年级的学生则侧重于文物的功能，让学生知道中国古代的镜主要以铜制作，主要作用是照容，引导他们深入了解铜镜起源于何时，各时期制造工艺和纹饰的变化，透过铜镜看历史，引用唐太宗李世民"以铜为镜，可以正衣冠，以史为镜，可以知兴替，以人为镜，可以明得失"的千古名句，培养学生的正确三观。

课程中设置了"邹忌讽齐王纳谏""明镜高悬""破镜重圆"等故事讲述环节。授课期间博物馆人员提出相关知识点，学生们各抒己见，从而达到提升课程的趣味性和教学质量，激发学生们主动汲取文物知识的目的。

二　红色文化与中国传统技艺相融合，合力打造思政教育阵地

"大力弘扬伟大爱国主义精神，为实现中国梦提供精神支柱"[2]。博物馆作为收藏、教育、研究的文化场所，是爱国主义教育的重要基地。博物馆在当代社会主义核心价值体系引领下，发挥红色文化职能，全方位提升红色文化感召力。2021年，我们迎来了中国共产党百年华诞，为了响应党史学习教育号召，结合自身工作实际，仪征市博物馆策划举办了"百年征程——庆祝中国共产党成立 100 周年主题文物展"。

"党的历史是最生动、最有说服力的教科书"。为给我市青少年重温党史、增强党性教育提供一个生动的学习课堂，仪征市博物馆转变教育模式，将"固定式"场馆展陈转变成"流动式"校园展陈，开展"百年征程——庆祝中国共产党成立100周年流动文物图片展"活动（图二），通过反映历史背景的大幅图版，以点带面，向全市各中小学校展示中国共产党百年辉煌历程和伟大功绩，同时内容上呈

图二 "百年征程——庆祝中国共产党成立100周年流动文物图片展"活动走进仪征市大仪镇香沟中心小学

现出中国共产党在仪征地区的卓著贡献，实现沉浸式观展体验，激发学生们热爱祖国、热爱家乡的情怀。

剪纸早在我国西汉时代已经出现，在南北朝时期已相当精熟，唐朝时期，扬州因拥有较大的造纸作坊而成为剪纸流行最早的地区之一。历经千年的传承，我国剪纸艺术形成了厚重的民间文化，承担了文化传播的载体和社会教科书的重要角色，仪征市博物馆牢记"教育是博物馆的灵魂"，10余年来开设青少年创意剪纸培训班。博物馆工作人员师从扬州剪纸技艺大师，将扬州剪纸基本技艺传授给小学员们，让众多青少年在动手中感悟扬州剪纸清新秀丽，线条流畅，剪工精致的艺术风格，从而更好地将这一非物质文化遗产传承下去。

仪征市博物馆针对小学较高年龄的学生，设置"追寻红色印记·传承红色基因——红色主题剪纸创作"课程（图三），将剪纸艺术融入红色党课，用中国传统的艺术形式讲党史颂党恩，用生动活泼的教学形式让学生们在学习之余锻炼动手能

图三 "追寻红色印记·传承红色基因——红色主题剪纸创作"活动走进仪征市育才小学

力，加深对党的认识，进一步弘扬了红色文化、传承了红色基因：

1．认知环节

让学生们了解中国的民俗文化都是劳动人民在长期的生活过程中为满足自身精神需求而创造出的一种纯朴的文化。了解中国剪纸的派系（南北两派）和各自的特点以及扬州剪纸"秀丽、灵动、柔美、典雅"的艺术风格。

2．实践环节

剪刀的正确使用方法，要求稳、准、巧。由浅入深、由简到繁地认识剪纸的基本语言符号等，如太阳纹、月牙纹、锯齿纹等。

3．创意环节

将红色元素制作成样稿，一双双巧手创作出"建党 100 周年""中国梦""红船""吹号角的小兵""天安门""井冈山""爱党娃娃"等红色题材作品，让作品"说出"自己的爱国情感。

三　关于仪征市博物馆课程的进一步思考

习近平总书记提出"人生的扣子从一开始就要扣好"。博物馆通过和学校共建，开设文博知识课堂，不仅弘扬了中国传统文化，加强青少年素质教育、爱国主义教育、思想道德建设，而且能充分挖掘博物馆的教育资源，充分发挥博物馆的教育职能。面对今后的馆校共建，仪征市博物馆将授课面从小学延伸至初中、高中年级，进一步开发适合各年龄段学生，如疫情防控类的盥洗器、科学原理类的计时器等类别的教程。在互联网时代，启动"云课堂"，运用微信、微博、抖音这类新型媒介达到网络授课目的，扩大教育辐射面。在实现博物馆教育与学校教育有效衔接的同时，促进带动学生以其家庭走进博物馆，接受更加直观的历史文物知识，增加公众对博物馆的了解和关注，达到博物馆教育与学校教育的相互结合和共同发展。

注释

[1]《博物馆条例》第三十四条，2015 年。

[2] 习近平在中共中央政治局第二十九次集体学习上提出，2015 年 12 月 30 日。

专题博物馆社会教育的发挥

——以徐州汉画像石艺术馆为例

彭　茹

（徐州博物馆　江苏徐州　221010）

内容提要：江苏省在"十四五"文物事业发展规划中对博物馆社会教育发展提出了新的要求："深化博物馆与社区合作，推动博物馆新型文化产品进入城市公共空间，鼓励有条件的博物馆错峰延时开放，服务十五分钟城市生活圈，充分发挥博物馆在文旅融合发展，促进文化消费中的作用。"本文以徐州汉画像石艺术馆的两个教育品牌为例，探讨专题性博物馆如何在"十四五"文物事业发展过程中发挥自身特点和优势，做好社会教育工作。

关键词：社会教育　专题博物馆　建议

十八大以来，国家高度重视我国博物馆事业的发展。习近平总书记多次强调，要让收藏在博物馆里的文物、陈列在广阔大地上的遗产、书写在古籍里的文字都活起来，丰富全社会历史文化滋养。今年，围绕新时期我国博物馆建设与高质量发展，中央宣传部、文物局等有关部门出台了一系列的文件通知。《关于推进博物馆改革发展的指导意见》明确提出博物馆要夯实发展基础，提升服务效能。要求广泛深入开展博物馆里过传统节日、纪念日活动，加强对中华文明的研究阐发、教育普及和传承弘扬，加强爱国主义教育和革命传统教育，培育人民文化生活新风。同时，还提出到 2035 年基本建成世界博物馆强国，为全球博物馆发展贡献中国智慧、中国方案。

这充分说明，我国博物馆事业的发展已经迎来了新的历史机遇期，也为新时期我国博物馆事业的高质量发展提出了更高的要求。博物馆应当充分发挥社会教育职能，承担起弘扬中华优秀文化的责任，为建设社会主义文化强国做出更大的贡献。

一　社会教育是博物馆的重要职能

长期以来，教育都是博物馆的基本职能之一。而随着社会的不断发展与进步，人们对精神文化的需要与日俱增，从而对博物馆教育服务职能的需求也越来越强烈，使得博物馆教育工作在博物馆三大职能中的地位凸显出来。博物馆的研究职能包含了藏品研究、观众研究、展陈研究等，其最终目的是为了更好展示展品，发挥展品的教育价值。而博物馆的展示，最终也是服务于教育的需要。因此，可以说，教育职能是博物馆最为重要的职能。2007 年，国际博物馆协会（ICOM）在《国际博物馆协会章程》中对博物馆的定义为"一个为社会及其发展服务的、向公众开放的非营利性常设机构，为教育、研究、欣赏的目的征集、保护、研究、传播并展出人类及人类环境的物质及非物质遗产"，其将教育职能放在了首位，有的学者将其解读为首要职能，这是合理的。可见，教育职能越来越受到人们的重视，博物馆也成为学校课堂之外的重要教育场所。

博物馆教育职能的发挥与其面对的观众群体紧密联系。有的学者根据教育对象的不同，将博物馆教育分为两大类：一类是行业教育，一类是社会教育。实质上，行业教育本质上也是社会教育的一部分。因为行业教育的对象，即相关从业人员，在日常生活中，也会以"社会成员"的身份参观博物馆，接受博物馆的文化传播。因此，社会教育应是博物馆教育职能发挥的主要方式。

从观众构成来看，博物馆社会教育具有广泛性。其教育对象涵盖了不同年龄段、职业、知识背景甚至是不同国家的人群，在一定程度上，博物馆社会教育真正做到了"有教无类"。此外，博物馆社会教育相对学校教育而言，还具有了更多的灵活性。一方面是时间的灵活，无论是展陈还是教育活动，都给予了观众充分的选择自由。另一方面还体现在空间上的灵活，博物馆的社会教育不再是局限于教室里的单项式的知识传播，而是利用了博物馆的场地优势，让观众自由探索，自主发现。甚至是走出博物馆，走进社区开展教育活动，极大地延伸了教育手段。因此，博物馆在社会教育中有着巨大的优势。

二　徐州汉画像石艺术馆社会教育实践分析

作为一座以汉画像石为主题的专题博物馆，徐州汉画像石艺术馆自成立之日起，便致力于社会教育服务、收藏保护、科学研究的有机结合，积极利用特有文化资源，基于自身特色优势开展各项教育类活动，举办多次专题性的展览活动，现藏汉画像石共计 1600 多块。下文将针对我馆社会教育方面的两个教育品牌实例进行简要的总结和分析。

1. 游学结合，开启汉文化深度体验之旅

为弘扬大汉文化精神，打造徐州文旅"国潮汉风"品牌，徐州汉画像石艺术馆利用了北馆院落式的建筑特点，在不改变原有陈列的基础上增设国潮汉风体验馆，主推以游相伴、以学为主的旅游体验产品，集知识性、参与性、体验性和教育性为一体，涵盖参观游览、课堂学习、场景体验、游戏参与等不同层次、不同类别的研学游体验项目。曾多次举办大型的汉文化体验研学活动，每次参与活动的人数都在百人以上。活动前期，针对研学游团队的特点，精心设计研学课程、拓印场地的布置，对教育员进行针对性培训。活动内容包括听汉画故事、做汉画拓印、玩汉代游戏等，厚重的文物、真实的历史、美丽的雕刻，不仅让参与者学习了历史文化知识，亲自制作汉画像石拓片，还能体验汉代的日常生活，活动结束后还获得了具有纪念意义的作品，从而激发参与者的兴趣爱好，将优秀的传统文化和传统技艺传承下去。

2. 突出特色，深入社区开展文化体验活动

徐州汉画像石艺术馆在向全社会提供展览、教育的服务同时，要对其所在城市的社区给予更多的帮助。让博物馆所在城市的社区居民能更好更便捷的获得文化服务。

"身边汉画走进百姓生活"的文化体验活动是徐州汉画像石艺术馆文旅融合后的一次创新模式，规模大，形式多，其目的是让汉文化走进寻常百姓家，让小区的居民零距离感受徐州汉文化的博大精深。活动由汉画展板、拓印体验、汉画礼射和文创展示四个部分组成。首先，由专业讲解员利用汉画展板向社区居民介绍徐州汉画像石艺术馆馆藏珍品，深入而通俗地讲解文物科普知识。接着，为让社区居民们近距离接触和了解拓片技艺的制作流程，由工作人员现场展示汉画像石拓片制作过程，并邀请居民动手制作体验，亲手制作汉画像石拓片。射艺是君子六艺之一，也是儒家推崇的修身之道。徐州地区射艺文化历史悠久，汉画中有很多射艺主题的内容，汉画礼射活动通过展板、实物、投壶游戏、射艺体验的方式，让社区居民近距离接触射艺文化。最后，文创展示，让文物"开口说话"，将优秀传统文化融入社区居民的日常生活，让文物及其背后的文化意蕴以年轻姿态"活"在当下，文创产品兼具实用性和文化内涵。

本项活动通过视觉展示和动手体验相结合，让观众通过现有的画像石感受传统艺术、礼制等文化，同时引导观众理解文物的深刻价值与文化内涵，自觉承担起保

护文化遗产的责任。

三　专题博物馆社会教育思考与建议

相较于综合性博物馆，专题博物馆基于自身特色，其定位更为精确。"专题博物馆通常具有综合性博物馆的基本特征，但相较于综合性博物馆，专题性博物馆更具针对性"。这就要求专题博物馆在发挥社会教育职能时，要更有侧重点。

1. 坚持展览的核心手段

展陈是博物馆开展社会教育的重要形式，也是发挥博物馆公共文化服务职能，保障公民基本文化权益的重要体现。因此，探索博物馆展陈的教育性、创新性，提高博物馆展陈质量和教育服务水平是十分必要的。专题博物馆要始终坚持展览的核心地位，围绕展览社会教育价值的发挥开展策展工作，最大限度地发挥博物馆的社会教育功能。

首先是展览主题要具有独特性。国内大多数的博物馆存在一个共同的问题，即同质化严重，尤其是市县级中小型博物馆。由于缺乏丰富的展品资源和专业的策展团队，这些博物馆往往以时间为轴线进行展览。这使得文化信息丰富的藏品失去了一部分原有的文化内涵，沦为地方历史发展的见证物。如在绝大多数的博物馆中，都能看到陶器、铜器、瓷器等"老演员"，而具有地方特色的"新人"往往难以登台演出。这些展品固然重要，但不具有地方特色，摆在地方性博物馆中，难以让观众印象深刻，加上走马观花式的浏览，最终的效果就是"过目即忘"。专题博物馆要突出自身馆藏的特色，依靠已有的文化资源优势，深入挖掘展品蕴含的历史信息和文化底蕴，充分发挥展品的教育价值。

其次是要注重展览色调和照明的舒适性、协调性。这是容易被忽略的一个方面。博物馆展陈主要是以视觉形象呈现给观众，因此展厅的色调布置和照明方式是极为重要的因素。国内常见的博物馆展陈往往色调单一偏暗，无法与展览的主题相呼应，与展出文物相得益彰。照明灯光一般直接照射在展品本身，以突出展品。这造成整个展厅较为暗淡，不利于观众的行进参观，也不利于辅助产品如文字信息的传达。专题博物馆应该以展览主题为依据，大胆尝试新颖的展陈设计形式，而不能忽视主题统一采用偏暗的色调氛围来突出展品，一味追求营造神秘感。

2. 基于特色，打造品牌化的教育活动

博物馆教育活动是除展览以外的重要教育形式，是博物馆发挥教育职能的重要

表现方式。2020 年，教育部、国家文物局下发了《关于利用博物馆资源开展中小学教育教学的意见》，要求各地博物馆要坚持"展教并重"，策划适合中小学生的专题展览和教育活动。实际上，除了中小学教育，社会教育活动在博物馆中所占的比重也在逐渐增大，出现了一批内容精良的优秀教育活动，如江阴博物馆的"博悟研学"、南京博物院的"皇帝的生日礼物"、北京汽车博物馆的"雷锋——一个汽车兵的故事"等。这些教育活动都是基于自身特色藏品，设计个性化的活动内容，从而达到良好的教育效果。

虽然专题博物馆藏品单一，但是专题博物馆有地域文化的特色，这也是深度研发教育品牌的有利因素，是区别于其他综合性博物馆的优势所在。如何充分有效地利用特色的馆藏资源，提炼、开发适合本馆发挥教育职能的主题文化活动是专题性博物馆必须思考的问题。这需要专题博物馆明确自身的馆藏定位与特色，围绕藏品的优势，突出特色，打造优质的教育活动，形成品牌，有针对性地开展教育活动，为社会及社会发展提供公共文化服务。

3. 重视教育效果的反馈与评估

建构主义教学观认为，学习是学习者主动构建自身知识经验的过程，而不是简单地把知识由外到内地转移和传递。博物馆的社会教育应该强调观众自主探索，而不是完全依赖被动地知识输出。要检验观众学习效果就需要博物馆重视教育效果的反馈，建立完善的评估体系。

无论是展览还是教育活动，都应该包括前期的学术研究阶段，设计与实施阶段，以及后期的教育与服务阶段。大多数博物馆往往只重视前两个阶段，而对之后的延伸教育与服务不够重视，从而，无法发挥最大的教育效果。延伸教育与服务是十分必要的，它不仅是对本次展览或教育活动的总结和反馈，也能为观众提供持续教育和服务，开发博物馆的潜在观众。此外，后期的教育与服务也使博物馆的职能得到延续，为下一次相关展览奠定基础。要做好后期的教育和服务，就需要对每一次的展览和教育活动反馈意见进行收集、研究和评估，准确了解观众的接受程度，以便做出调整。

四 结语

近年来，博物馆逐渐成为社会关注的热点，是各地旅游必去的打卡地之一，"博物馆热"已成为时下流行的趋势。面对步入快车道的博物馆热潮，专题博物馆如何抓住时代发展的机遇，彰显自身特色文化资源，促进创新发展，是当前急需思考的问题。机遇自有文化特色和优势，增强社会教育的能力和效果，应是专题博物馆实现高质量发展的重要方向。"国际博物馆协会对博物馆社会教育做出了解释，博物馆应该抓住一切机会发展其作为教育资源的优势为各个阶层的人群服务的职能……博物馆的一个重要职能就是吸引更多来自于不同阶层、不同社区、不同地区以及团体的目标观众并应该为一般社区特殊人群及团体提供机会支持其特殊的目标和政策"。全国各大博物馆都已开始研究如何更好地发挥及实现教育职能，把博物馆的社会教育作为了重点工作来抓，徐州汉画像石艺术馆只是其一。随着时代的进步，博物馆应当为满足人们更多的文化需求而做出调整和努力，以更加多元的思想和包容的胸怀推动社会教育的开展，让更多的人在做中学，在轻松愉悦的氛围里不断提升自我，感受中华文化的独特魅力。

注释

[1] 周璐璐:《专题博物馆文创产品的开发与建议——以徐州汉画像石艺术馆为例》,《大观》2020 年第 2 期。

[2] 教育部、国家文物局:《关于利用博物馆资源开展中小学教育教学的意见》,2020 年。

[3] 宋姻:《欧洲博物馆教育项目策划的特点分析》,《外国中小学教育》2010 年第 7 期。

由一支"发簪"说起

——浅谈扬州博物馆"青少年教育课程"体验项目设计

王潇潇

（扬州博物馆 江苏扬州 225126）

内容提要："青少年教育课程"参与人数多、博物馆与学校经费有限，需要严格控制活动成本。因此，如何设计出形式新颖、操作安全、经济实惠、易于推广、便于运输的动手体验项目是课程设计人员的工作重点。博物馆已从保管好"物"转变为服务好"人"，青少年是其主要目标群体。特别在"双减"政策实施后，博物馆作为素质教育的主要阵地，迎来了新的机遇和挑战。因此，在经费短缺、资源有限等不利条件下，设计出合适的教育项目，是发挥博物馆社会公共教育职能的积极探索。

关键词：教育课程 环节设计 成本控制 安全 探索

扬州博物馆自 2016 年推出"青少年教育课程"以来，先后在多所中小学授课，近 9000 名学生参与，课程围绕"雕版印刷""传统文化"等主题展开，每次课程由知识讲解、互动提问、动手体验等几个环节组成。其中，动手体验环节可以将所学知识现场转化，提升课程效果。特别是当受众为少年儿童时，这一环节显得格外重要。

"青少年教育课程"均在学校开展，每次课约 45 名学生参与，学生平均年龄在 11～13 岁之间。参与人数多、博物馆与学校经费有限，需要严格控制活动成本。因此，如何设计出形式新颖、操作安全、经济实惠、易于推广、便于运输的动手体验项目是课程设计人员的工作重点。

以"传统文化课程——发簪"为例。这一课配套的动手体验内容是制作发簪，课程设计人员首先面临的问题是成本控制，发簪的质料有骨、石、陶、蚌、荆、竹、木、玉、铜、金、象牙、牛角及玳瑁等多种，再加上簪首装饰用的珠宝翡翠等，如果完全使用原材料进行制作，要花费大量的成本；其次，发簪制作工艺较为繁复，各部分的塑形需要技巧，初学者不能迅速上手，成品效果无法保证；最后，发簪的制作需要使用镊子、剪刀等尖锐工具，存在一定的安全隐患。

　　综合以上几点问题，博物馆课程设计人员开始寻求解决方法。起初，试图使用经过初步定型的塑料配件进行制作，如花片、圆珠、叶片等。这样成本及安全问题基本得到解决，但是在配件组装过程中遇到了问题，因为配件已经成型，对于初次接触的学生而言，如何将它们组装到位且具有一定的美感是个难点。博物馆工作人员先后在五年级、初一的学生中进行了课程试点，学生们均表示操作存在难度，无法达到预期效果。还有一些女同学表示，她们并不喜欢成品塑料配件的形状和颜色，希望能够由自己设计发簪的式样和颜色。充分考虑学生们的意见和建议，博物馆工作人员重新开始寻找合适的材料。"易塑型、可染色"，还要控制成本、保证安全。最终，发现了一种"神奇"的塑料片——热缩片。

　　热缩片的材质大多数是聚苯乙烯（塑料代码 06，对应缩写 PS）。

　　热缩材料又称高分子形状记忆材料，这种材料在成型加工过程中形成某种固有形状的物品，在某些条件下发生变形并被固定下来后，当需要它时，只要对它施加一定手段（如加热、光照、通电、化学处理等），便可使其迅速恢复到初始形状，是一种环保、安全的材料。

　　用热缩片制作发簪一般有如下几个步骤：第一，打磨热缩片。用砂纸打磨热缩片的一面，先横向打磨，再纵向打磨，打磨均匀便于着色。第二，用彩色铅笔、水彩笔等在打磨好的热缩片上绘制自己喜欢的图案。绘制不满意的地方可以用砂纸再次打磨后重新绘制。第三，将绘制好的图案用学生安全剪刀剪下来。第四，将热缩片放在一个比较深的盒子中，用吹风机吹制。吹风机距离热缩片 10 厘米以上，来回移动使热缩片均匀受热。当热缩片变小变厚直到没有变化时，用镊子取出热缩片冷却。第五，根据式样将各部分用胶水粘在一起，并固定在簪杆上。整个制作过程简单便捷，学生们对于可以自行设计绘制发簪花样颇感兴趣，为了能设计出心仪的发簪，他们在知识讲解环节就听得格外认真，将古代发簪的组成、式样以及图案寓意等传统文化知识牢牢记在心里，并在动手环节运用，充分发挥出主观学习能动性，达到了博物馆开展此次传统文化教学的目的。

　　再来具体谈谈热缩片的使用成本。一张 A4 纸大小的热缩片均价为 1.1 元/张，一般做一个发簪用一张即可，以每次课程 45 名学生参与计算，每次课程热缩片的使用成本为 49.5 元。加上其他原料如簪杆、滴胶、丝线等，总的成本在 90 元左右，人均 2 元。使用这些材料，既控制了成本，提高了课堂安全性，做出的发簪还美观实用，极具推广性。

　　在其他的青少年教育课程中，我们也秉承这些理念开发配套动手体验项目。如《雕版印刷》青少年教育课程共分为七个主题：雕版印刷概述、雕版印刷产生的技术前提、雕版印刷产生的物质基础、雕版印刷工艺流程之写样、雕版印刷工艺流程之雕刻、雕版印刷工艺流程之刷印、雕版印刷工艺流程之装帧。七个主题分别配套结绳记事、拓印、造纸、写样、雕刻、刷印、装帧的体验项目。除了结绳记事、刷印体验的材料便于准备外，其他的动手项目都面临更换材料、控制成本、保证安全等问题：造纸的设备、原料；可以用来拓印的石材；写样过程中如何保证课堂的清洁；动手雕刻的安全问题、装帧作品的实用性以及博物馆与学校间的运输等。经过咨询专业人士、反复比对材料、多次实际操作、不断调整改进，问题全部得到解决。

一是拓印体验：博物馆里可以用于拓印的石材体积笨重，不易运输。于是使用40厘米 × 40厘米 × 1厘米的墙砖，使用机器在表面刻字，考虑到墙砖表面过于光滑，纸张不易附着，因此将表面无字区域做糙化处理。墙砖制作成本200元，可反复使用，纸张使用成本5元／课。

二是造纸体验：馆方根据11～13岁学生的平均身高定制了一个缩小版、可拆卸、易组装的造纸台，纸浆的制作则使用平价餐巾纸提前浸泡、粉碎，每次活动只需要很少的量（6升）即可。活动开始前提前组装好造纸台，倒入纸浆，再加入20升左右的清水，使用造纸工具即可体验，活动结束后，将造纸台推至下水道口，打开底部的水塞，即可将水排出，因为纸浆比较细腻，不会堵塞下水口。造纸台由防水防腐的木料制成，重量很轻，下面装有轮子，不需要推动时可以锁死，非常方便。造纸台制作成本为2500元，可反复使用，纸浆成本为15～20元／课。

三是写样体验：如使用墨水和宣纸，有很大概率将课桌椅和学生衣物弄脏。于是使用可以反复多次、清洁方便的毛笔字水写布，价格2元／张，普通毛笔7.5元／支。

四是雕刻体验：雕版印刷中雕刻使用的材料是梨木、枣木等硬质木材，需要专业人士才能雕刻，尖锐的刻刀容易带来安全问题，在学校教学中无法适用。于是使用橡皮章替代，刻刀也采用了相对安全的一款。橡皮章2.2元／块，只能使用一次，每次课程橡皮章材料费99元。雕刻刀（含12刀片）价格为9.8元／套，可使用120次左右。

五是装帧体验：装帧课程是雕版印刷青少年教育课程的最后一课。馆方使用空白宣纸做内页，装订完成后，每位同学的线装本作品可以继续当作记事本使用，实用性强，方便长期保存，且有一定的纪念意义。

扬州博物馆作为地市级场馆，财政拨款有限，社教经费长期不足。与此同时，博物馆社会公共教育职能近年来却在飞速发展，博物馆已从保管好"物"转变为服务好"人"，青少年是其主要目标群体。特别在"双减"政策实施后，博物馆作为素质教育的主要阵地，迎来了新的机遇和挑战。因此，在经费短缺、资源有限等不利条件下，设计出合适的教育项目，是发挥博物馆社会公共教育职能的积极探索。

发挥资源优势　打造红色阵地

——仪征市博物馆服务党史学习教育工作的探索与思考

杨　丽

（仪征市博物馆　江苏扬州　211499）

内容提要： 在党史学习教育"常态化"的新形势下，县级博物馆要充分利用自身拥有的独特资源优势，发挥重要阵地作用。本文从仪征市博物馆利用本地文物资源服务党史学习教育的实践出发，探讨县级博物馆如何更好地服务于党史学习教育工作。

关键词： 县级博物馆　革命文物　党史学习教育

博物馆是革命文物资源收藏、展示的公益机构，也是进行党史学习教育的重要阵地。习近平总书记在十九届中央政治局第三十一次集体学习上的讲话指出："红色资源是我们党艰辛而辉煌奋斗历程的见证，是最宝贵的精神财富，一定要用心用情用力保护好、管理好、运用好。"[1]新时代召唤新作为，县级博物馆应当抢抓机遇，充分发挥文物资源优势，倾力打造红色文化阵地，积极助力党史学习教育工作走实走深。

一　县级博物馆在党史学习教育中拥有的独特资源优势

博物馆的核心资源是文物藏品。文物藏品富含历史、科学、艺术的信息，兼具知识内涵和艺术欣赏价值，彰显历史文化和区域文明，让文物说话，可以实现最佳的宣传教育效果。在服务党史学习教育工作中，县级博物馆具有资源、区位、服务、氛围等方面的优势，可以增强学习教育的吸引力、感染力。

（一）以物证史，县级博物馆的实物资源优势可以增强学习教育的生动性

博物馆通过形象、直观地向观众展示历史文物实现服务教育的职能。以物说话，

以物证史，博物馆丰富的实物资源，是博物馆特有的陈列语言，可以使主题内容更加凸现，使教育效果更入脑入心。县级博物馆的文物藏品通常与本地文化息息相关，更接地气，使观众更易于在红色故事中获得心灵触动，在感悟思想中获得洗礼，形成坚定的文化信仰。

（二）立足本地，县级博物馆的区域位置契合学习教育的便捷性

党史学习教育工作的常态化、制度化，要求教育阵地必须满足便利、长久、就近等条件。县级博物馆以本地市民为主要受众，具有家门口的便捷性。县级的中小型博物馆在数量上占据着中国博物馆的大多数，也是"植根群众、服务群众、与群众距离最近"的博物馆，在构建公共文化服务体系中发挥着重要作用[2]。发挥好县级博物馆教育阵地作用，可以促进党史学习教育工作的有效落实开展。县级博物馆通常具有举办陈列展览的场所、人员、经验，是开展党史学习教育的有利因素。县级博物馆具有天然的地理位置优越性和办展条件的成熟性，使它成为党史学习教育的优选场所。

（三）回望历史，县级博物馆的历史内涵能够加深学习教育的深刻性

文物是连接历史、现实和未来的桥梁。通过展示文物，对历史进行回望，挖掘新的时代内涵，彰显新的时代价值，可以使革命文物展览彰显庄重、肃穆的特点，引发观众深刻的思考和感悟。博物馆的陈列展览较之其他教育方式，常常更具有政治性、深刻性，更注重对人们世界观、价值观的影响，且这种学习是一种自主型、探索性的学习，在讲"物"的同时，更注重"史"，更能发挥党史学习教育的文化滋养作用。

二 仪征市博物馆服务党史学习教育工作的有益探索

（一）主动作为，用活用好县级博物馆资源优势

2021 年是中国共产党成立 100 周年。为了响应党史学习教育号召，发挥好县级博物馆教育阵地作用，仪征市博物馆策划举办了"百年征程——仪征市庆祝中国共产党成立 100 周年主题文物展"。展览以"庆祝中国共产党成立 100 周年"为主题，通过百余件珍贵的文献史料、文物、英雄印记等丰富的展品，结合反映历史背景的大幅图版，以点带面，充分展示中国共产党百年辉煌历程和伟大功绩，积极彰显历史回望中的家国情怀和红色传承。在展览内容上，突出中国共产党在仪征地区的卓

著贡献，引发共鸣，激发人民热爱祖国热爱我家乡的情怀。展览为党史学习教育提供了一个生动的学习课堂，带领全市党员群众重温党史，增强党性教育。

（二）精心谋划，用心用情打造党史学习教育阵地

对中小学生进行爱国主义教育和革命传统教育，帮助他们不断提高政治觉悟、道德品质和文化修养是当代博物馆的崇高任务[3]。配合"百年征程　仪征市庆祝中国共产党成立 100 周年主题文物展"，仪征市博物馆针对青少年群体，举办了"红色基因代代传·自古英雄出少年专题社教活动"，通过看展览、听故事、做红色主题游戏等方式，让孩子们重温历史，传承红色基因。同时，将传统技艺和红色文化结合，将红色剪纸课程送进多个校园，让青少年在动手中感知文化细节，打造了党史学习教育的红色流动阵地。

以展览和社教活动为主要载体，仪征市博物馆精心谋划党史学习教育的方式方法。主题展览设计既简约大气，又不失历史厚重感，在营造清新雅致的展厅氛围的同时，让人在参观之余，产生穿越历史长河，重温辉煌征程的通感，实现沉浸式观展体验。红色社教活动立意高远，内容丰富，形式多样，用生动活泼的形式向青少年传承了红色文化，激发青少年爱国爱我家乡的情怀，有效发挥了博物馆爱国主义教育基地作用。

（三）创新联动，用责用力提升党史学习教育服务质量

让革命文物"活"起来，立足实际、守正创新，就能增强学习教育的针对性和实效性。仪征市博物馆革命文物藏品数量仅有 20 余件，为了抓住时机，发挥好革命文物在党史学习教育中的重要作用，我们变被动为主动，积极与本地党史部门、民间收藏家合作，使得展览主旨紧扣党史学习教育，展品上将民间和馆藏文物结合，以更富感染力的形式传播历史文化，体现了多元文化的交融发展。

同时，在展览取得很好的社会效果后，又制作了简单、便捷的流动展览"百年征程——仪征市庆祝中国共产党成立 100 周年主题文物图片展"，开展送展进校园、进乡镇活动，深入到各乡镇政府进行义务讲解宣传，加深公众对红色历史文化更深层次的了解，将党史学习教育成果延伸至更广区域。

三　县级博物馆如何更好地服务于党史学习教育工作

县级博物馆在服务党史学习教育工作的过程中，受资源、人员、资金、政策等

条件限制，常常存在着对阵地重要作用认识不足、对红色资源情况掌握不全、缺乏资源利用的统一组织支撑、办展经验不够等短板与不足。要克服重重困难，发挥好县级博物馆的资源优势，主动融入并服务于社会发展大局，更好地服务于党史学习教育工作，笔者根据仪征市博物馆作为县级博物馆服务党史学习教育工作的实践，认为应该从以下几个方面做出努力。

（一）提升县级博物馆服务党史学习教育的水平

1. 摸清家底，规范管理，系统梳理本地区红色文化资源

在县级层面，红色文化资源利用普遍存在着组织管理松散、资源情况不明等情况。建议设立一批红色文化教育示范基地，由统一的组织协调管理，实现资源清单式管理。除了学习教育基地，还应对红色文物进行全区域的普查，建立账册，掌握红色文物、收藏品分布情况，以便研究、展示、传播红色文化。

2. 专项征集，加深研究，逐步建立本地区红色文物资源体系

长期以来，博物馆在征集文物上通常以历史文物为重点，红色革命文物藏品普遍较少。建议设立专项征集经费，面向社会，征集见证本区域历史发展的红色文物，发动群众捐赠与本区域历史有关的红色文物或收藏品，逐步建立本馆的革命文物藏品体系。绵绵用力，久久为功。经过积累，实现物的集聚、人的交流，红色文化研究的深入必将促进党史学习教育效果的增强，打造出有本地特色的党建品牌。

（二）拓展县级博物馆服务党史学习教育的方式

1. 部门融合，优化革命文物资源利用管理

建立健全红色文化研究共建共享机制，设立研究本区域红色文化的专门协会或组织，实现人员支撑上的强大保障。协会通过推进红色文化资源的普查、调研，定期组织座谈进行工作部署交流，对讲解员进行培训，对各个红色教育基地的展示大纲、展品选择给予专业指导，出版论文集、专业书籍等活动，对红色文化进行持续、深入的研究，积累学术成果，促进不同行业间、官方与民间的学术交流，用好本地红色文化资源，讲好本地红色故事。

2. 谋实谋深，打造精品革命文物展览和延伸服务

在摸清家底、丰富馆藏的基础上，县级博物馆要利用好部门融合研究成果，精心打造精品革命文物展览，增强展览的传播力。探索"让红色文物活起来"，可以推出红色文物观众体验项目。以红色展览为基地，以青少年为重点，开展红色剪纸、红色夏令营等专题社教活动，在动手中感知文物的细节，加深红色文物知识的积累。

3. 拓宽范围，加大革命文物资源利用成果推广

开展红色文物图片展进社区、进乡镇、进学校活动，延伸红色文化宣传服务范围。大力发展数字内容新业态，拓宽线上传播渠道，让观众足不出户就能接受到红色文化的教育，学习党的历史和知识。进一步研发具有红色文化特色的文化产品，制作尺子、书签、折扇等宣传红色文化的文创精品，满足社会公众对博物馆文化产品多样化、多层次的要求，利用好、发挥好博物馆稀有宝贵的文物资源，拓展红色文化传播渠道。

（三）增强县级博物馆服务党史学习教育的实效

1. 加强调查研究，提高服务党史学习教育的针对性

党史学习教育既要面向党员干部，也要面向基层群众，要在全社会广泛开展党史宣传教育，普及党史知识，推动党史学习教育深入群众、深入基层、深入人心。现代博物馆办馆理念正在从"教育公众"转变为"服务公众"，并且逐步走向"依靠公众"，因为社会公众才是博物馆"真正的主人"[4]。县级博物馆服务党史学习教育需要加强革命文物的研究，加强党员观众参观需求的调查，发动群众，依靠群众，实现人和物的有效链接，为党史学习教育提供有的放矢的服务。

2. 创新教育理念和形式，增强服务党史学习教育的吸引力

用实物标本说话是博物馆的优势，丰富的文物是不同时代人们创造文明、探索自然的宝贵遗产，抽象的理论知识在博物馆变得鲜活直观，让人印象深刻。如果照搬讲座、课堂模式，将失去博物馆党史教育活动的独特魅力和吸引力。县级博物馆服务党史学习教育，举办红色主题展览和活动，要敢于创新，发挥博物馆教育优势，打造形式多样的参与性强的特色教育项目，让观众享受愉快的参观体验并印象深刻，吸引其选择再次或多次来博物馆。

3. 加强效果评估，促使县级博物馆服务党史学习教育活动开展形成良性循环

通过科学的评估手段和方法，对博物馆党史教育活动各个工作环节进行考察，评测教育活动的成效，可以为今后教育活动的策划和实施提供借鉴和思考，从而促使县级博物馆服务党史学习教育活动开展形成良性循环。

如何充分发挥县级博物馆服务党史学习教育工作的作用，始终是一个值得不断研究的课题。改变服务观念，充分利用好馆藏资源，取得良好实效，不但需要博物

馆工作者扎实的工作，还需要各级政府和全社会的关心、支持和帮助。让我们共同努力，研究新方法，探索新途径，营造新氛围，让县级博物馆真正发挥好红色阵地作用，实现高质量发展。

注释

[1] 习近平：《用好红色资源赓续红色血脉 努力创造无愧于历史和人民的新业绩》，《求是》2021年第19期。

[2] 杨正宏、张剑：《中小型博物馆藏品管理工作探讨》，《江苏省2014国际博物馆日主题论坛论文集》，文物出版社，2014年。

[3] 王宏钧：《中国博物馆学基础》，上海古籍出版社，2001年。

[4] 单霁翔：《从"服务民众"到"依靠民众"——博物馆社会服务理念的提升》，《上海文博论丛》2013年第2期。

新媒体视域下博物馆传统节日文化的教育与传播

杜　臻

（南京博物院　江苏南京　210016）

内容提要：当前，我们已经进入了"互联网＋"的时代，新媒体在民众的生活中发挥了越来越重要的作用，应用新媒体技术，可以改进传统博物馆的陈列展览和社会教育的方式。博物馆利用新媒体平台，通过深入挖掘传统节日的文化内涵，线上教育活动与静态展览相结合，以网络方式作为体验活动的重要拓展，可以为传统节日注入新的内涵，增强传统文化传播效果，让公众能够更加自觉地传承和振兴传统节日。

关键词：新媒体　博物馆　传统节日　社会教育

博物馆是保护和传承人类文明的殿堂，是开展社会教育的重要场所。2007年，《国际博物馆协会章程》调整了对博物馆的定义，提出"博物馆是一个为社会及其发展服务的、向公众开放的非营利性常设机构，为教育、研究、欣赏的目的征集、保护、研究、传播并展出人类及人类环境的物质及非物质遗产"。这个最新的博物馆定义强调了博物馆的社会教育功能，同时将非物质文化遗产纳入到博物馆的工作范畴。

传统节日作为非物质文化遗产的重要组成部分，是我国传统文化的精神载体和表现形式，蕴含着中华民族的独特文化记忆，凝聚着悠久历史积淀下的民族认同感。然而，在经济全球化的背景下，随着城市化和现代化的快速发展，受到情人节、圣诞节等"洋节"的外来冲击，源于农耕文明的传统节日对公众尤其是青年人的吸引力逐步减弱，迫切需要通过各种宣传和教育手段进一步激发传统节日的生机与活力。

当前，我们已经进入了"互联网＋"的时代，伴随着无线网络和信息技术的不断革新，人民群众接受和传播信息的方式发生了日新月异的变化，新媒体在民众的生活中发挥了越来越重要的作用，特别是在文化、旅游、教育、卫生、金融等领域呈现出即时性、便捷性、共享性、个性化等特征，构建了全方位全天候的信息传播格局。应用新媒体技术，可以改进传统博物馆的陈列展览和社会教育的方式，对于博物馆文化资源的利用、共享、挖掘与创新发挥了积极的作用。如何更好地将"新媒体＋博物馆"有机地结合起来，让网络媒介更加有效地传播传统节日文化，使其发扬光大，已经成为博物馆教育和文化传播研究领域的新热点。

一　深入挖掘传统节日的文化内涵

传统节日是一个国家、民族或地区的标志性文化，它蕴藏着深厚的文化内涵，不仅是人们家庭观念、情感诉求、风俗习惯、社交方式的集中表现，而且孕育了丰富多彩的文学艺术作品、传统手工技艺和智慧生活理念，世代承袭发展了中华优秀传统文化。传统节日各具特点，喧闹欢快的元宵节、思念故人的清明节、驱毒辟邪的端午节、纳福乞巧的七夕节、团圆和睦的中秋节、登高远眺的重阳节，以及最令人期待的辞旧迎新寄托美好寓意的春节，还有与这些传统节日相契合的物候观念、礼仪习俗、节日饮食等，传统节日可谓是我国最具文化内涵和民族特色的非物质文化遗产。2006 年，春节、清明节、端午节、七夕节、中秋节、重阳节等传统节日被列入第一批国家级非物质文化遗产项目名录。2007 年，我国将清明、端午和中秋三个传统节日定为法定假日。时至今日，传统节日在民众的生活中仍然具有十分重要的作用。

一段时间以来，在全球化和现代化等多种因素的影响下，传统节日面临着式微的局面，年轻人热衷于西方的情人节、愚人节、感恩节、圣诞节等节日。究其主要原因，一方面由于受到西方思潮和多元文化的冲击，另一方面与媒体和商家的宣传引导有着很大的关系，如何振兴我国传统节日成为政府和社会密切关注的问题。2017 年，党中央、国务院印发了《关于实施中华优秀传统文化传承发展工程的意见》，明确提出：深入开展"我们的节日"主题活动，实施中国传统节日振兴工程，丰富传统节日文化内涵。《意见》还要求：加大宣传教育力度，综合运用传统媒体和新媒体等各类载体，统筹宣传、文化、文物等各方力量，创新表达方式，大力彰显中华文化魅力；并强调"实施中华文化新媒体传播工程"，充分发挥图书馆、文化馆、博物馆等公共文化机构在传承发展中华优秀传统文化中的作用。博物馆作为公共文化服务体系的重要组成部分，有责任也有义务向公众宣传中国传统节日，博物馆的工作人员也应该围绕传统节日主题，策划与组织一系列的陈列展览和传承体验活动，积极探索开展传统节日教育活动的传播途径。

培养民众对于传统节日的热情，需要构建人们维护传统文化的信心和情感，树立正确的传统节日价值观，让民众珍爱"我们的节日"，成为传统节日文化的保护与传承主体，并使这种文化自信心和自觉性深入人心。运用新媒体在博物馆传统节日教育活动中发挥更大的作用，必须深入挖掘传统节日的文化内涵，加强对传统节日思想观念、历史演变、风俗习惯、当代价值的研究，努力梳理和探求其中蕴含的忠义、孝顺、和谐、团圆、爱国、智慧等精神理念。在此基础之上，新媒体可以加强博物馆与公众之间的交流与沟通，拓展博物馆的宣传传播途径，采用网上展览、线上直播等方式开展贴近于公众需求的传统节日教育活动。

二　线上教育活动与静态展览相结合

传统节日是我国最具文化内涵和民族特色的非物质文化遗产。在今天，传统节日仍然是民众生活中的重要环节，起着丰富精神文化生活、继承和传播传统文化的重要作用。博物馆应当以丰富的馆藏文物和扎实的学术研究为基础，引导人们继承和弘扬中华民族优秀传统文化，提升新时代博物馆的社会教育功能，营造国家统一、民族团结、社会和谐、家庭和睦的浓厚氛围，利用新媒体平台，通过线上教育活动与静态展览相结合的方式，为传统节日注入新的内涵，增强传统文化的传播效果，为中华优秀传统文化的传承发展肩负起应有的责任。

新媒体得益于互联网和即时网络通信技术的飞速发展，包括了手机媒体、网络媒体、数字电视等各种新型的传播媒介，相对于报纸、广播、电视、电台等传统媒体而言，新媒体具有即时性、互动性、共享性、个性化等特点，其中微博、微信、新闻客户端是新媒体中应用最广泛、传播影响力最大的传播方式，抖音、快手、微视频等 APP 也是新媒体领域中的新兴力量。

新媒体可以通过互联网第一时间广泛地传播，能够全方位、全天候地为博物馆传播文博知识、展览信息、展演活动等内容，伴随网络技术的发展和智能终端的普及，网上展览、线上直播、在线讲座等都已经实现，与之相适应的临时展览、学术讲座、非遗传承活动等更容易被公众所接受和喜爱，成为传承传统文化、凝聚价值共识的重要载体。博物馆在传统节日和二十四节气期间，可以举行专题性的临时展览，同时策划多种形式的线上教育活动。临时展览主要以静态展览为基础，以文物、文字、图片、视频为展现方式，对传统岁时节日进行场景复原和知识传播，重点展现节日起源、节日习俗、节日饮食、文化寓意等内容。

通过新媒体，静态展览的内容可以转化为科普性文章和线上展览，并能够在第一时间向公众呈现。微博、微信、抖音、快手等新媒体具有收藏、转发、评论和点赞等功能，对于当下传播节日文化有着积极正面的推动作用。现代博物馆的社会教育工作已经发展地更加多元化，并带了博物馆发展的新方向，比如博物馆的体验活动可以让节日气氛更加浓厚，文创设计可以从传统工艺中汲取营养，传统表演艺术也可以使博物馆焕发新的生机。应用新媒体的优势还在于可以整合图片、文字、视频、三维动画等多种信息，即时地进行信息传播，对于公众而言，在接收各种展讯和知识的同时，可以将自己的感情和需求通过转发、留言、点赞等功能传递给博物馆。

新媒体技术依托于网络技术的发展，随着电子移动设备的不断智能化，公众可以不受时间和空间的限制与博物馆进行互动，新媒体从而成为博物馆进行宣传教育工作的重要抓手。新媒体在传统节日文化传播方面具有特别的优势，速度快、范围广、共享性的特点满足了人们对于社交功能的需求，这也拓展了博物馆社会教育工作的方式，通过线上展览、趣味答题、数字化导览、个性化定制服务等技术手段，新媒体可以向公众提供更加便捷、多元、独特的博物馆文化服务。同时，博物馆还可以借助新媒体，利用传统媒体、社区、演艺等单位的力量开展传统节日的教育和体验活动，定期将讲座、活动、展览等延伸到馆外，让公众能够更加自觉地传承和振兴传统节日。

三 网络方式作为体验活动的重要拓展

在当今"互联网＋"的时代，随着新媒体、云媒介、大数据等技术的广泛普及，以及个人智能终端与即时通信技术的迅速发展，新媒体伴随着移动网络的热潮全面影响着社会生活的各个方面。新媒体资源也已经成为不可或缺的社会核心资源，这为博物馆中非物质文化遗产的传承与保护带来了新的活力与机遇，这一优势在传统节日的宣传教育活动中显得尤为突出。目前，将新媒体技术运用于博物馆开展传统节日的教育活动，已经成为适应当代社会发展的必然选择。

博物馆可以通过主题展览、民俗讲座、非遗体验和传承活动等高质量、多层次地向民众开展传统节日的宣传和教育，借助新媒体的平台，活动预约、网上展览、线上讲座、体验直播等都可以在各种电子终端开展起来，从而摆脱了时间和空间的限制。如南京博物院以官方网站为平台，相继开通官方微信、抖音、网络直播等新媒体公众号，每年围绕七个传统节日策划"我们的节日"主题展览、非遗展演和传承体验活动近千场，通过手机微信小程序，每一项活动预约信息一经发布，参与名额立刻就被公众约满。以传统节日期间举行的民俗讲座而言，南京博物院小剧场现场只能预约 400 位观众，然而通过网络直播，往往同时超过 20 万以上的观众人数。

新媒体技术是互联网技术发展的产物，它带来了更加快捷的信息传播和便利的数据服务，也增加了公众与博物馆的互动。新媒体的即时通讯功能可以使博物馆工作人员在信息发布后的第一时间得到公众的反馈，因此在预约参观、讲座、活动方面发挥了极大的作用，同时通过朋友圈的转发，博物馆的各种信息可以在很短的时间内快速传播。很多博物馆爱好者会在微信平台上留言或者点赞，为博物馆的展览和活动提出赞赏以及各种建议，这种沟通的方式也指引着博物馆的宣传教育工作不断做出调整。

博物馆开展传统节日教育活动是弘扬优秀传统文化、传播主流价值观、增强民众认同感和归属感的重要载体。如今新媒体在人们的社交活动中已经起到了不可缺少的作用，博物馆应当注重与时代接轨，与社会同步，利用新媒体资源深入挖掘传统节日的深刻内涵，持续在传统节日期间举行系列专题展览、体验和社会教育活动，充分发挥传统节日的思想熏陶和文化教育功能，增强公众特别是青少年的文化自觉和文化自信。

在博物馆教育中，要让青少年了解传统节日的历史、现状、价值，以及保护理念和方法，培养青少年对于传统文化的认知和认同感，使他们自觉投身于传统节日的保护与传承行列。博物馆应当与学校积极合作，通过调研，编写与地域文化相结合的非遗课程，还可以发挥非遗传承人的力量，邀请他们在传统节日期间到博物馆和学校开展知识讲座，并通过新媒体进行网络直播。

非物质文化遗产以人为核心，以生活为载体，进行活态传承。因此，非遗保护要坚持"见人见物见生活"的保护理念，要让非遗走进我们现在的生活，让非遗在千家万户的日常生活中得到传承和弘扬，传统节日的保护与传承同样遵循了这一原则。从时代和社会发展角度出发，我们需要应用更多的方式来宣传和保护传统节日，充分利用新媒体、互联网、融媒体等手段传播传统节日，调动公众参与保护传统节日的积极性，使公众成为传承和振兴传统节日的主体力量。

参考文献

1. 周佳颖、王俊蓉、张景秋：《微博用户的中国传统节日感知及区域差异研究》，《地球信息科学》2019 年第 1 期。
2. 常小宇、周雨凡：《传统节日过节现状及传承建议调查报告》，《中国传媒大学学报》2019 年第 5 期。
3. 刘海燕：《多元文化背景下对中国传统节日文化的传承与弘扬》，《重庆工贸职业技术学院学报》2020 年第 1 期。

"发现"一座博物馆

——以"学龄前儿童视角"聚焦博物馆的实践探究

顾 婧

（南京博物院 江苏南京 210016）

内容提要： 近年来，越来越多的幼儿园中开始构建儿童博物馆及相关课程，它根据儿童的身心发展规律和学习特点进行规划和设计，以儿童多感官的运用为途径，让他们在丰富多样的活动中获得适宜的经验。本文所说的"儿童博物馆"，并不仅仅满足于在幼儿园中设立一间博物馆，而是要引导儿童"围绕某一个内容、某一项活动或者某一个事物，来进行一系列多感官的活动"。在学龄前儿童发展过程中，博物意识起着重要作用，博物馆教育具有鲜明的直观性、形象性、主题性和多样性，这与学龄前儿童的认知特点高度契合。本文试以学龄前儿童博物馆教育课程的开发与实践为着眼点，探索适合博物馆高质量发展的"园本课程"。

关键词： 学龄前儿童 博物馆 教育

一 "以学定教"的教育理念

随着国际上儿童博物馆事业蓬勃发展，以及博物馆儿童教育的常态化，越来越多的国内博物馆认识到博物馆教育内容和手段与儿童天性的高度契合，因此各博物馆也开始大力推行儿童博物馆课程的研究和实践。受传统教育理念影响，目前的儿童学习大部分还是以博物馆为主导，在具体课程实践中也很少有机会让儿童共同参与学习设计[1]。传统课程以博物馆为主导，往往达不到让儿童全感官认知的目的。这些课程实践中，学龄前儿童的课程涉及的年龄段通常是 5～7 岁，这样的划分相对"笼统"，从幼儿园中班、到大班再跨度到小学一年级，孩子们从能力、认知、情感等诸多方面都存在较大差异。博物馆课程的学习内容也多以文物的认知到某类学科的学习；实践操作类的则多以美术绘画或手工制作为主，体验方式相对单一。

但是，在不同的年龄段，儿童身心发展、学习方式、能力目标都会有一个螺旋式的上升，这种把小、中、大班的孩子集中在同一个课堂里的"简单"做法有悖于"分龄分众"的教育理念。因此，博物馆的课程应建立在"分龄分众"基础上，再根据学习对象细化课程内容，以学生的能力、认知、兴趣方向等制定教育课程。

南京博物院联合南京市第一幼儿园（以下简称"一幼"）将传统节日的某一个主题课程，细分为适合小、中、大班的三个体验式课程，课程不仅覆盖学龄前儿童的所有年龄段，并根据每个阶段儿童的自身特点和学习能力，加入了诸如动手体验、语言表达、游戏互动、数学认知及户外亲子运动会等环节，让孩子们可以阶梯式的体验博物馆课程。

在这类课程中教师或者博物馆教育专员不再扮演"教"的角色，教师也不是"教书匠"，不是简单地把书本中、博物馆课程的知识灌输给幼儿。所有课程教育内容的设计以儿童为中心，鼓励儿童通过物件、思想和符号去体验和表达他们所见、所闻、所思和所想[2]。老师、家长和博物馆教育专员作为观察者和支持者，在适当的时候给予帮助或者过程中参与交流，彼此倾听和对话。

二　让孩子们成为课程的"主导"者

20 世纪 60 年代，意大利的瑞吉欧教育实践风行世界，深刻影响欧美学术圈，成为国际学前教育典范。在波特兰儿童博物馆的欧泊初级学校，将环境视为老师，强调与家庭合作，儿童由接受者变成主角、合作者、传播者和研究者[3]。英国博物馆经过近 20 年馆校结合的实践探索，已经形成较为成熟的体验探究式教育项目，在教育项目的策划上，他们更注重项目实施中学生自身的学习、探索、动手、组织、合作能力的培养。通过提高能力，激发学生对于艺术、科学等方面的感悟和兴趣。

2008 年随着全国各大博物馆的免费开放，越来越多的家庭走进博物馆。在孩子眼中，博物馆又是个什么样的地方？"很大很安静""里面的东西很贵重""是一个给大家参观的地方，可以学到很多知识"……这些孩子的话引起了博物馆教育专员的思考。

"很大"，是博物馆的藏品种类丰富，是一种教育课程资源；"很安静"，是孩子们对于参观博物馆礼仪的认知，是博物馆一堂重要的"必修课"；"给大家参观"，是博物馆参观的观众多元化、能满足不同年龄段需求的一种体现。但是，还有一部分孩印象中"博物馆里面黑黢黢的"。"黑"是博物馆的灯光环境，有时会让孩子们忐忑不安，那么哪些展馆的灯光较暗，又为什么这么暗？"博物馆放的都是古时候的东西"。"古时候"距离我们的生活很遥远，那究竟有多远？在聆听和分析了孩子们对博物馆的印象后，我们发现孩子们对博物馆非常感兴趣，于是如何构建学龄前儿童发现、探索、互动的博物馆园本课程成了南京博物院和一幼共同研究实践的项目。

一幼的孩子对博物馆并不陌生，他们以游戏精神为引领，以项目课程的形式开展研究，在园内建立了儿童博物馆，为了让儿童"参与设计"博物馆课程，博物馆教育专员、老师继续"聚焦"博物馆主题，进行深入探究。在讨论中我们发现低龄儿童往往热衷于大型物件，一听说南京博物院"很大"，孩子们就决定要去看一看，于是南京博物院便成了他们体验博物馆的首选之地。

三 以同一主题为切入点，"分龄分众"的实践探究

在"博物院初体验"中，我们鼓励以家庭为单位的亲子探究。为了进一步落实"分众教育"的理念，我们将学龄前儿童分为 4～5 岁和 5～6 岁两个年龄段，分别对应幼儿园的中班和大班。以往的博物馆之旅，都以孩子参观、讲解员解说为主，孩子们听得似懂非懂、一知半解，家长似乎都忙着给孩子"打卡拍照"交作业。但现在选择去博物院参观是孩子们自己的想法，在这趟博物馆之旅中，教育人员鼓励孩子们运用多感官、多途径的方式去发现、去记录、去分享博物馆的见闻。

王迪：我喜欢猛犸象，因为他们的鼻子长长。

豌豆：我最喜欢玛瑙翡翠项链，因为上面有很多漂亮的宝石。

对对：我最喜欢恐龙蛋，它们都是两个两个靠在一起的。

天天：我喜欢广陵王玺，它是金子做的，上面有字，还有一只小乌龟，我们班也养了小乌龟。

可可：我最喜欢的是一个钟表，它的上面还有一面镜子，我可以一边照镜子一边看时间。

点点：我最喜欢进门的那头牛，它的颜色很漂亮。

不同年龄段的儿童在参观博物馆时各有偏好，成人需尊重儿童，让儿童体验感兴趣的活动，他们才能专注体会，学有所获。关注儿童所关注的，了解儿童所期待的，这样的参观才有意义 [4]。中班的孩子"偏爱"带有动物元素的文物和化石类的藏品，他们通过拍照、绘画和对话等方式记录并分享他们在博物馆所见所闻。

"这位阿姨是谁？她的衣服真特别。"

"她手里的牌子上有个字！"

"哈哈，文物也会休息！"

"博物馆里和幼儿园一样，有专门的饮水机，有很多用纸做的杯子。"

"文物上和电梯门上都有好多标志！"

"很多展品外面都有厚厚的玻璃。"

大班孩子们的"眼光"不仅聚焦在博物馆里的藏品，他们更喜欢主动发现和探索，通过观察博物馆里的人、事、物感知一座博物馆：穿着蓝色马甲的志愿者、贴心的服务设施、各种各样的标识牌……都成为孩子们"关注对象"。

孩子们的这些行为特点和关注点无疑也是在告诉我们，博物馆课程应当类同于幼儿园的教育模式，在"分龄分众"的情境下展开，因人制宜、"因龄制宜"。

四　孵化兴趣、亲身体验，尊重儿童在博物馆学习的多样性

博物馆是儿童孵化兴趣的地方，在这里他们可以无拘无束地自由选择。教育形式的自主性和开放性，教育内容的丰富性和愉悦性，促进儿童的多元潜能得到开发[5]。在"广泛关注、深入观察、静心欣赏、积极探究"的博物意识引领下，充分表达他们对博物馆的想法："我想知道，每周一闭馆，是博物馆的休息日吗？那它是什么样的？""我想在平常的时候看看博物馆，可能就不会像节假日里那么拥挤，只能看到好多叔叔阿姨的腿，我都要被挤得喘不过气啦"！在老师和教育专员与孩子沟通交流之后，决定在闭馆日和工作日带着他们再次走进博物院，让孩子们根据之前的参观经验进行讨论，并自主规划他们的"博物馆行程"。而作为"支持者"，在保证安全的前提下，我们鼓励孩子们积极参与其中，正如约翰·杜威指出"我们相信只有亲身体验后受到的教育，才是真正的教育"[6]。

在"博物馆的休息日"里，孩子们通过小组探究、拍照记录、实地寻找等方式，总结出了"四大发现"。第一，忙碌的"馆里人"，修剪草坪的园丁，仔细打扫每一个角落的保洁员，升降车上更换灯泡的维修工人等等；第二，无处不在的地图，如全馆立体模型图——宏观呈现每个场馆所在的楼层和方位，分馆平面示意图——清晰表明各场馆内每个展厅的具体位置，折页地图——随身携带的全馆 GPS 导航，再加上沿途各种标记向导；第三，"会讲故事"的导览器，儿童专用的语音导览器用孩子的语言深入浅出地讲述文物背后的故事；第四，贴心的服务，每个场馆入口都设有服务台，可以提供寄存、问询、租借等服务，展厅中还有蓝马甲志愿者，可以向他们咨询和求助，还有各种硬件服务设施，如饮水区、餐饮区、童车（轮椅）租赁、休息区等，当然还有专为孩子打造的儿童体验室——专业的博物馆老师带领孩子们体验各种有趣的专题活动。

通过南京博物院与一幼在博物馆系列课程中的实践，我们发现孩子们在参观博物馆的同时，还不约而同地注意到了在博物馆里应当要遵守的礼仪与规则。我们认为，从孩子走进博物馆到走近博物馆，他们从自己的感知经验入手，尝试发现博物馆的种种，萌发自己对博物馆礼仪的关注，展开对儿童博物馆礼仪的讨论与探索，最终归纳出儿童参观博物馆的礼仪规则并遵守，这个过程就是最自然的"习得"。

五 结语

2007 年国际博物馆协会在为博物馆重新定义时将"教育"一词纳入其中并成为其首要功能，这既是博物馆教育地位的提升，也是对博物馆教育功能提出了更高的要求。不论是现在还是未来，博物馆都是一处跨学科学习的重要场所。如今，中国的博物馆蓬勃发展，但其中的博物馆教育尤其是儿童教育尚落后于欧美发达国家，如何走出一条具有中国特色的博物馆儿童教育之路，是我们博物馆教育人员应当认真思考、并付诸实践的首要任务。将博物馆的理念、资源以及收藏陈列展示等教育方式与幼儿园课程进行融合打造的馆园结合的新兴博物馆课程，已经初具规模。孩子们善于观察、勇于创新的特点，与博物馆的奇妙世界相结合，既让他们的文化素养在这样一所跨学科学习的"大学校"中得到全面发展，更让孩子们从小就树立起文化自信，对历史、对文明怀抱敬畏之心。

注释

[1] 周婧景：《儿童观众与博物馆学习：以瑞吉欧教育理论为视角》，《中国博物馆》2016 年第 2 期。

[2] 周婧景、高子涵：《试论美国博物馆幼儿园及其对中国的启示——以教育生态学为视角》，《博物院》2019 年第 6 期。

[3] 周婧景、高子涵：《试论美国博物馆幼儿园及其对中国的启示——以教育生态学为视角》，《博物院》2019 年第 6 期。

[4] 周婧景：《博物馆，一个让孩子眼里有光的地方》，《教育家》2020 年第 39 期。

[5] 周婧景：《博物馆，一个让孩子眼里有光的地方》，《教育家》2020 年第 39 期。

[6] 周婧景：《博物馆，一个让孩子眼里有光的地方》，《教育家》2020 年第 39 期。

"双减"政策下博物馆青少年教育再思考

陈 荣

（苏皖边区政府旧址纪念馆 江苏淮安 223201）

内容提要：随着国家"双减"政策的出台，国家、社会、家庭越来越重视对青少年学生综合素质的培养。博物馆作为社会教育的重要组成部分，是学校教育的补充和延伸，对培育青少年思想品格，提升青少年综合素质具有重要作用。本文试从"双减"政策对于博物馆青少年教育服务的影响，分析了博物馆在"双减"政策背景下青少年教育服务功能存在的优势与存在的问题，并提出相应的应对策略。

关键词：双减 博物馆 青少年教育

2021年7月24日，中共中央办公厅、国务院办公厅印发《关于进一步减轻义务教育阶段学生作业负担和校外培训负担的意见》（以下简称"双减"政策），文件中提出"双减"政策的战略目标："构建教育良好生态，促进学生全面发展、健康成长，要求要充分利用社会资源，提升学校课后服务水平，满足学生多元化需求。"这一政策的落实给学校教育、社会教育、家庭教育带来了全新的要求。作为社会教育资源的重要组成部分博物馆要运用好"双减"政策的红利，改进自身工作思路，提高服务质量，利用自身丰富的馆藏资源，创建自身特色，为构建教育良好生态，促进青少年的全面发展、健康成长而贡献自己的力量。

一 "双减"政策对博物馆青少年教育的影响

作为"双减"政策关注的对象："青少年是当代博物馆最重要的观众群体。相比学校课堂，博物馆更为开放、情景重现式的空间和以欣赏、体验、探究为主的学习过程，使其成为学校教育之外最重要与最适合的青少年课程资源和教育场所。"

1．良好的外部环境和政策保障

博物馆现在逐渐成为社会公众文化生活的重要方式，故宫博物院、陕西历史博物馆等国内诸多博物馆都因一票难求而成为热门新闻，拼手速、抢门票成为一道引人注目的文化景观，全社会博物馆热不断升温。近年来国家相继制定了《博物馆条例》《关于实施中华优秀传统文化传承发展工程的意见》《关于进一步减轻义务教育阶段学生作业负担和校外培训负担的意见》《家庭教育促进法》等政策法规，对博物馆的场馆建设、运行机制、公共服务提供、管理模式和保障机制作出了明确要求，提出要加强博物馆等公共文化服务功能，充分发挥其在传承发展中华优秀文化中的作用，增强青少年的国家认同、民族认同、文化认同。

2．迫切的参观需求和服务创新

"2019年博物馆接待观众12.27亿人次，青少年占25%，举办教育活动33.46万场；2020年疫情期间推出在线展览2000余项"。随着"双减"政策的出台落实，意味着广大中小学生将从以往繁重的课业负担中解放出来，有更多的时间走进博物馆等公共文化服务机构接受优秀传统文化的教育。随着青少年博物馆参观学习的需求增长，博物馆要加强自身的服务模式创新，通过博物馆自身厚重的历史文化积淀和多元化、个性化的服务方式来提升青少年接受博物馆优秀传统教育的品质和活力。

二　"双减"政策下博物馆青少年教育自身优势

1．厚重的历史文化底蕴

博物馆是征集、典藏、陈列和研究代表自然和人类文化遗产的实物场所，为公众提供知识、教育和欣赏的文化教育机构、建筑物，是历史的保存者和记录者，是一座城市文化的缩影和窗口，具有深厚的历史文化底蕴。

2．鲜明的建筑风格

博物馆作为一个城市的地标，是一个城市对外展示的窗口。无论是在历史建筑基础上改建的博物馆，还是近年来新建的博物馆，其建筑造型注重与所处环境的自然融合，馆内空间处理独特，功能设计考究，注重历史文化细节。其鲜明的建筑风格所蕴含了丰富的历史文化底蕴，和城市的地域特色。博物馆不仅承担了研究、保存自然和历史文化遗产、开展社会教育的重任，还是一处特色鲜明的建筑景观，是青少年课余时间，重要的游学参观场所。

3. 丰富的馆藏资源

"博物馆是收藏、保护并向公众展示文物资源的主要阵地，中国拥有 76.7 万处不可移动文物，1.08 亿万件（套）国有可移动文物，5136 家博物馆；博物馆馆藏资源蕴含着民族精神、历史传承的文化理想与追求，具有极其重要的社会公共价值"。正如习近平总书记所说："一所博物馆就是一所大学"，博物馆丰富的馆藏资源，记录了灿烂的历史文化，承载着人类文明发展的印记，是当今青少年学生优秀的历史文化遗产教育资源。

4. 受众面广，社会反响良好

据国家教育部公布的《2020 教育事业发展统计公报》调查显示截至 2020 年全国义务教育阶段在校生共计 1.56 亿人。国家"双减"政策中要求要"充分利用社会资源，提升学校课后服务水平、满足学生多样化需求"。国家鼓励和提倡博物馆等社会教育机构利用其自身资源对青少年提供公共服务功能，进行素质教育。将博物馆作为学校教育的深化和延伸手段。目前国内多家博物馆相继开展了形式多样的"馆校合作"项目，举办了多种博物馆青少年社会实践培训课程，开发了多款适合青少年学校教育的 APP 手机应用软件。这些课程的设置受到了广大青少年的喜爱，取得了良好的社会反响。

三　"双减"政策下博物馆青少年教育存在的问题

随着"双减"政策的落实，社会公众特别是青少年群体对博物馆提供的公共服务要求越来越高。博物馆界也紧跟时代步伐，开发了多种课程及实践项目，但在具体操作上，也存在着一些问题。

1. 创新发展意识不强

创新让博物馆发展与时俱进，创新让博物馆社教工作灵活生动。近年来，国内多家博物馆相继开展了形式多样的"馆校合作"项目，举办了多种博物馆青少年社会实践培训课程，开发了多款适合青少年学校教育的 APP 手机应用软件。但很多博物馆由于创新意识不强，设置的教育课程和文化服务项目不少都流于形式，"没有与学校建立起有效的衔接体系，提供的课程和文化服务无法满足当前青少年的学习需求，博物馆自身的历史文化资源也没有得到充分的开发和利用，各地博物馆推出的馆校合作项目大同小异、千篇一律、没有创新。在这样的背景下，当前博物馆青少年教育仍然有待深入创新挖掘，探索科学的课程体系，提升青少年教育综合效果"。

2. 博物馆教育人才匮乏

目前国内多数博物馆没有组建专门的社会服务部门,社会教育也多由讲解员或博物馆其他人员兼任组成。大多数从教人员学历层次不高,既缺乏文物历史、展陈内容、讲解技巧等专业知识,也没有受到过教育学、心理学等相关专业知识培训,多数人员停留在对讲解词的熟练背诵阶段,难以做到因人施教的个性化服务。部分博物馆组建了由研究、保管或展览等专业部门人员的社会服务部门,并加强对讲解员业务能力的培训,但由于博物馆的讲解员多数为社会用工身份,薪酬较低,与同部门的编内职工收入差距较大,极大地挫伤了编外员工的工作积极性,不少员工对单位的忠诚度低,往往刚培养成熟,就因工资收入等原因辞职跳槽,人才流失严重。专业教育人才的匮乏直接影响博物馆对青少年教育的质量和效果。

3. 博物馆经费不足

我国目前已有各类型博物馆5136家,但博物馆经费不足是多数博物馆存在的共性问题。当下政府拨款是博物馆运行经费的主要来源,近年来政府对博物馆的资金投入虽说逐年增加,但仍然难以满足,博物馆日益发展的需求。在"双减"政策实施后,由于参观人数的激增,运行成本的加大,博物馆经费不足已是许多中小博物馆存在的共性问题,它直接影响到博物馆正常业务的开展,也使博物馆社会教育服务功能受到了严重限制。

四 "双减"政策下博物馆青少年教育应对策略

随着"双减"政策的落实,社会公众特别是中小学学生群体对博物馆提供的公共服务要求越来越高,对博物馆发展的影响是现实与长久的,博物馆界应予以高度重视,并采用积极必要的措施加以应对。

1. 加强馆校合作,协同创新的理念

"双减"政策下,博物馆作为学校教育以外青少年素质教育重要的深化和延伸手段。博物馆要加强其辅助青少年学校教育的定位,馆校合作,积极创新,博物馆在策划教育活动方案或学校设置有关文化遗产方面的教学计划时,博物馆和学校方面应主动联系,互相探索,邀请对方参与到相关项目中来。加强馆校双方在人才培养,资源共享等方面进行深度合作,共同研发出适合广大中小学生身心特点,兴趣

喜好的精品课程。

2. 加强博物馆教育人才的培养工作

一个成功的博物馆教育项目的推广实施，离不开优秀的博物馆教育人才。在美国"教育成为博物馆的重要任务，70% 的博物馆有专人负责教育项目，88% 的博物馆为幼儿园至高中的学生提供教育项目，每年有 5000 万学生参加这个项目。博物馆每年用于学生教育项目的开支多达 1.93 亿美元，教育时间至少 400 万小时"。在"双减"政策下，要加强博物馆教育人才的培养工作，让专业的教育人才以博物馆丰富的馆藏文物资源为基础，结合青少年学生的身心特点，用生动的教育形式，讲出文物背后的故事。一方面博物馆要组建专门的社教部门，招聘专业的教育人才，加强对员工的文物历史、展陈内容、讲解技巧、教育学、心理学等专业知识的业务能力培训。同时要建立合理的激励机制，争取相关经费，增加编外教育人员的工资收入，避免优秀人才的流失。另一方面，在教育体系中，教师是教育工作的主导者。博物馆可以尝试为广大中小学教师、社会培训机构的老师提供专业的博物馆知识培训和研修课程，激发他们对博物馆社教项目的兴趣，使其在学校教育和博物馆教育的互相融合过程中发挥积极作用。

3. 拓宽经费来源，多渠道支持博物馆发展

博物馆作为公益性社会机构，政府资金是博物馆经费的主要来源。在"双减"政策实施后，博物馆要合理评估博物馆的运营管理经费和教育项目实施经费，通过积极争取，引导政府加大对博物馆资金的投入，促进博物馆健康有序的发展。同时博物馆要利用自身优势，大力发展文创产业，增加自身的经济收入。也可以在政府的主导下，抓住"双减"政策实施后，社会培训机构寻求转型的机会，吸引社会资本加入到博物馆青少年教育项目的合作开发中来，共同发展博物馆的青少年教育服务事业。

五　结　语

"双减"政策下，博物馆要顺应时代发展的需要，对博物馆青少年教育工作进行认真分析研究，创新博物馆在开展青少年课后博物馆教育的发展思路。针对自身公共文化服务属性，进一步加强博物馆的社会教育功能。通过馆校合作，教育项目合作开发、推广等多种方式，让中小学生进一步感受中华优秀文化的灿烂历史，提升青少年的国家认同、民族认同、文化认同感，扩大博物馆教育功能，努力达到双减政策中要求的促进学生全面发展、健康成长的目的。

参考文献

1. 茅艳雯：《博物馆教育与学校教育互动融合中美比较研究——以肯尼迪图书馆和钱学森图书馆为例》，《博物院》2019 年第 1 期。

2. 《文旅部：文物保护状况明显改善，博物馆热不断升温》，人民网，2021 年 8 月 9 日。

3. 《国家文物局发布指引，促博物馆馆藏资源合理利用》，中新网，2019 年 5 月 8 日。

4. 王海彬：《开发博物馆青少年课程——馆校合作视角下提升青少年综合素质的有效途径》，《文物鉴定与鉴赏》2019 年第 13 期。

5. 张和清：《美国博物馆的管理与运作》，《中国文化报》2008 年 10 月 22 日。

博物馆志愿者管理工作的探索与实践

——以南京博物院"南博蓝"志愿团队为例

朱嘉钰

（南京博物院　江苏南京　210016）

内容提要：志愿者是博物馆面向社会开放的重要环节，也是走向社会的主要桥梁和纽带。本文结合南京博物院志愿者实际管理情况，探讨博物馆志愿者团队管理的新模式及其对志愿者队伍发展的益处。

关键词：博物馆志愿者　团队建设　管理机制　南京博物院

据国家文物局统计，截至 2020 年，全国登记备案的博物馆 5788 家，总量排在全球前五（美德日中俄）。在全国博物馆蓬勃发展的大环境下，历经 1994 年中国青年志愿者协会成立、2009 年中国博物馆协会志愿者专业委员会成立，各地博物馆志愿者工作随之驶入发展快车道，当前已迈入崭新的发展阶段。

博物馆教育服务功能的发挥，除了依靠自身工作人员，更需要广大社会力量共同参与，吸引越来越多的志愿者参与馆内的各项工作，以弥补博物馆人力、财力资源上的不足，因此加强志愿者团队建设，是当下博物馆亟需重视的问题。本文通过介绍博物馆志愿者的发展现状及南博志愿者管理经验，分析志愿者团队管理新模式的特点及意义，从而为博物馆志愿者管理工作提供借鉴。

一　博物馆志愿者发展现状

博物馆志愿者通常是指在自身条件许可的情况下，不以谋求相关利益回报为前提，在非本职职责范围内，服务博物馆事业，具有一定专业性、技能性、长期性，并使自身某方面的价值得以实现的社会个体或群体[1]。最早的博物馆志愿服务出现于 19 世纪初的欧洲，通过"博物馆之友"把历史、艺术、科学广泛传播给社会公众。

与欧美发达国家相比，我国的博物馆志愿者事业起步较晚，最早出现在 20 世纪五六十年代，随后一度中断。1986年北京自然博物馆、鲁迅博物馆与景山学校合作，开始组织志愿者工作，标志着大陆博物馆运用志愿者实践活动正式开始[2]。随后湖南省博物馆（1988年）、中共一大会址纪念馆（1933年）、国家博物馆（1995年）、上海博物馆（1996年）、吉林大学博物馆（1998年）等数十家博物馆也创建了志愿者队伍。特别是在2008年中国博物馆实施免费开放政策以来，国内的博物馆纷纷扩大志愿者招募范围，越来越多的有识之士加入到志愿者队伍中，从而推动博物馆事业的蓬勃发展，成为社会文明进步的重要标志。

二 南京博物院志愿者团队建设与自我管理机制

（一）"南博蓝"团队建设

南京博物院于2013年11月完成二期改扩建工程，形成"一院六馆"的崭新格局，在2014年4月即正式组建"南博蓝"志愿服务团队。经过八年的持续发展，"南博蓝"从首批招募正式志愿者40人，已发展壮大成为拥有注册志愿者450人的强大团队（截至2020年底）。院方在广泛招募社会志愿者的基础上，进一步吸纳企事业单位和各大高校的优秀人才，如南京女子监狱民警、南京监狱民警、宁沪高速公路南京收费站、中国人民银行南京分行、南京田家炳高级中学教师志愿者团队这样以单位为主体的志愿者团队，极大地充盈"南博蓝"的人数和院内志愿服务质量。志愿者为南京博物院不断注入新鲜血液，在公众与博物馆之间搭建起沟通的桥梁，有效地补充博物馆的社会服务工作，得到社会各界的广泛好评。

1. 不断完善志愿者招募、培训及考核体系

每年的4月和10月，"南京博物院"官方网站和官方微信同时发布年度志愿者招募公告，一年两次的社会志愿者招募工作也随之启动，通过对简历的初步筛选和面试后确定入围名单。我们为新进志愿者量身定制系统的培训课程，由社会服务部志愿者管理人员负责授课，涵盖《南博志愿者章程及服务内容》《博物馆志愿者服务礼仪》《南京博物院精品文物、展览介绍》等课程；资深志愿者分批带队进行场馆实地培训，结合志愿服务规范、要点做现场服务示范。完成系统培训后，新进志愿者还需参加书面考核，通过笔试答题，考查对南京博物院"一院六馆"格局、志愿服务规范、突发事件处理的掌握情况，为正式志愿服务打下专业基础。通过笔试考核的志愿者，于三个月实习期满后还需参加第二轮岗前笔试考核，合格者才能正式成为"南博蓝"志愿者团队的一员。

2. 打造有态度、有温度、有高度的学生志愿者团队

学生志愿者是南京博物院志愿者（以下简称"南博志愿者"）团队的重要组成部分，"南博蓝"自成立起，就注重建设学生团队，着力打造有态度、有温度、有高度的学生志愿者团队。院方以座谈会的形式，广泛了解学生志愿者的需求和愿望，梳理分析工作思路；编辑《南博学生志愿服务简报》，为信息交流、风采展示和典型示范开放窗口，力争让每一位同学都能从中找到自己的青春激情；面向学生群体开展丰富多彩的社教活动，力推博物馆资源与教育的有机结合，深入开发"馆校合作"教育项目，让古老的艺术在现代得到更好的传承和发扬。

（二）南京博物院志愿者委员会管理机制

在南京博物院社会服务部（以下简称"南博社服部"）指导下，南博志愿者自主探索团队自治与发展的新模式，成立南博志愿者委员会（以下简称"南博志委会"）。"南博蓝"参与的志愿工作已涵盖展厅服务、讲解服务、社教服务、文案、摄影与摄像，以及志愿者年度表彰大会的编排导演等方面。为此，志委会分成了讲解组、文案组、值班组、活动组、学校管理组和社教活动组。六个工作组以"南博蓝"团队建设和发展为目标，在推动志愿者的自我管理和自我提升方面发挥主导作用。

讲解组，一是配合院方，通过面试、培训、考核等一系列规范的流程，发展讲解志愿者队伍，为公众提供优质的志愿讲解服务；二是联合活动组，依托"南博蓝"团队专享的"读书会"、专题讲座、艺术沙龙等活动，提升讲解志愿者的个人综合素养和团队整体水平；三是储备师资，为社教活动组输送有潜力的博物馆教育工作者。目前已形成历史馆、特展馆两个讲解小组，负责两馆的讲解志愿者培训与考核工作。

社教活动组一直秉承南京博物院"分众教育"的理念，发挥主讲志愿者的专业特长，根据观众的年龄和学历，策划不同类别的教育活动，形式丰富，不断满足博物馆观众多方面的需求。此外，"'南博蓝'志愿课堂"的老师们还积极配合院方"南博展品走出去"的方案，利用演示文稿、影像资料、文物复制品等多种呈现方式，让文物从南京博物院走进大中小学校及企事业单位，通过与南京博物院文物相关的现场社教活动，弘扬文化，赢得观众的广泛好评。

文案组协助南博社服部、配合南博志委会其他组，做好南博志愿者工作的宣传和报道，以及公众号推文制作等相关志愿服务。每月初定期发布月报推送，尝试推出团队季刊 NJM Volunteers，用全英文的形式介绍"南博蓝"志愿服务、活动交流、互动学习的精彩瞬间，为团队成员提供一个交流展示的新平台，让外国友人得以认识

我们这个"奉献、友爱、互助、进步"的"南博蓝",从而更加了解和喜爱南京博物院。

值班组是"南博蓝"团队最有力的后勤保障,随着博物院参观人数的逐年递增,展厅的基础服务也愈加重要,值班组 30 多位值班老师,每日根据公众参观需求,节假日人流量及时调整服务岗位。2017 年初,南京博物院"智慧博物馆"考勤系统在全国率先正式启用,实现了志愿者服务预约、讲解预约、活动预约及自助扫码签到签退等功能。

活动组的宗旨,使全体志愿者在学习中收获快乐,在愉悦中实现自我提升。活动组配合做好"南博蓝"的各项活动,如读书会、艺术沙龙、艺术工作坊、专题培训,以及院方组织的志愿者集体活动等,并负责志愿者团队外出参观学习的组织服务工作。

学生管理组规范和促进学生志愿服务的有效开展,切实发挥学校负责人的桥梁作用,落实服务要求,加强学生志愿者与南博之间的沟通交流。

经过多年努力,南京博物院志愿者团队自我管理机制不断完善,在社服部的指导协调下,志委会作为志愿者自主管理的重要体现,不断发挥重要作用,有序开展志愿者日常服务、培训考核、展览讲解、社会教育、宣传报道等各项活动。

三　对博物馆志愿者管理工作的若干思考

(一)丰富博物馆志愿者服务内容

扩大服务范围,是每位志愿者的愿望。博物馆可以在充分调查馆内实际情况的基础上,设置不同类型的服务岗位,让更多志愿者参与多元化的博物馆工作。通过细分服务岗位,有利于志愿者精准定位服务方向,从事可最大限度发挥能量的志愿工作。

每一位"南博蓝"志愿者都可以申请参与六个工作组的日常工作。从基础的咨询引导服务逐步扩展到展厅讲解、系列社教活动的策划实施、文字整理、活动摄影、翻译等,充分发挥每一位志愿者的优势,也让他们从不同形式的服务内容中有所收获。南博志愿者,南京紫竹苑小学姜玲校长带领的教师团队与院方成功实现了学校课程到博物馆课程再到学校课程的转化,开辟了馆校合作新路径。

(二)注重博物馆志愿者多元培训

"接受必要的培训,不仅是志愿者权利的组成部分,也是志愿者提供高质量的志愿服务的重要保障措施"[3]。"南博蓝"强化对志愿者的培训力度，为新进志愿者精心设计培训内容，重点突出博物馆基础知识、志愿者章程、服务内容及服务礼仪的培训。为每位志愿者发放《南京博物院志愿者手册》，让志愿者们全面了解南京博物院的志愿者组织概况，掌握志愿服务的宗旨，明确志愿者组织相关规定及制度，树立正确的志愿服务观念。资深志愿者的亲身示范，"以老带新"，分享工作实践和志愿心得体会，更是能激发新进志愿者的社会责任感和集体归属感。

注重不同服务岗位志愿者的技能提升，是多元培训工作的关键环节。以讲解志愿者为例，他们必须掌握博物馆专业知识，熟悉每个展厅的陈列内容，为此，院方会提供基本讲解稿，由专业讲解员进行讲解技巧培训和展厅示范讲解，然后要求志愿者归纳拟写适合自己的讲解稿，在专家的指导下进行试讲。一年两次的志愿者全员培训，由具有专业特长的志愿者开设专题讲座，志愿管理团队也会对大家日常服务中遇到的问题进行系统解答，强调服务规范。南京博物院更是依托自身资源优势，定期邀请文博领域的专家级导师，为志愿者们开设精彩纷呈的专题讲座。专业化的培训有助于完善志愿者知识架构，良好的互动效果也得到大家一致认可。

（三）构建志愿者自我管理机制

志愿者不同于博物馆的内部员工，积极探索建设志愿者自我管理机制是加强志愿者队伍，提升志愿服务的关键。

南博志委会，是有效发挥志愿者个人才干的理想平台，是统筹安排、优化配置、有效发挥志愿者服务职能的强力调度，是沟通"南博蓝"与南京博物院的重要桥梁。志委会对整个团队的组织形式和管理模式的构建与完善，是近年来"南博蓝"团队建设中的一项重要内容。在社服部的协助指导下，根据《南京博物院志愿者委员会招募办法》，组建的志委会工作组，成员包括：志委会负责人一名，值班组、讲解组、学校管理组、活动组、社教活动组及文案组委员各一名。各组委员们围绕各自分管的工作，制定工作计划和实施方案，结合工作实际提出可行性措施、制订工作计划、提出建设性的意见，对各项计划的落实情况进行自我监督，提升工作质量。

志委会的建立进一步加强南博志愿者团队的自我管理机制，在推进"南博蓝"团队建设工作的同时，更加有效地激发团队活力、增强团队凝聚力。

（四）健全志愿者激励机制

志愿者参与博物馆工作秉承"自觉自愿，不计报酬"的原则，同时博物馆也为其提供学习、成就、实现自我价值、赢得荣誉等机会。博物馆除了尽可能在培训和实际工作中给予满足，还可以对表现优异的志愿者予以精神上的奖励。

就南京博物院而言，我们为正式志愿者提供实名工作证；免费参观南京博物院的各类专题陈列展览；享有本院举办讲座的优先参与权；购买文创商店商品享有折扣；为服务志愿者提供内部食堂午餐；设置"志愿者之家"办公室；每年定期为志愿者购买个人意外伤害保险等。自 2014 年开始，由志愿者们自编自导年度志愿者表彰大会上，志愿者代表分享服务心得，以短视频的形式回顾总结一年来的志愿者工作。院方根据志愿者的服务时长、服务质量及培训参与度等方面评选年度优秀志愿者及最佳团队，颁发荣誉证书、赠送文博奖品、提供历史专业书籍、安排文化考察之旅。

四　结语

志愿者队伍作为博物馆人力资源的重要组成部分，在馆方各项工作的开展中发挥着重要作用，管理好、保护好、使用好博物馆志愿者意义非凡。作为管理者，要与时俱进，结合本馆实际情况，明确当前志愿者招募、培训、考核等工作中存在的主要问题，优化培训内容和培训方式，丰富志愿者服务内容，制订完善的管理制度，维护志愿者队伍的稳定性与和谐性，为志愿服务行动持续健康发展提供重要保障。志愿精神的核心是服务、团结的理想和共同使这个世界变得更加美好的信念，希望"奉献、友爱、互助、进步"的志愿者精神能更为广泛地为社会所接受，成为志愿活动长期有效开展的内在动力和精神支撑。

注释

[1] 王宏钧：《中国博物馆学基础》，上海古籍出版社，2001 年，第 328 页。

[2] 楼锡祜、冯静：《北京地区博物馆志愿的调查思考》，《中国文物报》2004 年 12 月 31 日。

[3] 张网成：《我国志愿者管理现状与问题的实证分析》，《中国社会科学院研究生院学报》2011 年第 6 期。

馆校合作视角下的"博物馆15分钟生活圈"

——南京博物院与海英小学馆校合作模式探究

花　溢

（南京博物院　江苏南京　210016）

内容提要：馆校合作是发挥博物馆教育功能的重要途径，如何做好馆校合作也是当前博物馆教育的重要内容。在商务部等12个部门联合发布《关于推进城市一刻钟便民生活圈建设的意见》后，南京博物院将"馆校合作"与"15分钟生活圈"两个概念联系起来，形成了"校—馆—校"的馆校合作新模式。本文详细介绍了南京博物院与南京市海英小学"校—馆—校"课程的设计和实施，包括教师团队的组建、课程主题选择、课程实施与推广等，并且对当前疫情常态化和"双减"大背景下，"15分钟生活圈"馆校合作模式存在的必要性和可行性进行了深入分析。

关键词：馆校合作　15分钟生活圈　校—馆—校

博物馆教育服务是博物馆公共文化服务的重要组成部分，是博物馆实现其目标和宗旨的重要手段，也是青少年学校教育的重要补充。2009年，南京博物院（以下简称"南博"）率先将"社会教育部"更名为"社会服务部"，强调博物馆需要将自身的特色与公众需求相结合，将"高高在上"的博物馆"教育"，转化为博物馆的展览、语音导览、馆校合作等过程中的"服务"。

自2013年南博二期改扩建工程结束并重新开放后，在"分众教育"理念指导下，社会服务部先后与南京市第一幼儿园、南京市岱山实验小学、南京市金陵汇文学校及南京市唐隽菁名师工作室、鼓楼区教室发展中心等学校和组织，在充分利用馆藏资料的前提下，充分扩展馆校合作教育活动的范围，同时，不断探索并践行分众化理念下双方合作的模式，为博物馆与学校合作教育资源的交流共享提供了新的探究模式。

2021年5月28日，商务部等12个部门联合发布了《关于推进城市一刻钟便民生活圈建设的意见》，建议步行15分钟即可享受到完善的生态、教育、商业、交通、文体等基本公共服务设施。意见出台后，鉴于南京作为全国首批试点城市，在"15分钟生活圈"概念的倡议下南博随即在馆校合作工作中迅速进行了有效尝试，通过与南京市海英小学（以下简称"海小"）进行合作，在取得了一定成果的同时，逐步形成了不同于以往馆校合作的新模式。下文即从馆校合作视角下对该模式进行阐释。

南京市海英小学位于紫金山脚下，毗邻南博，从海小到南博步行时间为10分钟左右，两者同属于玄武区北安门社区生活圈范围内。南博与海小的馆校合作项目自2021年1月开始策划并实施，形成了涵盖语文、科学、综合实践、美术、数学等多学科的综合性馆校课程。对于同属一个15分钟城市生活圈的馆校双方，合作过程中形成了契合"15分钟生活圈"概念的特点与模式（表一）。

表一　南博、海小馆校合作课程主题表

课时	相关学科	课程主题	授课地点
4	综合实践	探寻海洋元素文物	南京市海英小学 南京博物院
3	科学	太阳钟、水钟 追随时间的脚步 制作简易计时器	南京市海英小学 南京博物院 南京市海英小学
3	语文、美术	京剧趣谈 京剧也从运河来 京剧荟萃	南京市海英小学 南京博物院 南京市海英小学
3	综合实践	海兽葡萄镜 奇妙的铜镜之旅 铜镜中纹样装饰	南京市海英小学 南京博物院 南京市海英小学
3	美术	木板年画 古"板"年韵 我为家里贴年画	南京市海英小学 南京博物院 南京市海英小学
3	数学、美术	平行与垂直 文物中的线条艺术 画垂线	南京市海英小学 南京博物院 南京市海英小学

一　"15分钟生活圈"概念下博物馆课程教师团队的组建与课程实施

南博与海小彼此作为同一生活圈内的邻居，先天的空间优势使得双方更容易理解对方的资源优势及自身特色，馆校双方老师对于合作课程设计与实施的可行性有更深入的了解。

合作启动阶段，海小首先在全校教师大会上进行了博物馆课程的推介会，项目负责人将馆校合作的概况及合作思路向全校推广，并在校内组建了一支优秀青年教师领衔的课程研发团队，集结了语文、数学、美术、科学、综合实践等多门学科的青年骨干教师。由于空间距离较近，校方教师与南博教育专员之间能够频繁互动，短时间内得以确定课程目标和授课模式，对于课程的实施打下了良好基础。

二 "15 分钟生活圈"概念下合作课程的主题选择

课程结合了学校文化特色与博物馆特色资源，在海小原有特色校园文化——三海文化的基础上，南博教育专员首先对符合学校特色的文物展品资源进行了梳理。第一季的课程中，首先通过试点班级进行博物馆项目的深度学习。实施过程中，着重了解试点班级学生的课内学习情况，然后结合馆藏文物，设计具有趣味性、互动性、体验性的拓展性课程。

第一季的合作课程中，校方各学科老师都会一起参与其中，让馆校项目的策划实施能够得到多学科融合，在此基础上形成的设计顺应了学生的思维特点，表面上看是学生的自主推进，实际是依靠教师课前对学情的调查，对博物馆资源的挖掘，以及对学生学习心理的把握。海小教师在开发项目时做了细致的考察和准备工作，对学生的困惑做出了精准预设，因此能够始终抓住学生的好奇心，形成积极的、持续的探究。

组建博物馆课程团队后，馆校双方互相学习、交流、研讨课程内容等更为便利。15 分钟的空间距离优势，使得馆校双方教师能够利用工作片刻时间多次走进南博或走进海小，进行充分的交流，使得课程高效推进，而结合线上线下定期研讨的方式，为整个课程的顺利实施提供了有效保障。

三 "15 分钟生活圈"概念下博物馆课程的实施与推广

空间距离的优势，使得学校教师与教育专员能够不断地进行线上与线下的互动，便于系列化课程的策划与推广。以第一季馆校课程《追随时间的脚步》项目化课程为例，双方教师基于南博的馆藏文物资源和学校的校本内容特点，以素养为导向，实施了为期三周的科学学科课程。

海小五年级学生在科学课上学习了校本教材里的《太阳钟》一课。教师指导学生在校园里测量太阳高度角，探究阳光下小棒影子的变化规律，从而了解太阳钟的原理。教师又带领学生参观了紫金山天文台，见到了真正的太阳钟，认识了圭表、天球仪等古代天文仪器，建立了书本知识与真实经验之间的联结。参观当天正值阴雨连绵，学生问："下雨天古人怎么计时呢？"有知识丰富的学生就说："古人还会用水滴来计时。"于是有了第二课《水钟》。回到学校，学生进行了实验，测量从200毫升水中流出50毫升、100毫升、150毫升分别需要多长时间。结果发现，当水越来越少时，压力减小，水的流速变慢，这样计时就不准了！为了克服这个问题，古人的水钟采用层叠模式，以保证最下层的水位不变。学生在感叹古人好有智慧的同时，也提出了水钟的不足：不便携带、不够精确、需要不断注水等。继而，课程推进到第三课《机械钟》。

在学校里，教师提前解读南博馆藏清宫钟表等文物知识点，学生仔细观察提出各种问题：为什么表盘上内圈是罗马数字，外圈是阿拉伯数字？这些钟的精度会受哪些因素的影响？钟表是用来计时的，为什么这些钟都有美丽的装饰？孩子们走进馆内，进行探究性学习，参观汉代铜圭表，并走进"精准与华美"钟表展厅。在老师的启发下，了解钟表背后的故事，结合老师提供的历史资料，探讨其中的原因，感受古人的精致生活。

完成南博的学习再回到学校的科学课堂上，教师继续抛出问题：现代生活对授时精度的要求越来越高，机械钟能做到吗？如高铁的准点率，太空中航天器的交会对接等这些场景，相差1毫秒，都会造成巨大损失。机械钟显然是达不到这种精度的，于是就发展了现在的原子钟。

整个课程中双方教师共同深入了解孩子们的每一次探究性学习内容，把握好每一次的课程进度。这样高频率的授课模式也是基于空间优势，才使得项目能够一步步顺利开展（表二）。

表二 学生在《追随时间的脚步》项目中联系提出的问题汇总表

课时	授课地点	学生提出的问题
1.《太阳钟》	南京紫金山天文台	没有阳光的时候，人们怎样计时呢？
2.《水钟》	南京市海英小学	水钟不便携带、不够精确、需要不断注水，后来古人用什么计时？
3.《机械钟》	南京博物院钟表展厅	机械钟能满足现代高铁、飞机、空间站的计时精度吗？
4.《原子钟》	南京市海英小学	有了空间冷原子钟，星际旅行会成为现实吗？
5.《制作简易计时器》	南京市海英小学	我们制作的计时器准确吗（可以试一试）？

四　"15 分钟生活圈"概念下的"追问课堂"

基于空间的便利因素，馆校合作的教学内容与教学设计得以不断深化。馆校合作的课程推进不局限于双方教师的精心构思，更多的是来自学生们的问题生发并在短时间内得以解决。空间距离的优势，使得南博的教育专员能参与到校内的每一次校本课程中，形成独具特色的"校—馆—校"模式中的"追问课堂"。

课堂中学生根据自身兴趣，在学习中不断提出自己的疑问，以海小六年级语文《京剧趣谈》一课为例，孩子们在校本课程中了解到京剧中的"马鞭"和"亮相"等知识点，继而通过追问环节提出：京剧是从何而起？从哪里发展的？怎样传到全国各地的？京剧是不是只有北京人唱？教育专员则将学生追问环节中产生的相关问题一一记下，带回馆内设计出具有针对性的博物馆第二课时。而在南博的第二次授课时，学生根据课程内容再提出相关问题，在回到学校的第三次课程中来解决。如此，这样的"追问"模式形成了一套"追问循环"。

整个"追问循环"，无论是对于学校学生、教师还是博物馆教育专员，在彼此学习与交流的过程中，都能够达到彼此需求的共同满足。

对学生而言，能够连续性的深度学习知识，是校本课程以外的提升。通过查阅资料、学习单探究、实地考察、博物馆研究性学习、手工制作等环节，形成了对项目主题大概念的深度理解。

对学校教师而言，通过博物馆展厅导览、活动、校本课程开发等方面的参与，更好了解了博物馆历史和文化的过程，从而达到博物馆层面的认知。

对博物馆教育员而言，通过循环追问环节，每一次课程孩子们都能带着问题来又带着问题走，这样一个过程，教育专员能够深入化研究课程体系，形成项目总结。

基于第一季博物馆课程追问课堂的成功，在第二季中，双方教室经过交流又增加了数学与美术的跨学科项目《文物中的艺术线条》，如此，将"追问课堂"与"多学科融合"进行整合。

该项目中，海小教师首先以南博的三件文物进行导入，让学生观察并画出隐藏在文物中的一些线条，其中最特殊的是"互相垂直"。接着，学生通过阅读、辨析、测量等方法，逐步建构垂线、垂足的概念。进入到馆内课程，学生们欣赏了大自然中的植物、高大的建筑，感受到了从直线到曲线的美感。接着通过对陶制水器、宋代瓷枕和髹漆镇墓兽的图片展示，学生观察文物里互相垂直的艺术线条，探寻不同线条组合中蕴含的线性艺术。《文物中的线条艺术》这一项目，将数学与美术结合起来，不仅让学生获得关于线条的数学知识，更近距离感受到文物中的线条美与古人的审美情趣，培养了学生的多重素养（表三）。

表三　《平行与垂直》项目中的"追问课堂"

校内课程	博物馆课程	校内课程
认识垂线	文物里的艺术"线条"	画垂线
第一次追问环节	第二次追问环节	第三次追问环节
博物馆里文物跟数学里的"直线与垂线"有什么关系？ 文物中相互垂直的线条有什么作用？ 古人如何利用线条展现器物的艺术特征？	编钟的底座造型出现过其他动物吗？ 精美的摇钱树座是文保专家修复过的吗？ 汉代的灯为什么都这么精美？	古代人都使用哪些测量工具？测量工具都是什么样的？ 古尺在哪些国内哪些博物馆能看到？

五　疫情常态化下"15分钟生活圈"的馆校合作模式

疫情常态化下，如何保障学生能够百分之百安全地来去于馆校之间。如果是距离南博较远的学校走进南博，通常要搭乘地铁、公交、大巴等公共交通工具，这样就存在一定的不安全因素。而南博与海小的空间距离优势，不但节省了交通时间，更保证了学生和老师在整个到馆学习过程中的安全。

空间距离优势下，南博为海小学生常态化地进入博物馆学习，更好地提前做好准备。如通过双方及时沟通，南博的展厅中什么时候观众较少，什么时候便于海小学生进入展厅学习？学校得以提前知晓，为校方管理层确定到馆学习时间提前做好安排。

同时，为保证海小师生在参观、学习过程中达到更好的效果，南博教育专员提前与馆方开放管理部门沟通，在安检、教育空间使用、教材教具准备等方面做好充足准备，做到学习过程中可以有的放矢（表四）。

表四　疫情常态化下南博为海小提前准备的服务

馆方开放服务	馆方教育服务
门票预约、苏康码、行程码等	教育专员、志愿者讲解员安排
馆校教育活动实施信息报备等	教材教具、博物馆教室准备
常规展览、临时展览开展信息等	双方教师交流、学习

六　"双减"背景下的"15分钟生活圈"合作模式

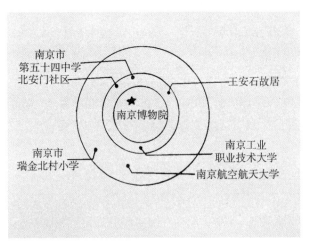

图一　基于南京博物院"15分钟生活圈"的学校邻居

在"双减"背景下，家庭对于传统学科教育外的研学需求迅速增加，这也是促进学生教育体系完善的一大契机。博物馆作为"第二课堂"，对学生学习兴趣的激发、实践能力的提高和创新思维的培养都具有重要意义。通过多学科融合，"双减"政策得以让更多的学生参与进来。

这其中，学校下午放学后的校园特色课程是否可以与博物馆课程相衔接？这是馆校双方特别关心的问题。

南博与海小作为"15分钟生活圈"内的邻居，面对这一问题具有先天优势。对南博而言，为邻居学校提供更好的课后服务是发挥博物馆教育功能的义务。而对海小而言，下午课后的两小时，不是单纯的上某一节校园特色文化课，而是可以延续了"校—馆—校"的馆校合作课程模式。而且，这样的服务是系统性的，基于学校特色文化开发的、基于校本课程开发的内容，在"双减"政策下，馆校合作课程的内容将博物馆文化进校园、学校特色文化课程得以有机融合（图一）。

七　结语

"15分钟生活圈"概念下的馆校合作，使得学校教师与博物馆教育专员更容易融合成博物馆课程团队，进而形成"校—馆—校"合作模式。项目先由学科教师在学校授课，创设情境、界定任务；学生带着问题走进南博，在教育专员的指导下，开展研究性学习。最后带着问题再回到学校，完成项目作品的创作与汇报。

具有空间优势的"校—馆—校"模式将海小与南博的优质资源深度融合，学校教师与博物馆教育专员交替授课，实现了多场域、浸润式的馆校合作课堂。

本文讨论的"校—馆—校"合作模式，虽然只是南博开展馆校合作众多项目中的一个，但该模式具有极大的示范意义。以南京为例，尽管整个南京市目前共有

100 多座博物馆，但不是每一所学校附近都有像南京博物院、六朝博物馆这样的综合性博物馆或专题性博物馆。但大多数情况下，任何一所学校所在的"15 分钟生活圈"内，通常都有不少于一处的、可供利用的文博场馆资源。这样的资源不一定是类似南博这样的综合性文博场馆，它更可以是纪念馆、校史馆、美术馆、名人故居等不同等级与类别的机构，而每个这样的"馆"都具有特殊的地域优势和自身特色。所以，这样一个 15 分钟空间距离优势下的馆校合作，对于不同成长阶段的"馆校合作"双方，都具有极强的借鉴意义。

参考文献

1. 龚良：《从社会教育到社会服务——南京博物院提升公共服务的实践与启示》，《东南文化》2017 年第 3 期。
2. 郑晶：《分众化理念下双主体馆校合作模式的构建——以南京博物院为例》，《东南文化》2021 年第 1 期。
3. 许越：《合作·共享：中国大运河博物馆馆校合作的模式与活动策划》，《东南文化》2021 年第 3 期。

仪征市博物馆藏三方明代墓志考释

胡 乔

（仪征市博物馆　江苏扬州　211499）

内容提要：2018 年 4 月，仪征市月塘镇六松村农田平整时发现三方明代时期的墓志，墓志均有盖和志，墓主人分别是集义翁王著和其两位夫人涂氏、李氏，墓志以赞扬的口吻概述了王著、涂氏、李氏的生平事迹和后嗣情况，展示了王著的义商形象，反映了明代中期以后士商交往的情况，这些材料为研究明代扬州、仪征地方史提供了重要佐证。

关键词：明代　墓志铭　士商交往　行状

2018 年 4 月，仪征市月塘镇六松村在农田平整过程中发现一座石灰浇浆墓，墓葬被毁，幸存三方墓志。墓志均有志石与志盖，青石质地，现藏于仪征市博物馆。这三方墓志主人分别为王著、涂氏、李氏。王著墓志志盖长 60 厘米、宽 60 厘米、厚 9 厘米，篆书"明集义处士王君墓志铭"；志石长 57 厘米、宽 58 厘米、厚 11 厘米，志文楷书 32 列、满列 40 字，计 1223 字（图一）。涂氏墓志志盖长 60 厘米、

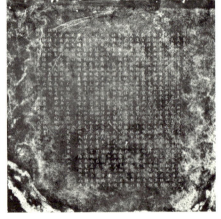

图一　王著志盖和志石拓片

纵 60 厘米、厚 9 厘米，篆书"明故孺人涂氏之墓"；志石长 60 厘米、宽 60 厘米、厚 11 厘米，志文楷书 27 列、满列 32 字，计 827 字。李氏墓志志盖长 59.8 厘米、纵 60 厘米、厚 9 厘米，篆书"明故王母李孺人之墓"；志石长 60.4 厘米、宽 60.3 厘米、厚 10.8 厘米，志文楷书 24 列、满列 25 字，计 574 字。三篇墓志铭均为文徵明书法，现将王著墓志全文录下。

　　明集义处士王君墓志铭

　　集义处士者，讳著，字名方，别号集义，江西丰城槎溪人，宋稼村先生之裔，今南京吏部文选郎中况子维垣之外祖也。君生而沉敏，磊落不同常辈。既长，服贾湖海，克开先业。大父卒，所贻资皆君所知典当。是时诸弟皆在也。或劝君先有所取，君笑曰：是岂为亲者哉。卒均于诸弟。越数载，弟有亡业者，则复周之，虽数千金不计也。君虽未登仕版，然每论时事，辄慷慨激烈，或至流涕。又尝仗义出千金以助边。虽为其子鬻爵指挥，及承差役，然卒。禁使弗为曰，凡以为公家也，他日岁荒，积尸衰野，君备棺服数百，为鬻地以葬之，其被毁莫举者，则化而瘞之，有假其资完婚治丧者，悉援其急。不渡理怨期无所扵偿者辄焚其券，至礼贤扵馈善。虽倾囊亦无难色。君治资殆数万，然自处则又甚约戈戈如贫士。尝至金陵，步徒入城，市族人以为啬也，促赁骑以从，君论之曰：作家扵俭犹沦扵侈，作家扵逸后将难劳，卒不骑。扵是凡君所至，无贤愚大小，无弗称君为集义翁，而贤士大夫侈为诗歌以咏君之义者，积卷轴也。君曾祖讳永真，配氏；祖讳存质，配简氏；父讳资贤，配黄氏、喻氏、毛氏，生君兄弟八人。君生扵天顺戊寅六月十九日，卒扵嘉靖辛卯正月十八日，享年七十有四。配涂氏，年七十有七，今存，尚强健，生子男宝，所谓指挥使者，娶聂氏。女一，归扵按察佥事高安况君照，封孺人，即文选之母也。初佥事之祖裕菴公为佥事择对于君，君一见辄许可，后果登甲科，其盛至今未艾。人以君为知人也，贰室尹氏生男辅／承差俱卒。李氏生男植，豪杰不羁，克称厥考，多见重于公卿。宝生女一，归朱悌，遗腹生男如孝。植生男如璘、如璋，俱幼。植卜嘉靖己亥岁季冬九日，葬君于天长达（山）之阳，文选撰状以来，是宜有铭，铭曰：

　　既笃尔亲　亦宜兄弟　富而不骄　见利思义　年越七旬　克开克裕　老兹江湖　成于德慧　宜尔子孙　内外咸备　铭此贞石　千载无庋

　　赐进士及第奉政大夫南京尚宝司卿前翰林院修撰经筵讲官同修　国史高陵吕柟撰

　　前翰林院待诏将仕佐郎兼修　国史长洲文徵明书

　　赐同进士出身中奉大夫山西承宣布政司右布政前翰林院检讨天水胡缵宗篆

　　吴郡章简甫刻

一　墓志主人简介

墓志记载，志主三人为夫、妻、妾关系。夫王著，字名方，号集义翁，祖籍江西丰城，经商辗转各地，后在真州（今仪征）安家。王著虽富有，但生活节俭，常襄助他人，颇有义行，被称为集义翁。妻涂氏，王著同邑人，知书达理，贤惠恭顺，生一儿一女，主持家庭事务三十余年，其子王宝承差指挥使后英年去世。妾李氏，美资端庄，为王著生一子，是王著唯一正常年寿的儿子，李氏也得以与夫合葬。此外，王著还有一妾尹氏，应是先于李氏入门，生有一子，成年后承差亦卒，无后嗣。王著、涂氏、李氏三人先后去世，均于嘉靖十八年（1539 年）葬于天长达山之阳（今仪征月塘）。

二　王著义商形象的塑造

《农政全书》载："（洪武）十四年，上加意重本抑末，下令农民之家，许穿绅纱绢布；商贾之家，止许传布。农民之家，但有一人为商贾者，亦不许穿绅纱。"[1]可见明代商人地位低下。王著墓志通篇 1200 余字，但述说其经商之事仅"服贾湖海，克开先业"寥寥几字，而大篇幅述说的是王著虽为商人，但怀有仁义之心，有仁义之举，反映了重士贱商的社会风气。王著对内恭让友爱，如"卒均于诸弟""弟有亡业者，则复周之，虽数千金不计也"，对外礼贤济贫，如"有假其资完婚治丧者，悉援其急……虽倾囊亦无难色"。这些美德都是儒家德行要求，展示的是王著作为"儒商"或"义商"的形象。"君治资殆数万，然自处则又甚约戋戋如贫士，尝至金陵，步徒入城"，则体现了王著恪守礼数、生活简朴的作风。虽说明代规定商贾之家服饰仅能穿布衣，但明代中后期工商业的蓬勃发展使得商人积聚了较多的财富，其生活也日益奢华，商人服饰和出行能否严守规定，值得商榷。王著家有巨资，而能身体力行，生活如贫士，出行无马驹，加之仁义之举，使其博得了"集义翁"的美誉，也为其家族向士绅阶层转变奠定了基础。

三　王著家族的士商交往和嬗变

按墓志，王著为其嫡长子王宝捐了一个武官差事，靠纳捐入仕，可惜王宝英年早逝，尹氏子王辅当差后也去世。捐官入仕途径未果。王宝幼子王植"豪杰不羁，与学士大夫游"，"闻人名流上公钜卿过真，治殽醴燕饮畅怀无虚日，声誉籍甚"，没有走两位兄长的道路，因家底丰厚，慷慨交友，结识文人士大夫。其母李氏墓志铭"毅雅於植……因为之铭"，可见王植与赐进士第许谷颇有情谊。

通过姻亲，实现门第提升是一种重要途径。涂氏有一女，嫁高安况照。况氏是高安大族，前人多有科举入仕者。按墓志，当时王著家尚无功名，但名声在外，王著为其女选中了尚未中举的况照，符合当时婚姻门楣要求。在况照进士为官后，王著之女也获封"宜人"称号。况照子况维垣（即王著外孙）中二甲进士，造就了父子双进士的佳话，也给王著家族带来了无上的光荣，王著墓志开篇点明墓主身份"今南京吏部文选郎中况子维垣之外祖"。王著、涂氏、李氏去世后，其家族通过与士人群体的交往，得以邀请官员、学者、书法家为其撰、书、篆墓志铭。王宝有一遗腹子王如孝，在王著家族的精心调养下，"入成均""充太学生"，后仕河南按察经历，迁判夔州府[2]，彻底实现了王氏家族由商转士的夙愿。

四　关于墓志铭撰写的思考

墓志铭三位署名作者均是朝廷在任官员，吕柟、许谷更是赐进士及第科举身份，极具社会威望。由墓志可知，这三人非王著家族姻亲，关系并不密切。其中，涂氏墓志铭"厥孙如孝具状请铭於予……予与若子植若孙如孝交谊旧雅"、李氏墓志铭"匍匐泣血，持况君照状请铭拎毂，毂雅於植"仅写到王俨、许谷与王植、王如孝有一定的友谊，主家准备好逝者行状，请托王俨、许谷来撰铭。

且《文体明辨序说》云："（行状）盖具死者世系、名字、爵里、行治、寿年之详，或牒考功太常使议谥，或牒史馆请编录，或上作者乞墓志碑表之类皆用之。"[3]行状重要的功能是为墓志提供素材，其内容多与墓志相似。按志文，况维垣编写了王著行状，王如孝编写了涂氏行状，况照编写了李氏行状，这与王著家族的实际情况是相符的，王著家人带着行状请名士撰写墓志铭也就顺理成章。然通读志文发现，似乎仅铭文部分是署名作者受托撰之，其余志文部分应仅对行状做了删减，稍加润色，非作者原创。志文部分内容可见端倪。

志文记载，王著三人分别于 1531 年、1536 年、1537 年去世，王植为了生母李氏能与父亲合葬，让父亲、嫡母灵柩分别停厝 8 年和 3 年，于 1539 年将三人同茔合葬。三篇墓志后半段均论及入葬情况，其成文时间应该是在确定入葬时间后。按照常理，王植应是在其生母李氏去世后才能确定入葬时期，因此确定入葬时间应该不早于 1537 年。然而，王著志文中记载"配涂氏，年七十有七，今存，尚强健"，显示成文日期为 1531 年。显然，墓志铭不是同一个时间段写成的。而王著志文并没有同涂氏、李氏一样，注明了作者与志主家人的关系和撰写缘由，仅仅"文选撰状以来，是宜有铭"，侧面说明作者吕柟与王著家并无直接关联，应是受姻亲况氏请托。况维垣已写成其外祖之行状，吕柟在其基础上前后稍加润色，并赋铭，而行状中大量篇幅关于志主履历、子嗣等琐碎记载则基本原文抄录，也就造成了志文在始建表述前后矛盾的情况。这种情况类似于唐代墓志出现过的"志铭分撰"特殊现象[4]，因行状已普遍流行，逝者亲属撰写行状以供参考，墓志铭得以作为名士显宦的外人来署名，更能显示墓志铭是对逝者的客观评价。

五　结　语

王著经商稍有资产，作为明代中期商人群体的一个缩影，希冀通过姻亲或者科举来向士人阶层靠拢，反映了商人群体对社会地位的渴望。王著及其妻妾去世后通过名士显宦撰写墓志，铭之于石，主流社会给予充分肯定，得以盖棺论定。王著嫡孙王如孝则沿着祖父预想的路径，为官一任，造福邑人，延续着家族的辉煌。

注释

[1]（明）徐光启撰，石声汉校注：《农政全书校注》卷三，上海古籍出版社，1979 年。

[2]（清）王检心修，刘文淇、张安保纂：《道光重修仪征县志》，广陵书社，2015 年。

[3]（明）徐师曾著，罗根泽校点：《文体明辨序说》，人民文学出版社，1998 年。

[4] 赵小华：《志铭分撰：唐代墓志文学研究之新视角》，《社会科学研究》2015 年第 3 期。

论红色文化遗产保护和利用在构建特色田园乡村体系中的启示与作用

孙志军

（茅山新四军纪念馆　江苏镇江　212446）

内容提要：红色文化遗产是红色文化的重要载体。在构建特色田园乡村、乡村振兴规划和建设体系中，如何保护和利用红色文化遗产并进行充分实践、发挥优势和作用，将成为重大的社会发展课题。

关键词：红色文化遗产　特色田园乡村　启示　作用

所谓红色文化，就是中国共产党领导人民在长期斗争和发展实践中形成的中华民族宝贵的精神财富，红色文化遗产则是红色文化的重要载体。党的十八大以来，习近平总书记曾先后 20 余次对红色文化遗产保护与利用作出重要批示，同时亲力亲为考察革命遗址、红色博物馆纪念馆 30 余次，坚持以红色资源寻根、红色内涵铸魂、红色基因续脉、红色动能助力，为强化新时代红色文化遗产保护和利用指明了政治方向和根本目标。新时代，在构建特色田园乡村、乡村振兴规划和建设体系中，如何保护和利用红色文化遗产并进行充分实践、发挥优势和作用，将成为重大的社会发展课题。

第一，坚持以红色资源寻根，同时推动具有特色田园禀赋的乡村在资源的保护、梳理、挖掘、规划中形成优势，而不是简单意义规划上的大拆与大建，更不可为"红"而"红"，应重在乡村文化遗产价值的重树，从而在乡村生活的特有功能上不断完善。

历来城市与乡村各有差异，并具有不同的功能。翻开中国近现代革命斗争的历史，广大偏远地区的乡村很多都与中国革命有着千丝万缕的关系与渊源。在中国革命战争年代，正是因为城与乡不同功能的体现，得以让这块土地上的革命先驱者带领全国各族人民直接参与了近现代以来波澜壮阔的军事斗争，同时也向后人留存了中国社会民众的生活、生产、生存的红色文化底蕴。

党的十九大报告提出"实施乡村振兴战略"，让处在偏远地区的乡村发展有了新的蓝图。具备红色文化遗产资源优势的中国乡村数量众多，在其实施振兴规划的过程中及体现乡村的功能时，切不可以通过大拆和大建来彰显，应注重历史史实与文化现象的挖掘和梳理。乡村的振兴首先是文化内容层次上的振兴。在文化内容的振兴上，不可无中生有，更不可胡乱编造、张冠李戴，特别是在红色文化遗产的挖掘和历史史实对照上，有则有，无则无，切不可以文化表现形式的丰富作为借口，最终形成重复性、建设性的破坏，这些破坏力最终伤及的是整个乡村区域内的人文生态系统和人文素养培育，一旦破坏了，几乎是回不了头，也是不可修复的，从而导致在完善乡村各项精细化、服务型的功能上，最终搭建的是一座在文化根脉上毫无根基、飘飘然的空中楼阁，经不起历史的检验和文化的推敲，更谈不上文化脉络上的传承与继承，毫无社会价值可言，轻轻一戳就会坍塌。

所以，在规划建设具有特色田园禀赋、红色文化遗产资源优势的乡村时，应该首先考虑的是对乡村文化遗产资源（包括红色文化遗产资源）的保护；其次是对乡村文化遗产（包括区域内革命斗争）历史的清晰梳理与挖掘；再次是通过不同层次的功能规划体现乡村地域内源远流长的文化根脉与特有传统；最终体现在乡村振兴过程中的功能上的文化传承与特色继承。

第二，坚持以红色内涵铸魂，同时开展具备实施乡村振兴规划和建设基础的农村调查与研究，深挖历史积淀，累积文化内涵，有意识的引导或塑造积极的人文价值和人文环境，在注重红色文化遗产保护和利用中彰显传统村落的生命力和向心力。

不可否认，长期以来的城镇化进程无法避免地挤压了中国乡村的生存状态与发展空间，最典型的就是偏远乡村的人口减少、产业空心化的问题。不过，乡村即使存在空心化问题，也不能否定偏远乡村千百年来历史逐步累积起来的文化血脉与精神内涵，只不过它们被一些外在的社会因素无意间掩盖了起来，甚至尘封了起来，随意间不太容易被人发现或发掘而已。所以，想以红色文化遗产保护和利用作为切入口，利于乡村内涵之魂的塑造与重构，首先是乡村调查与研究，力求精准；其次是挖掘乡村区域内文化历史、人物故事与红色经典，杜绝编造；再次是对历史事件、经典故事通过文化的方式可以在人文环境中再现出来，形成共鸣；最终在乡村振兴和生态环境建设过程中突出红色文化遗产精神与内涵的外化效果，彰显乡村生命力与向心力。

红色文化遗址是重要的原生性革命文物，承载着民族发展历史的记忆，也是历史的重要见证物。启动特色田园乡村振兴计划之前先要做好红色遗址、遗存的保护工作。为了最大限度地保留历史痕迹和文化印迹，助力唤醒民众的历史记忆，务必全力做好原址保护的工作，深刻筑牢乡村文化的历史底色和内涵价值：一是申报遗址（文物）保护和利用研究的课题，获得政府部门立项；二是成立课题组，遍访调研乡村区域内所有掌握历史史料和资料的机构或人物，并获取第一手数据材料；三是邀请文史、遗产保护的专家进行实地调研，充分论证、研究商定并形成整体的保护和利用方案。

中央针对《乡村振兴战略规划》的发布，预示着偏远乡村以红色旅游助力乡村振兴高质量发展的构想初步形成。与此同步，乡村振兴的执行主体必须主动对接地方政府，为乡村振兴出谋划策，提供资金、智力支持。"要想富、先修路"，为了发展乡村的红色旅游产业，地方政府应积极参与到红色文化遗产的保护区建设中来，不惜余力地投入资金修缮和联通乡村区域内红色遗址保护区内的道路交通，强化乡村区域的内在生命力与吸引力，最终凸显"美丽乡村＋独特故事"的特色田园乡村 2.0 版本。

第三，坚持以红色基因续脉，重在体现中国革命战争年代乡村人文气息在红色斗争历史中所表达的博大情怀、人文素养、生态理念，从而赓续红色文化基因在当代农村发展中的作用，充分实现运用红色文化精神遗产来养民气、展民心、树民风。

翻开历史不难发现，在历史长河中的中国农村，曾经为中国的新民主主义革命的胜利付出了巨大成本，作出过重大贡献和牺牲。今天重新审视百年以来中国农村或偏远乡村的历史沿革与变迁，就不得不佩服和敬仰当年这些生活在乡村的先民们，他们在民族延续、历史演进、社会发展等重要的历史关口，为争取民族独立自由、领导人民奋勇抗争的中国共产党提供了巨大庇护和帮助，最终实现了"农村包围城市、武装夺取政权"的战略性历史功绩。

当前，中国的社会主要矛盾是人民群众日益增长的美好生活需求与发展不平衡、不充分之间的矛盾。而当年为中国革命斗争事业做出重大贡献的农村、农民们仍在这块土地上一代一代延续生存着，他们的思想随着时代的发展虽说有所变化，但他们的基因和血脉始终保持如一，愿意为社会的变革、生活的改善、理念的继承、精神的传承发扬历史中中国乡村人的博大情怀，勇于实践、自我革新。作为新时代乡村振兴的建设者、实施者，此类的人文素养和情怀必须时刻保持并融于血脉，发扬光大，唯有如此才可以在历史中找到特色田园乡村建设的规律、方向、目标，乘势而上，开启高水平、高标准、高质量的社会主义乡村现代化新征程，最终达到民气正、民心齐、民风淳，从而实现乡村振兴的更高目标与展望。

随着文化和旅游进一步融合的态势，红色旅游已经成为实现人们"诗和远方"的重要内涵与担当，全国所有负责特色田园、乡村振兴的执行主体部门都应顺势而为，持续不断地为乡村振兴的内涵建设、内心加码、内部助力，通过走"筑底色、强特色、显亮色、融红色"的文化遗产挖掘、保护、利用的乡村振兴之路，构筑起偏远乡村历史多方面、多维度、多层次的文化立面，最终积淀形成名副其实的新时代乡村的文化富矿。

第四，坚持以红色动能助力，重在实现传统农村在当今规模化、产业化经济体系的时空环境背景下，依然保持乡村生命力的旺盛；在乡村产业结构形成分工合作的新架构下，展现新的活力，从而达到城乡发展充分平衡和区域功能相互补充的关系。

乡村振兴战略是决胜全面建成小康社会、全面建设社会主义现代化强国的重大历史任务。全面建成小康社会当然包括中国乡村，乡村的振兴，不仅是乡村人精神文化世界的振兴，更重要的是直面乡村人的产业振兴。

习总书记曾经说过，"绿水青山就是金山银山"。乡村人所拥有的红、绿资源优势，都是乡村人在自身经济和产业推进历程中可以高品质规划、高标准落实、高质量发展的独特的基础条件和禀赋优势：首先，作为乡村人在推动发展的过程中必须紧紧依靠自身所能掌握的生态优势和资源禀赋，要有主动承担起国家和民族的生态屏障和生态产品的理念；其次，作为乡村人发展经济、实现自身利益社会交换时，注重生态环境的绿色发展，充分发扬和运用自身周边红色文化遗产保护和利用的科学方法、生态营造、产业引进的基本准则；再次，作为乡村人发展自我时，懂得惜土如金、视村为命，甚至还要学会敝帚自珍，这样乡村人才会有产业发展的选择性，才会形成产业的多元化，最终形成乡村人依靠乡村的振兴与发展，构建出乡村产品与服务的多样性。

绿水青山是每一个乡村人拥有的自然资源，守住了绿水青山就等于手捧着金山银山，破坏了就消失了；而保护好乡村周边的红色文化遗产、遗迹、遗址和文物，就等于守住了每一个乡村人独有的人文资源和独特的人文情怀。面对乡村人的产业发展，发挥好红色文化遗产保护与利用的动能，在有力推动乡村人在农村经济的发展上将起到有效助力，在文旅融合的市场大背景下最终构建以红色遗址、生态农场、森林抚育、乡村民宿、山水宜居、林木加工、文艺播种等特色田园乡村振兴的发展基点，形成串点成线、连线成面的产业格局，一幅村庄美、生态优、产业特、乡风正、农民富的美妙画卷必将呈现在世人眼前。

总之，把中国乡村红色文化遗产保护好，就可以让生存并延续了五千年的这块土地上的每一个人，都具备懂得自我、尊重生态、把握规律、崇尚科学的素养；把中国乡村红色文化遗产利用好，就可以让乡村里的每一个人懂得如何发掘和辨别乡村文化中很重要的理念层面的文化与精神，理解如何去其糟粕、取其精华、服务大众，最终不断弘扬与传承。习总书记在农村工作会议上的讲话非常清晰明了，"民族要复兴，乡村必振兴"。从民族复兴、乡村振兴本质来说，就是乡村里的每一个人的振兴，既有精神层面的，也有物质层面的，重中之重是在文化层面的。

基于预防性保护视角下的临展过程中
书画类文物的保护策略研究

刘世发　徐　佳

（镇江博物馆　江苏镇江　212002）

内容提要：举办临时展览是当下博物馆输出文化价值最有效、最普遍的方法之一，它能满足不同观众的多方面精神需求，有助于更好地实现博物馆发挥公共文化服务的社会价值。书画类文物是临时展览中的常用展品，由于其自身材质多为纸张、绢帛等有机物，较为脆弱，不易保存，易受来自环境和人为的各种主客观因素损害，这就要求博物馆在临展过程中应积极开展书画类文物的保护策略研究，转变思路，避免"被动干预"，积极"主动预防"，把预防性保护的理念贯彻入书画类文物的临时展览全过程中。本文试从预防性保护的视角出发，分析临展过程中书画类文物的保护现状和影响因素，并对其保护策略进行研究。

关键词：临时展览　书画　文物　预防性保护

引　言

文物预防性保护的概念最早于 1930 年在罗马国际文物保护会议上被提出，主要指对文物保存环境尤其是对温度、湿度的控制。在我国，这一概念的正式提出是在"十一五"时期。时至今日，文物预防性保护概念已在博物馆系统得到广泛的传播和应用，成为业内文物保护的共识。以江苏省为例，2021 年第一批国家文物保护专项资金项目分配表中，文物预防性保护项目数量多达 10 个，占据文保项目总数的 17.5%，是博物馆文物保护专项资金项目中占比最多的项目类型，预防性保护俨然已经成为文物保护工作的主流思潮。但尽管如此，通过对江苏省内一部分博物馆，如镇江博物馆的文物预防性保护项目的调查了解，发现文物预防性保护项目的重心主要放在了馆藏文物保管工作方面，项目主要内容在于针对博物馆的库房进行调整改造，监测和控制库房的温湿度环境变化，对文物藏品进行合理囊匣配置等方面，忽视了文物在展览过程中的预防性保护工作，缺乏系统性、全面性和科学性。

一　临展过程中书画类文物保护的现状分析

临时展览是一种灵活多变的展陈形式，当前已成为我国博物馆开展业务工作的主要形式之一。以镇江博物馆和常州博物馆为例（表一），2017 年 1 月至 2021 年 7 月期间，举办临展数量分别为 51 和 52 个，书画类临展数量分别为 17 和 16 个，占总数比分别高达 33% 和 30%。由此可见，书画类文物作为传统的文物展品类型在临展中出现的频率非常高，也表明了开展临展过程中书画类文物的保护策略研究是迫切和必要的。

表一　镇江博物馆和常州博物馆书画类临展信息统计表

单位	时间（年）	临展数量（个）	书画类临展数量（个）	书画类临展占比（%）	书画类临展占总数比（%）
镇江博物馆	2017 年	12	6	50	33%
	2018 年	11	4	36	
	2019 年	11	3	27	
	2020 年	9	2	22	
	2021 年（1～7 月）	8	2	25	
常州博物馆	2017 年	6	40	15	30%
	2018 年	3	16	19	
	2019 年	3	23	13	
	2020 年	4	36	11	
	2021 年（1～7 月）	0	0	7	

资料来源：数据由两家博物馆的陈列部工作人员提供

书画类文物在临展过程中被损坏的现象屡见不鲜。如北京画院孙震生的画作在中国人民革命军事博物馆举办"全国首届现代工笔画大展"期间遭到损坏、大都会艺术博物馆发生一男子在展示作品上进行涂鸦、故宫博物院国宝文物五代董源的《潇湘图卷》在展期内遭滴水淋湿致使受损等。近年来，书画类文物在临时展览中愈加频繁的出现，意味着其遭到破坏的概率更高。

临展的展期一般为 1 月至数月不定，虽时间不长，但其运作过程较为繁杂，环节较多，主要包括文物点交出入库、途中装载运输、布展和撤展、展期维护 4 个环节。

书画类文物因其本身材质为有机质地，脆弱易损，切勿等受到了真实损害再去"被动干预"，而应在临展的过程中，积极"主动预防"。约 5 年间，镇江博物馆举办了 17 个书画文物临展，与不同地区、不同等级和不同类型的博物馆开展了多次合作。通过大量实践活动，了解到不同的博物馆对书画类文物预防性保护力度的强弱存在较大差异。如从装载运输环节来看，有些博物馆预防性保护的意识淡薄，书画类文物展品采用快递货运的形式运送，文物安全得不到有效保障；有些博物馆则采用随身携带的方式运送，使用旅行行李箱、木箱、布包等载具装载文物，文物安全措施不够全面，存在较大的安全隐患；还有一些博物馆会与第三方专业机构进行合作，委托运输文物，途中有专人押车，文物的容器和车辆等都是依据文物展品的特性而定制的，文物保护意识强，文物安全也能得到有效保证。从展期维护环节来看，一部分博物馆在展览布置完毕后，并未检测评估文物展示空间的环境情况，展期内也无持续的文物安全检测和调控行为；一部分博物馆在布展之初就对书画类文物展品的展示环境极为看重，只有达到一定标准，才能合作，布展后会对展示空间环境进行科学评估，并提出具体要求，展期内也会持续关注温湿度环境变化和书画文物现状等情况，如果出现异常情况，会协商并采取保护措施。可见，当前我国博物馆对于书画类文物在临展过程中的文物安全重视程度存在明显差异，预防性保护意识总体上显得淡薄，亟待加强。

博物馆双方或多方在合作举办临时展览的过程中，工作人员会存在着一些文物保护理念、操作规范、专业知识技能等方面的差异，因此在展览过程中，会面临各种不同的情况，给文物的预防性保护工作也带来了诸多不便。书画类文物的展览条件要求比较苛刻，尤其是在温湿度控制方面，在实际的展览过程中，有时会遇到博物馆的温湿度设备设施失效的情况；临展期间还会发生诸如展览布设完毕后举办方博物馆无法实时通报文物环境变化情况、布展工作人员对文物特性不熟悉在拿放和布设过程中会伤害到文物、布展过程中因工作人员不专业未佩戴手套直接接触文物等情况。临时展览是一个复杂的运作过程，无疑会存在来自自然环境和人为方面的诸多影响因素，威胁着书画类文物的安全。

二　临展过程中影响书画类文物保护的因素分析

在上述提到临展过程的 4 个主要环节中，发生任何疏漏和不慎，都很可能会对书画类文物造成不可挽回的损伤，它既受温湿度、光照、虫害和微生物、气体等自然环境因素的影响，也会受来自载具展具、游客、工作人员等方面的人为因素影响。

（一）自然环境因素

1. 温湿度

对温湿度进行调节和控制是书画类文物保护的重要手段。目前博物馆界公认的书画文物存放环境温度应控制在 15～25℃之间，温度变化一般上下浮动不超过 5℃；相对湿度控制在 50%～60% 之间。湿度变化一般上下浮动不超过 5%。从温度上来看，若相对湿度恒定为 50%，在温度 25℃ 的环境下，纸张仅能保存 100 年，温度 15℃ 的环境下，纸质文物可保存 581 年，所以在相对湿度恒定的基础上，临展过程中书画类文物展示空间的温度应控制在 16～18℃ 为宜。从湿度上来看，书画类文物的质地为有机质地，纸张原料是天然植物纤维，丝织品原料为丝质纤维，皆属吸湿性类物质。若湿度降至 45% 及以下，书画类文物将面临干燥、开裂等危险；若湿度超过 70% 乃至更高，有机质地的材料就成为微生物的良好养料，易导致霉菌滋生，对文物产生破坏。同时，湿度过大还会对书画类文物产生机械破坏和化学破坏作用。绢帛类书画文物吸湿后，水分子进入丝质纤维内部，会导致绢帛膨胀，重量增加，强度降低；纸质类书画文物吸收水分过多会造成纸张潮湿，使纤维间的距离增大，产生溶胀现象，更利于空气污染物入侵纤维，加速化学破坏作用。临展过程中的装载运输环节和展期维护环节期间，书画类文物主要存放在相对稳定和密闭的空间，温湿度的合理控制更为重要。

2. 光照

临展展期一般时间不长，除日光自然照明以外，大多数会采用灯管和射灯照明的方式辅助照明。书画类文物对光线比较敏感，有机质地文物在光辐射的作用下会发生光合作用。若光辐射强度大，会导致书画类文物褪色、泛黄、酥脆、断裂，同在湿度较高的情况下，更是会加速这种劣化的过程。国际博物馆界对书画类文物接受光辐射的允许值基本取得了共识，其照度标准为 ≤50Lux。而实际在临展过程中，光辐射的数值难以控制在这一标准范围内。部分大型博物馆虽然实力雄厚、设施设备先进，但实操过程中也难以按这一标准执行，因为 50Lux 的光辐射程度下，光线较暗，观众看不清楚具体内容，有时候会导致游客投诉的现象出现，也极不利于陈列展示效果表达，所以博物馆普遍会将照明强度稍作提高或采取一些变通措施。如上海博物馆的书画展厅采用的是光感应间歇展示的形式，以减少书画的曝光总量；而大部分中小型博物馆受限于资金和技术等原因，书画类文物在展示空间内的光照环境难以控制，光辐射超标现象常见，甚至有些博物馆为了一味追求展示效果，会加装大量射灯或筒灯，将灯光直接照射在画面的中心位置，对书画类文物造成损害。

3.害虫和微生物

生物对书画类文物的危害主要来自害虫和微生物。害虫喜温畏寒、喜湿畏干，喜暗畏光，大多数生命力顽强，有强大的繁殖能力，会对藏品产生蛀蚀作用。所谓蛀蚀，是指由于虫咬而受损伤。微生物主要指霉菌，霉菌的滋生繁殖对书画类文物会造成纤维素破坏，降低纸张、绢帛的强度、会令其糟朽霉烂，颜色渐变，甚至粘结成块。霉菌容易在阴暗、潮湿和通风不良之处滋生，喜欢在有机质地的材料上发育生长。在雨季和江南地区，空气潮湿，相对湿度较高，尤其是在地下的展示空间，情况更甚，书画类文物极容易被霉菌损害，其引起的破坏力极大。

4.气体

气体对书画类文物造成损害，主要是指空气中所含的成分中有硫氧化物、氮氧化物、臭氧、含虫卵或微生物孢子的灰尘等空气污染物，主要是指寻常空气中通常不存在的一些物质。在临展过程中，一些新做展柜的背景墙大都采用的是木板包布的形式，应用了大量木材、布、工业胶水、油漆等材料，会释放有机酸、二氧化硫等污染物，还会携带一些含虫卵或微生物孢子的灰尘等进入展柜。有机酸是酸性腐蚀物，会损害文物钙质表面，生出粉末状的乙酸钙等；二氧化硫可以使纺织品、纸张酥碎，绘画变色等；虫卵和微生物孢子等灰尘掉落或附着在书画类文物表面，既会造成物理损害，也会产生化学破坏和生物破坏，加剧文物材质劣化和形态改变。

（二）人为因素

1.工作人员和游客

书画类文物在临展过程中不可避免地要与陈列布展人员、点交人员发生直接接触，与搬运人员、司机、安保人员和游客等发生间接接触，文物的安全会受到这些人员的威胁。文物点交出入库环节，依据博物馆合作的形式和模式，点交以两方、三方或多方的形式进行，点交主要由提供文物方的保管人员、举办展览方的布展人员，抑或有第三方专业机构的工作人员。点交环节中书画类文物需经搬运、摆放、展开、查看、摄影、收合、装载等步骤，文物安全与这些工作人员的专业技能和文物知识息息相关，稍有不慎就会造成损害。途中装载运输环节，搬运人员、司机和安保人员与文物载具间接接触，他们的操作力度、熟练程度和安全防范意识影响着文物的安全。布展和撤展环节，工作由举办方布展人员或第三方专业机构工作人员开展，提供文物方的保管人员会视情况参与并提供帮助。在此环节，会进行腾挪，悬挂、铺陈、上墙卡位置、固定天地杆等操作，书画类文物易受损伤。展期维护环节，文物在展示空间内间接与安保人员和参观游客接触，若安保人员经过专业培训并履职尽责，文物受到损害的概率就会大大降低，但也不排除会发生游客恶意损伤文物的情况出现。故宫就曾发生过一男子徒手击碎翊坤宫的窗玻璃导致临窗陈设的一座钟表受损的案例。

2．设施设备、载具和运输工具等

书画类文物为有机质地材料，相较于陶瓷、青铜等质地文物而言更加脆弱，在临展过程中，易受到来自设施设备、载具和运输工具等的损害。设施设备方面，温湿度控制机、灯、展柜、辅助展具，乃至于展厅内的空调等电器设备都会对文物的安全构成一定的威胁。温湿度控制机失效，将会使展示空间内的温湿度无法有效控制，超标或者幅度变化大会对文物造成损伤；灯具安装不牢会发生掉落而损坏文物；展柜玻璃安装受力不均会致使玻璃崩碎伤害文物；展具使用不当时其边角会划破书画；展厅内电器设备等使用和维护不当也可能会引起火灾或漏水等情况威胁文物安全。载具方面，书画类文物多为卷轴或册页，普遍使用轴筒、囊盒等进行装载，对书画类文物能起到一定的保护作用。在装置文物的方式方面，部分博物馆会使用专业的定制木箱或特质金属材料箱，内置泡沫板、珍珠棉板等材料减震防护，特质金属材料箱具有防水防火防盗等功用，能很好地保护书画类文物；不过也有一些博物馆运输书画类文物的方式比较随意，或使用厚布包裹捆扎，或单纯用塑料框装置，甚至有的仅用牛津布或塑料行李箱装置扇面和册页类文物，存在较大的安全隐患。在运输方式和工具方面，各博物馆的差异也较为明显。南京博物院出借文物一般在本院内进行点交，点交完毕后用特制文物运输车将已点交完毕的文物运送至展览的举办单位，再派工作人员至举办单位监督布展。这种流程目前在江苏省的一些先进博物馆普遍采用，其文物运输流程闭环较严密，运输工具较先进，方法相对科学；镇江博物馆则主要采用与第三方专业机构合作的方式进行文物运输，这些机构也会使用特制的文物运输车运送文物，在途中由双人轮班，24 小时不离文物，也能有效保护好文物；还有一些博物馆则通过快递物流、雇社会车辆、工作人员随身携带等方式运输文物，其安全性得不到良好保障。

三　临展过程中书画类文物的预防性保护策略研究

在临展过程中，书画类文物受到来自自然环境和人为的多方面因素影响，易受损伤，在此过程中的文物保护工作应采用"防治结合"的方式进行。但考虑到书画类文物材质的特殊性，一旦受到损伤，一般是不可逆的、永久性的，因此应着重强调"主动预防"的观念，从预防性保护的角度出发研究临展过程中书画类文物的保护策略。

（一）实施方案体现预防性保护原则

临时展览是一个连续性的、周密的工作过程，这个过程中包含多个工作环节，需要策划好科学、合理、切合实际的展览实施方案，它就是临展工作的思想和行动指南，具有宏观上的指导意义，所有的工作环节和步骤应依据实施方案有条不紊地进行。实施方案应体现预防性保护的原则，未雨绸缪，对临展工作的各个环节、步骤和阶段都做好详实计划和安排，加大加强对书画类文物保护的力度。

实施方案一般由策展人或临展负责人撰写，经专家进行评估指导后最终形成，具体内容应包括：一是成立临展工作小组，确立负责人和成员，合理分工，负责人和成员必须保证至少有 2 人具备专业的文物安全知识；二是在展览协议中有文物安全责任条款和文物安全保障方案等内容，有条件的情况下，还应提前为参展文物购置好保险；三是安排有文物保护相关知识和技能培训内容，研究制定好文物安全工作制度和文物安全应急保障预案；四是在临展各环节内容中应提前落实好具体的文物安全负责人和文物保护措施，直接接触文物者必须是专业文物工作人员。

（二）努力营造良好的保藏和展示环境

临展过程中书画类文物经运输而至展馆，整个展期内都陈列于特有的展示空间，应预先创造良好的保藏和展示环境。在装载运输环节，应预先根据书画类文物的数量、卷轴长宽、尺幅大小等情况提前科学定制相应的装载器具。有条件的单位可定制文物转运箱，转运箱应做到防水、防潮、防霉、防虫、防尘和防变形等，箱内空间应符合书画类文物的特性，结构合理。书画类文物装置时应采取表层防护、减震防护和箱体防护三管齐下的方法。箱子尺寸应符合 GB/T16471-2008 标准，箱体表面应有明显的包装储运图示标志等。文物运输还可以选择与第三方专业服务商合作，将运输服务外包给专业机构，利用其专业的装载器具进行运输。在展期维护环节，书画类文物将在一段时间内处于展示空间内，此范围内的环境预先调节和控制尤为重要，涉及温湿度、光照、害虫和微生物以及气体等方面具体内容。

1. 温湿度的预调控

一是提前配置安装空调系统，配置一定数量的温湿度测量仪器，将展览空间的整个环境提前调控，将整体展厅空间的温度、湿度提前调整，使其环境相对稳定。二是配置温湿度调控设备，如配置柜式恒温恒湿机、去湿机、加湿机、冷热风机等，对展示陈列的小空间进行提前调节，将温湿度控制在适合书画类文物展示的标准数值范围内。三是使用温湿度调节材料，如条件受限，用不了科学的仪器调节，则应提前购置适量的调湿材料对柜内湿度进行调节，雨季和南方地区因相对湿度大尤其应提前调控。四是通过安装空气过滤设施、适当关闭门窗等形式一定程度隔绝外界不良气候干扰；五是合理调节展示空间的小环境，如玻璃缝隙大，可使用加密垫圈增加展柜的密闭性，以便于温湿度调控更加有效。

2. 光照的预调控

书画类文物的展出对灯光要求比较高，应主要采用低照度照明的形式，不可超过标准过多。应在展厅和展柜内预先配置好测光辐射的仪表，充分掌握展厅及展柜内的光辐射情况，并根据书画类文物的光辐射合理标准预先调节。展示空间内的照明应采用无紫外线的灯光，因为紫外线对书画会有损害作用。部分低矮的独立展柜会使用灯管照明的形式辅助打光，应提前将光线调低，避免灯管过度发热导致发生火灾的情况出现。

3. 害虫和微生物的预调控

书画类文物的载具和展柜等器物应在文物进入之前预先进行害虫和霉菌的检查和处理。可放置少量驱虫的药物，提前净化好空间并保持好空间内的清洁卫生。所有保存和接触文物的设施设备和器具诸如锦囊盒、轴筒、运输箱、押运车、陈列柜等应提前消毒去虫，消除隐患后方可使用。临时展厅内的地面、天花板、墙壁等应保持平滑，无过大缝隙，使害虫无栖身之处。展柜内应提前通过远红外光辐照杀虫法、冷冻杀虫法、绝氧杀虫法等物理手段去除害虫。化学方法虽然有效，但会污染环境，危害文物和人体健康，逐渐被淘汰，不建议采用。对霉菌的预防，主要方法是调节温湿度的数值，可在文物未进展柜之前，就将温湿度的数值调节到不适宜霉菌滋生的范围并持续一段时间，保持展示空间的环境清洁，防止霉菌滋生。如果展柜内已经有霉菌滋生，需提前进行消毒灭菌处理，具体常用的方法有日光暴晒，醋、小苏打、双氧水、开水或硼砂溶液冲洗等，清理干净后方能使用。

4. 气体的预调控

应制定好展示空间空气质量标准。准备好各种污染气体的测量工具，实时掌握展厅空气环境质量情况。展厅内的展柜和展架等应提早制作好，避免使用一些味道大和刺鼻的建筑材料，提倡使用金属材质的材料。各种材料的使用应尽量环保，减少酸性气体的排放，并注意预先消毒处理，防止霉菌孢子等带入展示空间。展厅内应注意通风，利用空调和通风设备预先调节，安装空气过滤设备，配备专业吸尘器，注意保持环境卫生，提前做好除尘处理。如有必要，可以加强展柜的密封性，隔绝空气，通过除氧充氮等办法净化气体。

（三）强化文物安全意识落实"人防"

临展过程中应时刻树牢文物安全防范意识，把好文物安全关，有效落实"人防"措施。工作人员应提前对空调、温湿度控制机、灯管、电路、门窗等设施设备进行监测检修，将发生事故的可能性降至最低。同时，应配合临展做好文物安全的公益类社会讲座和培训，宣传文物安全知识，提高全社会的文物安全意识。展览工作启动时，应对所有参与人员开展专业知识和技能培训，尤其应将文物安全的内容进行重点培训。在临展过程中的各环节做好安全防范工作。一是文物点交出入库环节，点交需由展览合作双方或多方的专业人员负责执行，第三方专业机构经过专业技能培训的人员也可参与其中，指定专人负责摄影记录，以避免点交中出现细节遗漏，点交完成后封箱应贴好封条；出入库流程一般由提供展品方独立进行，应由提供展品方博物馆的专业人员负责。二是文物装载运输环节，运输车司机、搬运工人必须事先对其进行基础文物安全知识培训，并制定好合理路线安排，还应安排至少一名本馆专业人员跟车押运，确保文物安全。如果是通过随身携带方式运送文物，则应安排至少一名安保人员随行，文物搬运应轻拿轻放，路途遥远时，应做好轮值看护的计划和安排，做到24小时人不离物。三是布展和撤展环节，负责承办展览的博物馆专业人员接触文物要戴手套，保持清洁，科学操作，如需寻求帮助，应征得提供展品方博物馆同意，由对方人员提供一定的帮助和指导。如操作过程中发生文物损伤事故，应保留影像记录，由事故方作出情况说明。布展和撤展期间还应有专业安保人员进行保卫。四是展期维护环节，展览布设完毕后，书画类文物在展柜内进入一段相对平稳的时期，此时应及时掌握文物所处的环境变化情况，对温湿度、光照等数值进行监测，如遇超标的情况，应及时调整修正，做好记录。为确保文物免受游客的恶意伤害，应在展厅内提前布设好监控点，严格做好参观游客的安检工作，科学安排好展厅值守管理工作。应做好展厅管理安全应急预案，一旦出现突发情况，相关人员可第一时间采取有效措施，减少损失。如镇江博物馆在"一水间——金陵八家、扬州八怪、京江画派书画特展"举办期间，恰逢台风"烟花"侵袭，按照预先制定的展厅管理安全应急预案，镇江博物馆连续数日安排了2名安保人员和2名专业工作人员彻夜值守，以防出现漏水或积水倒灌情况出现，保障了文物的安全。

（四）科学运用现代科技加强"技防"

运用现代科学技术要与时俱进，强化"技防"。应提前在展厅布设好视频监控系统，对展厅内的文物、游客等情况进行实时监控；应布设防火防烟类报警系统，如布设博物馆气体消防系统、烟感报警系统等，防微杜渐，做好消防安全工作；应布设环境监控及调控系统，对展厅空间和展柜内空间的温湿度、光照、气体等进行科学监控及调控；应布设智能安保系统，对文物进行巡逻监控、设置电子围栏，做好防盗预警工作。

四　结　语

文物是宝贵的人类文化遗产，加强文物保护，是时代和历史赋予我们的责任。在临展过程中，书画类文物的保护工作应贯彻"保护为主、抢救第一、合理利用、加强管理"的方针开展，要强化文物安全意识，将预防性保护的观念贯穿于临展工作的始终，加强全过程的主动预防保护，科学有效地做好文物保护工作，才能让文物真正"活起来"，更好地实现历史文化价值传播的功效，实现文化遗产人人保护，保护成果人人共享。

参考文献

1. 王宏钧：《中国博物馆学基础》，上海古籍出版社，2001 年。
2. 于群力：《空气污染对文物的危害》，《陕西环境》2003 年第 6 期。
3. 商鑫龙：《浅析馆藏文物的预防性保护》，《东方收藏》2020 年第 12 期。
4. 杜侃：《文物预防性保护在首博的实践与思考》，《首都博物馆论丛》2020 年第 1 期。
5. 林祥清：《书画文物藏品的可见预防性保护理念分析》，《艺术品鉴》2020 年第 18 期。
6. 赵莉：《馆藏书画类文物的日常保护》，《中国文物报》2017 年 7 月 21 日。
7. 刘世发：《浅谈预防性保护在临时展览文保中的运用》，《文旅融合与博物馆创新发展——江苏省博物馆学会 2019 学术年会论文集》，文物出版社，2020 年。

文旅融合背景下的连云港市海清寺阿育王塔的保护与开发

赵　旭

（连云港市博物馆　江苏连云港　222006）

内容提要： 位于连云港市花果山脚下、大圣湖畔的海清寺阿育王塔，建于北宋天圣元年（1023 年），到 2023 年正值建塔 1000 周年。本文从三个方面阐述了海清寺阿育王塔的保护与开发，一是加强基础研究，提升海清寺塔的文化底蕴；二是以"唐王塔"故事传说为主的民间文学艺术助力"海清寺塔景区"建设；三是以海清寺塔、大圣湖为中心，花果山为依托，打造"湖—塔—山"旅游风景区。

关键词： 海清寺塔　文化底蕴　民间文学艺术　旅游开发

在文旅融合背景下，文物古迹的旅游开发已成为重点发展方向。海清寺阿育王砖塔（以下简称"海清寺塔"）塔身，建于北宋天圣元年（1023 年），是连云港市现存年代最早的古建筑。该塔于 1956 年被列为省保单位 [1]。1972 年 9 月，上海同济大学陈从周教授来连云港考察，认为此塔和河北定县料敌塔时代相当，建筑形制相似，誉为"南北两大巨构" [2]。1974 年 10 月开始大规模修复，1976 年 5 月竣工，历时一年半把塔修好 [3]。1987～1990 年，江苏省又陆续拨款建设基础设施，2006 年 5 月提升为国保单位，2007 年以塔身为中轴线修建了海青寺，2010 年竣工。

2018 年连云港市开始申报历史文化名城，2019 年是连云港市文化与旅游融合的起始年，2020 年 9 月正式成为江苏省历史文化名城，2023 年是海清寺塔建成 1000 周年。海清寺塔位于花果山脚下，大圣湖畔，这座千年古塔越来越受到游客的青睐，已成为连云港市著名旅游景点。因此，近几年是包括海清寺塔在内的大圣湖区域旅游开发的关键时期。

一　加强基础研究，提升海清寺塔的历史文化底蕴

文化底蕴亦称文化渊源，能反映出人们精神成就的广度和深度，是人们在历史发展中，所积淀出来的精神文化修养，时间越久远，积淀越厚重。它是一座城市的历史记忆，具有真实性和传承性。海清寺塔和连云港这片土地上生活的人们相伴了千年之久，它所承载的文化底蕴，亦是连云港这座城市的人文精神之一。

1. 海清寺塔的时代

海清寺位于连云港市花果山西侧的大圣湖畔。据《海清寺塔盛延德等记碣》[4]记载，"天圣二年正月内设供僧八百五十人，天圣三年设供僧九百人，天圣五年设供僧一百人，共计一千八百五十人。天圣五年四月记"。到天圣五年（1027 年）共有供僧 1850 人，可见当时的海青寺规模之大。

根据碑刻和文献记载，海清寺塔的建造有两次，第一次初建时期，是五代十国的南唐，这一时期建的是木塔；第二次重建时期，从宋天圣元年（1023 年）开始建造，这一时期建造的是砖石塔。从《海清寺塔盛延德等记碣》可以看出，天圣二年（1024 年）的海青寺已经有了相当大的规模，内设"供僧八百五十人"，只是原先的木塔被毁，需要在寺院内重新建塔。但海青寺砖塔建成的时间没有明确记录，以后还需期待更多的文献考古资料的发现[5]。

2. 海清寺塔的学术研究

海清寺塔最早的记载是明万历乙酉年（1585 年）海州判官唐伯元在今三元宫东的一块崖刻《游青峰记》[6]中所提到的。自兹起，关于海清寺塔的历史记载就不绝于文献。明代顾乾的云台三十六景图之一的《古塔穿云》和清代黄申谨的云台二十四景图的《塔影团团》都是以海清寺塔为中心创作的图像，清代《嘉庆海州直隶州志》，民国《云台导游诗钞》，还有地方名人为海清寺塔作诗，都可以作为研究海清寺塔的历史文献资料。

1974 年修复海清寺塔时，在一层塔心柱内发现了一长方形砖室，出土了 27 件佛教艺术精品，石函是其中重要的一件，其余文物都在石函中。石函雕刻精美，其中在石函两侧分别有浮雕画面，这幅图像表现形象是早期的《帝释梵天礼佛图》，反映的佛教音乐供养的画面[7]，而且从画面人物穿着来看，还表现出中原佛教世俗化的因素，因此这幅图在佛教发展史上具有重要的意义。

2009 年 3 ～ 9 月，借第三次全国不可移动文物普查的机会，对海清寺塔进行了全面调查[8]。在塔内、外壁共发现 16 块碑刻，其中 10 块可以辨认文字。加上征

集 1 块，《嘉庆海州直隶州志》记载的 4 块，《连云一瞥》[9]记录的 1 块，共 22 条海清寺塔碑刻记录。

当前应基于这些历史文献、出土文物、碑刻材料以及塔身，对海清寺塔的历史、建筑、宗教及其所反映的北宋时期海州的政治、经济、文化、对外交往等进行全面的研究；举办全国性的学术研讨会，如"连云港海青寺阿育王塔建成 1000 周年纪念暨古建保护学术研讨会"，集全国业内专家学者的智慧，这样不仅能深化对海清寺塔的研究，还能在学术界发挥其影响力，提高知名度，又能对连云港市创建国家历史文化名城起到推动作用。

此外，还应该加入和这片区域相关的史实和考古发现。日本和尚圆仁在唐朝佛教巡礼时就曾到过大圣湖附近[10]，可以建设如宿城"新罗村"一类的景点。大圣湖附近历史遗存丰富，大村遗址发现过距今 7000 年的北辛文化和距今 4000 年的龙山文化遗存，并出土过江苏最大的商代青铜鼎及其他时期的遗存[11]，可以考虑选择要点规划为考古遗址区景点。

二　"唐王塔"民间文学传说艺术助力海清寺塔景区建设

花果山因中国四大名著之一的《西游记》而名扬天下。杭州雷峰塔因中国四大民间爱情传说之一《白蛇传》而让人熟知、向往。一个美丽的故事，能让人久久不能忘怀。民间传说故事作为民间艺术表现形式之一，在历史的发展中，本身就被赋予了神秘的色彩，具有较强的感染力，又包含着丰富的历史文化知识，它所传达的内容往往比那些晦涩的说教和枯燥的专门介绍更容易让游人接受[12]。民间文学在旅游中的商业价值，逐渐被国内的从业者认同，它的价值不仅能增加旅游活动的趣味性，还可以提升自然景点的人文内涵，更重要的是能促进旅游地经济文化的发展[13]。

海清寺塔民间也有"唐王塔"的传说[14]，当地历代相传唐王李世民曾在这里屯兵，佛塔是其大将尉迟恭所修筑。在海清寺塔碑刻《刘太素记碣》中记载，"本吴境之东□废址"，这里的吴，是五代十国时期的吴，吴是唐王朝在海州统治的接替者[15]。但未说明是什么废址，所以海清寺塔是否在唐代或吴时已经存在或者说有海清寺塔的前身，还有待于以后新证据的证实。但"唐王塔"的传说无疑为海清寺塔披上了一层神秘的外衣。文旅融合让传统的古建焕发出新的活动力，吸引游客的不仅是深厚的文化底蕴，还有文物背后的故事。因此，结合国内民间文学在旅游景区的应用，"唐王塔"的民间传说在海清寺塔的实践有几个方面。

第一，以民间文学的形式把"唐王塔"的传说故事内容整体丰富起来，表达情感适应现代人的审美需求。如电影《少林寺》，是根据民间传说《十八棍僧救唐王》改编的。珠海的香炉湾畔竖立的"渔女献珠"巨型石雕，它就是根据 20 世纪 80 年代初，珠海建立特区时，在民间传说的基础上整理出一个"渔女献珠"的故事，现已成为珠海著名的旅游景点，更是珠海经济特区的标志。

第二，对"唐王塔"内涉及的人物、地名、事件等内容加以开发，尤其是核心人物表达出来的精神内涵。如成都的"武侯祠"，根据诸葛亮的史实和传说逐渐演义成一系列的故事，表现了诸葛亮"鞠躬尽瘁、死而后已"品质。花果山不仅因为《西游记》而有名，更是因为花果山是孙悟空的故乡。孙悟空在《西游记》中面对不公而表现出来的反抗精神、积极乐观的无畏精神和追求个性自由的精神，让世人所钦佩。"唐王塔"的传说涉及了李世民、尉迟敬德等在中国有十分重要历史地位的人物，他们身上所折射的精神品质，如李世民的名句"以铜为鉴，可正衣冠；以古为鉴，可知兴替；以人为鉴，可明得失"[16]，尉迟敬德刚正不阿、忠直不移的优秀品德，亦是为我们今天的人所熟知。

第三，在海清寺塔的旅游宣传中，把"唐王塔"的故事引入，激发游客的猎奇心理，脍炙人口的旅游宣传标语同样十分重要，如同为产品打造的广告语。一代伟人毛泽东曾说"孙猴子的老家在新海连市云台山"[17]，将花果山告之于天下，极大地提升了连云港市花果山的影响力。

第四，针对"唐王塔"的传说，开发更多的文化旅游创意产品。当今文创产品的开发已经成为旅游产业标志性的文化符号。包括具体的商品，如各种文物复制品、工艺美术品、艺术品、生活用品、书籍日历、电子产品等可以放在商店里售卖的商品，再到参观学习、会议交流、考察研讨、追新探奇、商业会展等都可以作为文化创意产品加以推广[18]。外地游客为追寻本地创意产品而来旅游，也被称为"创意旅游"，这类旅游被中国社会科学院旅游研究中心创始人、名誉主任张广瑞称为"第三代文化旅游"。这类旅游方式已经成为韩国等国家文化旅游的国家战略[19]。

第五，把"唐王塔"的传说以文艺演出、非遗展示等形式展现在游客面前。2004 年张艺谋的《印象·刘三姐》《阿诗玛》《云南映象》就是最好的例子，对桂林、云南等地的旅游起到巨大促进作用。

第六，除了"唐王塔"的传说，还有关于海清寺塔民间口耳相传的其他传说，都可以作为海清寺塔故事，为它们找到适合的开发模式。"唐王塔"传说和其中的人物事件可以作为主干，其他传说故事可以作为枝干，创造多样性的文化表达，丰富海清寺塔的文化内涵。

三 借鉴杭州西湖雷峰塔景区经验，打造 "湖—塔—山" 旅游风景区

当前，国内宗教旅游已成为人们旅游的热点，由于我国建筑是以土木结构为主，古寺庙保存至今的很少。因此石窟造像、佛塔成为佛教旅游的重点。文物古迹的保护与旅游开发之间必然存在一定的矛盾，但如果处理好，会实现双赢的局面。

1. "海清寺塔景区" 的景观再造

"雷峰夕照" 作为 "西湖十景" 大约出现在 13 世纪中期，它展现出来的视野效果是当残破的雷峰塔在夕阳斜照下与四周山光水色交融在一起的图景。在看到 "雷峰塔" 本身的同时，还要看到古塔所在的空间环境，以及这座古塔在一个特定时间内与周围自然环境、人文活动的互动，正是这种对空间环境、时间要素提出要求的、理想化的观看与体验方式，建构起中国古代 "景" 的概念[20]。这也是当代人所认同的 "景" 的概念。

海清寺塔的地理环境与雷峰塔相似。雷峰塔背靠夕照山（雷峰山），面朝西湖，而海清寺塔背靠花果山，面朝大圣湖，两座宝塔的景观构造具有相似的地方。从旅游宣传和知名度来讲，花果山在人气方面不亚于西湖，并且海清寺塔相对于雷峰塔有个很大的优势，海清寺塔主体结构千年来保存完好，而雷峰塔在 1924 年倒塌，2002 年重建后对外开放。所以海清寺塔就真实性而言，是雷峰塔所不能比拟的。我们应该充分利用好海清寺塔的区位优势，同时也要认识我们的不足，借鉴雷峰塔景区，加快 "海清寺塔" 景区旅游文化产业的开发。可以根据创意经济理论原理，从人才、技术、包容三个方面着手[21]，为海清寺塔旅游区的建设提供创意，在景区内进行景观规划和再造。

景观再造包括自然和人文景观，为旅游宣传添加内容，提高 "海清寺塔景区" 的知名度。如 "雷峰夕照"，因南宋画家李嵩的《西湖图》成为著名的西湖十景之一，海清寺塔有明代顾乾的云台三十六景图之一的《古塔穿云》和清代黄申谨的云台二十四景图之一的《塔影团团》。还可以依据史实和传说建造新的旅游景点。除了图像的再造，雷峰塔以历史文献记载和《白蛇传》传说故事入手，进行文化景观的再塑造[22]。而海清寺塔同样可以根据史载和《唐王塔》传说故事，创造新的文化景观。

2. "海清寺塔景区" 的规划

海清寺塔和大圣湖位于花果山山门前，是登花果山的第一站，会给予游客对花

果山的第一印象，因此这一区域的旅游规划十分重要。限于花果山的自然生态环境和地形，在山上进行大规模的旅游开发不仅会破坏生态环境，而且修筑和维护成本很高，难以为继。而海清寺塔景区作为花果山前的平地，有利于大规模的旅游规划。有五点建议。

一是对海清寺塔和大圣湖为中心的这片区域整体规划，建立成一个旅游设施完善的风景区，健全公共文化旅游服务设施，培训景区管理人员和从业人员，可以称为"海清寺阿育王塔风景区"。

二是在"大花果山风景区"整体规划中，把"海清寺阿育王塔风景区"作为游览花果山的第一站，尤其是道路建设和旅游线路需要重点规划，把"海清寺阿育王塔风景区"各个景点连接起来，并导向花果山入口。

三是重点规划街区，建设成民俗、非遗、西游等能体现具有连云港地方人文特色的旅游小镇，或进一步建成"西游主题公园"。这样不仅可以增加人文景点，提升游客承载量，提高旅游消费点的数量和质量，还可以延长游客在花果山景区的停留时间，从一天以内提升到两天甚至更长。

四是组织政府、企业、科研院校，从政策、资金、人才方面统筹规划，相互协作，发挥各自优势，制定技术路线，共同建设"海清寺阿育王塔风景区"。

五是雷峰塔是以西湖为中心，海清寺塔则是以花果山为中心。"海清寺阿育王塔风景区"的规划需要重点突出山的特点，塔和湖要融入山进行总体规划，让"海清寺阿育王塔风景区"以花果山为依托，花果山以"海清寺塔景区"为亮点，相辅相成。

六是发展夜间文旅经济。海清寺阿育王塔夜间旅游需进一步提升，创新夜游、夜娱、夜秀、夜市、夜购等多元业态，打造更多常态化、品质化、特色化夜间文旅消费产品[23]，打造夜间经济，可以有效提升游客的驻留时间和消费水平。2021 年 7 月，文旅部下发的《关于组织开展 2021 年全国文化和旅游消费季活动》中提到了要坚持"地方为主、企业自愿，广泛动员、互利共赢"原则，引导国家级夜间文化和旅游消费集聚区积极参与，在统筹做好疫情防控和安全生产工作的前提下，促进消费市场复苏和产业高质量发展。在当前疫情时期，夜间经济有助于提升经济的复苏。

四　结语

作为"大花果山风景区"的前哨站，海清寺阿育王塔的保护与开发至关重要。在当前文旅融合的大背景下，借创建历史文化名城的契机，加强对海清寺塔的学术研究，提升其历史文化底蕴。并以"唐王塔"为主的民间文学艺术为突破点，打造非遗展示平台。重点规划旅游线路和街区，建设具有连云港地方人文特色的旅游小镇。开发形式多样的文化旅游创意产品，实现"创意旅游"。把"海清寺塔旅游风景区"打造成具有"古迹""旅游""西游""非遗""创意产品"等多因素融合的旅游风景区。同时，发展夜游经济，创新有特色的夜游消费产品，有效地提升经济。

海清寺塔作为千年古塔，需要完善法律法规，坚持保护为主的前提下进行旅游开发，同时还要加大生态环境整治，提升景区人员综合能力。到 2023 年建塔 1000 年之际，海清寺塔会再次受到世人的瞩目，如果同时和创建历史文化名城相对接，会有事半功倍的效果，届时将会对连云港的经济、文化、旅游、宗教等各个方面有很大的促进作用。

注释

[1] 刘洪石：《连云港海清寺阿育王塔文物出土记》，《文物》1981 年第 7 期。

[2] 武可荣：《海清寺塔》，凤凰出版社，2015 年。

[3] 武可荣：《海清寺塔》，凤凰出版社，2015 年。

[4] 王华宝编：《嘉庆海州直隶州志》卷二八《金石》，《中国地方志集成·江苏府县志辑 64》，江苏古籍出版社，1991 年。

[5] 赵旭：《连云港海清寺阿育王塔建造年代探析》，《石窟寺研究》（第 9 辑），科学出版社，2019 年。

[6] 王华宝编：《嘉庆海州直隶州志》卷二八《金石》，《中国地方志集成·江苏府县志辑 64》，江苏古籍出版社，1991 年，第 481 页。目前保存完好，该崖刻标题，《嘉庆直隶海州志》中记为《游东海青峰顶记》与崖刻上不同，本文采用原崖刻上的标题。

[7] 赵旭：《连云港海清寺阿育王塔出土石函图像考略》，《文物春秋》2016 年第 4 期。

[8] 石峰：《江苏连云港海清寺塔碑刻调查简报》，《石窟寺研究》（第 5 辑），文物出版社，2014 年。

[9] 许绍蘧编撰：《连云一瞥》，无锡协成印务局，1936 年。

[10] 赵旭：《圆仁入唐海州港口路线考》，《唐史论丛》2019 年第 1 期。

[11] 江苏省文物工作队：《江苏新海连市大村新石器时代遗址勘察记》，《考古》1961 年第 6 期。李洪甫：《连云港市大村遗址中的窖藏"半两"》，《东南文化》1986 年第 1 期。

[12] 陶娥：《论东北民间文学在东北旅游文化中的教益作用》，《长春师范学院学报（社会科学版）》2017 年第 3 期。

[13] 陈蕾伊：《海南民间文学在旅游开发中的价值及利用》，《湖北经济学院（社会科学版）》2014 年第 3 期。

[14] 连云港市花果山风景区管理处编：《花果山志》，中华书局，2005 年。

[15] 王华宝编：《嘉庆海州直隶州志》卷二《沿革表》，《中国地方志集成·江苏府县志辑 64》，江苏古籍出版社，1991 年，第 40 页。

[16]（唐）宋祁、欧阳修等：《新唐书》卷九七《魏徵列传》，中华书局，1975 年，第 2541 页。

[17] 连云港市花果山风景区管理处编：《花果山志》，中华书局，2005 年，彩图页。

[18] 赵旭：《中小型博物馆文创产品的开发与销售》，《博物馆研究》2018 年第 4 期。

[19] 张广瑞：《关于文化与旅游融合的理性思考》，在中国旅游研究院旅游科学年会上主旨演讲发言稿，2019 年 4 月 20 日。

[20] 吴雪杉：《雷峰夕照："遗迹"的观看与再现》，《故宫博物院院刊》2019 年第 1 期。

[21] 易华、诸大建：《创意经济理论研究述评》，《经济学动态》2006 年第 9 期。

[22] 张玲蓉：《从杭州雷峰塔的开发看旅游产品的文化定位》，《浙江经济》2005 年第 13 期。

[23] 杨志纯：《培育发展夜间文旅消费新业态新模式》，《群众》2020 年第 16 期。

从藏品保管员的角度看藏品管理

石　冲

（苏皖边区政府旧址纪念馆　江苏淮安　223002）

内容提要： 藏品保管是博物馆一项经常性的重要业务工作，藏品保管员作为藏品管理的终端接触者，具备更为实际的藏品管理经验。在常规工作中发现藏品管理的不足与实际操作困境，从管理实践入手，探索藏品管理更为科学的方式与路径，在保护文物的同时，注重文物研究，践行习总书记让文物"活起来"的目标。

关键词： 藏品管理　保管员　藏品研究

藏品保管的基本要求是必须设立专门保管部门或配备专职保管人员，并保持相对稳定。作为苏皖边区政府旧址纪念馆的藏品专职保管人员，通过日常学习并结合自身实际工作经验，重塑并强化藏品保管员的重要地位，总结工作中遇到的困难，探索解决问题的办法。

一　藏品保管员的重要性

藏品保管员作为藏品的"保姆"，其自身的重要性不言而喻。作为藏品与藏品管理的桥梁，藏品保管员是藏品保管的"神经末梢"，同时担任"上传"与"下达"的双重角色。藏品管理所涉及的接收、鉴选、分类、定级、登记与藏品总账，都直接或间接与藏品保管员工作相关。可以说，关于本馆藏品的相关信息，保管员应该且必须是知道最多、了解最全面的。苏皖边区政府旧址纪念馆现有馆藏文物884件（其中一级1件、二级4件、三级146件），书画149件（其中三级3件），计有等级文物154件。由资料科分管，并由一人担任专职藏品保管员，其余科长、副科长皆担任兼职保管员或辅助性工作。

二　藏品保管要求与对保管员的要求

藏品保管要求：制度健全、账目清楚、鉴定确切、编目详明、保管妥善、查用方便、科学保护、加强研究。依据国家与省市文物局的规定，我馆建立了较为完善的藏品与库房管理制度，除基础性管理制度外，由于近些年馆藏文物的开发与利用不断加深，新增藏品拍摄制度、藏品观摩制度等，既规范了藏品管理制度、又适应时代需求。

2019 年年底，苏皖边区政府旧址纪念馆文物库房升级改造完成，2020 年 7 月通过省文物局组织专家验收，现已正式投入使用。本馆文物库房配备多功能防震文物储藏柜 9 台、微环境恒湿机 9 台、书籍文物储藏柜 12 台、可移动文物柜 2 台。另配备智能加湿除湿一体机、空气净化机、温湿度监测、光照监测等设备。馆藏文物按藏品大小、规格、材质等放入特制无酸囊匣中。文物库房设备每周检查一次，梅雨季节和秋冬干燥季节适当增加检查频次。2021 年，苏皖边区政府旧址纪念馆革命史陈列、李一氓生平陈列室都进行了全面的展陈提升。新增 24 小时恒湿柜，温湿度监测、光照监测等设备，较好地为馆藏文物的展陈提供保护。

本馆建立有严格的藏品管理制度并报主管文物行政部门备案。藏品总账有纸质及电子双份档案，并完善配备纸质与电子版分类账。每件藏品的相关数据均已建立并在第一次可移动文物普查期间上传至全国统一的文物数据库。文物保管人员离任时须指定专人接替工作并办理文物移交手续，也定期开展藏品核查清点工作。文物借用按照规定签订借用协议、安全运输及保管协议，并报省市文物局备案。文物复制按照相关文件规定签订复制合同。馆藏珍贵文物我们已开展了扫描、拍摄等相关工作，目前正计划文物数字化保护方案，进一步加强馆藏文物的相关保护工作。

藏品保管员专业性要求是藏品管理的基础。藏品保管员必须具备相应的专业知识，以及藏品管理、基本维护的相关知识和技能才能适应藏品保管的要求。保管工作的性质和特点决定了藏品管理员工作大部分是管理性、事务性的劳动，是默默无闻完成的室内工作，不容易出成绩，却又是专业性很强的实用性科学。不是藏品管理要求保管人员淡泊宁静，而是内心平静的人更适合担任藏品管理员。对藏品存有敬畏之心，自身必须具备较高的道德操守。藏品安全事故的种种案例表明：除了制度和管理的不成熟所造成的操作漏洞，藏品保管员以及相应的管理者中个别同志思想意识散漫、敬畏之心淡漠、对自身要求也随着岗位的默默无闻而逐渐降低，甚至出现谋求私利的违法行为。

三　目前存在的问题

目前，藏品管理在制度和管理手段方面已经逐渐形成了较为完善的体系。就日常藏品管理过程来说，笔者认为有以下几个问题值得关注。

1. 藏品保管工作范围与自身工作实际的差距

保管员的工作范围：不仅要管理所属库房和展厅内的藏品，还要对出库从外借入的藏品跟踪管理。然而在实际工作中，管理所属库房和展厅内的藏品，如实记录出库藏品与外借入的藏品已是全部工作内容。是否需要对出库藏品进行跟踪管理，答案是肯定的，但实际操作起来却有难度。如何跟踪、和谁对接、外借藏品状态如何、怎么判定都缺乏一个统一的标准与参考。跟踪管理更大程度取决于保管员对藏品管理的自觉与责任心。此外，跟踪管理需要单位与单位的对接，而非个人与单位的对接。上层管理者的麻痹态度也成为外借藏品跟踪管理的障碍。

2. 藏品保养与修复的程序繁琐与操作困境

我馆新征集的藏品，多为革命先烈的家属或后辈捐赠，入藏之前一般都存放于普通居民家中，缺乏相应的保护措施。一些纸质藏品，经多年风干氧化，早就发黄发脆。按照规定的入藏手续，只需如实记录、登记即可。若能在入藏之前做出相应的保护与修复措施，既能减少入藏后保养修复的提取与二次破坏，又能通过修复与保养革命文物的重视，给予捐赠者心理上的慰藉，从而鼓励和带动更多革命后辈捐赠与宣传，实现藏品的馆藏效用。

藏品的保养与修复是藏品在馆藏过程中的重要一环。然而，在早期的藏品管理中，由于资金和技术的缺乏，藏品保养与修复往往停留在原始养护阶段。如保存于固定空间，将藏品分类、编号，定期开窗通风等。随着科技的发展以及人们对藏品保护意识的增强，运用现代技术将藏品定期保养与修复既是现实保护藏品的需要，也是为将来藏品研究打下坚实基础。值得一提的是，在实际藏品保养与修复过程中，借助最新的馆藏设备，能够实现 24 小时恒温恒湿，延缓藏品氧化。然而面对一些亟需修复的藏品，首先是藏品等级上有差别，其次是上报审批过程繁复，导致藏品的修复滞后且手续繁琐，形成了"日常保养优先，藏品修复不着急"的麻痹心态。此外，面对我馆这样藏品体量不大的非综合性场馆，本身修建保养与修复科室不够现实，导致藏品修复之路漫漫。

3．重保护、轻研究．

作为一名文博工作者，必须牢固树立科学的文物保护理念，牢记文物保护原则，以朴实的工作态度，时刻不忘总书记"保护文物，功在当代，利在千秋"的箴言，为保管保护好纪念馆文物履行自己应尽的职责。藏品保护放在第一位无可厚非，但是在日常保护藏品过程中的藏品研究同样重要。在整理藏品过程中，笔者发现有部分藏品除了本身的说明之外，经常会附带藏品捐赠人的说明材料，这是了解藏品背后故事的重要来源之一。如我馆有一枚"光华皮件厂造"的钢印文物馆藏，发现其附带的说明信详细记录了杨荫生一家在淮宝县岔河镇（今洪泽）开办皮件厂，后来日渐成为给新四军各级供给部定做军用皮件的作坊。记录了新四军在淮阴大地上抛头颅洒热血，群众支援抗日的峥嵘历史。

四　心得与反思

习总书记说："要让收藏在博物馆里的文物、陈列在广阔大地上的遗产、书写在古籍里的文字都活起来。"保管人员的持续性学习是藏品管理得以顺应时代发展的重要环节。如果说藏品管理的基础知识与技能作为藏品保管员的"合格证"，那么藏品管理最前沿的研究理论、现代科技的馆藏运用研究、馆藏文物背后的历史脉络、大众传播学等等相关学科理论与知识就是新时代藏品保管员的"敲门砖"。

"文物是一个馆的灵魂所在"。在成为藏品保管员的三年多时间，笔者亲手抚摸过每一件藏品，核对每一条信息，挖掘每一个文物故事。在我馆的公众号平台，通过对藏品研究的第一手资料，撰写了数篇红色文物背后的故事。不仅是对红色文物进行再研究，也通过开辟新的宣传平台，将文物赋予时代的温度，弘扬革命先辈的光荣事迹，更是对广大的社会群众进行红色教育：不忘初心，牢记使命。

一个人的力量是微小的，但是一个人毕生专注于一件事，于自身、于社会都是有意义的。牢记总书记"让文物在百姓文化生活中'活'起来"的指示，为实现文化大发展、大繁荣奉献自己的一份力量。

长江之筦键　锁航之要塞

——江阴黄山炮台的分期及历史价值概述

刁文伟

（江阴市博物馆　江苏无锡　214434）

内容提要： 全国重点文物保护单位——黄山炮台旧址，位于长江下游的江苏省江阴市，它分布在以黄山为中心的沿江山体之上，是一处极为重要的军事遗迹。炮台的历史跨度涵盖了明清至民国时期，是一部生动而立体的研究我国军事、海防、建筑发展史的鲜活样本。本文结合史料，并按考古类型学的分期方法，将江阴黄山炮台作分期研究，并阐述炮台的历史价值。

关键词： 黄山炮台　分期　历史价值　概述

一　黄山炮台的定义

按光绪《江阴县志》卷三山川黄山条曰："在县东北六里，西自鹅鼻连岗而东为琵琶峡，过峡四五里，望若卧龙，曰黄山，相传以春申君姓得名。上有数峰，中峰名席帽，乱石散布，吴时烽火之所……其东山陇中凹为马鞍山，南为龙头岗，其北巉岩峭壁，有山嘴入江，曰鸡头湾……与鸡头湾东西相连者曰大石湾、小石湾，两湾各有巨石，或卧或立，激湍飞涛，漱齧其下，如桥如洞，奇险清绝，为邑人胜游地也"；鹅鼻山条曰："在县北四里，山势高斜如鹅鼻，俗称鹅鼻嘴。按江自金焦而下，大溜直冲矶头，水湍激深不可测，今溜渐移而东矶下，稍浅矣"。

我们所要论述的黄山炮台，即上述在黄山和鹅鼻山两地修筑炮台的总称。当然作为整个的江防体系，也必然会将以黄山炮台为中心，包括其周边的萧山、君山、靖江的沿江炮堤等纳入其中一并研究。

黄山炮台作为沿长江下游江防体系的重要一环，从整体来说，其地理位置的特性，决定了它在各发展阶段都是作为沿江防御的重点，而价值突显；从个体上看，黄山炮台的发展序列，有较之沿江其他地区的炮台更为丰厚的历史内涵，随之而爆发的重大事件也彪炳于史册。从发展序列来看，沿江各处炮台的共性发展明显要超过各自个性的特点，无论是从时空、用材、武器、形制等方面来探讨的话，而个性仅表现在外形和装备等局部细节上。因此对黄山炮台这一个体的研究，自然也需要有整体性方面的理论作为基础，也就是说，厘清了黄山炮台的序列，对于整个江防体系研究具有重要的促进作用。

对黄山炮台的研究，更多的是以军事和战争作为切入点，和平年代，谈论战争似乎不合时宜，惟防患于未然、以史为鉴，时刻提醒着当世的人们，企盼历史不再重演，国家不受欺辱！

二　黄山炮台的分期

研究的手段和方法：按照考古类型学的分型分式理论，揭示炮台的具体分期，对黄山炮台考古学分期，其标准和依据为：

炮台的选址：由平地向半山腰再至山顶的发展脉络。

部署火炮射角：由锐角向半圆再到周旋的发展演变。

炮台的建筑选材：由夯土而三合土最终水泥的发展途径。

按此三条将江阴黄山炮台分为早、中、晚三期，在早期之前有滥觞期，共四个发展阶段。

（一）滥觞期：明晚期（16世纪末）至清道光二十二年（1842年）

在黄山修建军事设施，源于春秋战国时期，这是冷兵器时代为传递信息情报而建造的烽火台。直至明末清初，沿江大规模修建烟墩，主要还是起着传递军事情报的作用，在这些烟墩中，就包括了黄山烟墩。烟墩的修造，在明代是为了针对倭寇，而入清以后，应对的是台湾郑氏水军溯江而上的侵扰。康熙二年，"黄山炮台"正式出现于地方文献之中，然而此时的炮台并非为了锁航长江的目的，对沿江港口的封锁才是最终的要求，这囿于火炮尚未达到夹江封锁航道的技术要求。

根据营建的目的和建筑形式可再细分为前、后两段：

前段：明末（16世纪末）至清康熙二年（1663年）。

后段：清康熙三年（1664年）至道光二十二年（1842年）。

（二）早期：清道光二十三年（1843年）至光绪二十一年（1895年）

根据这期炮台的特点，可再分为前、后两段：

早期前段：清道光二十三年（1843 年）至同治十二年（1873 年）称"道咸期"。

早期后段：清同治十三年（1874 年）至光绪二十一年（1895 年）称"同治期"。

1．早期前段——道咸期

年代区间：1843 ～ 1873 年，包括了营造、使用、被毁、废弃四个时间节点，共计 30 年。但是从开始修造算起，其实际存在的时间是 17 年，因为剩下的 13 年为废弃时间。

炮台特征：平地式建造，炮台群平面呈"弧形条带"状沿江岸分布，所选择地点具有江面相对较窄，并与对岸具备协防共守的条件。

建筑用材：夯土为主，木材为辅；石材为主，钢材为辅。

武器配置：国产的前膛铁炮为主，有"耀威大将军"级，炮重 4000 公斤以上；有"振武将军"级，炮重 1500 公斤以上，每炮的火力有效旋击角度为不超过 50 度，有效射程 500 ～ 1500 米（图一）。

士兵配备：台枪和鸟枪为主，长矛、藤牌和弓箭为辅。

而当前长江沿线道咸期炮台已经基本上消失了，其原因是同治期炮台的选址基本上与之相重叠，在原来的炮台基础上进行的重建，已经完全将之改变甚至摧毁，故而在沿江就看不到道咸期炮台原貌了。

图一　耀威大将军铁炮（小石湾炮台遗址出土）

2．早期后段——同治期

年代区间：1874 ～ 1895 年，包括了营造、使用、改建、废弃等时间节点，共计 21 年。

炮台特征：平地式建造，这类暗炮台群平面呈"弧形条带"状沿江岸分布，所选择地点具有江面相对较窄，并与对岸具备协防共守的条件。

建筑用材：三合土为主，木材为辅，兼用钢材、石材。

武器配置：法国产美太於士炮；英国产乌理治前膛钢炮 80 磅子和 120 磅子两款；德国产勃休马后膛钢炮 40 磅子和 120 磅子两款；德国产克虏伯后膛钢炮 40 磅子、80 磅子和 120 磅子三款；英国产瓦瓦斯前膛钢炮 140 磅子；英国产阿姆斯特朗前膛钢炮 80 磅子和 120 磅子两款。每炮的火力有效旋击角度为不超过 90 度，有效

图二　小石湾同治期炮台旧址航拍图

图三　小石湾出土的　　　图四　小石湾出土的
　　　瓦瓦斯炮炮弹　　　　　　克虏伯炮炮弹

射程 4000～5000 米（图二）。

士兵配备：林明敦枪、燕非来复枪、士乃得马枪。

建造及驻军为淮军吴长庆之庆字营黄仕林部三营。

江阴黄山同治期炮台包括：

南岸由西往东依次为：鹅鼻嘴尖暗炮台（刘坤一造）；小石湾暗炮台（李宗义造）；小角山嘴明炮台（左宗棠造）；大石湾明炮台（李宗义造、左宗棠改造）；仙人桥暗炮台（刘坤一造）；黄山港暗炮台（刘坤一造）。

北岸由西往东依次为：十圩港暗炮台（刘坤一造）；天兴港明炮台（李宗义造）。

南北两岸相加共有 8 处炮台，部署火炮为 48 位，南岸 31 位、北岸 17 位。

在小石湾出土的炮弹标本当中，可明确的有瓦瓦斯火炮（图三）、克虏伯火炮（图四）。

（三）中期：清光绪十三年（1887 年）至民国二十七年（1938 年）

炮台特征：炮台形制为"阿姆斯特朗式胸墙炮位"，属半周式的明炮台，于半山腰近水建造，炮台平面呈长方形条带状，或中间依山走势而带折角，所选择地点具有山势突出临近江边，且江面相对较窄处，设计师为英国的威廉·道达尔（图五）。

建筑用材：凿山为基，大量使用水泥、石料，木材、钢铁为辅。

武器配置：英国产阿姆斯特朗 800 磅弹前膛炮四尊（口径 308 厘米），分别两两安设于小角山和东山炮台两处；每炮旁另安设护台炮一尊，为法国产哈乞开司格林炮（口径 3.7 厘米）。每炮的火力有效旋击角度为 130 度，仰角为 15 度，有效射程 10000 米。

建造者及驻军为淮军张景春、湘军刘连捷各一部。

中期的炮台虽然在整个炮台体系中，只有两处共四个炮位，也就是说并不具备普遍性，但将它独立分期的理由却极为充分，与早期的暗炮台相比，无论是设计选址、建筑用材、武器配备等各方面，都有了本质的不同。特别是炮台的有效攻击范围大大超出了以往的夹江锁航的有限地域，这样的威慑力取决于大口径火炮

图五　黄山炮台中期遗址（小角山腰）

的远程攻击与有效杀伤，使得交战双方在战术评估中，都不能忽视的一处战略要地，显然部署在吴淞和江阴的这八门巨炮，起到了举足轻重的震慑作用。八门巨炮在当时应该属于最新式的海防武器，口径虽不算最大，但足以藐视长江中游弋的任何目标。

就炮台的设计而言，完全取决于配置火炮的特点，由于火炮技术飞速发展，新式火炮不断涌现，很快这类前膛炮就被后膛炮给取代，随之而来的是建设配套的新炮台，因此这类半圆形胸墙式炮台延续时间并不长，在亚洲地区也只有吴淞和江阴有建造。目前吴淞的这类炮台已经无存，惟江阴黄山的这两处炮台尚在，而江阴大桥的建设，又使小角山的两个炮位缺失其一，另外后期也未做过改造，基本保持了原貌，因此作为我国最早使用水泥建造炮台的重要标本，理应得到足够的重视。值得一提的是，在以往的江阴炮台的资料中，都将这两座炮台称作"张之洞炮台"，这显然有张冠李戴之嫌，正确的称谓应该是"阿姆斯特朗式胸墙炮位"，或称"曾国荃炮台"。

（四）晚期：清光绪二十一年（1895年）至民国三十八年（1949年）

根据这期炮台的特点，可再分为前、后两段：

晚期前段：1895～1938年。

晚期后段：1939～1949年。

1. 晚期前段

光绪二十一年（1895）开始，张之洞任职两江后开始建造，至抗战开始，经"海

图六　黄山炮台清末至民国时期（晚期）炮台

空大战"（1938 年），炮台被日军所占领，配置的所有火炮被日军拆除运往日本以后逐渐废弃，期间多次进行扩建和改造。

炮台特征：炮台形制为"山顶式全周形混凝土明炮台"（图六）。

建筑用材：凿山为基，使用混凝土浇筑和石灰、钢铁为辅。

武器配置：早期晚段的火炮配置已经基本废弃，中期的继续沿用。新增：沪局仿"阿姆斯特朗"后膛炮 800 磅子两尊；沪局仿"阿姆斯特朗"后膛炮 300 磅子一尊；沪局仿"阿姆斯特朗"快炮 200 磅子两尊；1898 年后添置阿姆斯特朗后膛炮 100 磅子两尊（东山顶往西两座）；"阿姆斯特朗"后膛炮 250 磅子和"阿姆斯特朗"后膛炮 180 磅子各一尊（鹅鼻嘴山顶）。抗战前增添莱茵炮、马克沁机枪防空，电雷学校和鱼雷艇等协防驻军。

这时期的火炮已经以后膛炮为主，根据火炮的射程，封锁长江已经不是唯一的目的，由于可以全周射击，因此协防地面作战成为现实。这时期的炮台都选择主峰或者各支系的主峰之上，除打击正面长江航道，又可兼顾侧翼或后方的保护，这是之前各期炮台都无法企及的战略要素，黄山炮台的军事价值得以完全展现，炮台及火炮已经发展到了顶峰阶段，沿江四路炮台总台署驻于江阴。晚期早段的延续时间较长，武器装备更新了许多，各类历史事件更是层出不穷，这中间还可以再做细分，如"清末段""民国早段""抗战段"等。

2. 晚期后段

1939 年炮台废弃。直至 1945 年，民国政府在原废炮台的基础上进行改建和扩建，形成新的黄山炮台体系。1949 年，在渡江战役结束以后，黄山炮台完成了它的历史使命而载入史册。

时间区段：1945 年冬天成立江阴要塞筹建处至 1949 年 4 月渡江战役结束。

炮台特征：皆为全周式混凝土明炮台，基本沿袭上一期的选址和形制，在原炮台的基础上进行必要的改造和扩建，以适应快速发展的火炮技术，而此时的炮台作为核心阵地的作用愈发突出，相对于以往"一台一炮"的模式转向"台炮组阵"的发展，游动火炮阵地的出现，大大增强了防御的能力。

建筑用材：水泥钢筋混凝土为主。

武器配置：炮兵总台：口径 100 毫米加农炮和 100 毫米榴弹炮各 12 门、三七战防炮 16 门、二五机关炮 2 门，共计 42 门，士兵 1000 余人；游动炮团，约 3000 人，配备五七战防炮 36 门。重炮中，有德制克虏伯 18 式 150 榴弹炮，射程 13250 米；德制莱茵 18 式 150 榴弹炮，射程 15100 米；德制（仿瑞士）博福斯式加农炮，射程 22000 米；美制伯斯列恒式 155 加农炮，射程 22860 米。以上重炮的射速为每分钟 3～5 发，是当时世界上最大口径的先进兵器。

驻军：隶属国防部，划归第一绥靖区司令官丁治磐指挥，担负着由申港—黄田港—君山—黄山—长山—张家港以东之线包括双山沙约 25 公里正面的江防守备任务。

战斗序列：江阴要塞由炮兵总台、一个游动炮兵团、一个守备总队和一个工兵营组成，总兵力约有 7000 余人，司令分别为孔庆桂、戴戎光。

三　黄山炮台的历史价值

结合目前掌握的史料和遗存保护的现状，对黄山炮台历史价值的评估可以概括为以下四个方面，可用四个"最"字来形容：

第一，江阴黄山炮台是序列最为完整的海防、江防军事遗址。从第一次鸦片战争开始，直至解放战争结束，中间从未间断，涵盖了各重要的历史节点，相比较于晚清遗存的虎门炮台、1901 年辛丑条约后拆毁的塘沽炮台、1932 年以后废弃的吴淞炮台等，其序列最为完整和丰富。

第二，黄山炮台作为军事设施，其延续使用的时间最长。从 1842 年正式建造炮台开始，至 1949 年解放战争中的渡江战役，延续使用的时间达到了 107 年之久。

第三，围绕着黄山炮台这处军事设施，所发生的重大历史事件，其影响力最为深远，发生的频率也最密集。1937 年的江阴海空大战，炮台配合海军依托江阴阻塞线英勇阻击优势日军的进攻，是抗战初期的重要战役；1949 年渡江战役中江阴要塞在我地下党的策动下起义，使"百万雄师过大江"的渡江战役能够顺利进行，在解放战争史上留下了传奇的一笔。

第四，黄山炮台目前保存的状况最为完好，各重要历史阶段的炮台，几乎都有保留。从鸦片战争时期的滑膛炮、同治期的三合土暗炮台，直到抗战后民国政府修建的近代炮台，在江阴黄山均有完整的遗存，可以纵观中国江防、海防炮台从鸦片战争到抗日战争的发展历程。部分炮台已经进行考古发掘并加以保护，因此保存的手段也较为符合文物保护的要求，具有极高的历史文化价值和观赏性。

黄山炮台的研究需要立足于丰富的文献资料，采取广泛搜集和整理的手段，同时对各地相关炮台进行实地考察和对比，寻找黄山炮台与各地炮台之间的共性特征和个性差异，围绕着上述四个历史价值特性，对黄山炮台进行更为深入的研究，为我国的军事、建筑等领域，增添必要和翔实的资料。

苏州博物馆藏扇面内容最短的状元扇

朱晋詠

（苏州博物馆　江苏苏州　215001）

内容提要： 苏州博物馆的藏品中有吴湖帆捐赠的清代七十二把状元书写的折扇，其中张謇在1924年书赠吴湖帆的状元扇，扇面内容正文仅有"超超元箸"四个字，却用典深奥，寓意深刻。这把状元扇既反映了状元张謇的深厚学识，又展现了张謇对后辈吴湖帆的深情首肯。

关键词： 状元扇　张謇　吴湖帆　世说新语

状元是科举考试最高等级殿试的第一名。能在乡试、会试、殿试等多个等级的考试中脱颖而出，其诗文、书法都是佼佼者。虽然清代的科举考试书体上只能写馆阁体，内容上只能写八股文，但是在折扇上书体和内容都能挥洒自如，所以状元扇很好地彰显了状元的个人书法风格特色。

吴湖帆致力于收藏清代状元的扇面，经过几十年的努力，终于收藏成《清代七十二状元书箑册》。清代第一科状元傅以渐，顺治三年（1646年）丙戌科状元；清代最后一科状元，也是科举的最后一科状元刘春霖，光绪三十年（1904年）甲辰科状元，此两状元一首一尾前后相距两个半世纪，书扇集于一处，着实难能可贵。吴湖帆在新中国成立十周年之际，将清代七十二状元扇捐献给了苏州文管会，而成为苏州博物馆的藏品。苏州博物馆在2006年新馆开馆之际出版《苏州博物馆藏清代七十二状元扇》，广大文博爱好者可以更近距离的观摩和研究。

吴湖帆（1894～1968年），初名翼燕，字遹骏，后更名万，字东庄，又名倩，号倩庵，书画署名湖帆，江苏吴县人，中国近现代杰出的书画大家、收藏家和鉴赏家。在吴湖帆捐赠这批清代状元扇给苏州文管会之后的几十年里，经过苏州文管会和博物馆鉴别的书画成千上万，但竟难觅一件可与为伍媲美的状元扇，由此可见当年吴湖帆先生的慧眼和远见卓识，也越发彰显出《清代七十二状元书箑册》的重要价值。该册现藏苏州博物馆，成为极富特色的重要馆藏。

状元扇的来源有三：一是书画友人手中存有的藏扇，吴湖帆以自己的人脉去结识，用金银或者自己手中的书画古玩去换取，这是数量最多的一类。二是状元后人手中存有的藏扇，这往往需要吴湖帆以人格魅力数次登门求索，状元后人被其三顾茅庐的诚挚打动，才肯出让状元扇。三是状元本人书赠，这些状元都与吴湖帆身处相同的时代，且有一定交集，所以会以书扇相赠。本文所论之苏州博物馆藏扇面内容最短的状元扇，就是张謇在 1924 年书赠吴湖帆的折扇。

张謇（1853～1926 年），字季直，号啬庵，江苏南通人，光绪二十年（1894年）恩科状元，中国近代著名的实业家、教育家和社会活动家，曾任清政府翰林院修撰、中华民国临时政府实业总长、北洋政府农商总长等职。张謇秉承实业救国的主张，创办了大生纱厂、广生油厂、复新面粉厂等很多企业，同时又重视文教，创办或参与创办了复旦公学（今复旦大学）、河海工程专门学校（今河海大学）、江苏省立水产学校（今上海海洋大学）等很多学校，中国的第一家博物馆——南通博物苑也是张謇创办的。

张謇给吴湖帆的扇面内容正文仅仅四个字："超超元箸"。落款："甲子岁朝为湖帆世兄书张謇"。从落款年份"甲子"看，结合两人的生卒年，甲子年只可能是 1924 年；"岁朝"指农历正月初一。虽然张謇比吴湖帆大 41 岁，但是仍自我谦抑以"世兄"相称。这幅扇面是 1924 年的农历正月初一，71 岁的张謇为 30 岁的吴湖帆所书。

查阅扇面内容正文"超超元箸"，没有任何典故或典籍出处，相类似的只有《世说新语》中有记录"超超玄著"的典故。原来 1924 年虽然已经进入了中华民国，但状元及第的张謇还保持着严谨的避讳。在清代自清圣祖起，为避讳其名爱新觉罗·玄烨的"玄"字，"玄"字避讳成"元"字。

避讳，封建时代为了维护等级制度的尊严，即写文章时遇到君主或尊亲的名字都不直接说出或写出，以表尊重。《公羊传·闵公元年》说："春秋为尊者讳，为亲者讳，为贤者讳。"陈垣先生在《史讳举例》中说："清之避讳，自康熙帝之汉名玄烨始，康熙以前不避也。"康熙帝大量接触了汉文化，取了汉文名字，在文化管制方面也更加严格。涉及皇帝名字的时候，就要回避。最常用的就是改字，若遇到应避讳的字时，就改用其他的字。如汉光武帝讳秀，秀才改称茂才；唐太宗讳世民，民改称人；清圣祖讳玄烨，紫禁城的玄武门改称神武门，唐玄宗改称唐明皇。也正因为清圣祖讳玄烨，《世说新语》中的"超超玄箸"改为"超超元箸"。

另外，箸只有筷子的基本意思，如此解释也是讲不通的，这是通假字，通"著"，意思是明显，如著名、著作，"超超玄箸"即"超超玄著"。

　　《世说新语》为南朝刘宋时期刘义庆编写的笔记小说，内容主要是记载东汉后期到魏晋间一些文人名士的言行与轶事。虽然文人名士的言行有一部分出于传闻，与正史记述不尽相同，但却保存了大量魏晋时期的历史资料和思想资料，其中不少条目涉及文人轶事、文坛掌故、诗文品评等内容，其文学艺术成就历来颇受重视，可以称为"魏晋士人生活百科全书"。

　　"超超玄著"出自《世说新语·言语》中的一段：诸名士共至洛水戏，还，乐令问王夷甫曰："今日戏乐乎？"王曰："裴仆射善谈名理，混混有雅致；张茂先论《史》《汉》，靡靡可听；我与王安丰说延陵、子房，亦超超玄著。"简单翻译就是：名士们去洛水游玩，回来后，乐令（乐广）问王夷甫（王衍）："今天玩得高兴吗？"王夷甫回答："裴仆射（裴頠）善于谈论玄学义理，滔滔不绝，意趣高雅；张茂先（张华）谈论《史记》《汉书》，娓娓动听；我和王安丰（王戎）谈论延陵（季札）、子房（张良），也是高深玄妙，深刻透彻。"

　　短短一段内，涉及人物众多，最简单地作个介绍。乐广（？～304年），字彦辅，西晋名士，入仕官至尚书令，故被称为"乐令"。王衍（256～311年），字夷甫，西晋重臣，玄学清谈领袖，入仕官至司空、司徒等职，人称"王夷甫"。裴頠（267～300年），字逸民，入仕官至尚书左仆射，故被称为"裴仆射"。张华（232～300年），字茂先，西晋政治家、文学家、藏书家，人称"张茂先"。王戎（234～305年），字濬冲，西晋名士、官员，"竹林七贤"之一，因参与晋灭吴之战，因功进封安丰县侯，故被称为"王安丰"。

　　洛水是魏晋之人不可缺少的生活元素，才高八斗的曹植在洛水边写出传世之作《洛神赋》。王衍从洛水游玩回来，好友乐广问其高兴与否，王衍赞扬了同行者裴頠、张华的谈论内容，但是王衍似乎只是个倾听者；只有和王戎相处的时候，王衍成为高谈阔论的交流者。"竹林七贤"是魏晋名士的卓越代表，王戎作为"竹林七贤"之一，和王衍产生更大的共鸣，谈得高深玄妙，深刻透彻，是谓"超超玄著"。王衍和王戎的谈话内容是季札和张良，这正是他们能谈得高深玄妙，深刻透彻的原因。季札（前576～前484年）是春秋时期吴国人，因受封于延陵一带，故称"延陵季子"。他的祖先是周朝的泰伯，曾经被孔子赞美为"至德"之人，泰伯本是周朝王位继承人，却主动把王位让了出来，自己逃到荒芜之地，建立了吴国。季札是吴王寿梦少子，寿梦要传位给季札，季札却坚持长幼有序，认为王位应该是哥哥的，坚持不受，之后几位哥哥又数次要尊崇寿梦遗愿，欲让季札即位，季札都一一拒绝，其美德广为流传。张良（？～前189年），字子房，秦末汉初刘邦的谋臣，运筹帷幄之中，决胜千里之外，西汉开国功臣，与韩信、萧何并称为"汉初三杰"。刘邦封赏功臣时，对其封赏是"自择齐三万户"，张良谢绝，只要了"留"这个小地方，被册封为留侯。张良晚年笃信黄老之学，更是弃官离京，云游四海，抛开了一切功名利禄。从季札和张良的事迹可以看出，他们都非常淡泊权位和名利，追求个人心性的自在，非常符合魏晋名士的价值取向，这也是王衍和王戎谈话投机、意气相投的原因。

吴湖帆由于家学深厚，钻研精进，到了 20 世纪 20 年代初，在文化界也是小有名气，由于立志收集清代状元扇，因此向张謇索求扇面。张謇自然知道这位后生，曾经看到过吴湖帆的书画作品，赞扬吴湖帆是当代的王廉州，把他比作清初四王之一的王鉴，可见的确高看一眼。张謇发现这位比自己小 41 岁的年轻人能够继承家学，醉心文化艺术，不贪图功名利禄，颇有魏晋名士之风。张謇回想自己的拼搏岁月，为了兴办实业和教育救国，放弃了"学而优则仕"，放弃了高官厚禄，只向着内心目标而出发，与吴湖帆有几分相似。故而张謇书赠吴湖帆"超超元箸"，把两人追比王衍和王戎，既表达了对魏晋名士的追摹和致敬，又表达了张謇与吴湖帆的惺惺相惜、志趣相投。

张謇与吴湖帆"超超玄著"的交流绝非这一次，1925 年，张謇再次书写折扇赠与吴湖帆，收录在《清代七十二状元书箑册》之中，也是苏州博物馆的藏品。1926 年，张謇去世，张謇与吴湖帆"超超玄著"的交流自此成为绝响。

参考文献

1. 苏州博物馆编著：《苏州博物馆藏清代七十二状元扇》前言，文物出版社，2006 年。
2. 赵增越：《清代皇帝的起名与避讳》，《中国档案》2015 年第 5 期。
3. （南朝·宋）刘义庆著：《世说新语》，新疆人民出版社，2006 年。

监测预警技术在遗址类博物馆中的应用

——以南京城墙监测预警平台建设为例

李 敏

（南京城墙保护管理中心 江苏南京 210005）

内容提要： 南京城墙是明代都城城墙遗址，是中国古代建城史上的巅峰之作、东亚地区城防系统的杰出代表，具有突出的普遍价值。2006、2012 年，南京城墙两次被列入《中国世界文化遗产预备名单》。根据世界遗产委员会及我国政府对世界文化遗产地监测工作的要求，南京城墙将监测预警技术运用到保护管理工作中，建设南京城墙监测预警平台，依照世界文化遗产的标准来对城墙的突出普遍价值及真实性和完整性进行保护。

关键词： 南京城墙 遗址 博物馆 监测预警技术

遗址类博物馆是在古文化遗址上建立起来的，针对该遗址文化进行保护、研究、陈列的专门性博物馆[1]。遗址类博物馆具有实物性、直观性、单一性、不可移动性等鲜明的个性特征[2]。

南京城墙博物馆是明代都城城墙遗址博物馆。该博物馆突出城墙这个主要文物，把博物馆本身作为展现城墙历史文化魅力的载体，向公众深入阐释南京城墙的文化遗产价值。南京城墙监测预警平台位于南京城墙博物馆负二层，于 2021 年 10 月通过验收并投入使用。该平台的建设实现了变化可监测、风险可预报、险情可预控、保护可提前的预防性保护管理目标，进一步提升了南京城墙的保护和可持续利用水平。

一 监测预警技术运用现状

监测预警技术是世界遗产保护领域的一项重要技术。2006 年国家文物局出台了《中国世界文化遗产保护管理办法》和《中国世界文化遗产监测巡视管理办法》，要求我国世界文化遗产保护管理机构负责世界文化遗产的日常维护和监测，鼓励使用先进科学技术手段，对世界文化遗产开展多学科、多部门合作的监测。2012 年，国家文物局在中国文化遗产研究院设立中国世界文化遗产监测中心，我国世界文化遗产监测工作形成了"两级平台，三级管理"的监测体系（中国世界文化遗产监测预警总平台、遗产地监测预警平台和国家、省、遗产地三个管理层次）。明清故宫（北京故宫）、莫高窟、周口店北京人遗址等遗址类博物馆作为首批监测试点，开展了一系列监测实践和相关研究、探索，内容涉及文物本体、环境气候、安全防范、自然灾害、游客管理、建设项目、景观监控、社区活动、遗产保障体系等，监测类别多达数十个 [3]。

二　南京城墙的遗产概况

（一）遗产基本情况

南京城墙是明代都城城墙，其宫城、皇城、京城和外郭四重城垣结构反映了中国古代城市礼制的最高等级。南京城墙建造过程中运用了当时最先进的筑城技术，是中国古代建城史上的巅峰之作、东亚地区城防系统的杰出代表，具有突出的普遍价值。2006、2012 年，南京城墙两次被列入《中国世界文化遗产预备名单》。

（二）遗产构成要素

南京城墙遗产要素分为城墙墙身系统、城墙城门系统、护城河系统三大部分。包括城墙遗迹 35.267 千米、城门 5 个、护城水系周长 31.159 千米（表一）。

表一　南京城墙遗产要素表

序号	系统	名称	备注
1	城墙墙身系统	南城墙	部分完好
2		东城墙	保存完好
3		北城墙	部分完好
4		西城墙	部分完好
5		聚宝门藏兵洞	保存完好
6		东水关藏兵洞	保存完好
7	城墙城门系统	聚宝门	保存完好

序号	系统	名称	备注
8		丰润门	保存完好
9		神策门	保存完好
10		清凉门	保存完好
11		石城门	保存完好
12		神策门城楼	保存完好
13		聚宝门瓮城	三重内瓮城
14		神策门瓮城	一重外瓮城
15		石城门瓮城	部分保存
16	护城河系统	南护城河	保存完好
17		东护城河	保存完好
18		北护城河	保存完好
19		西护城河	保存完好
20		东水关	保存完好
21		半山园涵	保存完好
22		琵琶湖涵	保存完好
23		武庙闸	保存完好

摘自《中国明清城墙申遗文本》

（三）遗产价值

南京城墙作为明代都城城墙，是中国筑城史上的杰出代表。根据南京城墙的突出普遍价值，南京大学文化与自然遗产研究院按照实施《保护世界文化与自然遗产公约》的操作指南，提出南京城墙目前最符合三条标准：

第一，符合标准（iii）：能为延续至今或业已消逝的文明或文化传统，提供独特的或至少是特殊的见证。

南京是明代的首都、陪都，也是清代最重要的南方城市，现存的南京城墙（即明代南京京城城墙）是中国古代帝制的实物见证，其规模形制与行政功能地位、军事安全需求等相适应[4]。

第二，符合标准（iv）：是一种建筑、建筑整体、技术整体及景观的杰出范例。展现了人类历史上一个（或几个）重要阶段。

南京城墙作为明初都城城墙，拥有当时最先进的功能系统与建造技术，是中国筑城史上的杰出范例、东亚地区城防系统的典型代表，为中国明清城墙建造技术的研究提供了样本和范例[5]。

第三，符合标准（v）：是传统人类居住地、土地使用或海洋开发的杰出范例，代表一种（或几种）文化或人类与环境的相互作用，特别是当它面临不可逆变化的影响而变得易于损坏。

南京城墙规划营造时，在风水堪舆学说基础上，针对地理形势进行城墙选址，使城墙筑造与自然环境融为一体，人与自然和谐共生，是人类顺应自然、改造自然的典型案例。京城城墙护城河蜿蜒屈曲，近于自然形态，反映出城墙规划构筑与南京山水完美的结合[6]。

三　南京城墙监测预警技术

南京城墙监测预警平台基于 SOA 理念设计系统的架构，依据信息资源规划理论进行数据整合、数据入库、数据管理和数据分析，利用 GIS、SNA、GPS、物联网、三维建模等先进数字化技术，以及裂缝计、应变计、沉降仪等传感器类设备监测，从遗产要素单体、本体与载体病害、自然环境、日常管理、保护展示与环境整治工程、旅游与游客管理等方面对南京城墙进行重点监测。

（一）影响因素

南京城墙的安全影响因素主要有社会因素和自然因素两大类。

1. 社会因素

第一，人防工程。20 世纪六七十年代，在城墙内部修筑的人防工程在施工时壁外回填不密实，导致墙体松动，并造成地下水袭夺。第二，旅游与游客管理。旅游接待压力逐年增大，景区基础设施建设遭遇极大考验，加上一些游客的不文明行为，也威胁着城墙的安全。第三，工程施工及过境交通振动也是可能的影响因素[7]。

2. 自然因素

第一，自然界的风化、风蚀作用使城墙墙体老化，抗压能力降低，容易导致墙体裂损。第二，植物、微生物的生长。植物根系生长作用会造成城墙上部、底部和墙面产生裂缝和隆起，特别是木本植物破坏尤为严重。此外微生物作用也存在一定影响。第三，"包山墙"山体变形、位移和滑动。包山墙依山而建，墙体内侧直接受到山体压力。某些人为工程活动、地表水和地下水作用等也会引起山体变形、位移甚至滑动，直接对城墙产生推力，使墙体产生倾斜、裂缝、甚至倒塌。第四，排水系统损坏。包山墙土丘内的排水石槽因年久失修大多已损毁或堵塞，雨水下渗长期浸泡墙体，增加滑坡可能性。第五，墙体泛碱，钟乳石的形成也对城墙本体造成一定影响[8]。

（二）监测内容与方式

针对现状，南京城墙的监测内容主要包括遗产要素单体、本体与载体病害、自然环境、日常管理、保护展示与环境整治工程、旅游与游客管理等。

1．遗产要素单体

监测内容包括宫城城墙、皇城城墙、京城城墙和外郭四重城垣格局，南京城墙的选址特征，山、水、城、林的空间格局等。使用拍照、文字的方式记录遗产变化情况，评估其影响。确保南京城墙遗产要素单体及其总体格局的真实性、完整性得到有效保护。

2．南京城墙的本体与载体病害的监测

监测内容包括外表形变监测和内部结构形变监测两个方面。外表形变监测主要是对臌胀、裂缝、沉降、位移、风化、表面及环境温湿度进行监测。内部形变监测主要是对深层土体位移、土体含水率、内部脱空、内部温湿度进行监测。根据病害威胁程度，分为重点监测内容和一般监测内容。重点监测内容采取实时监测为主、人工监测为辅的方式，一般监测内容采取以人工监测为主、实时监测为辅的方式，合理使用监测手段互相校验，以确保监测数据的准确。

3．自然环境的监测

监测内容包括降雨/雪量、地下水位、大气气象、大气质量、自然灾害等的监测。其中降雨/雪量监测、地下水位监测采取实时监测的方式，大气气象、大气质量、自然灾害等监测采取对接其他行业数据的方式。

4．日常管理

对已知病害进行定期巡查，掌握发展情况，及时发现异常。

5．保护展示与环境整治工程

各项工程实施过程进行信息化管理，用照片和文字记录工程进程中的重要信息。

6. 旅游与游客管理

对日均、月均、高峰月、高峰日的游客量进行监测分析，为景区管理提供科学数据支撑，实现精细化管理。

四 结 语

南京城墙监测预警体系的建立，可及早地发现城墙本体及其赋存环境的细微变化，为尽早实施应对措施给出重要依据，也为开展城墙病害产生机理的研究提供必要的条件，促进南京城墙从抢救性保护到预防性保护的过渡。该项目是遗址类博物馆预防性保护工作的新探索、新路径，为 2035 年我国建成世界博物馆强国贡献江苏智慧、江苏方案。

注释

[1] 艾进：《中国城市遗址类博物馆开发模式研究》，西南财经大学出版社，2011 年。

[2] 李鄂权：《关于遗址类博物馆传播功能及相关问题的研究》，《中国博物馆》2010 年第 1 期。

[3] 赵云、许礼林：《中国世界文化遗产监测》，中国建筑工业出版社，2017 年。

[4] 贺云翱：《文化遗产学论集》，江苏人民出版社，2017 年，第 283 ～ 296 页。

[5] 贺云翱：《文化遗产学论集》，江苏人民出版社，2017 年，第 283 ～ 296 页。

[6] 贺云翱：《文化遗产学论集》，江苏人民出版社，2017 年，第 283 ～ 296 页。

[7] 郑必勇、杨挺：《浅议南京城墙损伤与防范》，《江苏建筑》2001 年第 2 期。

[8] 马俊：《南京狮子山段损伤城墙的加固对策研究》，《文物保护与考古科学》2011 年第 4 期。

浅谈石质文物的修复与保护

——以徐州汉画像石艺术馆馆藏文物修复项目为例

武云鹏　刘清瑶

（徐州博物馆　江苏徐州　221010）

内容提要： 2021 年是我国"十四五"规划的开局之年，江苏省发展和改革委员会与江苏省文物局共同下发《江苏省"十四五"文物事业发展规划》，规划指出"要以深化文物保护利用改革为文物事业工作主线，始终把文物保护作为文物事业工作的出发点和落脚点"。本文以徐州汉画像石艺术馆馆藏文物修复项目为例，浅谈石质文物的修复与保护，促进石质文物保护研究领域深入、广泛的交流与合作，分享各自取得的经验与成果，并探讨"十四五"时期应该如何进一步提高文化遗产的保护能力。

关键词： 石质文物　修复保护　文保能力

一　什么是石质文物

石质文物是指各级文博单位收藏或保存的，在人类历史发展过程中遗留下来的具有历史、艺术、科学价值的，以天然石材为原材料加工制作的遗物。主要包括石刻文字、石雕（刻）艺术品与石器时代的石制用具三大类别，以及各类文博单位收藏的建筑石构件、摩崖题刻等。

二　石质文物的保护修复技术有哪些

石质文物的保护修复技术是指为消除或减缓石质文物病害所实施的技术措施。一般包括地基处理、表面清洗、渗透加固、粘结灌浆与机械加固、补配修复、封护处理等。陈放环境的改善也是重要的保护措施之一。

三　徐州汉画像石艺术馆简介及项目概况

徐州汉画像石艺术馆位于徐州市泉山区湖东路，云龙湖风景区内，依山面水，是一座以收藏、陈列、研究汉画像石为主的专题性博物馆。被评为江苏省优秀博物馆、国家二级博物馆，国家 AAAA 级旅游景区、江苏省爱国主义教育基地、江苏省文明单位等称号。1986 年徐州市人民政府为弘扬两汉文化开始筹建徐州汉画像石艺术馆，1989 年建成北馆并对外开放，2003 年实施扩建工程，并于 2007 年扩建完成对外开放（南馆）。馆址总占地面积 2 万平方米，北馆为仿汉唐式结构，以大殿为中轴线分为三组院落并以廊房相连，南馆为现代建筑，由清华大学教授关肇邺先生主持设计，依山就势，建筑掩映在郁郁葱葱的树木中，突显出汉文化博大精深的地域文化特征。

汉画像石是汉代（前 206 年～220 年）特有的艺术形式，是汉代墓室、祠堂、石阙等建筑上带有雕刻内容的建筑构件。它产生于西汉中期，西汉晚期随着厚葬风潮盛行而得到迅速发展，并在东汉中期以后达到繁盛，前后流行了近三个世纪之久，且分布范围广泛。它以现实主义与浪漫主义相结合的手法，以石为材，图画天地，将现世生活、儒家教义、历史故事、神话幻想并陈共处，表达了汉代人对现实生活的眷恋，对未来世界的希冀，反映了汉代人天人合一的观念，同时生动地再现了汉代社会生活的各个方面。鲁迅先生赞其艺术"深沉雄大"，史学家翦伯赞先生称其题材广博，是一部"绣像的汉代史"。它对汉代以后的艺术产生了深远的影响，在中国美术史上起着承前启后、继往开来的作用，是一座巍然屹立的艺术丰碑。

徐州汉画像石艺术馆馆藏石刻保护修复项目方案于 2018 年获江苏省文物局批准，该方案仅限于修复二级、三级、一般和未定级文物，不包括一级文物以及部分嵌入墙体和已经修复稳定的文物，总共需要修复 100 块汉画像石刻。对于南馆展厅的石刻保护修复工作主要以维持现状为目标，只有当石刻表面裂隙较宽且影响展出、裂隙处树脂泛黄严重、表面多处污损遮挡纹饰或者断裂部位影响结构稳定等情况才可以适当进行处理，且修复工作不能改变原状，必须坚持"最小干预"的原则，还原文物的真实性、原真性。对于南馆库房的石刻保护修复工作主要以保养维护与适当加固为目标，对于大部分石刻需要定期清理灰尘和整洁库房环境，对于断裂的石刻可以适当采取物理方法进行固定和复位，但是不得改变石刻原状，并且必须有完整的修复档案。该项目于 2019 年开始实施，2021 年 4 月完成，2021 年 6 月通过省级可移动文物保护专家组结项验收。

四　徐州汉画像石艺术馆馆藏石刻保护项目修复实例

徐州汉画像石艺术馆拥有可移动文物修复资质证书，现以修复完成的东汉二龙穿壁画像石刻为例，详实介绍石质文物保护修复的全过程。

在对石质文物实施具体的修复保护之前，需要制定完备的修复实施方案，明确实施方案的编制依据、实施步骤、工艺技术路线、准备工作、经费计划以及相应的石质文物保护修复要求。

首先按照《石质文物保护修复档案记录规范（WW/T 0012-2008）》的要求，严把修复质量，规范工作流程，经研究分析、专家论证，对石质文物保护修复基本档案信息进行建档记录，内容包括："编号、文物名称、收藏单位、文物时代、文物来源、文物材质、文物级别、保护修复单位、提取日期、提取经办人、返还日期、返还经办人等信息。"其次需要标示出该石质文物的保存环境、病害情况、尺寸重量等信息，同时提供影像资料。在拍摄文物修复照片时，要注意拍摄的高度、角度、光线，根据石质文物的体量调整好焦距，确保拍摄出的照片在修复前与修复后大小、方向一致，为后期完善石质文物保护修复档案提供基础资料。

东汉二龙穿璧画像石刻（图一）：徐州汉画像石艺术馆藏。长 206 厘米，宽 59 厘米，高 25 厘米。该文物的病害种类是机械损伤（图二），病害类型是断裂（馆藏之前）。断裂是从左侧纵向断裂为左右两块，短的一截长度约为 60 厘米。

该画像石的修复共分四个部分，利用现代科技，仪器设备，分别为表面清洗、断裂部位固定、裂隙灌浆加固和裂隙封缝做旧。

第一部分是表面清洗。清洗的目的一是能够清除石刻表面的污物，确保对石刻无腐蚀、清理后无残留；二是能够打开石材气孔，恢复石材微孔隙的水蒸气流通；三是能够去除有害于石材的物质，包括霉菌等微生物。该画像石断面灰层较易清理，使用软毛刷蘸蒸馏水反复清洗断面，待其自然干燥即可。对于表面有黄色土垢的石刻优先考虑使用物理方法，即先用鬃毛刷、竹片刀或牛角刀清理裂隙表面的污泥，

图一　东汉二龙穿璧熊画像石刻修复前

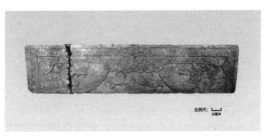

图二　东汉二龙穿璧熊画像石刻病害图

用硬毛刷、小刀等工具对裂隙间的碎屑、积土等进行清洁处理。对于工具清理效果不佳的部位可以采用蒸汽清洗，但是清理不宜过度，只需要把遮盖纹饰部位的土垢清除即可，不能清理后将石刻变成"修旧如新"。

　　第二部分是断裂部位固定。固定的目的一是对断裂石刻进行加固修复，尽量恢复其原有外形；二是达到适宜保管和展出的目的。固定前应当详细调查石刻断裂和缺损情况，测量断面尺寸。如果石刻可以合拢，则进行固定操作，合拢部位的缝隙按照裂隙封缝和做旧方法进行处理；如果缺损较多，则不宜进行石刻固定操作。根据石刻断裂部位尺寸和形状，也应采取不同的固定方法。如果断裂石块较小，则直接在断裂面填充环氧树脂进行粘结；如果断裂石块较大，则需要锚固处理，即在断裂石块上相对应位置开取同样的钻孔（钻孔深度和尺寸依据石刻实际情况而定），然后钻孔内埋设不锈钢圆钢（圆钢表面适当凿毛形成"倒刺状"），孔内和断裂面填充环氧树脂，再将两侧石块按形状合拢固定。固定处理时使用的环氧树脂不宜过度，防止溢出。该画像石体量较大，需采用锚固的方式进行固定（图三），根据实际情况，我们在右侧石块断面打孔 2 个，深度 29 厘米，直径 2 厘米；在左侧石块断面打孔 2 个，深度 23 厘米，直径 2 厘米；同时截取长度为 50 厘米，直径 1.8 厘米的圆钢 2 根，将圆钢插入孔内，并在孔内和断面填充环氧树脂，使用龙门架将画像石残块拼对粘合（图四），并用 F 夹固定。待环氧树脂凝固，方可拆除 F 夹。

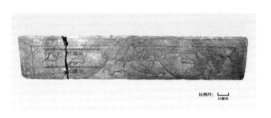

图三　东汉二龙穿璧熊画像石刻
锚固位置示意图

图四　东汉二龙穿璧熊画像石刻裂隙灌浆
后固定，等待环氧树脂凝固

　　第三部分是裂隙灌浆加固。裂隙灌浆加固的目的一是对破损的石刻进行结构加固，起到粘结和稳定作用；二是对于内部缝隙较小的裂隙能够有一定渗透加固作用。根据裂隙尺寸和石刻部位，先用水硬石灰将裂隙其余部位封堵，仅保留顶部的灌浆孔，然后量取适量灌浆用的环氧树脂，利用针管将其注射进去；如果裂隙较宽，可以在环氧树脂内掺入适量石粉后填入，再在外侧填入水硬石灰。灌浆量不宜过多，同时注意观察和裂隙连通的部位，如有少量渗出及时用脱脂棉、丙酮或酒精及时擦掉。灌浆可以分次操作，以方便观察之前灌浆加固效果。我们将该画像石断裂处裂缝用水硬石灰封边，并打磨老石块切合断裂处，将环氧树脂与石粉成1:1比例混合，灌入缝隙中，待凝固。

　　第四部分是裂隙封缝做旧（图五）。裂隙封缝的目的一是防止裂隙内部的环氧树脂露出老化，起到封堵作用；二是填补裂隙空隙，方便做旧处理。一般使用水硬石灰进行表面填缝，处理时可以在水硬石灰中添加灰色矿物颜料使其接近石刻表面颜色，填缝之后再用工具将其抹平。在封缝操作过程中，应对严格控制封缝材料用量，防止材料外溢，同时做好预防和保护措施。该画像石灌浆凝固后将石块提取，清理裂隙，并用水硬石灰填缝，凝固后材料表面处理成与石刻接近的形状。然后用石粉调和成接近石块原色的修复材料，在石块边缘小面积试色，待干燥后观察颜色是否接近，待颜色一致后，对缝隙表面整体做旧，从而完成修复工作（图六）。

图五　东汉二龙穿璧熊画像石刻裂隙填缝修复前可见明显裂隙

图六　东汉二龙穿璧熊画像石刻裂隙填缝修复后

五　"十四五"时期文物修复与保护的一些思考

为贯彻习近平总书记关于文物工作的重要指示批示精神，国务院办公厅下发了《"十四五"文物保护和科技创新规划》，规划强调："十四五"时期是我国开启全面建设社会主义现代化国家新征程的第一个五年，也是推进社会主义文化强国建设、推动实现从文物资源大国向文物保护利用强国跨越的关键时期。规划的发布充分体现了以习近平同志为核心的党中央对文物工作的高度重视。

当前，我国仍然存在着文物保护管理机构队伍和专业力量薄弱，文物保护利用不平衡不充分，文物保护利用法律制度、执法机制不健全等问题。在一段时期应当从以下几个方面来不断提升和完善文物修复与保护能力。

一是完善文物保护的相关法律法规（包括国家性和地方牲法律法规），加强法律法规层面对文物保护的重视。加大对破坏文物的违法犯罪行为的惩处力度，从而提高破坏文物违法行为的成本，使不法分子不敢轻易做出破坏文物的违法行为。针对有些部门打击文物违法行为不力的情况，应加快完善文物保护法律法规，使文物保护权责分明，同时发挥督导问责机制，从而使有法不依、执法不严的行为得到杜绝。

二是提升文物保护人员的专业能力，加强文物保护人员的继续教育培训。文物遭到损害有一个很重要的原因是因为文物保护人员业务能力欠缺所导致的，因此要提高文物保护人员的专业能力。首先要增强文物保护专业人员的文物保护意识和预见性；其次要增强文物保护人员的继续教育培训，不断提升文物保护能力；再次文物保护人员应加强职业道德教育，使其始终保持初心，熟练掌握专业本领、刻苦钻研修复技艺。

三是面向公众宣传普及文物保护知识，提升公众对文物保护的认知程度。我们经常可以从新闻中看到有些游客视提醒于不顾在文物表面进行涂抹、刻画，这些破坏文物的行为其根本原因就是人们对文物保护的认知水平不够。因此，不论是作为文物保护单位还是新闻媒体，我们都可以利用报纸、电台、网站、微信公众号、举办社教活动等形式进行文物保护宣传，让公众了解文物保护的重要意义，激发起他们保护文物的意识，从而减少人为原因对文物的破坏。

文物不仅属于我们当代人，也属于子孙后代。相信通过我们不断努力，在不久的将来，我国将建成与文化强国建设目标相适应的文物保护管理工作体系，科技创新、人才队伍建设也将有力支撑文物保护的研究利用，实现从文物资源大国到文物保护利用强国的历史性跨越，民族文化自信显著增强。

参考文献

1．江苏省发展和改革委员会与江苏省文物局下发《江苏省"十四五"文物事业发展规划》，2021年。

2．国家文物局主编：《中华人民共和国文物保护行业标准 WW/T0007-2007〈石质文物保护修复方案编写规范〉》，文物出版社，2008年。

3．国务院办公厅下发《"十四五"文物保护和科技创新规划》，2021年。

4．南京博物院：《石质文物保护与研究》，译林出版社，2017年。

5．刘强：《石质文物保护》，科学出版社，2012年。